LES DOCUMENTS CHINOIS

DE LA TROISIÈME EXPÉDITION DE
SIR AUREL STEIN EN ASIE CENTRALE

LES DOCUMENTS CHINOIS

DE LA TROISIÈME EXPÉDITION DE
SIR AUREL STEIN EN ASIE CENTRALE

EDITED BY THE LATE

HENRI MASPERO

Published by

THE TRUSTEES OF THE BRITISH MUSEUM

LONDON · 1953

Sold at the British Museum, London WC1
and by
the Cambridge University Press, 200 Euston Road, London NW1
H. M. Stationery Office, York House, Kingsway, London WC2
Kegan Paul & Co. Ltd, 43 Great Russell Street, London WC1
and Bernard Quaritch Ltd, 11 Grafton Street, London W1

Made and printed in Great Britain by
PERCY LUND, HUMPHRIES & CO. LTD
12 *Bedford Square, London* WC1 · *The Country Press, Bradford*

PREFACE

That nearly forty years should have elapsed between the discovery of these documents and their publication is in part due to the immense difficulty of deciphering and interpreting them, but mainly to a long series of obstacles created by world events. The material, consisting of 930 manuscripts, 219 on wood and 711 on paper, was discovered by Sir Aurel Stein in the course of his third Central Asian expedition of 1913–15. Soon after the end of the first world war, all the manuscript finds of this expedition had been brought from Kashmir to the British Museum for classification and distribution. The Chinese documents recovered on the explorer's first and second Central Asian expeditions had already been edited by Edouard Chavannes, Professor of Chinese Language and Literature at the Collège de France, and published, with a subvention from the Government of India, by the Clarendon Press in 1913. M. Chavannes died in 1917 and was succeeded in the chair of Chinese by his pupil, Henri Maspero, a sinologist no less brilliant than his master. In 1920, M. Maspero, having agreed to edit, purely as a labour of love, the Chinese manuscripts from this third expedition, Sir Aurel Stein transmitted to him in Paris all the material. But the problems of decipherment and interpretation tested to the uttermost even the superb scholarship of M. Maspero, who, it may be said, treated his subject even more exhaustively than did his great predecessor Chavannes. For over fifteen years he devoted much of his time to the task, and it was not until 1936 that he was sufficiently content with the result of his labours to send the finished work to London.

Meanwhile, by decision of the Government of India, all Chinese manuscript materials brought back from the third expedition had been allotted to the British Museum, and negotiations had begun for the publication of M. Maspero's book at the joint expense of the Trustees of the British Museum and the Government of India. These negotiations dragged slowly on, hampered chiefly by financial difficulties, until the war-clouds once again closed over Europe and all thought of publication had to be abandoned for the time being.

At the end of the war the project sustained another grievous blow when the world of scholarship learned with deep sorrow and indignation that Professor Maspero had died on 17 March 1945 in a concentration camp at Buchenwald.

Meanwhile the British Museum's extensive collections of Far Eastern manuscripts and books had been evacuated *en bloc* into protective storage far from London, and owing to war damage to the Museum building during their absence it was late in 1947 before they could be restored to their shelves and made available to scholars.

Steps were now taken to proceed with the printing of M. Maspero's work at the joint expense of the Museum and the India Office as originally planned. The plan in this form was, however, soon ruled out by the constitutional changes in India which terminated the existence of the India Office, and in June 1948 the Commonwealth Relations Office announced its withdrawal from financial participation in the project. In July 1949 the Trustees of the British Museum decided, in view of their obligations to Professor Maspero, Sir Aurel Stein and the former Government of India, that the volume be produced as a Museum publication and the printing entrusted to Messrs Percy Lund, Humphries & Co. Ltd. At long last the goal seemed to have been reached when an appeal from the Treasury for stringent economies halted the undertaking for a further period of eighteen months.

Printing eventually began in April 1951, and the publication of one of this century's most striking contributions to Chinese scholarship is now, after many vicissitudes, an accomplished fact.

The task of preparing the work for publication and guiding it through the press has been complicated and laborious. It has been shared by five experts in the classical Chinese language, literature, and epigraphy, the leading part being taken by Dr Bruno Schindler, editor of the British journal of Far Eastern studies, entitled *Asia Major*, who first of all published in that journal (New series, Vol.I, pt.2, December 1949, pp.216–72) a 'Preliminary Account' of the work, including photographic reproductions of a selection of the documents. Besides giving invaluable help in preparing the original manuscript, in compiling tables and selecting and arranging the forty plates of facsimiles, he planned the entire setting of the Chinese characters and read the page proofs. A heavy debt of gratitude is due to the eminent sinologist Dr Arthur Waley, C.B.E., F.B.A., who not only helped in making the manuscript ready for print and scrutinized every galley proof but also inserted alternative interpretations to those offered by the author in certain places. Dr Waley's readings are given in English within square brackets. The choice of material for the plates was made largely under Dr Waley's expert advice.

In the early stages much spade-work was necessary to put the manuscript into a fit state for the printer. This task, involving an accurate knowledge of Buddhist studies and of the Chinese and French languages, was admirably carried out by Dr Willy Baruch of the "Centre National de la Recherche Scientifique", Paris, who typed the numerous passages which the author had added in his own handwriting to his typescript. Dr Baruch corrected all obvious errors, supplied many missing references, and prepared some lists. Every page of the work before being printed off was subjected to a final examination by two other Chinese scholars, Mr Henry McAleavy, M.A., Assistant Keeper in the Department of Oriental Printed Books and Manuscripts at the British Museum, and M. Jacques Gernet of the "Centre National de la Recherche Scientifique", Paris.

The Index was compiled by Mrs H. Wright, B.A., formerly a lecturer in the School of Oriental and African Studies, University of London.

It will be seen, therefore, that no pains have been spared in the production of the volume to approach the highest possible standard of accuracy.

The care taken in the production of the book by Messrs Lund Humphries & Co. Ltd, London and Bradford, is deeply appreciated.

A. S. FULTON
Keeper of the Department of
Oriental Printed Books and MSS.

BRITISH MUSEUM
18 *February* 1953

AVANT-PROPOS

Ce n'est pas sans quelque crainte que j'ai accepté le périlleux honneur que m'a fait Sir Aurel Stein de publier les documents chinois de sa 3ᵉ mission au Turkestān; j'avais du moins la chance d'avoir un guide dans la publication des documents de la 2ᵉ mission Stein par Chavannes il y a 25 ans. J'en ai suivi les dispositions générales pour la description des fiches en bois, la présentation des textes et de leur traduction et pour les commentaires; de cette façon, les deux séries de documents sont exactement comparables. En tête des documents provenant de chaque site différent est placée une introduction de longueur variable où sont réunis les renseignements généraux, nécessaires pour l'intelligence des manuscrits et que j'ai rapprochés de ceux qu'on peut tirer des documents eux-mêmes; par contre, tous les faits particuliers ou ceux qui portent sur des questions générales n'intéressant qu'une pièce ou un groupe peu nombreux de pièces sont réservés aux notes qui suivent la traduction. Pour les documents eux-mêmes, j'ai tâché, chaque fois que je l'ai pu, de combler les lacunes à l'aide des passages parallèles que m'ont fournis les Documents de Chavannes ainsi que la publication analogue faite par Conrady sur les documents de Sven Hedin et grâce encore aux observations de *Lo Tchen-yu* et de *Wang Kouo-wei;* les passages ainsi restitués sont mis entre crochets de façon à se distinguer à première vue du texte original. Ce procédé emprunté aux épigraphistes et aux papyrologues a fait ses preuves dans leurs disciplines et n'a pas besoin d'être défendu. Son application aux documents chinois d'Asie Centrale ne demandait qu'un peu de prudence; et comme il est toujours facile au lecteur de ne pas tenir compte de ces restitutions typographiquement apparentes, il m'a semblé que les inconvénients qui pouvaient en résulter étaient largement compensés par l'avantage de ne pas obliger chaque lecteur à refaire pour son compte les comparaisons auxquelles l'auteur a dû se livrer pour la publication. En revanche, j'ai évité de ponctuer les textes, sauf ceux qui sont rythmés: la ponctuation suggère insidieusement une interprétation dont le lecteur a peine ensuite à se défaire.

Diverses personnes m'ont aidé à l'achèvement de ce travail: M. *Nguyễn-văn-Duyệt*, lettré annamite qui m'avait suivi en France à mon retour d'Indochine, m'a aidé dans le premier déchiffrement, et M. *Song Kouo-tchou*, étudiant chinois à Paris, pour la copie des manuscrits sur papier; je tiens à leur apporter mes remerciements. Je ne puis me dispenser de mentionner l'aide que m'a apportée M. *Tchang Fong*, docteur de l'Université de Paris, grâce à ses connaissances en paléographie, dans la lecture de certains passages difficiles des documents des *Han* et des *Tsin*; je regrette d'être obligé d'ajouter que Monsieur Tchang m'a dégagé de toute reconnaissance personnelle en publiant lui-même en Chine, sans autorisation, les fiches des *Han* et des *Tsin*, en un ouvrage que je n'ai pu réussir à me procurer. A un autre point de vue, M. Demiéville m'a fait profiter de ses belles connaissances des livres bouddhiques traduits en chinois pour l'identification des fragments les plus rebelles; je suis heureux de cette occasion de le remercier de son concours toujours empressé et toujours efficace.

Je ne puis espérer avoir tout bien lu, tout bien compris et tout bien interprété de textes aussi fragmentaires, se rapportant presque tous à des détails de vie militaire, de routine administrative ou de vie privée et s'étendant des *Han* Antérieurs à la fin de la dynastie *Yuan*. Je voudrais seulement avoir contribué à mettre à la disposition des sinologues les documents si variés découverts par Sir Aurel Stein, documents nous ouvrant sur la vie des petites colonies administratives et militaires chinoises en Asie Centrale pendant 15 siècles des aperçus aussi saisissants et aussi neufs (mais moins abondants) que ceux que les papyrus grecs ont offerts aux historiens de l'antiquité sur la vie des petites colonies grecques d'Egypte.

SIGNES ET ABRÉVIATIONS

O   Caractère manquant, ou illisible, ou indéchiffrable.

…   Lacune d'un nombre indéterminé de caractères; dans les traductions, lacune du texte ou passage intraduisible.

×   Caractère incomplet, ou effacé, ou mal écrit, ou de lecture incertaine.

[ ]   Caractères restitués d'après des passages analogues, ou d'après les tournures employées, ou d'après le sens, pour combler les lacunes des documents; ces crochets sont disposés verticalement [ ] dans les textes imprimés horizontalement, ou horizontalement ⌐¬ dans les textes imprimés verticalement.

⌐¬   Passage d'une écriture différente de celle de ce qui l'entoure.

( )   Passages écrits à l'encre rouge.

| Fin d'une ligne dans le document original (quand le texte est imprimé de façon suivie sans tenir compte de la disposition de l'original).

+   Séparation entre deux fragments d'un même document.

bd.   Bouddhique ou bouddhiste.

Impr.   Imprimé.

Ms.   Manuscrit.

K.   *Kiuan* 卷 (chapitre).

CHAVANNES, *Documents:* Edouard CHAVANNES, *Les Documents chinois découverts par Aurel Stein dans les Sables du Turkestan Oriental*, Oxford, 1913.

CONRADY, *Handschriften:* August CONRADY, *Die chinesischen Handschriften- und Kleinfunde Sven Hedins in Lou-lan*, Stockholm, 1920.

LO: LO Tchen-yu 羅振玉, *Lieou-cha tchouei-kien* 流沙墜簡, k. 1 et 3.

WANG: WANG Kouo-wei 王國維, *Lieou-cha tchouei-kien*, k.2 (ce livre est l'œuvre collective de ces deux savants qui ont pris le soin de mettre leur nom en tête de chacun des chapitres qu'ils ont écrits).

TABLE DES MATIÈRES

PREMIÈRE PARTIE

Documents provenant de la région de *Touen-houang*

Époque des Han

INTRODUCTION

La frontière du nord et du nord-ouest a été, presque jusqu'au XIXᵉ siècle, la seule sur laquelle l'empire chinois eût à se défendre contre des ennemis dangereux: les barbares du nord, nomades grands cavaliers et pillards avaient une organisation militaire et un armement qui valaient ceux des Chinois; ils les ont souvent battus, tantôt se contentant de razzias hâtives, tantôt s'emparant d'une province et s'y établissant en un état plus ou moins fort. Le moyen qui avait paru le meilleur pour se protéger au moins contre les surprises était la construction d'un système de fortifications: au cours du IVᵉ siècle avant notre ère, la frontière nord du Golfe du Petchili au Fleuve Jaune fut défendue par des murailles que les principautés féodales de la région construisirent peu à peu et que l'empereur *Ts'in Che-houang*, ayant unifié l'empire, fit réparer, compléter et renforcer vers la fin du IIIᵉ siècle avant notre ère. Ce genre de fortification apparaissait alors si bien comme la meilleure protection contre les barbares qu'en 127 a.C. l'empereur *Wou*, après la conquête de l'Ordos, y fit élever une muraille nouvelle qu'il fit prolonger encore vers l'ouest entre 121 et 108 a.C. pour couvrir le *Kan-sou* actuel après l'occupation de cette région.

C'est de la partie la plus occidentale des fortifications du *Kan-sou* que proviennent les documents de l'époque des *Han* trouvés par Sir Aurel Stein dans son expédition archéologique de 1913 à 1916 et publiés ci-dessous; les lieux fouillés prolongent vers l'ouest les fouilles de l'expédition de 1906 à 1908 dont les documents ont été publiés, il y a une vingtaine d'années, par Edouard Chavannes sous le titre de "Les Documents chinois découverts par Aurel Stein dans les sables du Turkestan oriental".

Chavannes a rassemblé dans l'Introduction de ce volume les renseignements généraux tirés tant des documents archéologiques que des textes littéraires sur la vie des garnisons de ce Limes chinois. Je n'y reviendrai pas, et me contenterai de compléter le tableau d'ensemble qu'il a brossé de main de maître au moyen de quelques indications de détail sur l'administration civile et militaire de la région, nécessaires à l'intelligence des documents nouveaux rapportés par Sir Aurel Stein et publiés ici.

Tous les documents de l'époque des *Han* sont des fiches de bois provenant de la commanderie de *Touen-houang* 敦煌郡, sauf un tout petit nombre qui viennent de la commanderie de *Tsieou-ts'iuan* 酒泉郡 qui lui est contiguë à l'est. Au point de vue de l'administration civile, la commanderie de *Touen-houang* était divisée à l'époque des *Han* en six sous-préfectures, *hien* 縣, dont trois seulement sont localisées de façon exacte ou à peu près exacte:

1. *Touen-houang*, où réside le *tou-wei* 都尉 de la section centrale 中部, approximativement le *Touen-houang* actuel; la ville des *T'ang* était au sud-ouest de la ville actuelle, de l'autre côté de la rivière.

2. *Ming-ngan* 冥安.

3. *Hiao-kou* 效穀 à trente *li* au nord-est de *Touen-houang* des *T'ang* (*Cha-tcheou tche* 沙州志, ap. *Touen-houang che-che yi-chou* 敦煌石室遺書): la sous-préfecture fut supprimée en 385, mais le nom subsista et était encore celui d'un des treize cantons de *Touen-houang* en 750 (Bibl. Nationale, Ms. Pelliot N° 2805); elle était à peu près à mi-chemin sur la route de *Touen-houang* à l'actuel *Ngan-si*.

4. *Yuan-ts'iuan* 淵泉.[1]

5. *Kouang-tche* 廣至, l'actuel *Ngan-si* où réside le *tou-wei* de *Yi-ho* 宜禾.

6. *Long-lö* 龍勒 = *Nan-hou* actuel où résident les *tou-wei* de *Yu-men* 玉門關 et de *Yang* 楊關.

Les trois sous-préfectures, dont l'emplacement exact est inconnu, étaient dans la partie est de *Touen-houang*, car on les détacha de *Touen-houang* ainsi que *Hiao-kou*, et on les réunit à la partie orientale d. la commanderie de *Tsieou-ts'iuan* et à l'oasis de Hāmi pour en faire la commanderie nouvelle de *Tsin-tch'ang* 晉昌郡: on peut dire qu'en gros la première et la sixième sous-préfectures sont la partie ouest, les quatre autres la partie est de la commanderie de *Touen-houang*. Il ne serait pas impossible d'arriver pour toutes à une localisation, au moins approximative, mais comme leurs noms n'apparaissent pas dans nos documents, je ne tenterai pas cette recherche sans intérêt pour leur interprétation.

Les fiches de la région de *Touen-houang* sont, pour la plupart, des documents officiels, correspondance administrative, reçus des greniers ou des caisses, etc.; un petit nombre sont des lettres privées. Toutes émanent de militaires, officiers ou soldats des garnisons du Limes.

Les *Han* avaient hérité des *Ts'in* un système de milices qu'ils conservèrent en le développant. D'après le Code des *Han*, tous les hommes à l'âge de vingt ans étaient inscrits sur les registres officiels pour le service public, tant civil (corvées) que militaire, sauf ceux qui avaient un rang dans la hiérarchie, et les individus difformes, nains, bossus, etc. A vingt-trois ans, ils étaient appelés pour le service militaire et devenaient soldats du premier ban, *tcheng-tsou* 正卒: ils étaient alors gardes, *wei-che* 尉士, pendant un an, et, pendant une seconde année arbalétriers *ts'ai-kouan* 材官, ou cavaliers, *k'i-che* 騎士, ou soldats des chars légers, *k'ing-tch'ö* 輕車, ou encore bateliers, *leou-tch'ouan* 樓船, suivant les régions; ils étaient libérés à cinquante-six ans, et jusqu'à cet âge pouvaient être rappelés comme soldats de l'arrière-ban *keng-tsou* 更卒. Le service n'était pas d'un an entier dans chaque classe: il n'était que d'un mois effectif, soit à la capitale pour les gardes, soit à la commanderie pour les arbalétriers, cavaliers, etc. Les pauvres faisaient leur service en personne; les riches louaient des remplaçants, *tsien-keng* 踐更, à un tarif fixé à 2000 *ts'ien* 錢 par mois. En outre, il y avait un service de garde-frontière, *chou-pien* 戍邊, qui était théoriquement de trois jours par an, et était dû par chaque homme de l'empire: c'était ce que le Code appelait la garde lointaine, *yao-chou* 繇戍; en réalité, pour ce service, on ne prenait personne pour une période de service *keng* 更 de moins d'un an à la frontière: ceux qui ne voulaient pas faire ce temps se rachetaient au moyen d'une taxe de 300 pièces de monnaie. Le produit en servait à payer la solde et à entretenir des mercenaires véritables, soldats de métier qui faisaient un service de longue durée; le Code les appelle *kouo-keng* 過更; à leur libération, ils retournaient dans leur village d'origine, et c'est parmi eux qu'on choisissait les commissaires de police, *t'ing-tchang* 亭長.

---

1) La forme *Tchen-ts'iuan* 眞泉 est une correction des *T'ang*, destinée à éviter le nom personnel de l'empereur.

D'autre part, il y a des soldats recrutés localement, comme le *Wang* 王 du village de *Tong-wou* 東武
dans le *t'ing* de *Touen-tö* 敦德亭, c'est-à-dire *Touen-houang* qui avait reçu ce nom sous *Wang Mang*.
Les gens de *Touen-houang* et de *Tsieou-ts'iuan* faisaient normalement le service de premier ban, tout
comme ceux des commanderies de l'intérieur. C'est à ce service que se rapporte un ordre à un
commissaire de police de convoquer les jeunes gens (de son village?) pour une sorte de conseil
de révision.

Mais comme il s'agit de commanderies de la frontière et que nos documents proviennent des
postes garde-frontière, *chou-pien*, la plupart des soldats doivent être des mercenaires, *kouo-keng*.
Aussi en trouve-t-on qui sont venus de diverses provinces de l'intérieur de la Chine: de la sous-
préfecture de *Fen-yin* 汾陰 dans la commanderie de *Ho-tong* 河東, de celle de *T'ouen-lieou* 屯留
dans la commanderie de *Chang-tang* 上黨, de *Lo-yang* la capitale de l'Est, de *Yang-ti* 陽翟 dans
la commanderie de *Ying-tch'ouan* 潁川, etc. Ce doit être le cas même des soldats d'origine locale,
comme le *Wang* 王 du village de *Tong-wou* 東武. Enfin il y avait encore un certain nombre de
déportés; les condamnés à une peine de quatre ans ou de cinq ans de travaux forcés étaient déportés
à la Grande Muraille.

Ces soldats de la frontière étaient chargés avant tout de la garde des fortifications contre les attaques
des barbares: la population était trop peu nombreuse et trop dispersée pour que des troubles sérieux
fussent jamais à craindre à l'intérieur. Toutes les troupes étaient cantonnées le long de la Grande
Muraille. L'organisation défensive du *Limes* apparaît comme ayant été très complexe.

L'élément fondamental en était le poste, *t'ing* 亭,[1] ou fort, *t'ing-tchang* 亭鄣,[2] faisant partie de la
muraille ou indépendant; on l'appelait ordinairement "tour à signaux" *souei* 隧, du nom de l'appareil
de signalisation par le feu (flamme la nuit, fumée le jour) qui en était l'organe le plus important.
Tchang Yen 張晏, dans la première moitié du IIIᵉ siècle, déclarait que *souei* 隧 était le nom du signal
à feu de la nuit et *fong* 烽 celui du signal à fumée de la journée; et *Yen Che-kou* 顏師固, au VIIᵉ
siècle, affirmait l'inverse:[3] il est visible que les deux explications ne sont l'une et l'autre que des
essais pour deviner d'après le contexte[4] le sens précis de mots mal connus. Mais avant eux, au temps
des *Han*, *Hiu Chen* 許慎, dans son *Chouo wen*, définit *souei* comme "le pavillon le plus élevé du fort,
où on garde l'appareil de signalisation par le feu (*fong-ho*)" 基上亭守烽火者,[5] et *fong* comme
"le signal de la tour de guette (où il y a un) *souei*"隧候表.[6] Les documents du *Limes* montrent que
ces définitions sont parfaitement conformes à l'usage courant de cette époque: pour eux, le *souei* était
la tour de guette, le poste militaire et la garnison; le *fong* était l'appareil de signalisation lui-même.
Toutefois les définitions des commentateurs s'appuient en partie sur un fait exact: quand on tient
à distinguer la signalisation de jour par la fumée de la signalisation de nuit par la flamme, on emploie
fong pour la première; mais c'est *kiu* 苣 = 炬 "flamme" qu'on emploie la seconde.[7]

La tour de guette avec son appareil de signalisation est décrite avec précision par les écrivains du
temps des *Han*. "Dans les régions frontières, contre les pirates *Hou* 胡, on fait de hautes tours en
terre; sur les tours, on fait une bascule 桔皋; à la tête de la bascule on suspend un panier dans lequel
on met de la paille et de l'herbe. On tient (la bascule) constamment abaissée; s'il y a des pirates, on
met le feu (à la paille) et on l'élève pour s'entr'avertir. C'est ce qu'on appelle *fong* 烽. D'autre part,
quand on entasse beaucoup de paille et qu'à l'arrivée de pirates on l'allume[8] pour qu'on en observe

1) *Ts'ien Han chou*, k. 19, 16a.
2) *Che ki*, k. 117, 28a.
3) *Ts'ien Han chou*, k. 48, 13a.
4) Leurs notes se rapportent à un passage de *Sseu-ma Siang-jou* 司馬相如 qui dit avec beaucoup de précision, mais avec un sens
différent: "quand les guerriers des commanderies de la frontière entendent dire qu'on a *levé l'appareil de signalisation et allumé le signal* ..."
烽舉燧燔. Les deux mots y sont employés exactement comme chez tous les écrivains des *Han*.
5) *Chouo-wen kiai-tseu* 說文解字, k. 10A, 14a.
6) *Chouo-wen kiai-tseu*, k. 14B, 4a.
7) Voir ci-dessous, nº 42 (=T.xxiiic. 03).
8) Il est inutile de lever l'appareil pour un signal de fumée, la fumée montant bien plus haut que la flamme.

la fumée, c'est ce qu'on appelle *souei* 燧".[1] Un détail est ajouté à cette description déjà précise par un autre écrivain de la même époque: "Le *fong* est pareil à une claie à faire sécher le riz 米䈚 qui serait renversée; on le suspend à la tête d'une bascule . . ."[2] Cette bascule a un bras très long appelé *kan* 干 ou 斤: à la tour de *Tchou-tsio* 朱爵 (T.XIX), il n'avait pas moins de 30 pieds de haut,[3] soit sept mètres, le pied des *Han* étant de 0m,24. C'est probablement ce même bras de la bascule qu'on trouve appelé *kan-piao* 斤欙 et qui coûte 120 (sapèques?).[4] Les "hautes tours de terre" sur lesquelles étaient juchées ces bascules avaient leurs dimensions fixées par des règlements qui ne varièrent pas au cours des siècles: à l'époque des *T'ang*, elles devaient, d'après les règlements, avoir 50 pieds de haut et 20 pieds de large à la base contre 10 pieds seulement au sommet;[5] ce sont presque exactement les dimensions d'un *t'ing* dépendant de *Ling-hou* 淩胡, à l'époque des *Han*, dont les dimensions nous sont données à propos de réparations qui y furent effectuées: la face est du *t'ing* avait 14 pieds de large et 52 pieds de haut:[6] en somme, des tours d'une dizaine de mètres surmontées de bascules dont le bras avait 6 mètres, tels étaient les appareils de signalisation de la frontière: c'est ce qu'un document appelle "le signal placé sur le poste" *t'ing-chang fong* 亭上䈚.[7] Les tours dont les ruines jalonnent le *Limes* étaient des tours de guette, et sinon toutes, au moins certaines d'entre elles ont porté des bascules à signaux. La ruine de celle de T.X a encore actuellement environ 10 mètres de haut et sa base à 7 m. 50 de côté: elle est bâtie en forme de "pyramide tronquée" ce qui correspond à la différence de côté à la base et au sommet mentionnée dans les documents anciens; celle de T.XI est du même genre. La tour de guette avec son appareil de signalisation était l'élément fondamental; mais elle ne composait pas le fortin entier: celui-ci avait souvent un rempart extérieur,[8] des "chambres intérieures" 內屋,[9] casernes pour les soldats de la garnison, des greniers, des magasins, etc.

Le nombre de soldats formant la garnison de chaque fortin devait être variable, suivant l'importance des fortins eux-mêmes. En tous cas il devait être relativement élevé, car les devoirs de la garnison étaient nombreux et minutieux: garde du fort, signalisation, patrouilles, service postal, entretien du fort, travaux agricoles, etc., sans parler des rapports, de la correspondance et de l'enregistrement qui était l'affaire des officiers et des scribes.

Le service le plus important était la signalisation qui, en indiquant immédiatement aux autorités les lieux d'approche et le nombre des ennemis, permettait d'organiser efficacement la défense. La réglementation des signaux optiques de façon à faire une sorte de code donnant des renseignements précis était ancienne: on en trouve déjà un système avant les *Han* dans les écrits militaires de l'école de *Mo-tseu*[10]: "Quand en observant on voit les ennemis, lever un signal; quand ils entrent dans les frontières, lever deux signaux; quand ils approchent des faubourgs, lever trois signaux; quand ils entrent dans les faubourgs, lever quatre signaux; quand ils approchent de la muraille, lever cinq signaux; la nuit faire de même avec du feu". A l'époque des *Han*, les signaux servaient à donner deux séries de renseignements différents: d'une part des signaux réguliers à heure fixe faisaient

1) *Wen Ying* 文穎, Commentaire du *Ts'ien Han chou*, cité par *Yen Che-kou* dans son Commentaire du *Ts'ien Han chou*, k. 48, 13a. *Wen Ying* vivait à la fin des *Han* Postérieurs, pendant la période *kien-ngan* (196–220).

2) *Han chou yin-yi* 漢書晉義, ap. *P'ei Yin* 裴駰, *Che-ki tsi-kiai* 史記集解, k. 117, 28a. *P'ei Yin*, qui écrivait au Ve siècle, pouvait utiliser trois *Han chou yin-yi* (aujourd'hui perdus), ceux de *Ying Chao* 應劭, *Wei Tchao* 韋昭, et *Meng K'ang* 孟康; le premier auteur vivait dans la première moitié du IIe siècle, les deux autres au milieu du IIIe siècle.

3) CHAVANNES, *Documents*, n° 694 蓬干長三丈.

4) Ci-dessous, n° 53, p. 30.

5) *T'ong-tien* 通典, k. 152, 7a.

6) CHAVANNES, *Documents*, n° 111; WANG, k. 2, 26b–27a 二人劍○亭東面廣丈四尺高五丈二尺. Cf. *ibid.*, n° 108, où il est question du crépissage d'une autre face, dont il a été fait une portion mesurant 42 pieds de haut sur 16 pieds de large. Dans son état actuel, la tour de *Ling-hou* (T.vi, b) mesure 16 pieds (anglais de 0m,305 = 20 pieds des *Han*) de haut et 21 pieds de large à la base; de plus, placée derrière une hauteur elle ne peut avoir été destinée à servir de poste de signalisation (*Serindia*, t.ii, p. 644). Ce n'est donc pas d'elle qu'il s'agit ici.

7) Ci-dessous, n° 42.

8) CHAVANNES, *Documents*, n° 66.

9) CHAVANNES, *Documents*, n° 198. La garnison est dans ce cas de 145 hommes.

10) *Mo-tseu*, k. 15, 15a, trad. FORKE, p. 626; les termes techniques sont déjà exactement ceux des documents du Limes. 望見寇舉一䈚 (＝烽; le texte a 垂; *Souen Yi-jang* 孫詒讓 lit 表; je préfère 䈚 qui est la leçon du second passage; le sens reste d'ailleurs le même).

savoir que tout allait bien, de l'autre des signaux occasionnels annonçaient les mouvements suspects. Nous sommes mal renseignés sur les premiers: à l'époque des *T'ang*, ils se faisaient deux fois par jour à minuit et à l'aurore;[1] pour celle des *Han*, les documents ne donnent rien de précis; mais il devait certainement exister une réglementation de ce genre,[2] ne fût-ce que pour que la défense chinoise ne courût pas le risque d'ignorer pendant plusieurs jours l'enlèvement par l'ennemi d'un poste surpris et n'ayant pu envoyer de signal d'alarme: en ce cas, la suppression des signaux réguliers devait renseigner rapidement les voisins et les autorités militaires. Nous connaissons mieux les signaux occasionnels; une fiche a conservé un règlement d'emploi des signaux pour annoncer le nombre des ennemis: deux signaux s'ils sont moins de vingt, trois signaux s'ils sont de vingt à cent.[3] C'est sans doute une sorte de circulaire précisant pour l'usage local un règlement général, à moins que ce ne soit simplement une copie du règlement général des postes de signaux de l'empire, destinée spécialement à servir de consigne aux guetteurs du poste de *Tche-kien* 止姦 (T.XXII.e). En effet, les signaux à feu n'étaient pas particuliers à la région frontière, ils formaient dans l'empire entier un vaste réseau de télégraphie optique qui permettait de transmettre rapidement dans toutes les directions et surtout à la capitale les nouvelles des troubles locaux, et l'organisation du *Limes* n'était qu'un cas spécial rentrant dans ce cadre général; aussi la réglementation d'ensemble faisait-elle l'objet d'articles du Code des *Han*, *Han-lu* 漢律, qui avait une section intitulée Des Appareils de Signalisation, *Fong-souei* 烽燧, au titre VIII, *Hing-lu* 興律, de la Partie I, *Kieou-tchang lu* 九章律;[4] il devait s'occuper surtout, comme plus tard le Code des *T'ang*,[5] des fautes commises par les officiers des tours à signaux. Nous n'en connaissons pas les dispositions, mais certaines Ordonnances des *Tsin*, *Tsin-ling* 晉令 (IIIe-IVe siècles) nous ont été conservées et elles ne doivent pas différer beaucoup du Code des *Han*: "Celui qui lève les signaux par erreur, sera puni d'une amende d'une livre et cinq onces d'or. Celui qui ne lève pas (le signal), alors qu'il y a une raison (de le lever), sera exécuté avec exposition sur le marché."[6]

Les signaux étaient nécessairement toujours pareils: une ou plusieurs flammes, un nuage de fumée; tous se faisaient avec l'appareil de signalisation que j'ai décrit ci-dessus. La manœuvre de cet appareil est décrite de façon très précise dans un passage d'un ouvrage d'astrologie du IIIe siècle a.C. aujourd'hui perdu, "l'Observation des Constellations" *T'ien-wen tchan* 天文占 de *Kan Tö* 甘德, à propos de la constellation *Kouan* 爟.[7] "Les quatre étoiles de *Kouan* sont du côté ouest de la queue de (la constellation) *Hiuan* 轅. Quand le chef d'un poste de signaux terrestre observe l'approche de pirates, il lève le feu-signal. (C'est) une bascule de cent pieds, pareille à celle d'un puits, à la tête de laquelle on accroche du feu; s'il y a une alerte, il allume le feu et lâche (la bascule). La bascule est double: le bas penche vers le sol, et l'autre bout est levé en l'air pour que les hommes voient le feu du signal." Si on rapproche la longueur du bras de la bascule du fait que celle-ci restait abaissée en temps normal, il est clair que le panier rempli de paille qui en formait la tête reposait toujours au pied de la tour, et qu'on devait l'allumer en bas avant de le lever, puis le signal envoyé l'abaisser pour l'éteindre, ou au contraire le relever s'il fallait envoyer plusieurs signaux en succession. On pouvait ainsi mesurer exactement la durée de chaque signal et en envoyer chaque fois le

1) *Tou Yeou* 杜佑, *T'ong-tien* 通典, k. 152, 7a.

2) WANG, k. 2, 21a, à propos de CHAVANNES, *Documents*, n° 84; cf. ci-dessous, p. 28, n° 47.

3) Ci-dessous, n°s 42, 154. Cf. un règlement analogue, mais moins précis de l'époque des *T'ang* dans le *T'ang lieou-tien*, cité par CHAVANNES *Documents*, p. xii.

4) *Han-lu k'ao* 漢律考, k. 3, 8b.

5) *T'ang-lu chou-yi* 唐律疏義, k. 8, 10b-12b. Au temps des *T'ang*, la bascule ancienne avait disparu. Les tours rondes, hautes de cinquante pieds, avec vingt pieds de diamètre à la base et dix au sommet, étaient couvertes d'un pavillon en bois, sans murs, dépassant de trois pieds de chaque côté la plateforme sur laquelle il reposait. On faisait les signaux sous ce pavillon (destiné à les abriter de la pluie) avec des appareils qui ne sont pas décrits. Il y avait trois foyers côte à côte et on les allumait un à un ou ensemble, mais non successivement comme au temps des *Han* (*T'ong-tien*, k. 152, 70a).

6) *Tsin-ling*, ap. *T'ai-p'ing yu-lan* 太平御覽, k. 335, 5a.

7) *Kan-che T'ien-wen tchan* 甘氏天文占, ap. *T'ai-p'ing yu-lan* 太平御覽, k. 335, 6b. D'après SCHLEGEL, *Uranographie chinoise*, I, 440, ces quatre étoiles sont λφχψ du Cancer.

nombre réglementaire sans perdre de temps. De plus, on évitait d'encombrer de combustible le sommet des tours et d'avoir à y entretenir un petit foyer pour l'allumage des signaux. La comparaison avec la perche d'un puits suggère le seul détail qui manque pour la description complète de l'appareil, savoir l'existence d'un contre-poids à l'extrémité inférieure, pareil à celui qu'on voit dans la bascule du puits des scènes de cuisine gravées sur la 2ᵉ dalle de la chambrette intérieure et la 7ᵉ dalle des chambrettes extérieures du *Wou-leang ts'eu*, au *Chan-tong*.[1] La manœuvre d'une perche aussi longue, juchée au haut d'une tour elle-même assez élevée était évidemment assez délicate. Le guetteur tout seul n'aurait pu l'exécuter, et d'ailleurs, pendant qu'il y aurait travaillé, il aurait dû cesser d'observer les alentours du poste. Elle était confiée à une équipe de cinq soldats commandés par un sous-officier.[2]

Il ne suffisait pas d'envoyer des signaux, il fallait recevoir ceux des postes voisins et les transmettre: un poste qui a reçu un signal doit y répondre immédiatement pour que le poste émetteur sache qu'il a été vu. Les règlements sont très nets: "Avis à afficher dans un endroit apparant de la tour de guette des postes, afin que tous l'apprennent par cœur et le connaissent. Qu'on observe avec soin: s'il y a un feu venant d'un signal, que la tour de guette du poste en réponse élève (un signal). Sans [faute]."[3] Le signal de réponse aperçu par le poste suivant est ainsi transmis de proche en proche; en même temps, le signal reçu doit être enregistré: "Que dans les sous-préfectures les postes, *t'ing* 亭, voisins de la Barrière guettent attentivement: aussitôt que les *souei* de la Barrière Nord élèvent un signal, tous (les postes) en feront autant jusqu'au poste de l'extrémité sud, et les chefs de poste, *t'ing-tchang* 亭長, inscriront sur des fiches en bois le jour et l'heure d'arrivée du signal".[4]

Le chef du poste devait donc inscrire le jour et l'heure d'arrivée des signaux; les fiches d'enregistrement portent en effet ces indications, et de plus la direction d'où vient le signal,[5] et quelquefois le nom de l'homme de garde qui l'a vu;[6] une fiche porte même un numéro d'ordre qu'on n'a pas réussi à interpréter de façon satisfaisante.[7]

Outre le service de signalisation, la garnison des fortins avait un service de surveillance des environs, non seulement par le guette, mais par des patrouilles et des reconnaissances. Les postes devaient envoyer des patrouilles plusieurs fois par mois à des jours fixés pour surveiller leur secteur.[8] Ils devaient de plus se tenir en liaison les uns avec les autres, comme le montrent trois compte-rendus de patrouilles:[9] dans le plus développé, nous voyons que les patrouilles, parties "le matin" au-devant l'une de l'autre, "se sont rencontrées à la limite (des secteurs de chaque poste)"; pour marquer que la rencontre avait véritablement eu lieu, les deux chefs de patrouille faisaient un *k'iuan* 券,[10] c'est-à-dire inscrivaient leur compte-rendu sur les deux faces d'une même fiche qui était

1) CHAVANNES, *Mission Archéologique dans la Chine Septentrionale*, pl. XLV, n° 76 (registre inférieur, au milieu); pl. XLIX, n°104 (registre inférieur, à droite): dans celle-ci, un oiseau est perché sur le contrepoids.

2) *Wou ling* 吳令, ap. *T'ai-p'ing yu-lan*, k. 335, 6b. Ce règlement ne s'applique qu'au pays de *Wou* au IIIᵉ siècle de notre ère, mais il n'y a aucune raison de supposer que les empereurs de *Wou* aient modifié les règlements des *Han* auxquels ils avaient succédé dans le sud de la Chine. La preuve qu'il ne s'agit pas là d'un règlement local, mais bien d'une règle générale sur la manœuvre des signaux en Chine, est que les règlements des *T'ang* au VIIIᵉ siècle mentionnent encore l'équipe de cinq hommes sous les ordres d'un sixième (*T'ong-tien* 通典, k. 152, 7a).

3) CHAVANNES, *Documents*, n° 432, WANG, *op. cit.*, k. 2, 20b (n° 37).

4) CHAVANNES, *Documents*, n° 273; WANG, *op. cit.*, k. 2, 20b–21a (n° 35). Le sens technique du mot *ho* 和 "faire le même signal en réponse à un signal reçu" ressort nettement du règlement général des signaux, ci-dessous, n° 42.

5) CHAVANNES, *Documents*, n°ˢ 86, 87.

6) CHAVANNES, *Documents*, n° 85; WANG, *op. cit.*, k. 2, 20a (n° 38).

7) CHAVANNES, *Documents*, n° 84; WANG, k. 2, 21a. "6ᵉ mois, jour *ting-sseu*: (n°) 210 de (l'année) *ting-hai* (probablement 34 a.C.). Un signal de feu est venu du côté est". *Wang Kouo-wei* suppose que le chiffre 210 indique le nombre des signaux relevés dans ce poste depuis le commencement de l'année, et conclut de ce nombre élevé qu'il devait y avoir un signal journalier pour faire voir que tout allait bien. S'il a raison, comme 34 a.C. a un 4ᵉ mois intercalaire et commence au jour *ting-wei* (44ᵉ du cycle), et qu'il y a par conséquent 193 jours jusqu'au jour *ting-sseu* (54ᵉ du cycle) du 6ᵉ mois, il aurait été enregistré en six mois 16 signaux des postes voisins annonçant des alertes plus ou moins graves, en plus des 193 signaux journaliers.

8) CHAVANNES, *Documents*, n° 670; WANG, k.2, 21 b, n° 42: "Liste des reconnaissances faites aux jours fixés par le *heou-tchang* 侯長 de *Tchou-tsio* 朱爵 au 2ᵉ mois".

9) Ci-dessous, n°ˢ 30, 62, 63.

10) Ci-dessous, n° 62.

ensuite sciée dans sa longueur et chacun en emportait la moitié. Une autre fiche nous montre, non plus de simples patrouilles de liaison de poste à poste, à l'intérieur des lignes fortifiées, mais une véritable reconnaissance en-dehors des lignes, dans le désert, par un détachement qui allait reconnaître un mouvement suspect et emportait un *fong* portatif pour rester en communication de signaux avec les tours de guette.[1] Ce n'est d'ailleurs que l'application d'une règle générale des troupes en campagne: lorsqu'un détachement devait s'écarter du gros de l'armée, il emportait des chars à signaux ainsi que des tambours, afin de rester autant que possible en liaison avec le corps principal.[2]

Un autre procédé pour reconnaître, sinon empêcher, le passage d'un rezzou ennemi était l'établissement de "champs célestes" *t'ien-t'ien*,[3] qu'on appelait littérairement "pièges à tigres" *hou-lo* 虎 落 d'un nom qui ne se rencontre pas dans nos documents. Un écrivain du troisième siècle *Sou Lin* les décrit ainsi: "On fait les *hou-lo* au pied des fortins frontières: on étale du sable à l'extérieur (du fort), le matin on regarde les empreintes de pas et on sait ainsi si les Huns ont pénétré; on leur donne aussi le nom de Champs célestes *t'ien-t'ien*.[4] On faisait à proximité des postes du Limes un broussaillement et un piochage: il fallait ameublir la terre pour qu'elle prît bien les empreintes. Les soldats du poste se plaignaient de ce que ce travail, joint au service du poste, était un labeur épuisant.[5] Il se faisait au rythme moyen de trois pas par jour et par homme soit environ 4m,50 (6 pieds de 0 m,24 au pas) à l'avancée et environ 6,50 mètres carrés (1 pas de 1m,48 de large) en surface. Les espaces ainsi préparés étaient cependant fort petits: l'un d'eux a 40 *meou*, soit 1 *li* de long sur 32 pas de large, faisant environ 1ha½ de superficie; son défrichement avait pris 100 jours; un autre, encore plus petit n'a que 6 pas de large sur 1 *li* de long soit environ ½ha.[6] Il est probable que leur entretien devait demander des soins continuels.

Il fallait aussi assurer la poste. Il y avait un important courrier qui passait par les postes du Limes. Chaque lettre devait être enregistrée avec les noms de l'envoyeur et du destinataire, le nom et le poste du soldat qui l'apportait, le jour et l'heure d'arrivée.[7] Ce n'était pas exclusivement un courrier local, il y avait aussi des ordres venus de la commanderie:[8] une fiche se rapporte à la transmission de deux lettres adressées au *wou-wei-tsiang* 五 威 將 *Wang Ki* 王 奇 envoyé en ambassade en Asie Centrale par *Wang Mang* en 9 p. C.[9] Le courrier était porté par des personnes de tout rang: employés des bureaux de la commanderie ou de la sous-préfecture, *li*,[10] soldats, anciens soldats;[11] il semble aussi qu'il était acheminé de poste en poste, chacun détachant un soldat pour le porter au poste voisin, de la même manière que le courrier officiel de relais en relais à l'intérieur de l'empire.

Le *souei* était la base de l'organisation défensive du Limes. Au-dessus de lui, il y avait toute une série d'échelons de commandement. Ceux-ci varièrent entre les *Han* Antérieurs et les *Han* Postérieurs.

Sous les *Han* Antérieurs, au 1er siècle avant notre ère, la commanderie de *Touen-houang* était divisée au point de vue militaire en quatre sections, *pou* 部:[12]

1. Section de *Yi-ho* 宜 禾 部 chef-lieu: poste de *K'ouen-louen* 昆 侖 鄣.
2. Section du Centre 中 部 chef-lieu: poste de *Pou-kouang* 步 廣 鄣.
3. Section de *Yu-men* 玉 門 部 chef-lieu: (poste de la) barrière de *Yu-men* 玉 門 關.

---

1) Ci-dessous, n° 61.
2) *Wei-kong ping-fa* 衛 公 兵 法, ap. *T'ai-p'ing yu-lan*, k.335, 6b.
3) J'ai adopté les conclusions de M. HANEDA Akira 羽 田 明, *Réflexion sur le mot t'ien-t'ien* 天 田 辨 疑, *Tōyōshi kenkyū* 東 洋 史 研 究, t. I. (1936), 543-546. CHAVANNES, *Documents*, n° 88, avait supposé qu'il s'agissait de terrains nouvellement défrichés, explication qui se heurtait à la difficulté de trouver des terrains cultivables à proximité des forts.
4) *Ts'ien Han chou*, k. 49, 13b: cf. HANEDA Akira, *op. cit.*, 544.
5) CHAVANNES, *Documents*, 30, 495.
6) CHAVANNES, *Documents*, 89, 90.
7) Ci-dessous, nos 52, 115; CHAVANNES, *Documents*, nos 275, 367, 614.
8) CHAVANNES, *Documents*, n° 504; WANG, k. 2, 5b (n° 10).
9) WANG, k. 2, 12b.
10) CHAVANNES, *Documents*, n° 614; WANG, k. 2, 13a (n° 61).
11) CHAVANNES, *Documents*, n° 275.
12) *Ts'ien Han chou*, k. 28B, 3b.

4. Section de *Yang-kouan* 楊關部 chef-lieu: (poste de la) barrière de *Yang* 楊關.

A la tête de chaque section était un *tou-wei* 都尉,[1] officier de rang élevé, classé comme "assimilé à ceux qui reçoivent une solde de 2000 *che* de grain" *pi-eul-ts'ien-che* 比二千石.[2] Il avait sous ses ordres un assistant, *tch'eng* 丞,[3] et un secrétaire, *sseu-ma* 司馬,[4] ayant lui-même un assistant, *tch'eng* 丞,[5] de plus, deux scribes du (*tou)-wei*, *wei-che* 尉史,[6] et deux officiers, *che-li* 士吏,[7] chargés d'inspecter la frontière".[8]

Chaque section, *pou*, était divisée en sous-sections, *k'iu* 曲, ou *heou-kouan* 侯官, commandées chacune par un *kiun-heou* 軍侯 ou simplement *heou* 侯, officier "assimilé à ceux qui reçoivent une solde de 600 *che* de grains, *pi-lieou-po-che* 比六百石. Il avait près de lui un assistant, *heou-tch'eng* 侯丞,[9] et un *tsao-che* 造史:[10] les fonctions de ce dernier sont bien décrites dans le n° 574 de CHAVANNES, *Documents*, p. 124.

En-dessous des *heou-kouan*, servant d'intermédiaire entre ce poste et le *souei*, s'interposait encore un échelon qui paraît avoir été appelé *kan-heou* 斥侯 à l'époque des *Han* Antérieurs, et *pou* 部 sous les *Han* Postérieurs.[11] A sa tête était un *heou-tchang* 侯長, petit officier classé comme *yeou-tche* 有秩,[12] c'est-à-dire ayant une solde évaluée à 100 *che* de grain et occupant le degré le plus bas de la hiérarchie administrative; il était assisté d'un *heou-che* 侯史.[13]

Nous avons des documents assez précis sur trois des circonscriptions, *P'ing-wang* 平望, *Wan-souei* 萬歲 et *Pou-tch'ang* 步昌; mais comme ils ne sont pas tous datés et que plusieurs sièges de *heou-tchang* ont été, soit en même temps, soit ultérieurement, des *heou-kouan*, ils ne sont pas toujours faciles à interpréter. La dépendance du *heou-tchang* par rapport au *heou-kouan* est montrée clairement par un document de l'époque de *Wang Mang* où le *heou-tchang* de *P'ing-wang* 平望 apparaît comme dépendant du *k'iu* de *Pou-kouang* 步廣曲.[14] Mais ses relations avec les *souei-tchang* sont moins nettes: Chavannes faisait de lui un subordonné du *souei-tchang*[15] et Wang Kouo-wei, après avoir constaté qu'il y a quelques circonscriptions de *heou-tchang* portant le même nom que certains *souei*, paraît bien en tirer la conclusion que *souei* et *kan-heou* sont pareils.[16] Les documents de *P'ing-wang* et de *Wan-souei* n'apportent rien ni en faveur de ces deux hypothèses ni contre elles: ils nous montrent bien des *souei*, *Ts'ing-touei* 青堆[17] et *Tchou-tsio* 朱爵,[18] dépendant de *P'ing-wang* et trois *souei*, *Yang-wei* 楊威,[19] *Hien-wou* 顯武[20] et *Kao-wang* 高望,[21] dépendant de *Wan-souei*; mais *P'ing-wang* et

1) *Ts'ien Han chou*, k. 94A, 15b, commentaire de YEN Che-kou; CHAVANNES, *Documents*, n⁰ˢ 136, 137, 275, 305.
2) *Ts'ien Han chou*, k. 19A, 15b.
3) CHAVANNES, *Documents*, n° 137.
4) CHAVANNES, *Documents*, n⁰ˢ 275, 438, 461.
5) CHAVANNES, *Documents*, n° 461.
6) CHAVANNES, *Documents*, n° 452.
7) CHAVANNES, *Documents*, n⁰ˢ 49, 138, 143, 145, 378, etc.; WANG, k. 2, 5a, 3a, 14a, etc.
8) YEN Che-kou, *Commentaire au Ts'ien Han chou*, k. 94A, 17b. Les documents sont assez nombreux et assez nets pour montrer qu'on doit corriger dans ce commentaire le *che-che* 士史 en *che-li* 士吏.
9) CHAVANNES, *Documents*, n° 150.
10) CHAVANNES, *Documents*, n° 378, lire 玉門侯造史龍勒周生萌. "Le *tsao-che* dépendant du *heou* de *Yu-men*, *Tcheou-cheng Meng* de *Long-lö* . . .", cf. WANG, k. 2, 14a.
11) CHAVANNES, *Documents*, n⁰ˢ 328, 356; WANG, k. 2, 28b, donne la lecture correcte 斥 au lieu de *siu* 序. *Kan* 斥 est le mât de l'appareil de signalisation: un *kan-heou* est un poste de guette, *heou*, avec un mât (*kan*) de signalisation.
12) CHAVANNES, *Documents*, n° 592. D'après les règlements de *yen-p'ing* (106 p.C.), pour 100 *che* on recevait par mois 48 *teou* de grain en nature et 800 sapèques.
13) CHAVANNES, *Documents*, n° 62, où un *heou-che* réclame 2400 sapèques faisant quatre mois de solde, soit 600 sapèques par mois, les trois quarts de la solde de son chef le *heou-tchang*. Ce n'est que la moitié de sa solde, le reste étant en grain.
14) CHAVANNES, *Documents*, n° 592. Le *k'iu* de *Pou-kouang* de *Wang Mang* est le *heou-kouan* de *Tchong-pou* 中部 des *Han* Antérieurs.
15) CHAVANNES, *Documents*, *Introduction*, p. xi. C'est probablement d'après le n° 377 qu'il considère comme un ordre du *souei-tchang* au *heou-tchang*: mais le mot 令 n'y signifie pas ici "donner un ordre", et désigne une personne "faisant fonction de . . ."; le *souei-tchang* est chargé de faire provisoirement fonction de *heou-tchang*.
16) WANG, k. 2, 14a-15a.
17) CHAVANNES, *Documents*, n° 274.
18) CHAVANNES, *Documents*, n⁰ˢ 484, 693.
19) CHAVANNES, *Documents*, n° 572.
20) CHAVANNES, *Documents*, n° 569; WANG, k. 2, 41a.
21) CHAVANNES, *Documents*, n° 377; WANG, k. 2, 19b.

Wan-souei ayant été à une certaine époque des *heou-kouan*[1] et les documents n'étant pas datés, il n'est pas possible de savoir, si c'est comme *heou-kouan* ou comme siège de *heou-tchang* qu'ils avaient des *souei* subordonnés. Mais la troisième série de documents, ceux de *Pou-tch'ang* 步昌, contredit ces deux hypothèses et montre bien la place du *heou-tchang* entre le commandant du *heou-kouan* et celui du *souei*. *Pou-tch'ang* était le siège d'un *heou-tchang*,[2] et de ce poste dépendait le *souei* de *Ling-hou* 淩胡;[3] ceci ne serait pas en soi un argument décisif, car les documents de *P'ing-wang* et *Wan-souei* montrent qu'il y a eu des *heou-kouan* et des postes de *heou-tchang* portant le même nom, et par conséquent *Ling-hou* pourrait dépendre d'un *heou-kouan* de *Pou-tch'ang*, inconnu seulement parce que les documents ne nous en auraient pas rendu le nom. Mais cet argument, *a priori* admissible, est insoutenable dans ce cas particulier: le *souei* de *Ling-hou* était en effet le siège du *heou-kouan* de *Ta-tsien-tou* 大煎都;[4] il ne peut à la fois avoir été le siège d'un *heou-kouan* et avoir dépendu d'un autre; enfin, toutes les fiches, tant de *Ling-hou* que de *Pou-tch'ang*, étant du 1er siècle a.C., on ne peut faire intervenir une différence de date. Ce cas nous apporte la preuve que le *heou-tchang* était le supérieur du *souei-tchang*.

Tout en bas de l'organisation était le *souei* dont j'ai déjà parlé en détail. Il était commandé par le chef de tour à signaux *souei-tchang* 隧長 qui dépendait du *heou*. Deux documents nous montrent exactement la position du *heou*, commandant du *heou-kouan*, recevant des ordres du *tou-wei* et en donnant au *souei-tchang*:

Ordre du *tou-wei* au *heou*:[5] 二日庚午、敦煌玉門都尉子光丞○年謂大煎都侯、寫移書到○郡○言到日如律令·

"Le 2e jour, *keng-wou*, . . . *Nien*, assistant de *Tseu-kouang*, *tou-wei* de *Yu-men* dépendant de *Touen-houang*, dit au *heou* de *Ta-tsien-tou*: quand vous écrivez des lettres à faire parvenir à la commanderie,* (il faut) indiquer le jour d'arrivée (de la lettre à laquelle vous répondez), conformément aux règlements."

Ordre du *heou* au *souei-tchang*:[6] 三月癸酉、大煎都侯嬰○下厭胡守士吏方、奉書從事下當用者如詔書·令史偃

"Le 3e mois, le jour *kouei-yeou*, le *heou* de *Ta-tsien-tou*, *Ying* . . . ordonne à *Fang*, officier (*che-li*) chargé par intérim du commandement (du *souei*) de Yen-hou: dès que vous aurez cette lettre, etc. . ."

De la section, *pou*, au fort à signaux, *souei*, avec tous ses échelons intermédiaires, *heou-kouan* et *kan-heou*, la défense du Limes paraît avoir été fort bien articulée. On reconnaît mieux encore le soin avec lequel cette organisation avait été montée quand on en examine les dispositions sur la carte. La défense était assurée par un mur, ou plutôt, comme l'appelle fort justement Sir Aurel Stein, un *agger* sur toute la ligne faisant face au nord: il n'y a interruption que là où des obstacles, rivière, lac, etc., font une défense naturelle; et à des distances variables, mais jamais très considérables, de nombreuses tours placées non sur l'*agger* lui-même, mais à quelques mètres en arrière de sa ligne qui s'incurve en avant d'elles pour servir de 1ère ligne de défense. Cet *agger* va s'épauler, à son extrémité ouest, à la vaste dépression de marais salins, bassin terminal du *Sou-lo ho:* cette dépression était à elle seule une défense, les marais étant tout à fait infranchissables la plus grande partie de l'année;[7] mais pour prévenir toute surprise, une ligne de postes isolés avait été établie sur les dunes qui la

---

1) Le *heou-kouan* de *P'ing-wang* est mentionné dans CHAVANNES, *Documents*, n° 275 l.2 (lire 平望侯官 au lieu de 平望隊內); d'autre part *Wan-souei* a sûrement été aussi un *heou-kouan*, bien que ce terme ne lui soit jamais appliqué, puisqu'on y mentionne un *tsao-che* (n° 574).

2) CHAVANNES, *Documents*, n°s 58, 83.

3) CHAVANNES, *Documents*, n° 258. 步昌淩胡 signifie "*Ling-hou* (dépendant de) *Pou-tch'ang*" et non "*Pou-tch'ang* et *Ling-hou*".

4) STEIN, *Serindia*, II, 648 et ci-dessous, p. 10 sq.

5) CHAVANNES, *Documents*, n° 137; WANG, k. 2, 3b.

6) CHAVANNES, *Documents*, n° 138; WANG, *op. cit.*, k. 2, 3a. *Yen-hou* n'est pas ici appelé *souei*, mais voir n° 49. Cette fiche, non datée, est de 58 ou 54 a.C.: en effet "*Ying* . . . , *heou* de *Ta-tsien-tou*, apparaît dans le n° 51 qui est daté de 57 a.C.; d'autre part il n'est pas vraisemblable que l'intérim du commandant de *Yen* ait duré très longtemps, et l'officier intérimaire se retrouve au n° 139, également au 3e mois, le jour étant *keng-yin* (27e du cycle): or les années 58 et 54 a.C. sont les seules (autour de 57) où le 3e mois contienne à la fois des jours *kouei-yeou* et *keng-yin*.

7) STEIN, *Serindia*, II, 633 sq.

*) [Better, "When you copy a circular instruction and send it on . . ."]

dominent à l'est ou même, en certains points, sur le fond de la dépression. D'autres postes isolés étaient installés plus ou moins loin en avant de l'*agger* en des endroits qui semblaient particulièrement importants, par exemple la tour T. I et T. II sur la dune de la rive droite du *Sou-lo ho* de chaque côté de la route du *Lop-nōr*, sans doute pour garder le passage de la rivière, ou encore T. IX, a sur un éperon de dune en avant de la muraille, etc. Les tours, reliées ou non entre elles par l'*agger*, sont l'élément fondamental de la défense. Toutes ne sont pas des tours de guette ou de signalisation: certaines d'entre elles sont placées dans des lieux tels qu'elles n'ont aucune vue en avant, comme T. VI, b.[1] Bien plus, toutes n'ont pas été occupées de façon permanente et par suite n'étaient pas des *souei* distincts, mais des tours dépendant d'un des deux *souei* situés à l'E., et à l'O., et elles n'étaient pourvues de gardes qu'en cas de besoin, comme par exemple T. IX, a.[2] Cette différence apparaît clairement dans les relevés de Sir Aurel Stein: certaines tours sont accompagnées de bâtiments servant de quartier aux troupes, de magasins, etc., par exemple T. VI, c; T. VI, b; T. VI, a; T. V; T. IV, b; T. VIII; T. XI. (?); T. XII., a; T. XIII; T. XXVII; etc.,[3] mais la plupart se dressent isolées sans aucun bâtiment annexe, ou avec juste une salle de garde, et n'ont livré aucun document ni montré aucune trace d'occupation comme T. IV, a; T. IV, c; T. VII; T. IX; T. IX, a; T. X; T. XVI; T. XVII; T. XVII, a; et la plupart des tours rapprochées de T. XVIII, a jusqu'à T. XXVI.[4] Les tours isolées qui flanquent le Limes à l'ouest sont presque toutes des *souei;* au contraire, les tours isolées en avant de l'*agger*, comme T. I et T. II ne sont pas des postes, mais reçoivent leurs gardes, quand ils en ont, d'un poste du Limes dont elles dépendent.

D'autre part, même en tenant compte du fait que bien des tours ne devaient pas être des *souei*, il n'est pas vraisemblable que celles, en nombre plus restreint, qui constituaient des *souei* aient été toutes pourvues de l'instrument compliqué et délicat qu'était l'appareil de signalisation que j'ai décrit ci-dessus. Un document (Chavannes N° 61) qui énumère les *fong* de *Yi-ho* 宜禾部燧 paraît bien en être la preuve, car de *Yi-ho* à *Pou-kouang* il n'énumère que 5 *fong* et il y avait bien plus de 5 tours dans cet intervalle. Le nom *kan-heou* 扞侯 de l'échelon intermédiaire entre le *heou-kouan* et le *souei* suggère que ce sont ces postes qui avaient été pourvus de cet appareil, car il veut dire proprement tour de guette (*heou*) pourvue d'un mat de signalisation; l'accroissement à une certaine époque du nombre des chefs de tour de guette, *heou-tchang* (commandants d'un *kan-heou*), serait due au besoin d'avoir des renseignements par signaux moins espacés que précédemment. Même si on n'adopte pas cette hypothèse que je ne puis prouver, mais qui me paraît presque sûre, il est nécessaire d'admettre qu'il y avait une sélection parmi les postes chargés de signaler par la flamme et par la fumée; avec l'habitude de faire un signal à heure fixe pour indiquer que tout allait bien, les tours placées sur les sections rectilignes du "*Limes*" se seraient masquées mutuellement et il aurait été impossible ou tout au moins bien difficile, même pour les voisins, de constater si réellement tous les postes avaient fait le signal.

Ce qui est le mieux connu du *Limes* c'est son extrémité occidentale à l'époque des *Han* Antérieurs: c'est la partie qui a fourni le plus grand nombre de documents. C'était le secteur du *tou-wei* de *Yu-men, Yu-men tou-wei* 玉門都尉. De ce personnage qui avait son siège au petit fort T. XIV[5] dépendaient deux *heou-kouan* 侯官 celui de *Ta-tsien-tou* 大煎都 et celui de *Yu-men* 玉門.

1) STEIN, *Serindia*, II, 644.
2) STEIN, *Serindia*, II, 662.
3) STEIN, *Serindia*, II, 644, 641, 636, 658, 667–8, 669, 681, 694, etc.
4) WANG, k. 2, 20b, explique ce petit nombre par la différence de sens que les lexicographes font entre *fong*, signal de fumée pour le jour et *souei*, signal de feu pour la nuit: la fumée le jour étant moins visible que la flamme la nuit, on aurait fait moins de postes de signaux de jour que de signaux de nuit; il est évident, au contraire, que moins le signal était visible, plus il était nécessaire de rapprocher les tours, si l'on voulait voir les signaux, et d'autre part que, si on avait séparé les signaux de jour et de nuit, il n'y aurait eu aucun besoin d'un appareil pour les signaux de fumée, car la fumée s'élève naturellement très haut et se voit de très loin; l'appareil n'était nécessaire que pour les signaux de feu, car il fallait élever la flamme. La fiche T.xxii. e. 03 (ci-dessous n° 42) montre que, contrairement à ce que pensait Wang Kouo-wei, les signaux de fumée de jour et les signaux de feu de nuit se faisaient dans le même poste et que l'appareil était indifféremment employé pour les uns et les autres.
5) STEIN, *Serindia*, II, 620 sq., 684–90; figs. 183, 184 (p. 685); plan 40.

Le *heou-kouan* de *Ta-tsien-tou* était le plus occidental: il comprenait l'extrémité de l'*agger* et les tours isolées qui en flanquaient l'extrémité à l'ouest.[1] Le *kan-heou* de *Pou-tch'ang* 步昌 qui en dépendait, commandait aux tours à signaux *souei* de *Pou-tch'ang* (T. VI, a), *Ling-hou* 陵胡 (T. VI, b), *Yen-hou* 厭胡 (T. VI, c) et *Kouang-tch'ang* 廣昌 (T. VI, d), c'est-à-dire au groupe le plus méridional des postes isolés qui jalonnent le bord occidental du bassin terminal du *Sou-lo ho*.

Le siège du *heou-kouan* était près de l'extrémité sud du secteur, à la tour de *Ling-hou* 淩 (ou 陵) 胡 (T. VI, b)[2]: c'était la dernière bâtie sur les éperons de dunes qui dominent tout le pays à leur pied; là résidait le chef du secteur, le *heou*, et auprès de lui toute l'administration militaire, avec les bureaux, les greniers,[3] les magasins, les dépôts d'armes. A l'extrémité nord au contraire, au point de départ de l'*agger*, à la tour *Fou-tch'ang* 富昌, l'adjoint au *heou*, *heou-tch'eng* 侯丞 avait son "siège séparé" 別治.[4] Le secteur de *Ta-tsien-tou* était ainsi bien en main entre le chef et l'adjoint. Le *heou-tch'ang* devait avoir eu sa résidence à l'origine au milieu de l'intervalle entre ces deux postes, à la tour *Pou-tch'ang* (T. VI) qui lui donne son nom; mais il avait bientôt été reconnu plus pratique de l'installer à côté du *heou* pour lui servir d'adjoint, puisque son adjoint titulaire, ayant son poste loin au nord, ne pouvait remplir le rôle d'un véritable adjoint et, dès avant le milieu du 1er siècle, il était lui aussi à *Ling-hou* (T. VI); son propre adjoint, le scribe des tours de guette *heou-che* 侯史 avait, lui aussi, reçu un poste séparé et était à la tour *Kouang-tch'ang* (T. VI, d),[5] la dernière du poste, à la fois la plus méridionale et la plus occidentale de tout le système défensif, et les chefs de poste, *souei-tchang*, de *Ling-hou* et de *Kouang-tch'ang* devaient respectivement servir d'adjoints au *heou-tchang* et au *heou-che*. Ce système, qui fait remplir à chacun une fonction qui n'est pas la sienne, était sans doute destiné à mettre dans les postes les plus importants des officiers de grades plus élevés: un *heou-tch'eng* à la place d'un simple *heou-tchang* au point vital où cesse l'*agger* et où commence le réseau des petits postes isolés, pour commander le saillant de T. V (*Kouang-wou*) à T. VII; un *heou-che*, au lieu d'un simple *souei-tchang*, à l'extrémité de la ligne de postes.

Plus à l'est, le *heou-kouan* de *Yu-men*, dont le siège était à T. XV, tout près de la résidence du *tou-wei*,[6] s'étendant depuis la tour de *Hien-ming* 顯明 (T. VIII), ou peut-être d'une des tours T. III, T. VI ou T. VII dont le nom est inconnu, jusque vers l'une des tours numérotées T. XXIII. Sur ce front étendu, plusieurs *kan-heou* en dépendaient: *Yu-men*, commandant aux *souei* de *Hien-ming* 顯明 (T. VIII), ainsi qu'à T. IX, T. X et T. XI, dont le nom n'est pas connu, à un *souei* appelé *Kouang-sin* 廣新 (T. XVII) au temps de *Wang Mang*—et qui, s'il n'était pas une nouvelle création, s'était probablement appelé *Kouang-han* 廣漢 au temps des *Han* Antérieurs[7]—, au *souei* de *Tang-kou* 當谷 (T. XIII) et peut-être à quelque autre encore plus à l'est; ensuite *P'ing-wang* 平望, dont le *heou-tchang* résidait à T.XXII, a[8] et dont dépendaient les *souei* de *Tchou-tsio* 朱爵 (T.XIX) et de *Ts'ing-touei* 青堆 (T.XXII, b) ainsi que les tours intermédiaires T.XX, T.XXI. La partie de Limes située au nord de *Touen-houang* formait le secteur de *tou-wei* du Secteur Central 中部都尉. On ne sait pas exactement où en passait la limite du côté de *Yu-men*, mais à moins d'étendre démesurément le secteur déjà considérable du *tou-wei* de *Yu-men* et de réduire à presque rien le Secteur Central, on ne peut rattacher qu'à ce dernier le *kan-heou* de *P'o-hou* 破胡[9] commandant les tours de *Cheou-kouan* 受官 (T.XXII, c), *Tsong-min* 宗民 (T.XXII, d),[10] *Tche-kien* 止姦 (T.XXIX, e)[11] et probablement quelques autres des

---

1) STEIN, *Serindia*, II, 636.
2) CHAVANNES, *Documents*, n° 42.
3) CHAVANNES, *Documents*, n° 95.
4) CHAVANNES, *Documents*, n° 150; WANG, *op. cit.*, k. 2, 4a (n° 7) . . . 大煎都侯丞罷軍別治富昌隧 . . .
5) CHAVANNES, *Documents*, n° 62, où il porte le titre de *heou-che* de *Kouang-tch'ang*.
6) T.xv, a était un lieu d'habitation, mais il n'y avait pas de tour de guette. STEIN, *Serindia*, II, 693 sq.
7) *Wang Mang* prit pour titre dynastique *Sin* 新, et mit ce mot à la place de *Han* dans les termes géographiques qui comportaient le nom de la dynastie qu'il avait renversée.
8) Le nom de *souei* où résidait le *heou-tchang* de *P'ing-wang* est écrit très clairement dans CHAVANNES, *Documents*, n° 275, mais les deux caractères du nom, écrits en abrégé, sont restés indéchiffrables
9) Ci-dessous, n°s 31, 44; CHAVANNES, *Documents*, n° 621.
10) Ci-dessous, n° 31.
11) Ci-dessous, n° 44.

plus voisines; quant aux *souei* de *Hiuan-wou* 玄武 (T.XXIII, k), *Wei-hou* 威胡 (T.XXIII, l),[1] *P'o-lou* 破虜, qui doit être tout proche, je ne sais s'ils dépendaient du *kan-heou* de *P'o-hou* ou d'un autre, mais il est certain qu'ils étaient dans la Section Centrale, *tchong-pou* 中部.[2] De plus, il faut encore placer dans cette région le *kan-heou* de *Hou-meng* 虎猛[3] avec ses *souei Hou-meng, Yi-ts'ieou* 宜秋,[4] *Yong-kan* 勇敢[5] et celui de *Ta-fou* 大福,[6] que je ne puis localiser de façon précise. Le *tou-wei* avait sa résidence au *heou-kouan* de *Pou-kouang* 步廣, c'est-à-dire à T.XXVIII; de ce *heou-kouan* dépendaient les *souei* de *Yang-wei* 揚威 (T.XXVI), de *Hien-wou* 顯武 (T.XXVII) et de *Kao-wang* 高望; les *kan-heou* de cette portion du Limes sont inconnus.

Plus à l'est, c'était le secteur du *tou-wei* de *Yi-ho* 宜禾, qui devait s'étendre, à l'ouest et à l'est de l'actuel *Ngan-si*, sur les tours portant les numéros de XXXVII à XL. Cette portion du Limes a fourni très peu de documents. Mais une des fiches publiée par Chavannes[7] donne la liste des tours à signaux, *fong* 燧, du secteur, *pou* 部,[8] de *Yi-ho* et, comme Wang Kouo-wei l'a déjà montré, elles sont rangées de l'est à l'ouest.[9] J'ai dit plus haut qu'à mon avis, les *souei* n'avaient pas le grand appareil de signalisation appelé *fong*, et celui-ci n'était placé que dans les *kan-heou;* cette liste nous donne donc les cinq *kan-heou* dépendant du *tou-wei* de *Yi-ho:*

1. *Kouang-han* 廣漢 (qui n'a rien à faire avec le *Kouang-sin* dépendant de *Yu-men*), le plus oriental, une des tours numérotées XL.

2. *Mei-tsi* 美稷, probablement du côté de la petite citadelle ruinée appelée *Po-tch'ang-tseu*, où il y a un fragment de l'*agger* numéroté αβγ.

3. *K'ouen-louen* 昆侖, dans la sous-préfecture de *Kouang-tche* 廣至, siège du *tou-wei* de *Yi-ho*, près de l'actuel *Ngan-si*, peut-être la petite "ville de ruines" qu'y signale Sir Aurel Stein.

4. *Yu-tsö* 魚澤, dans la sous-préfecture de *Hiao-kou* 效穀, ancien siège du *tou-wei* au temps de l'empereur *Wou*, probablement la petite citadelle (T.XXXVII, g).

5. *Yi-ho* 宜禾, le plus occidental de la série, limitrophe de *Wan-souei* (qui est le nom de *Pou-kouang* au temps des *Han* Postérieurs), dont dépendait le *souei* de *Lin-kiai*, 臨介, le seul *souei* dont nous connaissions le nom dans ce secteur.[10]

Quelques documents provenant de la Commanderie de *Tsieou-ts'iuan* nous permettent de constater que cette organisation n'était pas particulière à *Touen-houang* mais restait la même sur tout le Limes. Dans la région où le *Sou-lo ho*, venant du sud, fait le grand coude qui le rejette dans l'ouest, étaient la sous-préfecture de *Kan-ts'i* 乾齊, où résidait le *tou-wei* du secteur occidental, *si-pou tou-wei* 西部都尉, de *Tsieou-ts'iuan*,[11] et la sous-préfecture de *Yu-men* 玉門.[12] On trouve mentionné là un *heou-kouan* 侯官 de -*wang* ○望[13] et des *souei* de *Tcheng-tchong* 楨中[14] (T.XLIV, b), *Tseng-hou* 憎胡 (T.XLIII, k),[15] *Tche-k'eou* 止寇,[16] *Cheou-hiang* 受降[17], ...-*hou* ○胡[18] dans les tours numérotées de T.XLI à T.XLVI, h.

---

1) Ci-dessous, n° 62. T.XXIII.l.i, dépendait de *P'o-hou* (ci-dessous, n° 54); et T.XXIII était dans les circonscriptions du *tou-wei* du Secteur du Centre, cf. ci-dessous, n° 60.
2) Ci-dessous, n° 60.
3) Chavannes, *Documents*, n° 536.
4) Chavannes, *Documents*, nos 482, 486, 535, 536, 541.
5) Chavannes, *Documents*, n° 482.
6) Chavannes, *Documents*, n° 309.
7) Chavannes, *Documents*, n° 61.
8) Chavannes lit 都 et Wang lit 郡, mais reconnaît qu'il n'y a pas de commanderie de *Yi-ho* sous les *Han*. Le caractère, assez abrégé, est certainement *pou* 部, nom du secteur d'un *tou-wei*.
9) Wang, k. 2, 15a (n° 17).
10) Chavannes, *Documents*, n° 572; Wang, k. 2, 17a.
11) *Ts'ien Han chou*, k. 28, 3b.
12) Ci-dessous, n° 134.
13) Ci-dessous, nos 86, 90.
14) Ci-dessous, nos 88, 137.
15) Ci-dessous, n° 119.
16) Ci-dessous, n° 138.
17) Ci-dessous, n° 93.
18) Ci-dessous, n° 159.

Après les *Han* Antérieurs, les documents me semblent montrer un changement complet dans l'organisation de la défense. Le nombre des *heou-tchang* s'accroît énormément et leur circonscription prend le nom de secteur, *pou* 部; ces secteurs portent le nom d'anciens *kan-heou* ou d'anciens *souei*, avec des déterminations d'après les points cardinaux pour les distinguer: ce procédé donne un aspect d'autant plus curieux à la nomenclature que presque tous les anciens noms sont modifiés. Dans la partie centrale, *Pou-kouang* eut son nom changé en *Wan-souei* 萬歲 et, en même temps, presque chacun des *souei* devint un secteur aux ordres d'un *heou-tchang*: les *souei* de *Hien-ming* et de *Yang-wei* devinrent respectivement le secteur oriental et le secteur occidental de *Wan-souei*, 萬歲東西部;[1] l'ancien siège du *heou* de *Pou-kouang* (T.XXVIII) avec le *souei* voisin (T.XXXIII) devinrent les secteurs oriental et occidental de *T'ouen-wou* 吞武東西部;[2] de même, *P'o-hou* fut partagé en secteurs est et ouest.[3] Dans la partie ouest, apparaissent des dépeçages analogues: on trouve mentionnés un secteur septentrional et un secteur occidental de *Yu-men*,[4] un secteur oriental de *Kouan-ki* 官吉.[5] Ce dernier nom donne la date de cette organisation particulière, car il a été peu de temps en usage: c'est celui de *Yu-men* au temps de *Wang-Mang* (9–23 p.C.) et seulement pendant une portion de son règne puisqu'on trouve un document qui porte "Poste de *Kouang-sin* 廣新 dépendant de *Yu-men* . . ."[6] à côté d'un autre "Poste de *Kouang-sin* dépendant de *Kouan-ki*".[7] Ainsi, dans le premier quart du Ier siècle de notre ère, au temps de *Wang Mang*, probablement pour répondre à la pression plus forte exercée par les barbares à cette époque, les postes de signaux commandés par des *heou-tchang* se multiplièrent et, avec les postes, naturellement la densité des troupes préposées à la défense.

Mais cette nouvelle organisation dura peu de temps. Les documents de l'époque des *Han* Postérieurs montrent qu'on était alors revenu à une organisation analogue à celle des *Han* Antérieurs; quelques noms, comme celui de *Wan-souei* qui remplaça définitivement celui de *Pou-kouang*, peut-être en quelques points quelques postes nouveaux, subsistent seuls de l'époque de *Wang Mang*. Le grand changement du temps des *Han* Postérieurs, c'est l'abandon de toute l'extrémité ouest du Limes,[8] celle qui formait le *heou-kouan* de *Ta-tsien-tou*, et la partie ouest de celui de *Yu-men*: toute cette section du Limes n'a donné aucun document postérieur à *Wang Mang*. Un mur nouveau, plus grossièrement construit que celui de la face nord, forme la nouvelle ligne de défense: il part de l'ancien mur près de T.XV (le *wei* de *Yu-men*, remplaçant de l'ancien *tou-wei*, a mis sa résidence là, un peu à l'est de T.XIV, à l'ancien siège du *tou-wei* des *Han* Antérieurs) pour se diriger presque directement sur l'oasis de *Nan-hou* qui était alors la sous-préfecture de *Long-lö*. Les transports de toute sorte, hommes, animaux, vivres, armes, etc., à travers le désert étaient trop malaisés et surtout trop coûteux: le retrait des troupes de ce secteur particulièrement difficile dut soulager la population civile.

1) CHAVANNES, *Documents*, n°s 615, 618.
2) CHAVANNES, *Documents*, n° 615.
3) CHAVANNES, *Documents*, n° 621.
4) CHAVANNES, *Documents*, n°s 492, 487.
5) CHAVANNES, *Documents*, n° 277.
6) CHAVANNES, *Documents*, n° 598.
7) CHAVANNES, *Documents*, n° 596. Cf. p. 132, l'explication de Chavannes sur le nom de *Kouang-sin* "significatif de l'époque de *Wang Mang*".
8) STEIN, *Serindia*, II, 698.

DOCUMENTS DE L'ÉPOQUE DES *HAN*

I. Fragments littéraires / FRAGMENTS DU *Ki-tsieou p'ien*

N° 1.—T. XLIII. j. 014.

Fiche prismatique.

1ᵉ face: 第十三。承塵戶幰條續縱。鎠斂速比各有工。賷薰脂〔粉〕膏澤箭。

2ᵉ face: 沐浴騟搣寡合同。豫飭刻畫無等雙。係臂琅玗琥魄〔龍〕。

3ᵉ face: 辟碧珠璣玫瑰罋。玉玦環佩靡從容。射騎辟耶＜䜌＞除群兒。

Paragraphe 14 du *Ki tsieou p'ien* 急就篇 tout entier: les trois lignes se suivent sans lacune. Ce paragraphe est le 15ᵉ des éditions actuelles dont le paragraphe 7 est une addition postérieure aux *Han* (voir CHAVANNES, *Documents*, p. 4). La fiche est remployée: elle a été grattée pour permettre de copier le *Ki tsieou p'ien*; il reste quelques traces de l'ancien texte: à la 1ᵉ face, des traces de caractère démi-effacé sous le caractère 十 donnent à celui-ci l'apparence d'un caractère 卅; à la face 3, le caractère 䜌 est parfaitement lisible.

VARIANTES. Le texte ci-dessus présente quelques variantes par rapport au texte des éditions modernes. Face 1: 斂 actuellement 歛; 速 actuellement 疎; 有 actuellement 異; 賷 actuellement 芬; 薰 actuellement 薰. Face 2: 騟 actuellement 揃; 豫 actuellement 豫. Face 3: 辟 actuellement 璧; 騎 actuellement 魁; le caractère 䜌 que j'ai mis entre guillemets est à demi effacé et appartient en réalité au texte ancien gratté.

Cette fiche, qui est analogue à celles que Chavannes a publiées, est un fragment d'un 4ᵉ exemplaire. Grâce à ces 4 exemplaires, nous pouvons nous faire une idée exacte de l'aspect des éditions originales du *Ki tsieou p'ien* et en général de l'aspect des livres d'étude au temps des Han. Chaque paragraphe du *Ki tsieou p'ien* se compose de 9 phrases de 7 caractères, en tout 63 caractères, et chaque paragraphe occupant une fiche entière, l'ouvrage était une collection de 31 fiches prismatiques contenant chacune un des 31 paragraphes du livre, chaque fiche étant numérotée mais restant indépendante des autres. Comme le début de l'ouvrage même faisait l'éloge des fiches prismatiques, c'est bien cette forme que l'auteur avait voulu lui donner. Cela le rendait extrêmement incommode et encombrant, mais c'était un ouvrage d'étude pour l'enseignement des caractères et cette disposition était évidemment destinée à permettre la lecture de chaque fiche séparément.

N° 2.—T. XXII. d. 013.

Copeau de bois, brisé en haut et en bas, retaillé à droite, complet à gauche. Hauteur: 75 mm.; largeur: 12 mm.

程忠信吳仲皇許　終〔古賈友倉〕

Fin de la section 3 du *Ki tsieou p'ien*.

ARTICLES DU CODE DES *HAN*

N° 3.—T. XLIII. h. 016

Fiche complète. Hauteur: 225 mm.; largeur: 10 mm.

律曰。諸使而傅不名取卒甲兵。　禾稼簿者皆勿敢擅之。

La loi dit: (1) Tous les messagers qui ne sont pas désignés nominativement dans la fiche sont pris parmi les miliciens et les soldats armés de cuirasses.

(2) Les grains qui sont enregistrés, que nul ne se permette d'en donner de sa propre autorité.

傅＝符; les deux caractères s'échangent fréquemment au temps des *Han*. Les messagers *che-tchö* 使者 ou simplement *che* 使 étaient ceux qui étaient chargés de porter les ordres. Mais ils étaient de rang plus ou moins élevé. Il y avait d'une part des personnages chargés spécialement d'une mission par l'empereur et de l'autre les simples courriers de la poste impériale. Les uns et les autres étaient appelés simplement des messagers, *che*, ou de façon plus officielle des chargés de messages *fong-che-tchö* 奉使者. Ceux de la première classe étaient chargés de missions de toute sorte: aller demander des nouvelles d'un haut fonctionnaire malade, lui porter des remèdes impériaux, représenter l'empereur à ses funérailles, remplacer l'empereur à certains sacrifices; porter les messages de l'empereur aux feudataires; porter leur brevet à de hauts fonctionnaires, ambassadeurs, etc. C'étaient ordinairement des *ye-tchö* 謁者 qui en étaient chargés, mais on envoyait aussi d'autres fonctionnaires de la Cour, de plus ou moins haut rang suivant l'honneur qu'on voulait faire à celui à qui était adressé le message.

Un édit *ling* 令 donnait à tous les messagers 諸使, le droit de prendre la "route cavalière", *tch'e-tao* 馳道: c'était sur les routes créées par Ts'in Che-houang qui avaient cinquante pas de large, l'espace de trente pieds de large (*Ts'ien Han chou*, k. 72, 29a) réservé à l'empereur (*Che ki*, k. 6, 14b, Commentaire de YING *Chao* 應劭) et dont une ordonnance avait interdit le passage à tous (*Ts'ien Han chou*, k. 45, 14b); ceux qui les rencontraient devaient mettre pied à terre pour les laisser passer sous peine de confiscation de leur char et de leurs chevaux (*Heou Han chou*, k. 45, 14b).

Les hauts-fonctionnaires chargés de porter un message impérial recevaient du *fou-tsie-ling* 符節令 un guidon, *tsie* 節 (TCHENG *Hiuan* 鄭玄, Commentaire du *Tcheou-li*, k. 28, p. 15; Commentaire du *Li-ki*, k. 13, 60b (*Yu-tsao*), trad. COUVREUR, I, 705; LEGGE, II, 17); c'était un bambou de huit pieds de haut, du sommet duquel pendait une sorte de plumet à trois étages en queue de bœuf sauvage (TCHANG-HOUAI 章懷太子, Commentaire au *Heou Han chou*, k. A, 3b; YEN *Che-kou* 顏師固, Commentaire au *Ts'ien Han chou*, k. 1 A, 7a). Les ambassadeurs auprès des princes étrangers recevaient des *tsie* d'une forme particulière de couleur rouge. Les messagers des princes avaient eu droit à l'origine au guidon, mais il leur fut supprimé par un édit et réservé aux seuls messagers impériaux.

En dehors des *ye-tchö* et des hauts personnages chargés de messages, il y avait les simples courriers porteurs de lettres scellées d'un sceau impérial; "les messagers chargés de lettres scellées du sceau impérial portent les dépêches par la poste: ce sont les cavaliers de la poste *yi-ki* 驛騎; trois cavaliers (se succédant) en marchant nuit et jour font des étapes de mille *li*" (*Han-kouan kieou-yi* 漢官舊儀, k. 上, 2a). Le *tsie* qu'ils recevaient, comme signe de leur rôle de courriers, *tchouan-sin* 傳信, était simplement un morceau de bois de 15 pouces, portant des sceaux du service des *yu-che tai-fou* 御史大夫 en nombre différent suivant la classe postale dans laquelle ils voyageaient: 5 sceaux (2 à chaque extrémité de la baguette et un au milieu) pour la première classe de chars à quatre chevaux, quatre sceaux ou trois sceaux pour les deux classes suivantes; s'ils n'avaient droit qu'à un cheval ou à deux chevaux, un sceau par cheval (*Han-lu* 漢律, ap. *Ts'ien Han chou*, k. 12, 8b). Ils avaient de plus un signe de reconnaissance *fou* 符 (*Tchong-houa kou-kin tchou* 中華古今注, k. 1, 5b) qui portait, avec le nom du messager, les ordres relatifs à sa route, à ses étapes, etc. C'est de ce signe de reconnaissance, *fou* 符 (écrit 傅), qu'il est question dans l'article du Code.

Les cas où le *fou* porte le nom du messager et ceux où il ne le porte pas ne sont pas indiqués; toutefois, il n'est pas impossible de se faire une idée de ce qui se passe dans le second cas. On nous dit que "trois cavaliers . . . font des étapes de mille *li*". Chaque messager fait ses quelques 300 *li* à bride abattue en changeant de cheval à tous les relais et, lorsqu'il n'en peut plus, il s'arrête et passe le message à un remplaçant qui, son trajet fait, le repasse à son tour à un autre, et ainsi de suite. Mais ces messagers successifs doivent être pris sur place et comme on ne peut désigner d'avance nominativement dans le *fou* ces inconnus qui prendront la suite du premier messager et que, d'autre part, il n'est pas non plus possible de n'y inscrire que le nom du premier messager, car, dans ce cas, celui-ci ne pourrait pas le remettre à son remplaçant, il faut donc croire que le *fou* ne portait alors aucun nom. C'est de ce cas et de cas analogues qu'il s'agit dans l'article du Code reproduit dans cette fiche. Quand on envoyait un message qui devait être porté de toute urgence par des cavaliers qui se relayaient, on ne désignait pas nominativement un messager déterminé, mais on choisissait parmi les gardes un soldat qui recevait un *fou* sur lequel aucun nom n'était inscrit et qu'il transmettait à son remplaçant pour qu'il passât de main en main.

Les soldats chargés d'un message étaient choisis parmi les *tsou* 卒 et les *kia-ping* 甲兵. Ces termes désignent au propre, le second, les hommes cuirassés qui combattent en char, et le premier, les fantassins qui accompagnent le char. Cette distinction ne répond à rien à l'époque des *Ts'in* et des *Han*, où le char ne joue aucun rôle dans l'organisation militaire et où l'armée se divise non en fantassins et en chars, mais en fantassins, *tsou* 卒, et cavaliers, *ki* 騎. Sous les *Han*, d'autre part, la cuirasse ne s'appelle plus *kia* 甲, mais *k'ai* 鎧, et elle ne fait pas partie de l'armement d'un corps particulier, soit à pied, soit à cheval, mais paraît être portée par les officiers. Le terme *kia-ping* fait l'effet d'un archaïsme: comme il se rencontre dans un article du Code, il est possible qu'il s'agisse des gardes du Palais Impérial, auxquels on aurait conservé traditionnellement un nom et un armement de parade.

Le second article s'explique par lui-même. Il s'agit de grains appartenant à l'État. Dans aucun des deux articles de loi ci-dessus, il ne s'agit d'un cas particulier au Limes. Ils sont désignés comme *lu* 律 et les *lu* sont des lois générales, établies une fois pour toutes lors de la promulgation d'un code; de plus, le *Code des Han*, *Han lu* 漢律, date des dernières années du IIIᵉ siècle a.C., bien avant l'occupation militaire et la colonisation de la région de *Touen-houang*. Ces textes de loi s'appliquent donc l'un et l'autre à l'empire entier.

Nᵒ 4.—T. XLIII. j. 025. 　　　　　　　　　　　　4

Fiche, brûlée en haut et en bas, portant une inscription incomplète en haut, complète en bas; en-dessous de l'inscription, 45 mm. en blanc en bas. Hauteur: 93 mm.; largeur: 9 mm.

Avers: ⋯⋯後母皆棄市

Revers: 十一

　　. . . et la belle-mère seront tous exécutés avec exposition sur le marché.

　　II.

後 母 a le même sens que 繼 母 des Rituels et désigne la belle-mère, deuxième femme du père épousée après la mort ou la répudiation de la première. Le Code des Han prévoyait dans beaucoup de cas l'exécution en masse de la famille toute entière, mais il ne s'agit certainement pas d'un de ces cas pour diverses raisons. En effet, en premier lieu, il y avait un nom technique pour cette peine, *yi-san-tsou* 夷 三 族, et ce nom aurait été employé plutôt qu'une énumération. En second lieu, si pour quelque raison le rédacteur du Code avait préféré ici énumérer tous les parents à exécuter, la belle-mère n'aurait aucune raison de figurer sur la liste, car elle est légalement la mère et n'aurait pas à être désignée par un terme spécial: "(le fils porte le deuil) pour sa belle-mère, *ki mou*, comme pour sa mère" (*Yi-li*, trad. COUVREUR, 391), et on sait que c'est par les catégories de deuil que se manifeste en Chine la parenté; c'est pourquoi à l'époque des *Han*, quand *Fang Nien* 防 年 tua sa belle-mère 繼 母 *Tch'en Louen* 陳 論, qui avait assassiné son mari (le père de *Fang Nien*), il y eut une discussion pour savoir si, dans ces circonstances particulières, il fallait appliquer l'article du Code sur l'assassinat de la mère (*T'ong-tien* 通 典, k. 166, 2b). En dernier lieu enfin, si on supposait encore que pour quelque raison particulière il a été nécessaire de nommer la belle-mère, elle n'aurait aucun titre à figurer en fin de liste, se plaçant à la suite de parents bien plus éloignés: quand le Code des *Han* énumérait les personnes à mettre à mort dans les cas d'extermination d'une famille entière, comme il le faisait pour les cas de *ta-yi* 大 逆 et de *pou-tao* 不 道, c'était dans l'ordre normal des générations: "le père et la mère, la femme et les enfants sont tous exposés sur le marché" 父 母 妻 子 同 產 皆 棄 市 (Commentaire de JOU *Chouen* 如 淳 au *Ts'ien Han chou*, k. 5, 3b). On voit que, si c'était cet article ou un article analogue qui était inscrit sur cette fiche, les premiers mots du passage subsistant seraient différents de ce qu'ils sont en réalité.

La belle-mère étant de façon générale la mère légale ne peut être désignée par cette expression précise que dans un seul cas, celui de ses rapports avec les enfants de la première femme de son mari, dans la mesure où ils se distinguent de ceux qu'aurait eus avec eux leur propre mère. Il s'agit ici d'un crime grave, où la belle-mère et le beau-fils sont coauteurs ou bien où l'un des deux est complice de l'autre (les complices sont punis de la même peine que les auteurs du crime) puisque la peine est la mort avec exposition sur le marché. Le meurtre de la belle-mère par le beau-fils est écarté puisque la belle-mère est parmi les coupables; et le cas du meurtre du beau-fils par la belle-mère dont la peine est l'exposition sur la marché (voir *San-che kouo tch'ouen-ts'ieou* 三十 國 春秋, ap. *T'ai-p'ing yu-lan* 太 平 御 覽, k. 511, 7b) me paraît exclu par le mot 皆: ce mot montre qu'il y a plusieurs coupables, et cela non pas éventuellement, mais toujours, puisque le texte est un article du Code et que le Code ne traite que de cas généraux; or la belle-mère qui tue son beau-fils peut éventuellement avoir des complices; mais ce n'est pas une des circonstances nécessaires du crime et, par conséquent, le Code ne mentionnerait que la belle-mère seule. Je ne vois qu'un seul crime auquel puisse se rapporter cet article: c'est celui que le Code des *Han* appelle "conduite bestiale", *k'in-cheou hing* 禽 獸 行, l'inceste. Et je crois que nous pouvons restituer presque sûrement la fiche de la façon suivante: "[Si l'un des fils de la première femme et la belle-mère ont une 'conduite bestiale', le fils de la première femme et] la belle-mère seront tous deux exécutés avec exposition sur le marché." Malheureusement je ne connais d'affaire d'inceste à l'époque des Han que chez les familles royales et comme il s'agissait de princes du sang impérial, les affaires se terminaient par des ordres de suicide, ce qui empêche de savoir la peine normale appliquée à ce crime.

La peine d'exposition sur le marché, *k'i che* 棄 市, est la peine de mort ordinaire sous les *Han*: c'est "la plus basse des peines de mort" 棄 市 者 死 之 下 也, pour employer l'expression d'un auteur du 4me siècle(?) *Tchang P'ei* 張 裴, dans un rapport sur les Lois (*Tsin chou*, k. 48, 6). Elle consiste en ce que le coupable est décapité au milieu du marché et le corps laissé sur place. On considère comme des peines plus graves celle d'être coupé par la taille, *yao-tchan* 要 斬, où le corps du supplicié après avoir été dépouillé de ses vêtements est posé au travers d'un billot et tranché par le milieu à coups de hache, et surtout la décapitation avec exposition de la tête suspendue dans une cage, *hiao cheou* 梟 首.

Le chiffre 11 au dos de la fiche montre qu'elle appartenait à une série: on verra que les fiches astrologiques forment elles aussi une série numérotée au dos (voir ci-dessous, n°s 11, 13, 19). Le chiffre 11 est trop bas pour que ce puisse être un numéro de section ou de paragraphe du Code des *Han*, *Han-lu* 漢 律; il s'agit, je pense, d'un numéro d'inscription dans un dossier, à propos d'une affaire criminelle.

CALENDRIERS

N° 5.—T. XXII. f. 1.　　　　　　　　　　　　　　　　　　　　　5

Grande plaquette de bois, complète en haut, brisée en bas et à droite et retaillée à gauche; cassée en trois fragments qui se rajustent exactement. Hauteur: 240 mm.; largeur: 33 mm.

L'intérêt principal de ce calendrier en étant la disposition, je donne la transcription en lignes verticales comme dans l'original; les parties manquantes sont restituées et mises entre crochets.

〔正〕　三　五　〔七〕　九　〔十〕　〔○〕
〔月〕　月　月　〔月〕　月　〔月〕　〔○〕
〔乙〕　甲　癸　〔壬〕　辛　〔庚〕　〔○〕
〔己〕　辰　卯　寅　丑　〔子〕　〔○〕
〔朔〕　朔　朔　朔　朔　〔朔〕　〔○〕
〔小〕　小　小　大　大　〔大〕　〔○〕

〔戊〕丁　丙　乙　甲　癸　壬　辛　〔庚〕己　戊　丁　丙　乙〕
〔午〕巳　辰　卯　寅　丑　子　亥　〔戌〕酉　申　未　午　巳〕
　　　　　　　　　　　〔立〕　　〔立〕
　　　　　　　　　　　〔秋〕　　〔春〕
　　　　　　　　　　　〔七〕　　〔正〕
　　　　　　　　　　　〔月〕　　〔月〕
　　　　　　　　　　　〔六〕　　〔三〕
　　　　　　　　　　　〔日〕　　〔日〕

庚　乙　戊　丁　丙　乙　甲　〔癸　壬　辛　　庚　己〕
午　巳　辰　卯　寅　丑　子　亥　戌　酉　　申　未〕
後　　　　冬　　　夏
伏　　　　至　　　至
七　　　　十　　　五
月　　　　一　　　月
廿　　　　月　　　廿
九　　　　廿　　　二
〔日〕　　　八　　　日
　　　　　日

〔壬〕辛　庚　己　戊　丁　丙　乙　〔甲　癸　壬　辛〕
〔午〕亥　辰　卯　寅　丑　子　亥　戌　酉　申　未〕
　立　　　立
　冬　　　夏
　十　　　四
　月　　　月
　士　　　六
　日　　　日
　甲　　　辛
　午　　　卯

〔丙〕乙　癸　壬　己　戊　丁　丙　乙　〔甲〕〔癸〕
〔申〕未　巳　辰　丑　寅　亥　戌　酉　〔申〕〔未〕
　　春　　初
　　分　　伏
　　二　　六
　　月　　月
　　廿　　十
　　日　　〔九〕
　　　　　〔日〕

〔甲　癸　壬　辛　庚　己　戊　丁〕
〔辰　卯　寅　丑　子　亥　戌　酉〕

Premier registre. Mois impairs. De gauche à droite.

[4e année *yong-che* (13 a.C.) ?]

[Premier mois. Néoménie: (jour) *yi-sseu* (42e du cycle)—(Mois) court].

 Troisième mois. Néoménie: (jour) *kia-tch'en* (41e du cycle)—(Mois) court.

 Cinquième mois. Néoménie: (jour) *kouei-mao* (40e du cycle)—(Mois) court.

[Septième mois. Néoménie: (jour) *jen*]-*yin* (39e du cycle)—(Mois) long.

 Neuvième mois. Néoménie: (jour) *sin-tch'eou* (38e du cycle)—(Mois) long.

[Onzième mois. Néoménie: (jour) *keng-tseu* (37e du cycle)—(Mois) long].

Registres 2 à 6. Cycle de 60 jours et dates des saisons. De droite à gauche (le 6e registre manque en entier).

2	3	4	5
[*yi-sseu* (42)]			[*kouei-wei* (20)]
[*ping-wou* (43)]	[*ki-wei* (56)]		[*kia-chen* (21)]
[*ting-wei* (44), Etablissement du printemps, 1er mois, 3e jour]	[*keng-chen* (57)]	[*sin-wei* (8)]	[*yi-yeou* (22)]
[*meou-chen* (45)]	[*sin-yeou* (58)]	[*jen-chen* (9)]	[*ping-siu* (23)]
[*ki-yeou* (46)]	[*jen-siu* (59)]	[*kouei-yeou* (10)]	[*ting-hai* (24)]
[*keng-siu* (47), Etablissement de l'automne, 7e mois, 6e jour]	[*kouei-hai* (60)]	[*kia-siu* (11)]	[*meou-tseu* (25)]
sin-hai (48)	*kia-tseu* (1), Solstice d'été, 5e mois, 22e jour	*yi-hai* (12)	*ki-tch'eou* (26)
jen-tseu (49)	*yi-tch'eou* (2)	*ping-tseu* (13)	*keng-yin* (27), *tch'ou-fou*, 6e mois, 1 [9e jour]
kouei-tch'eou (50)	*ping-yin* (3)	*ting-tch'eou* (14)	*sin-mao* (28)
kia-yin (51)	*ting-mao* (4), Solstice d'hiver, 11e mois, 28e jour	*meou-yin* (15), Etablissement de l'été, 4e mois, 6e jour	*jen-tch'en* (29)
yi-mao (52)	*meou-tch'en* (5)	*ki-mao* (16)	*kouei-sseu* (30) Equinoxe de printemps, 2e mois, 20e jour
ping-tch'en (53)	*yi-sseu* (6)	*keng-tch'en* (17)	*kia-wou* (31)
ting-sseu (54)	*keng-wou* (7), *heou-fou*, 7e mois, 29e [jour]	*sin-sseu* (18), Etablissement de l'hiver, 10e mois, 11e jour	*yi-wei* (32)
[*meou-wou* (55)]		[*jen-wou* (19)]	[*ping-chen* (33), Equinoxe d'automne, 8e mois, 23e jour]

Calendrier abrégé de la 4e année *yong-che* (13 a.C.), écrit en lignes horizontales. Il y avait primitivement 6 registres dont il reste actuellement 5. Dans le premier registre, en haut, en gros caractères, les mois impairs de deux en deux, avec le signe cyclique du premier jour et l'indication "grand" (mois de 30 jours) et "petit" (mois de 29 jours). A droite et à gauche, le premier et le onzième mois manquent entièrement, mais il est facile de les restituer, les autres étant connus. La partie manquante de droite paraît avoir été plus large que celle de gauche, si on en juge par le fait qu'au deuxième registre à droite il manque six jours entre le début de l'année (42) et la première ligne subsistante qui donne *sin-hai* (48); au contraire à gauche, il ne manque jamais plus d'un jour. La ligne du onzième mois est insuffisante pour combler cette lacune au premier registre: il devait y avoir encore une ou deux lignes; elles ne peuvent avoir porté des numéros de mois; aucune des années correspondant à ce calendrier n'est embolismique. Etant donné que la partie gauche du sixième registre qui ne tient pas toute la largeur de la fiche est restée en blanc, il est possible que dans le registre supérieur également cet espace soit resté vide; peut-être aussi le nom de l'année servant de titre était-il écrit en caractères plus gros.

Les registres inférieurs donnent le cycle de 60 jours en commençant par *yi-sseu* (42) parce que le premier jour du premier mois est un jour *yi-sseu*; la fin doit être nécessairement marquée par *kia-tch'en* (41), ce qui indique l'existence d'un sixième registre en bas du tableau pour les jours 34 à 41, registre qui n'occupait pas toute la largeur de la fiche et qui a actuellement disparu. Pour marquer clairement que les mois du registre supérieur ne sont pas à mettre en relation directe avec les jours disposés au-dessous, les jours et les mois ont été écrits en sens inverse, les mois de gauche à droite, les jours de droite à gauche. Sous les jours du cycle, on a indiqué les principales dates de l'année, avec le quantième du mois: les deux solstices et les deux équinoxes figurent dans les parties conservées, ainsi que deux des Etablissements de saison, celui de l'été et celui de l'hiver; mais ceux du printemps et de l'automne qui tombaient respectivement aux jours *ting-wei* (44) et *keng-siu* (47) ont disparu dans la lacune de la partie droite du deuxième registre. Il y a de plus à la fin du troisième registre, au jour *keng-wou*, des traces de notation d'une autre date calendérique: les caractères sont trop effacés pour permettre le déchiffrement, mais étant donné qu'il s'agit d'un jour *keng* du septième mois, c'est évidemment le *heou-fou* 後伏. En principe cette fête devrait tomber le premier jour *keng* après l'Etablissement de l'Automne; or l'Etablissement de l'Automne tombant cette année-là le jour *keng-siu* (47), *keng-wou* était le deuxième et non le premier jour *keng*; mais le calendrier de la cinquième année *yong-kouang* (39 a.C.) publié par CHAVANNES, *Documents*, n° 429, et par Lo Tchen-yu, k.1, 6b–7a, place aussi le *heou-fou* le deuxième jour *keng* après l'Etablissement de l'Automne, savoir le jour *keng-sin* (47) huitième jour du septième mois, alors que l'Etablissement de l'Automne était tombé le jour *kouei-sseu* (30) 21e jour du sixième mois.

Les deux seules années des *Han* qui satisfassent aux indications de ce calendrier sont la quatrième année *yong-che* (13 a.C.) et la dixième année *kien-ngan* (205 p.C.); l'année 39 a.C. (5e année *yong-kouang*) commence elle aussi par un jour *yi-sseu* (42), mais ses mois grands et petits sont disposés dans un autre ordre, elle doit donc être écartée. D'autre part, l'année 205 est bien trop tardive: il n'y a aucune fiche de date aussi basse dans les documents du Limes. Il n'est pas douteux que le calendrier se rapporte à l'année 13 a.C.

N° 6.—T. XXIII. c. 023; T. XXIII. 1. ii. 013   6

Fiche en bois arrondie en-dessous, aplanie sur la face inscrite. Complète en haut et sur les côtés, cassée en bas. Hauteur: 128 mm.; largeur: 9 mm.

十八日　乙卯　甲申。詣○○武　甲寅　騎之　癸未……

18e jour: (1er mois) *yi-mao* (52); (2e mois) *kia-chen* (2) se rendre . . . (3e mois) *kia-yin* (51) . . . ; (4e mois) *kouei-wei* (20) . . .

Fiche d'un calendrier pour la 4e année *hong-kia* (17 a.C.). Cette fiche appartient au même type de calendrier que ceux qu'a déjà publiés CHAVANNES, *Documents*, n° 25-35, donnant en tête le quantième du mois et en-dessous les caractères cycliques lui appartenant dans les différents mois rangés de haut en bas dans l'ordre normal; j'ai ajouté les mois entre parenthèses dans la traduction. Le quantième du mois est placé en haut verticalement en gros caractères, les caractères cycliques écrits horizontalement sont placés en-dessous à intervalles verticaux réguliers.

L'année à laquelle se rapporte ce calendrier est une année dont le 1er jour du 1er mois est 52—17=35, c'est-à-dire *meou-siu* et dont le 1er et le 3e mois sont courts, tandis que le 2e mois est long: c'est l'année 17 a.C. (4e année *hong-kia*) qui répond à ces conditions, ayant le 1er et le 3e mois courts et le 2e mois long.

Au 2e mois et au 3e mois il y a respectivement 4 caractères et 2 caractères d'une autre main; ce sont évidemment des notes prises par le propriétaire du calendrier pour un travail à effectuer ces jours-là. Les caractères du 2e mois sont très nets, mais à demi cursifs, ils ne sont pas lisibles; ceux du 3e mois sont effacés et à peine discernables.

N° 7.—T. XXIII. 1. i. 07.   7

Petit morceau d'une fiche, complète en haut, brisée en bas. Hauteur: 108 mm.; largeur: 8 mm.

乙酉

(jour) *yi-yeou*

N° 8.—T. XLIII. i. 014.   8

辛亥　庚辰　庚午(?)

(jours) *sin-hai, keng-tch'en, keng-wou.*

Ces deux fiches appartiennent à divers calendriers du même type que n° 6 ci-dessus et que CHAVANNES, *Documents*, 25-35. Il est impossible de savoir les années auxquelles chacun d'eux se rapporte puisque nous ne savons ni quel mois ni quel jour désignent les signes cycliques.

FRAGMENTS ASTROLOGIQUES

N° 9.—T. XLIII. j. 08.   9

Bambou cassé en haut et bas. Des lignes gravées marquent l'endroit où le scribe devait écrire le haut du premier caractère des noms de *sieou*. Au dos, lignes gravées pareilles, mais pas d'inscription. Hauteur: 70 mm.; largeur: 10 mm.

      ...... 斗　須女　營　奎......

N° 10.—T. XLIII. j. 09.   10

Comme 08. Les cassures de 08 et 09 portent des lignes gravées. Brûlé en bas. Hauteur: 55 mm.; largeur: 9 mm.

      ...... 虛　東辟　婁......

N° 11.—T. XLIII. j. 015.   11

Comme 08. Hauteur: 55 mm.; largeur: 9 mm.

R°. . . .. 須女　營　奎......
V°. . .   十五

N° 12.—T. XLIII. j. 016.   12

Comme 08. Hauteur: 34 mm.; largeur: 9 mm.

      ...... 角　氐(?)......

N° 13.—T. XLIII. j. 017 et 023.   13

Comme 08. 017 est brûlé en haut; 023 cassé en bas. Hauteur: 157 mm.; largeur: 10 mm.

R°. . . .. 參　輿鬼　七星　翼　亢　房　尾　牽牛　虛......
V°. . .   十一

Les deux caractères du verso sont placés à la hauteur du caractère 房 du recto.

N° 14.—T. XLIII. j. 018.   14

Comme 08. Cassé en haut et en bas. Hauteur: 41 mm.; largeur: 9 mm.

      ...... 危　奎　胃......

N° 15.—T. XLIII. j. 019.   15

Comme 08. Cassé en haut et en bas. Hauteur: 33 mm.; largeur: 9 mm.

      ...... 東辟......

N° 16.—T. XLIII. j. 020   16

Comme 08. Cassé en haut et en bas. Hauteur: 45 mm.; largeur: 10 mm.

      ...... 亢心......

N° 17.—T. XLIII. j. 021.   17

Comme 08. Cassé en haut et en bas. Hauteur: 44 mm.; largeur: 10 mm.

      ...... 輿鬼　七星......

N° 18.—T. XLIII. j. 024.   18

Comme 08. Cassé en haut et en bas. Hauteur: 37 mm.; largeur: 9 mm.

      ...... 柳　張　軫　氐　心　箕......

Nº 19.—T. XLIII. j. 027.   19

Comme o8. Cassé et brûlé en haut, cassé en bas. Hauteur: 100 mm.; largeur: 10 et 9 mm., la largeur varie suivant les endroits.

Rº . . . ….… 張 角 氐 心 斗 須〔女〕……

Vº . . .　　　　十

Le caractère du verso est à la hauteur du caractère 心 du recto.

Fiches en bambou, écriture très soignée; des divisions régulières ont été gravées à intervalles égaux (environ 17–18 mm.) sur la face de chaque fiche de façon que les caractères soient placés à distance égale. Ce sont les débris d'un jeu de fiches astrologiques donnant les noms des *sieou* disposés dans l'ordre où ils correspondent astrologiquement à un mois donné pendant une période d'années.

En supposant que les numéros placés en bas des fiches étaient à peu près au milieu, les fiches 10 (=nº 19) et 11 (= nº 13), qui se suivent, devaient, lorsqu'elles étaient complètes, se présenter ainsi (je mets entre parenthèses après le nom de chaque *sieou* son numéro d'ordre dans la liste des 28 *sieou*, entre crochets les restitutions des noms qui manquent):

Fiche 10: [*Pi* (19); *Tong-tsing* (22); *Lieou* (24);] *Tchang* (26); *Kio* (1); *Ti* (3); *Sin* (5); *Teou* (8); *Siu*-[*niu* (10); *Wei* (12); *K'ouei* (15); *Wei* (17); *Pi* (19)].

Fiche 11: *Chen* (21); *Yu-kouei* (23); *Ts'i-sing* (25); *Yi* (27); *K'ang* (2); *Fang* (4); *Wei* (6); *K'ien-nieou* (9); *Hiu* (11); [*Ying* (13); *K'ouei* (15); *Wei* (17)].

On remarquera les variations dans les intervalles de 2 ou 3 *sieou* non cités; il y avait au moins quatre arrangements différents, puisque l'on trouve les séries: 10, 13, 15; 11, 14, 16; 12, 14, 17; 12, 15, 17. Puisque les *sieou* sont répartis dans les mois de façon que chaque saison contienne deux mois ayant chacun 2 *sieou* et un mois ayant 3 *sieou*, il est évident qu'il y a sept combinaisons possibles; je ne sais si elles ont été toutes employées.

FRAGMENTS DE TEXTES DIVINATOIRES

Nº 20.—T. XLIII. j. 07.   20

Bois brûlé en haut, cassé en bas. Hauteur: 63 mm.; largeur: 10 mm.

　　　　……日利以〇〇及行壬子吉不可殺牛……

. . . jour. Il est avantageux de . . . et de voyager. (Le jour) *jen-tseu* est faste. Il ne faut pas tuer de bœuf . . .

Nº 21.—T. XLIII. j. 028.   21

Fiche incomplète en haut et en bas, paraît avoir été retaillée en haut; brûlée en bas. Inscription incomplète en haut, complète en bas. Hauteur: 84 mm.; largeur: 7 mm.

　　　　……壬癸亥子入官視事及舉　百事凶

. . . (les jours) *jen*, *kouei*, *hai*, *tseu*, entrer dans les bureaux, traiter une affaire et entreprendre toute chose est néfaste.

Nº 22.—T. XLIII. j. 011.   22

Deux petits fragments de fiche en bambou. Caractères très effacés. Complet en haut, cassé en bas. Hauteur: 42 mm.; largeur: 9 mm. (ensemble).

　　　　……〇何以〇和鄉中居　南

comment . . . sont-ils mis d'accord? Faire face au centre et habiter du (côté) sud . . .

Nº 23.—T. XLIII. j. 022.   23

Fragment retaillé en haut, cassé en bas. Hauteur: 37 mm.; largeur: 9 mm.

　　　　……方九日以辛酉　居西〔方〕……

[si on habite du] côté [sud?], [choisir?] le 9e jour, *sin-yeou*. Si on habite du côté ouest . . .

Je suppose qu'il s'agit des jours fastes d'un mois déterminé, en tenant compte de l'orientation de l'habitation; que le caractère précédant 方 est probablement 南 parce que le sud précède l'ouest dans l'énumération des points cardinaux.

N° 24.—T. XLIII. j. 026.

Fragment d'une grande plaque en bois, complète à gauche, mais brûlée en haut et en bas et incomplète à droite, où il reste des traces de caractères de la ligne précédente. La tablette originale devait avoir deux lignes de plus à droite et à peu près le double de largeur de la tablette actuelle. Hauteur: 120 mm.; largeur: 38 mm.

Avers:

〔六月〕…… 南鄉辰吉　　桼月東南鄉辰吉　　八月……

〔九月〕○　○鄉己吉　　十月南鄉西鄉辰吉　　十一月…

Revers:

祠造成萬　倍

R°. [Le 6e mois], . . . la position face au sud et (l'heure) *tch'en* (7–9 h. du matin) sont favorables. Le 7e mois, la position face au sud-est et l'heure *tch'en* sont favorables. Le 8e mois, [la position face au . . . et l'heure . . . sont favorables]. Le 9e mois, la position face au . . . et l'heure *sseu* (9–11 h. du matin) sont favorables. Le 10e mois, les positions face au sud et face à l'ouest et l'heure *tch'en* sont favorables. Le 11e mois, . . .

Tableau des orientations et des heures favorables pendant les 6 derniers mois de l'année; ce tableau devait être complet sur cette seule tablette, telle qu'elle était à l'origine: les 5 premiers mois occupaient les deux premières lignes, qui formaient la partie perdue à droite.

FRAGMENTS DE LIVRES D'ARITHMÉTIQUE

N° 25.—T. XXII. d. 016.

Plaquette en bois cassée de tous les côtés. Hauteur 80 mm.; largeur: 11 mm.; épaisseur: 6 mm.

凡千一百一十三

Au total 1113.

Fragment d'une table de multiplication analogue à celle de CHAVANNES, *Documents*, n° 702. Cette fiche garantit l'exactitude du total du n° 702 contrairement à l'opinion de M. *Lo Tchen-yu* (Lo, k. 1, 9a–b) qui voit une simple tache dans ce que Chavannes considère comme un caractère 三 très effacé, et qui lit 1110. Mais je ne vois pas plus que Chavannes le moyen d'expliquer ce nombre. Le total obtenu en additionnant les nombres de la table devrait être 1111.

N° 26.—T. XXIII. l. i. 25.

Fragment de plaquette en bois retaillé en forme de spatule, plus étroit au milieu qu'aux deux extrémités. Hauteur: 213 mm.; largeur en haut et en bas: 25 mm.; largeur au milieu: 12 mm.

六十　七十　八十

60, 10; – 70, 10; – 80, 10.

Probablement encore fragment d'un livre d'arithmétique; mais je ne sais pas à quoi correspondent ces chiffres.

N° 27.—T. XLVI. b. 04.

Fiche brûlée en haut, cassée en bas. Hauteur: 152 mm.; largeur: 10 mm.

…〔幾〕 何步　勾得四　方當　第一九　第二實十一　第三實十六　第四　合

. . . combien de pas? Pour le petit côté de l'angle droit du triangle rectangle, on obtient 4 (pas), c'est correct: 1ère (opération), 9; 2e, total 11 (?); 3e, total, 16; 4e, en réunissant. . .

Fragment d'un livre de problèmes de calcul ou d'arpentage. L'énoncé du problème manquant et les résultats seuls des opérations étant indiqués, enfin les dernières opérations étant perdues, il est impossible de reconnaître quel était le problème. Un petit côté de 4 pas est celui d'un triangle rectangle dont le grand côté a 5 pas et l'hypoténuse 6 pas, 2 pieds, 2 pouces. Dans la solution la première opération me paraît être la somme des deux côtés de l'angle droit: 5+4=9. La troisième opération est le carré du petit côté: 4×4=16. Je ne comprends pas ce que peut être la seconde opération, dont le total est 11.

Nº 28.—T. XXIII. l. i. 7.

Petite pièce poétique du genre *fou*.

Fiche complète ou peut-être retaillée en haut, complète en bas, cassée en deux morceaux qui se rajustent exactement. Hauteur: 250 mm.; largeur: 10 mm.

...... 爲君子。田章對曰。臣聞之天之高萬九千里。地之廣亦與之等。岳並谿。

南起江海。裏......

. . . est un Homme Supérieur". *T'ien Tchang* 田章 répondit: "Votre sujet a entendu dire que la hauteur de Ciel est de 19.000 *li* et que la largeur de la terre est égale (à la hauteur du Ciel). Les montagnes et les vallées, en commençant par le Midi, le Fleuve Bleu et la mer, à l'intérieur . . .

Pour la largeur de la terre, il faut comprendre la distance du milieu de la terre à l'est ou à l'ouest, c'est-à-dire en réalité la moitié de la largeur de la surface terrestre: la largeur de la terre est en effet un diamètre de la sphère céleste tandis que la distance de la terre au ciel n'en est qu'un rayon. C'est à peu près le même chiffre que chez *Houai-nan tseu* (k. 3, 17a–b) qui donne à la distance du milieu de la terre jusqu'au point extrême 18.000 *li*. Fragment d'un ouvrage littéraire que je n'ai pu identifier. Le personnage cité, *T'ien Tchang*, était officier de Ts'i, *c.* 313 a.C.

Pièce poétique du genre *Fou*

Nº 29.—T. XXII. d. 021.

Plaquette de bois, complète; préparée très soigneusement. Hauteur: 240 mm.; largeur: 26 mm.; épaisseur variant de 3 à 4 mm.

日〔不〕顯目〔兮〕黑雲多。月不可視兮風飛沙。慫态蒙水誠江河。州流灌注兮轉
揚波。｜辟柱模到忘相加。天門俠小路彭池。無因以上如〔之〕何。興章敫海兮
誠難過。

Le soleil ne se montre pas aux yeux, *hi!* tant il y a de nuages noirs; la lune ne peut se voir, *hi!* tant le vent fait voler le sable. Je vais suivant les eaux du *Meng*, elles sont vraiment comme le *Kiang* et le *Ho*; les fleuves coulent et se déversent, *hi!* ils roulent des flots qui s'élèvent. Aux colonnes de *Pi* je suis arrivé, j'ai négligé d'y monter; le chemin de la porte du ciel est petit, je fais route sur l'étang de *P'eng*. Monter ainsi là-haut sans aide, comment serait-ce possible? . . . vraiment c'est infranchissable.

Ecriture très soignée; les trois caractères entre crochets avaient été sautés par le copiste qui les a rajoutés en petit dans l'intervalle. L'ensemble forme deux lignes dont j'ai marqué la séparation dans la transcription au moyen d'un trait vertical. Au quatrième vers 州 corriger 川. Je n'ai pu trouver aucun sens au dernier vers.

Petite poésie du genre *fou* 賦 sur une seule rime; le caractère 池 qui ne rimerait pas dans la poésie moderne, rime en *a* dans le *Che king* et chez les auteurs des *Han*.

Imitation médiocre des voyages en esprit du *Li sao* 離騷, du *Yuan yeou* 遠游, etc. (*Tch'ou ts'eu* 楚辭). Ce genre a été très répandu à l'époque des *Han*: il y en a des imitations célèbres de *Sseu-ma Siang-jou* 司馬相如, de *Lieou Hiang* 劉向, de *Wang Yi* 王逸. La petite pièce ci-dessus, qui est assez plate et fort médiocre, pourrait être une œuvre locale, composée par quelque lettré banni dans la région; cependant le nombre des fautes semblerait plutôt indiquer la copie de quelque œuvre en vogue.

Réminiscences du *Tch'ou ts'eu* ou de ses imitateurs: vers 1–2, cf. Tong-fang *Cho* 東方朔, *Ts'i kien* 七諫 (*Tch'ou ts'eu*, k. 13, 5a): 浮雲陳而蔽晦兮使日月而無光; et Wang *Pao* 王褒, *Kieou houai* 九懷 (*ibid.*, k. 15, 4a) 觀幽雲兮陳浮.

Vers 3. 蒙水, cf. *T'ien wen* 天問, l. 15: 出自湯谷次于蒙氾. Commentaire de Wang *Yi* 王逸: 暮入西極蒙水之涯也.

Vers 4. Cf. Lieou *Hiang*, *Kieou t'an* 九歎 (*Tch'ou ts'eu*, k. 16, 3b): 揚流波之潢潢兮.

Vers 6. 彭 *P'eng*, cf. ci-dessous, nº 45.

Vers 7, cf. *Yuan yeou* (*Tch'ou ts'eu*, K. 5, 1b), vers. 3–4: 質菲薄而無因兮焉託乘而上浮.

II. Documents provenant de la Commanderie de *Touen-Houang*

T. XXII. d.

Souei DE *Tsong-min* 宗民

N° 30.—T. XXII. d. 014.   30

Plaquette en bois complète en haut, cassée en bas, à droite et à gauche; séparée en deux fragments qui se rajustent exactement. Hauteur: 135 mm.; largeur: 25 mm.

Avers:

正月己丑〇〇亻 ×郎利等前司馬行 ×事

王也今司馬移記令官迻甚急………

〇×受×訒司馬毋〇〇〇

R° Le premier mois, jour *ki-tch'eou* . . . *Lang Li* (?) et autres: le précédent *sseu-ma* en exerçant ses fonctions . . . Maintenant le *sseu-ma* a transmis ses pouvoirs. Il est ordonné aux fonctionnaires en toute hâte . . . le *sseu-ma*, sans [négligence] . . .

Notification à propos du changement d'un *sseu-ma*, ordre aux fonctionnaires subalternes d'aider le nouveau fonctionnaire sans négligence. A la deuxième ligne 迻 = 遽. L'état fragmentaire de la pièce rend l'interprétation hypothétique.

Revers:

……二 ×酒炙〇〇……丨……長有望使事……

D'une main différente de celle du recto; un fragment d'une lettre privée(?).

N° 31.—T. XXII. d. 015   31

Fiche complète en bois, d'épaisseur très inégale; la face inscrite bien polie, l'autre face irrégulière avec des parties en creux et d'autres en relief et quelques éclats non complètement détachés. Hauteur: 178 mm.; largeur: 10 mm.

建武廿三年十一月丁卯破胡宗民隊長張國

受官隊長×蘇

La 23ᵉ année *kien-wou*, le 11ᵉ mois, jour *ting-mao* (16 décembre 47 p.C.) *Tchang Kouo* 張國, commandant du poste de signaux *Tsong-min* 宗民 (dépendant du *heou-kouan*) de *P'o-hou* 破胡. Sou 蘇 (?), commandant du poste de signaux de *Cheou-kouan* 受官.

Cette fiche, sciée dans la longueur, est un *k'iuan* 券, cf. n° 62. Les deux commandants ont écrit chacun leur nom sur la même face: on distingue en effet nettement deux écritures, l'une, assez grosse, pour les huit premiers et les cinq derniers caractères, c'est-à-dire la date, sauf l'indication cyclique du jour, et les nom et titre du Commandant de *Cheou-kouan*, et l'autre, plus fine, pour les dix caractères du milieu, c'est-à-dire l'indication cyclique du jour, les nom et titre du commandant de *Tsong-min*. La face conservée a été préparée par le commandant de *Cheou-kouan* qui a daté et signé, laissant un blanc pour la signature de son collègue; l'autre face devait présenter la disposition inverse. Les deux officiers, au moment où ils se rencontraient, inscrivaient ainsi l'un après l'autre sur chaque face de la fiche les indications nécessaires, après quoi la fiche était sciée et chacun en prenait la moitié qu'il conservait pour prouver que la rencontre avait eu lieu effectivement.

La fiche est un compte rendu de la rencontre de deux chefs de poste; elle n'indique pas où la rencontre s'est effectuée. Sa disposition ne permet pas de reconnaître, si le poste T. XXII. d. où elle a été trouvée est *Tsong-min* ou *Cheou-kouan*; c'est l'un des deux, la moitié de fiche devant être conservée aux archives du poste, mais du moment que chacun des deux officiers a un document avec les deux signatures, il est aussi vraisemblable que chacun reprenne la face préparée par lui après que l'autre y a mis sa signature, que l'inverse. Les deux noms de poste ne sont pas mentionnés ailleurs.

P'o-hou 破胡 est un poste dont dépendent plusieurs *souei*: *Tsong-min* cité ici et *Tche-kien* 止姦 (ci-dessous n° 44). C'est donc un *heou-kouan*. Voir Introduction, p. 11.

N° 32.—T. XXII. d. 017

Fiche en bambou; au tiers inférieur le bambou s'est effiloché. Hauteur: 227 mm.; largeur: 8 mm.

a. 趙侯騎黃雛杜○　　○○......

le *heou Tchao*, les cavaliers, *Houang Tchouei*, *Tou* ○

b. 〔○○○○〕× 〔○○〕司馬令小吏......

Les deux séries de caractères que j'ai marquées séparément *a* et *b* forment dans la fiche telle qu'elle se présente une ligne ininterrompue, le caractère 司 suivant immédiatement le caractère illisible qui est au-dessous de 杜. Mais ils correspondent certainement à deux emplois successifs de la fiche. L'écriture en est toute différente: les sept premiers caractères sont d'une petite écriture soignée, régulière, au trait épais conduit correctement; les cinq suivants sont au contraire d'une grande écriture négligée. La fiche utilisée une première fois pour transmettre un ordre du *sseu-ma* a été remployée après un grattage incomplet pour inscrire les trois noms propres de la partie supérieure.

Sur le titre de *heou*, voir Introduction, p. 8 sq. *Houang Tchouei* est une combinaison où le nom de famille et le nom personnel s'unissent en une sorte de jeu de mots, car l'expression *houang-tchouei* est un des noms de la carpe.

N° 33.—T. XXII. d. 018

Fiche en bois, de forme irrégulière, complète en haut, brisée en bas, polie sur une seule face. Son aspect grossier semble indiquer qu'elle a été fabriquée pour la circonstance. Hauteur: 150 mm.; largeur: 9 mm.; épaisseur: 5 mm.

入正月食大麥一斛五斗永平七年正月十二日×來......

Entré: pour la nourriture du premier mois: orge 1 *hou*, 5 *teou*. 7ᵉ année *yong-p'ing*, 1ᵉʳ mois, 12ᵉ jour (18 février 64 p.C.) . . .

N° 34.—T. XXII. d. 019

Fiche en bois grossière, analogue à la précédante mais mieux faite; complète. Hauteur: 231 mm.; largeur: 9 mm.; épaisseur: 3 mm.

入九月食麥一斛五斗永平六年十月×十×六日○卒○史受○○長○

Entré: pour la nourriture du 9ᵉ mois: orge (?) 1 *hou*, 5 *teou*. 6ᵉ année *yong-p'ing*, 10ᵉ mois, 16ᵉ jour (26 octobre 63 p.C.) (Versé par) . . . soldat (du poste) . . . Reçu, le chef (du poste . . .) . . .

D'après les autres fiches analogues (CHAVANNES, *Documents*, 485, 486, etc.) les caractères à demi effacés après la date sont le nom et le titre de fonction du personnage qui verse, précédés du nom du *souei* auquel il appartient, et ceux du personnage qui reçoit le versement.

Des versements réguliers de grain, dont l'un est fait en février, ne peuvent être des versements faits à un grenier central par un poste ayant une récolte abondante dans ses champs et ses défrichements, à titre de contribution à la nourriture de l'ensemble des troupes pour être reversés suivant les besoins à des postes moins bien pourvus, car des versements de ce genre se feraient naturellement juste après la récolte et non par petits acomptes chaque mois. D'ailleurs 15 *teou* sont une quantité infime: un simple soldat recevant 6 *cheng* par jour, cela représente la ration d'un seul homme pendant 25 jours. D'autre part, il ne s'agit pas du traitement d'un fonctionnaire, car la solde en grain d'un fonctionnaire de cent *che* est de 48 *teou* par mois et même les employés aux salaires les plus bas doivent recevoir plus de 15 *teou* par mois, puisque cette quantité est, on vient de le voir, inférieure aux rations mensuelles d'un simple soldat; je ne vois pas d'ailleurs par quel artifice de comptabilité le versement d'une solde pourrait être inscrit comme "entrée". Je pense qu'il s'agit d'un paiement en grain à titre de nourriture fait par des fonctionnaires ou employés vivant avec d'autres en mess et payant chacun leur quote-part des dépenses au grenier ou magasin du poste d'où sont tirés les vivres. On verra ailleurs des fragments de registre de comptabilité montrant que des paiements de cette nature étaient véritablement effectués.

N° 35.—T. XXII. d. 020

Fiche en bois. Hauteur: 230 mm.; largeur: 8 mm.

Très effacée.

Nº 36.—T. XXII. d. 022.   **36**

Fiche en bambou incomplète en bas et à droite; il ne reste que la moitié gauche de chaque caractère. Longueur: 157 mm.; largeur: 11 mm.

十年正月旦吏居˟署名

10ᵉ année, 1ᵉʳ mois, matin (du 1ᵉʳ jour). Noms des résidences des employés.

Nº 37.—T. XXII. d. 023.   **37**

Fiche complète en haut, brisée en bas, retaillée à droite. Hauteur: 115 mm.; largeur: 11 mm.

    Rº 憲叩頭言／佸一亦不即昱……
       ○ ……／盡赦書
    Vº 至今以何故不來也因言○……

Rº. *Hien* 憲 se prosternant dit: ／ . . . n'est pas arrivé; demain . . .
                ／ une lettre de pardon complet . . .
Vº. jusqu'à maintenant pourquoi n'est-il pas venu? C'est pourquoi je dis . . .

Nº 38.—T. XXII. d. 1.   **38**

Coin inférieur gauche d'une grande fiche mince en bambou. Hauteur: 95 mm.; largeur: 22 mm.

廿六口

26 morceaux.

Nº 39.—T. XXII. d. 2.   **39**

Petite fiche en bois incomplète en haut.

˟武道○○○……

Les deux premiers caractères sont très nets; en-dessous il n'y a que des traces de caractères extrêmement effacés.

Nº 40.—T. XXII. d. 3.   **40**

Fragment d'une fiche prismatique en bois incomplète, retaillée et grattée anciennement. Hauteur: 70 mm.; longueur: 16 mm.

    ˟安下見○○   ○前見少年子○……
    山東臨江海西   ○有一小宅˟庄……
     ○ 單○○

. . . auparavant voir mes jeunes enfants . . . Les montagnes à l'est touchent au Fleuve Bleu et à la mer, à l'ouest . . . Il y a un petit hameau. . .

L'espace vide entre le haut et le bas a été gratté anciennement par un scribe qui a eu l'intention de remployer la fiche, puis y a renoncé.

Nº 41.—T. XXII. d. 024.   **41**

Fiche improvisée pour servir d'aide-mémoire, faite d'un morceau d'une petite branche d'arbre dont le nœud en haut a conservé son écorce au revers, la partie inférieure étant aplanie grossièrement pour être inscrite; l'avers est entièrement aplani de la même façon. Hauteur: 99 mm.; largeur: 10 mm.

    Rº: 三月一日丙辰朔
    Vº: 二月廿九日   三月一日

Rº: 3ᵉ mois, 1ᵉʳ jour, nouvelle lune, jour *ping-tch'en* (3).
Vº: 2ᵉ mois, 29 jours;   3ᵉ mois, 1ᵉʳ jour.

Ce n'est certainement pas un fragment de calendrier; ce n'est qu'un aide-mémoire pour se rappeler que le 2ᵉ mois n'a que 29 jours et que le 1ᵉʳ du 3ᵉ mois est *ping-tch'en* (3). Les deux seules années des *Han*, où un 3ᵉ mois commençant au jour *ping-tch'en* est précédé d'un 2ᵉ mois court de 29 jours, sont 10 a.C. et 115 p.C.

T. XXII. e.

Souei DE *Tche-kien* 止姦, SIÈGE DU *Kan-heou* DE *P'o-hou* 破胡.

N° 42.—T. XXII. e. 03.   42

Grande fiche en bois complète, portant 3 lignes d'écriture. Hauteur: 225 mm.; largeur: 22 mm.

望見虜一人以上入塞。燎一炷薪舉二蓬。夜二苣火。見十人以上在塞外。燎

舉如一人ˣ入〇丨望見虜弍百人以上若功亭鄣。燎一炷薪舉三蓬。夜三苣火。

不滿二十人以上。燎舉如弍百人同〇丨虜守亭鄣。燎舉晝舉亭上蓬。夜舉ˣ難

燈次亭遂ˣ和燎舉如〇

Quand en observant on voit des pirates au nombre d'un homme et plus pénétrer dans la Barrière, allumer une torche faite d'un fagot et élever deux signaux de fumée ou, si c'est la nuit, deux flammes. Quand on voit plus de dix hommes à l'extérieur de la Barrière, allumer et élever comme pour un homme pénétrant (dans la Barrière).

Quand en observant on voit des pirates au nombre de plus de cent hommes, s'ils attaquent le poste, allumer une torche faite d'un fagot et élever trois signaux de fumée ou, la nuit, trois flammes. Quand ils sont moins (de cent) et plus de vingt, allumer et élever exactement comme pour cent hommes . . .

Quand les pirates entourent le poste, allumer et élever: le jour, élever l'appareil de signalisation placé au-dessus du poste, la nuit élever la lampe . . . ; les autres postes ensuite en réponse allumeront et élèveront comme (le poste primitif).

l. 1 苣 = 炬 (cf. Introduction, p. 3).

l. 2 功 = 攻

l. 3 守 = 狩, dans le sens d'entourer 圍, comme les chasseurs entourent le gibier dans la battue de la chasse d'hiver.

Le document paraît absolument complet, sauf quelques mots illisibles à la fin des lignes.

Règlement d'emploi des signaux en cas d'alerte. Il semble y avoir une gradation entre l'emploi de torches ou de flammes plus ou moins nombreuses qu'on élève dans les cas peu graves, et celui du grand appareil de signalisation *fong* au sommet du poste, ou de la lampe, qu'on élève en cas de danger grave, lorsque le poste est entouré.

Sur les appareils de signalisation, leur manœuvre et leur emploi, voir ci-dessus Introduction, p. 3 sq.

N° 43.—T. XXII. e. 04.   43

Fragment de fiche en bois incomplète: cassée en haut et en bas, retaillée sur le bord gauche en vue d'une nouvelle utilisation qui n'a pas eu lieu. Hauteur: 65 mm.; largeur: 21 mm.

R°:   ...... 五十買釜出百買練ˣ出··丨...錢四十八笥十...丨...錢十五買〇〇......

V°:   ...... 〇直九〇四十束直...丨...ˣ直六百五十尺布直六十......

R°   . . . 50. Acheté une (ou des) marmite, 100. Acheté soie . . .

. . . pièces de monnaie 48, hampes de flèches 10.

. . . pièces de monnaie 15. Acheté . . .

V°   . . . prix 9. 40 fagots, prix . . .

. . . 605. 10 pieds de toile, prix 60.

Relevé de compte d'achats payés en monnaie.

Les mentions de prix seraient intéressantes, si malheureusement la fiche n'était cassée de telle sorte que celles qui subsistent se rapportent à des choses dont les noms sont perdus et que, pour les objets dont les noms sont conservés, les prix sont perdus. A la deuxième ligne de l'avers, je ne sais s'il faut couper après 錢: "*x* pièces de monnaie; 48 hampes de flèches, 10 (ce dernier chiffre représentant un prix)" ou ". . . pièces de monnaie 48. (Une) hampe de flèches, 10" ou même ". . . pièces de monnaie 40. 8 hampes de flèches, 10". De même au revers, au lieu de ". . . 605. 10 pieds de toile" on peut comprendre: ". . . 650. (Un) pied de toile . . ." Pour une manière analogue d'indiquer le prix par le mot 直 suivi d'un chiffre sans indication de ce à quoi se rapporte le chiffre, cf. CHAVANNES, *Documents*, n° 78.

Nº 44.—T. XXII. e. 05. 44

Plaquette de bois carrée en bas, arrondie en haut. Complète. L'arrondi de la partie supérieure (sur les deux faces) est délimité par un trait épais d'encre noire qui suit le contour, et par un trait droit qui joint les deux extrémités de l'arc de cercle. A l'intérieur, traits entrecroisés à l'encre noire moins épaisse. Au milieu de trait droit, un trou étroit de 2 mm. de diamètre perfore la plaque. La plaquette est équarrie et aplanie assez soigneusement, mais avec un résultat médiocre. Hauteur: 55 mm.; largeur: 26 mm.; épaisseur: 3 mm.; hauteur maxima de l'arrondi: 9 mm.

R°:　破 胡 止 姦 隧 弩 ⎮ 惆 一 完

V°:　破 胡 止 姦 隧 弩 惆 ⎮ 一 完

Poste de signaux de *Tche-kien* 止姦 (dépendant) de *P'o-hou* 破胡: Arbalète et étui, un . . .

Nº 45.—T. XXII. e. 06. 45

Fiche en bambou complète. Hauteur: 230 mm.; largeur: 10 mm.

止 姦 隧 長 巒 宣　　令 諷 守 當 會 侯 長　　代 長 彭

Liuan 巒, commandant du poste de signaux de *Tche-kien* publie: Ordre à savoir par cœur: (il remplit) par intérim (les fonctions) de *heou-tchang*, (est nommé) remplaçant du commandant du poste: *P'eng*.

Pour l'expression 令諷, voir CHAVANNES, *Documents*, nº 432. Le mot 守 devant un nom de fonction désigne un intérimaire, cf. CHAVANNES, *Documents*, nº 309, 大福守侯×長郭, "*K'ouo, heou-tchang* intérimaire de *Ta-fou*"; nº 451: 守屬賀 "le subalterne intérimaire *Houo*" nº 138: 守士吏, "l'officier intérimaire"; nº 376: 行事守丞章; "l'assistant intérimaire chargé des affaires, *Tchang*", etc. Si on compare la fiche ci-dessus à CHAVANNES, *Documents*, nº 377 高望隧長顧蒼 令守侯長, on voit que celle-ci, sous une forme abrégée et qui prête à confusion, est également une notification de promotion: "*Kou Ts'ang*, commandant du poste de signaux de *Kao-wang*. Ordre: (il remplit) par intérim (les fonctions de) *heou-tchang*".

Il ressort de cette fiche que le poste de *Tche-kien* 止姦 dépendant du *heou-kouan* de *P'o-hou* 破胡, était le poste que Sir Aurel Stein désigne comme T. XXII. e. C'était probablement aussi le siège du *heou-kouan* de *P'o-hou*.

Nº 46.—T. XXII. e. 07. 46

Petite fiche en bois complète; la partie supérieure arrondie avec un gros point noir au milieu; séparée du corps de la fiche par deux petites encoches grossièrement faites. Hauteur: 68 mm.; largeur: 12 mm.

右 卅 五 干 庢 呼

Ci-contre, 35 hampes de flèches fêlées.

Fiche destinée à être attachée au paquet de 35 hampes fêlées pour le classement dans le magasin. Sur les caractères 庢呼 = 坼纑, "fêlé, fendu", voir WANG, *op. cit.*, k. 2, 39b.

Nº 47.—T. XXII.e . 08. 47

Fiche en bois incomplète. Hauteur: 125 mm.; largeur: 11 mm.

×鼓 ○○ 晨 時 鼓 一 通 ／ 日 食 時 表 一 通 ／ 日 中 時 表 一 通 ／ ……

. . . tambour; . . . à l'aurore, tambour une série; à l'heure du repas journalier, signaux, une série; à l'heure de midi, signaux, une série; . . .

Compte-rendu d'enregistrement des signaux reçus par le poste en une journée, conformément au règlement; voir Introduction, p. 5.

Pour l'indication des heures, 日食時 rappelle 早食時, c'est-à-dire l'heure double de 7 à 9 heures du matin; 日中時 est l'heure double de 11 heures du matin à 1 heure de l'après-midi; dans CHAVANNES, *Documents*, nº 85, on trouve l'heure du repas du soir 夜食時 qui correspond à l'heure 餔食時 (3 h. à 5 h. de l'après-midi); et au nº 86 暮夜未半, avant minuit 夜半 (11 h. du soir à 1 h. du matin). Mais je ne crois pas qu'il faille prendre les heures de façon aussi précise: les petits postes de la Barrière n'étaient certainement pas pourvus de clepsydres; je pense qu'il vaut mieux considérer ces indications comme désignant le lever du soleil, midi, les moments des repas du matin et du soir, de la façon un peu vague que des expressions de ce genre ont dans la vie de tous les jours; quand on voulait être plus précis, on disait "à l'heure où le soleil est haut de deux perches" 日之二干時 (CHAVANNES, nº 85, cf. WANG, k. 2, 20b), ce qui est évidemment une expression vulgaire de l'heure par la hauteur du soleil.

T. XXII. f.

Nº 48.—T. XXII. f. 06

48

Partie inférieure d'une fiche incomplète en haut et en bas; mais l'inscription est complète et suivie d'un blanc de 40 mm. Hauteur: 73 mm.; largeur: 12 mm.

......○時毋燔薪

. . . ne pas brûler de combustible.

Probablement passage d'un règlement sur les signaux, soit règlement général comme celui du nº 42, soit règlement spécial pour un cas particulier.

T. XXIII. b.

Nº 49.—T. XXIII. b. 1.

49

Fiche complète en haut, brisée en bas, cassée en deux morceaux se rajustant. Hauteur: 101 mm.; largeur: 7 mm.

×應來降隊　○　示○豊戌卒

Répondu au poste de *Lai-hiang*. Le soldat *Li*

Enregistrement du signal envoyé à celui du poste de *Lai-hiang*: chaque poste enregistrait les signaux qu'il recevait, les transmettait et y répondait; voir ci-dessus, Introduction, p. 6.

T. XXIII. c.

Nº 50.—T. XXIII. c. 016.

50

Partie supérieure d'une fiche en bois incomplète du bas. Hauteur: 150 mm.; largeur: 13 mm.

戌卒穎川郡陽翟邑長翹里韓○病死　　官卑 ○○○○○ 從給

Le soldat *Han* . . ., originaire de canton de *Tchang-k'iao* dépendant du chef-lieu *Yang-ti* de la commanderie de *Ying-tch'ouan*, est mort de maladie. (Certificat) délivré officiellement . . .

Les deux lignes de petits caractères au bas de la fiche devaient contenir le nom et le titre de l'officier qui délivra le certificat de décès, ainsi que la date. Le chef-lieu *Yang-ti* de la commanderie de *Ying-tch'ouan* (*Ts'ien Han chou*, k. 28, 18b; *Heou Han chou*, Tche. 20, 1a) est aujourd'hui *Yu-hien* 禹縣 (*Yu-tcheou* 禹州 des *Ts'ing* et de nos cartes) dans la province de *Ho-nan*.

Nº 51.—T. XXIII. c. 019.

51

Fiche en bois complète. Les caractères de la partie supérieure, complètement effacés sont indéchiffrables; les derniers caractères en bas également. Hauteur: 230 mm.; largeur: 7 mm.

......○武隊卒王允○○○......

. . . le soldat *Wang-yun* du poste de signaux de . . . -*wou* . . .

Nº 52.—T. XXIII. c. 020.

52

Fiche en bambou complète. Hauteur: 125 mm.; largeur: 7 mm.

a.　六／卒

b.　......昏時到書叩領○○死〔罪〕敢言之

. . . Au temps du crépuscule il est arrivé une lettre: prosterné face contre terre, (reconnaissant qu'il mérite) la mort . . . ose dire ceci.

La partie supérieure de la fiche a été grattée anciennement, les deux caractères de *a* qui sont tout en haut et séparés du reste par un grand espace vide sont d'une autre main que *b*.

Compte-rendu de réception d'une lettre; il manque dans la partie grattée, le mois et le jour et le nom de l'expéditeur; la formule finale est la formule courante d'introduction de lettre à un supérieur (voir par exemple CHAVANNES, *Documents*, nº 536; WANG, k. 2, 6a, nº 23); mais ici, comme presque toujours, il n'y a pas la lettre. Sur l'enregistrement de la correspondance à l'arrivée, voir ci-dessus, Introduction, p. 7.

N° 53.—T. XXIII. c. 021. 53

Petite fiche en bois, absolument régulière; complète du haut, incomplète du bas (mais l'inscription est complète); cassée en deux morceaux. Hauteur: 95 mm.; largeur: 11 mm.

斥檽一直百廿

Poteau, 1. Prix 120.

Je pense qu'il s'agit de la perche de la bascule à signaux, qui est appelée simplement perche du *fong* 燧干 dans CHAVANNES, *Documents*, n° 694. Mais naturellement il devait y avoir d'autres poteaux dans le poste et il peut s'agir de toute autre chose.

N° 54.—T. XXIII. c. 022. 54

Petit morceau d'une plaquette en bois retaillée anciennement. Hauteur: 27 mm.; largeur: 16 mm.; épaisseur: 4 mm.

RECTO: 破胡八塹○ ...... ｜土塹千一百ˣ五 ...... ｜土塹○十六 ......

VERSO: ...... ○ˣ時上○

A. (Poste de) *P'o-hou*, en tout, briques. . .
Briques creuses en terre 115 [0 (?)]
Briques creuses en terre [.] 16.

Le revers, où il ne subsiste que quatre moitiés de caractères, a été inscrit sur la fiche quand elle était plus longue en haut et en bas, et plus large à droite. Elle a été retaillée en haut pour l'inscription du compte de l'avers; puis une deuxième retaille en bas et sur le côté gauche a coupé ce compte. Le débris subsistant est probablement ce qui est tombé lors de cette retaille qui était, je pense, destinée à permettre le remploi de la partie inférieure, aujourd'hui disparue.

Sur le poste de *P'o-hou*, voir p. 11.

N° 55.—T. XXIII. c. 024. 55

Fiche prismatique incomplète en haut et en bas. Hauteur: 85 mm.; largeur: 9 mm.; largeur de chaque face: 9 mm.

1ᵉ FACE: ...... 平旦徼巡

2ᵉ FACE: ......ˣ五○

3ᵉ FACE: *non inscrite.*

1ᵉʳᵉ FACE: . . . au point du jour faire une inspection . . .

Grande écriture soignée, mais maladroite, aux caractères largement espacés à intervalles à peu près égaux. La fiche donne l'impression d'un essai de copie d'un livre. Mais je n'ai pas retrouvé le passage.

平旦 désigne la période de 5 à 7 h. du matin. L'expression 徼巡 est écrite 徼循 dans le *Ts'ien Han chou* et le *Heou Han chou.*

N° 56.—T. XXIII. c. 025. 56

Bois. Fragment retaillé anciennement. Hauteur: 30 mm.; largeur: 10 mm.

...... 射入塢中吏ˣ張 ......

. . . tirant des flèches, pénétrèrent dans le retranchement; l'employé *Tchang* . . .

Fragment d'un rapport sur une attaque du poste.

N° 57.—T. XXIII. c. 4. 57

RECTO: ...... ○○

○○足下善毋恙苦○家中事春時禮伏地願梁翁來ˣ呼近衣適進酒食

VERSO: ○叩〔頭〕幸甚 叩頭ˣ翁來足下欲曰禮有不適願 翁來ˣ呼｜○○言 翁

來ˣ呼足下前ˣ莫到○○易長君不○

A. [. . . prosterné dit: je souhaite que vous, Monsieur *Leang Lai-hou*], vous vous portiez bien et soyez sans chagrin; je suis tout à fait désolé (de ne pas être?) dans votre famille pour accomplir les rites du printemps; je vous salue en m'inclinant jusqu'à terre; je souhaite qu'à vous, Monsieur *Leang Lai-hou*, (je puisse) présenter des vêtements et offrir du vin et de la nourriture.

R. . . . prosterné   prosterné je dis: Monsieur *Leang Lai*- . . . , je désire dire qu'il y a des cas que les rites n'atteignent pas; je souhaite que vous Monsieur *Leang Lai-hou*

. . . Je dis: Monsieur *Leang*, auparavant . . .

Brouillon de lettre privée, qui ne consiste guère qu'en phrases de politesse; l'auteur s'excuse de ne pouvoir aller rendre visite à un protecteur pour le jour de l'An. Le deuxième caractère du *tseu* du personnage à qui la lettre est adressée paraît être 呼 mais un *tseu* 來呼 serait bien singulier.

T. XXIII. f.

N° 58.—T. XLIII. f. 018. 58

Fiche en bois.

獄掾

Le préposé à la prison.

Ces deux caractères sont inscrits sur les deux faces de la fiche.

N° 59.—T. XXIII. f. 019. 59

Fragment de fiche en bois cassé en haut et en bas.

AVERS: ......○○六日 土...... ○......∣......廿九人 土...... ○......∣......

○○○十八 土...... ○......

REVERS: illisible.

. . . le 6ᵉ jour, terre . . . ; 29 hommes . . . terre . . . ; 18 [hommes ?] terre . . .

Débris d'un relevé de journées de travail analogue à CHAVANNES, *Documents*, n° 279 sq.

T. XXIII. l.
Souei DE *Wei-hou* 威胡 ET DE *P'o-lou* 破虜.

N° 60.—T. XXIII. l. 02. 60

Partie supérieure d'une fiche en bambou dont il manque le bas. Hauteur: 130 mm.; largeur: 14 mm.

〔四月〕己亥敦煌中部 ×尉○○×奉×令   〔永元〕四×年四×月×己×亥署○......

. . . le jour *ki-hai* (36), le *wei* de la section centrale de Touen-houang . . . a reçu l'ordre. 4ᵉ année [*yong-yuan* (?)], 4ᵉ mois, jour *ki-hai*.

Les caractères très effacés ne sont lisibles que sous un éclairage à jour frisant; d'autre part, l'écriture est la petite écriture des scribes des *Han*, avec les traits horizontaux fins et très rapprochés et les traits arrondis exagérés; aussi la lecture est-elle souvent incertaine, surtout dans la date et le nom. La partie inférieure de la fiche portait deux lignes: il ne reste de traces que de la ligne de droite. Les deux caractères manquant en tête sont sûrement 四月, d'après la date répétée à la fin de la ligne; je n'ai pu lire le nom du *wei*.—

Le titre de *wei* indique l'époque des *Han* Postérieurs: en effet, l'empereur *Kouang-wou* supprima les *tou-wei* de toutes les commanderies (*Heou Han chou*, k. 38, 2b) et les remplaça par des *wei*, de rang moins élevé; mais les commanderies frontières eurent un régime particulier et les anciennes circonscriptions militaires y furent souvent maintenues. Si on ne conserva peut-être pas intégralement à *Touen-houang* la division compliquée en quatre secteurs des *Han* Antérieurs, il y avait encore à côté du *wei* de la Section Centrale mentionné ici un *wei* de *Yu-men* (CHAVANNES, *Documents*, n° 483).

La seule année du 1ᵉʳ siècle p.C. qui réponde à l'énoncé de la date (4ᵉ année d'une période et 4ᵉ mois contenant un jour *ki-hai*) est la 4ᵉ année *yong-yuan*; c'est pourquoi j'ai restitué entre crochets ces deux caractères. La fiche est du 25 mai 92 p.C.

N° 61.—T. XXIII. l. 3. 61

Petite branche grossièrement équarrie en forme de pentaèdre; à la partie inférieure, la fourche de deux rameaux divergents n'a pas été taillée. Hauteur: 247 mm.; largeur des faces variant de 8 à 9 mm.

1ᵉ FACE: ......○   望虜百餘騎○得益爵

2ᵉ FACE: ......行道者駕載明逢火報侯望逢

3ᵉ FACE: ......○行道者

La partie conservée des deux autres faces ne porte pas d'inscription.

1ᵉ FACE: . . . a observé les pirates au nombre de plus de cent cavaliers . . . obtiendra une augmentation de grade.

2ᵉ FACE: . . . ceux qui se mettent en route emporteront sur un char un signal *fong* et répondront par un (signal de) feu au signal de l'observatoire.

3ᵉ FACE: . . . ceux qui se mettent en route.

Ordre au sujet d'une reconnaissance à envoyer pour disperser une troupe d'une centaine de cavaliers observés à proximité du *Limes*. Sur le signal portatif, voir Introduction, p. 7. *A priori*, on pourrait aussi supposer que c'est un débris d'un règlement général sur la surveillance du haut des tours de guet et sur les reconnaissances à effectuer, analogue à CHAVANNES, *Documents*, n° 432; mais un règlement de ce genre viendrait de la Commanderie et serait écrit sur une fiche régulière, tandis que cette fiche est une fiche de circonstance préparée maladroitement sur place; c'est plutôt un ordre donné sur place pour une petite affaire particulière.

N° 62.—T. XXIII. l.i. 18.   62

Fiche en bois complète; sur les côtés, il reste des traces d'écorce. La fiche a été sciée dans son épaisseur; derrière, un grand éclat presque séparé par un coup de couteau maladroit; la face postérieure n'a pas été polie. Sur le côté gauche, en haut, une grande encoche dont le fond a été poli: longueur 8 mm., profondeur 1 mm.; en dessous 19 petites encoches, simples traits au couteau. Hauteur: 145 mm.; largeur: 10 mm.

FACE: 四月威胡隧卒旦走西與玄ˣ武走隧卒會界上刻券

ENCOCHE DE GAUCHE: 十三日 (seulement le côté droit de ces trois caractères coupés par le milieu). FACE: 4ᵉ mois. Les soldats du poste *Wei-hou* 威胡 le matin, en marche vers l'Ouest, se sont rencontrés avec les soldats en marche du poste *Hiuan-wou* 玄武 à la limite (des circonscriptions de surveillance attribuées à chaque poste) et (en preuve) ont fait des encoches dans ce *k'iuan*. ENCOCHE: 13ᵉ jour.

Compte-rendu servant de certificat d'une patrouille de liaison entre les deux postes voisins.

Le mot *k'iuan* 券 désigne précisément ces documents qui sont séparés en deux après avoir été écrits de façon que le rapprochement des deux parties permette d'en vérifier l'authenticité. Ici le rapprochement des encoches et les caractères écrits sur la tranche sont ce qui donne cette garantie. Comme le document analogue n° 31, celui-ci a été écrit et scié sur place et chaque détachement en a emporté la moitié. Le poste *Wei-hou* est T. XXIII. l. i, car plusieurs fiches portant ce nom ont été retrouvées sur ce site.

N° 63.—T. XXIII. l.i. 16.   63

Fiche en bois incomplète en bas; l'écorce subsiste sur les côtés. 39 encoches au couteau sur la tranche gauche. Sciée dans son épaisseur. Hauteur: 220 mm.; largeur: 8 mm.

三月威胡〔隧〕卒四十四 ◯

3ᵉ mois. Quarante quatre soldats [du poste] *Wei-hou* . . .

K'iuan analogue au précédent, mais malheureusement presque illisible: les caractères, très mal écrits, dans une cursive très abrégée, sont de plus presque effacés. Les caractères 三月 et 卒 sont les seuls qui ressortent bien; du troisième caractère on voit la partie droite 戈 (écrite avec le trait vertical et droit comme dans le caractère 武 de CHAVANNES, *Documents*, Nᵒˢ 485, 486, etc.), du quatrième caractère la partie gauche 古; l'analogie du document précédent m'a fait adopter la lecture 威胡; dans ce cas, le sixième caractère qui est illisible doit être 隧. Le chiffre 44 doit être rapproché des 38 encoches qui subsistent: quand la fiche était complète, il y avait évidemment 44 encoches, gravées par les 44 soldats qui ont pris part à la reconnaissance.

N° 64.—T. XXIII. l.ii. 020.   64

Fiche cassée en bas. Hauteur: 182 mm.; largeur: 10 mm.

沙上隧田和宜禾蓬火

Postes à signaux du désert: signaux de feux de *T'ien-ho* et de *Yi-ho*.

Yi-ho était la plus orientale des quatre sections de *tou-wei* de la Commanderie de *Touen-houang* des *Han* Antérieurs, voir Introduction, p. 12. La limite devait en passer à peu de distance de T. XXIII. l. Il est donc possible qu'il s'agisse là de signaux visibles depuis T. XXIII. l. *T'ien-ho* est inconnu.

N° 65.—T. XXIII. 1.i. 010. **65**

Fiche de bambou recoupée anciennement en haut et en bas. Hauteur: 125 mm.; largeur: 10 mm.

三隧十三里二百卅步

3 postes de signaux, 13 *li*, 240 pas.

A l'époque des *Han*, 1 *li* a 300 pas, chaque pas est de 6 pieds et le pied vaut à peu près 20 centimètres; 13 *li* 240 pas font 4140 pas, soit 24.840 pieds, ce qui correspond à 4968 m., soit en gros 5 km. S'il était sûr que le document fût complet, ce chiffre désignerait probablement l'espace sur lequel étaient répartis les trois postes, *souei*, dépendant d'un *kan-heou* dont le siège serait à T. XXIII. l.i; mais il est possible que ces neuf caractères ne soient que la fin d'un document dont le début a disparu anciennement, quand la fiche a été retaillée, et que le sens soit tout différent.

N° 66.—T. XXIII. 1.i. 8. **66**

Fiche en bambou, complète en haut, cassée en bas. Hauteur: 75mm.; largeur: 8 mm.

正月威胡隧卒張廣食三……

Le 1ᵉʳ mois, *Tchang Kouang*, soldat du poste *Wei-hou* a mangé 3 [*che*].

N° 67.—T. XXIII. 1.i. 12. **67**

Fiche en bambou complète. Hauteur: 225 mm.; largeur: 8 mm.

三月止寇隧卒夏○食　　　三石

3ᵉ mois: nourriture de *Hia . . .*, soldat du poste de signaux *Tche-k'eou*, 　　　3 *che*.

N° 68.—T. XXIII. 1.i. 19 et 22. **68**

Fiche en bambou incomplète en haut et en bas et brisée en deux morceaux. 165 mm.

……〔威(?)〕胡隧卒兒橫食　三石　ˣ賓卒通食一石ˣ二〔斗〕

[Le . . . mois:] nourriture de *Ni Heng*, soldat du poste [*Wei* (?)]-*hou*, 3 *che*. Nourriture du soldat en subsistance *T'ong*, 1 *che* 2 [*teou*].

Il y a plusieurs *souei* dont le nom finit par *hou*, mais plusieurs fiches portant le nom de *Wei-hou* ayant été retrouvées sur ce site, c'est celui-ci qu'il faut restituer. 兒 = 倪 *Ni*. Je suppose que l'expression 賓卒 désigne les soldats appartenant à un poste et se trouvant momentanément détachés dans un autre. La ration journalière d'un soldat étant de 6 *cheng*, 12 *teou* représentent le paiement d'une période de 20 jours. Toutefois, le dernier caractère pourrait être *cheng*; dans ce cas, 1 *che* 2 *cheng* faisant 102 *cheng*, ce seraient les rations de 17 jours.

N° 69.—T.XXIII. 1.i. 26. **69**

Fiche en bambou complète. Hauteur: 230 mm.; largeur: 10 mm.

捕虜卒兒樂十月八日食十六斗二升

Nourriture de *Ni Lo*, soldat (du poste) *Pou-lou*, le 8ᵉ jour du 10ᵉ mois, 16 *teou*, 2 *cheng*.

Le poste *Pou-lou* 捕虜 n'est pas connu par ailleurs. 16 *teou* 2 *cheng*, à raison de 6 *cheng* par jour (CHAVANNES, *Documents*, n° 326, cf. 310 et 311), représentent le paiement des rations d'une période de 27 jours.

Ces fiches ne sont ni des reçus des bénéficiaires, ni des notes de paiement du magasin; ce sont simplement, je pense, les états des dépenses effectuées par l'intendance du poste pour la nourriture des soldats isolés n'appartenant pas au poste lui-même. Les soldats ne se nourrissaient naturellement pas eux-mêmes. Le fait qu'il s'agit de rapports d'administration à administration explique la longueur des périodes: à 6 *cheng* par jour, 3 *che* représentent une période de 50 jours.

N° 70.—T. XXIII. 1. ii. 014. **70**

Fiche incomplète. Hauteur: 172 mm.; largeur: 11 mm.

……○七斗

……7 *teou*……

Nº 71.—T. XXIII. 1. 9. 71

Fiche en bambou complète. Hauteur: 225 mm.; largeur: 11 mm.

高都戍卒張廣宗

Le soldat de garnison de *Kao-tou, Tchang Kouang-tsong.*

Je traduis, à la suite de Chavannes, l'expression 戍卒 littéralement par "soldat de garnison". Il s'agit des mercenaires qui servent dans les garnisons lointaines et sur la frontière en remplacement des miliciens dont le temps de service est très court; voir ci-dessus, p. 2.

Nº 72.—T. XXIII. 1. ii. 09. 72

Fiche complète en haut, cassée en bas. Hauteur: 60 mm.; largeur: 6 mm.

四月破虜隧卒〇　　田〇

Le 4ᵉ mois, le soldat . . . *T'ien* du poste de *P'o-lou.*

Nº 73.—T. XXIII. 1. ii. 010. 73

Partie inférieure d'une fiche cassée et détériorée par l'humidité. Hauteur: 72 mm.; largeur: 10 mm.

......〇尉〇李〇

Nº 74.—T. XXIII. 1. ii. 015. 74

Fragment de fiche incomplète.

1ᵉ FACE: 〇名〇阝縣張

2ᵉ FACE: 子〇坐

Tchang . . . originaire de la sous-préfecture de . . .

Nº 75.—T. XXIII. 1. i. 17. 75

Fiche en bois cassée à la partie supérieure. Hauteur: 117 mm.; largeur: 9 mm.

......〇月五日ˣ不〇〇〇〇〇〇〇......

Le 5ᵉ jour du . . . mois . . .

Les caractères tout à fait effacés sont illisibles.

Nº 76.—T. XXIII. 1. i. 20. 76

Fragment de fiche en bois cassée aux deux bouts. Hauteur: 67 mm.; largeur: 11 mm.

三月十九日〇〇

Le 19ᵉ jour du 3ᵉ mois . . .

Caractères très effacés.

Nº 77.—T. XXIII. 1. i. 21. 77

Fragment de fiche en bois cassée aux deux bouts. Hauteur: 59 mm.; largeur: 13 mm.

......子君近衣進食〇......

......〇〇病養

. . . . (je souhaite), Monsieur, vous offrir des vêtements et vous présenter des mets [et du vin?] . . .

Passage d'une lettre privée contenant les souhaits de politesse ordinaires.

Nº 78.—T. XXIII. 1. i. 23. 78

Fragment de fiche en bois, cassé en haut et en bas et retaillé à droite. Hauteur: 56 mm.; largeur: 11 mm.

AVERS: ......ˣ願足下善毋恙〇......丨......記敎以ˣ婦都幸言ˣ都......

REVERS: ......ˣ都未有可復德長......

. . . Je souhaite, Monsieur, que vous vous portiez bien et soyez sans chagrin. . .

Passage d'une lettre privée.

N° 79.—T. XXIII. 1. 2.   79

Partie supérieure d'une fiche en bois cassée en bas et incomplète à gauche. Les deux mots avers et revers n'ont ici aucun sens précis et désignent simplement les deux faces de la fiche. Hauteur: 235 mm.; largeur: 15 mm.

AVERS: 昌叩頭言

〇〇〇〇甚毋恙聞者存聞正存昌叩頭〇

REVERS: ......   昌〇

昌⌐叩⌐頭當今〇且毋望也望因往者ˣ西

AVERS: (Moi) *Tch'ang* prosterné, je dis: [J'espère que vous vous portez] bien, que vous êtes sans chagrin. Dernièrement vous étiez en bonne santé, j'ai appris que vous étiez en parfaite santé. *Tch'ang* prosterné. . .

REVERS: . . . . *Tch'ang* . . . ; (moi), *Tch'ang*, me prosterne deux fois. Maintenant, je n'ai pas d'espérance . . .

Fragment d'une lettre privée qui ne contient que des formules de politesse.

N° 80.—T. XXIII. 1. i. 08 et T. XXIII. 1. i. 09.   80

Deux morceaux de plaquette en bois s'ajustant exactement, l.i.08 en haut et l.09 en bas; le document reste encore incomplet du haut et du bas. Le côté droit n'a pas été retouché; on a coupé le côté gauche pour détacher une partie de la plaquette; au verso, la partie supérieure a été grattée anciennement. Longueur totale 135 mm.; largeur en haut (l.i.08) 17 mm.; en bas (l.09) 29 mm.

AVERS: ......〇之言都毋ˣ阿至今〇未來不知內物都欲報使史問長公......Ⅰ......具

言毋ˣ阿ˣ依有敕郎令春不來者寄可知至   報尹公子......

REVERS: ......官事ˣ幸甚都爲長公弟太長公西邊〇......Ⅰ......夫人一升芬非有倚勿

幸寬

AVERS:

. . . dit: (Moi), *Tou*, je suis sans peine (?); maintenant . . . n'est pas arrivé — : je ne sais pas . . . (moi), *Tou*, je désire répondre (à votre bienveillance) en envoyant un secrétaire prendre des nouvelles (de la santé) de Votre Excellence

. . . dit: je suis sans peine (?) . . . répondre à (votre bienveillance), Monsieur *Yin*, . . .

REVERS:

. . . [j'espère que] les affaires administratives vont très bien; (moi), *Tou*, pour Votre Excellence et ses frères cadets . . . la frontière occidentale . . . Madame (dont la vertu se répand comme) un *cheng* de parfum, sans partialité, sans favoriser, avec générosité . . .

Brouillon de lettre privée. Le même ou un autre personnage appelé *Tou* a écrit une autre lettre privée, voir ci-dessous, n° 98.

N° 81.—T. XXIII. 1. ii. 012.   81

Fragment de fiche. Hauteur: 42 mm.; largeur: 14 mm.

1ᵉ FACE: 三ˣ日 〇〇〇......
二十〇......

2ᵉ FACE: ......〇〇〇......
......〔死〕罪言之......

N° 82.—T. XXIII. 1. 5.   82

Copeau détaché de la partie supérieure d'une fiche. Hauteur: 45 mm.; largeur: 11 mm.

......受三〇〇貂〇......

N° 83.—T. XXIII. 1. 08.   83

Débris de fiche en bois.

勿

III. Documents provenant de la Commanderie de *Tsieou-ts'iuan*

T. XL. c.

N° 84.—T. XL. c. 08.   84

Cinq petits copeaux de bois. Les deux plus grands seuls s'ajustent exactement. Hauteur: 45 mm.; largeur: 12 mm.

...... ○ 詣侯所 ......

. . . se rendre auprès du *heou* . . .

T. XLI. a.

N° 85.—T. XLI. a. 07.   85

Partie inférieure d'une fiche en bois. Hauteur: 113 mm.; largeur: 17 mm.

...... ○ ˣ移属丞种

T. XLI. f.

N° 86.—T. XLI. f. 026.   86

Partie inférieure d'une fiche; ce qui subsiste est cassé en trois petits morceaux. Hauteur: 85 mm.; largeur: 12 mm.

...... ˣ望候長皇付○郡中○○○車

Le *heou-tchang* de . . . *-wang* (?), *Houang*, livre . . . commanderie . . . char.

La lecture 望 du premier caractère est presque sûre: il en subsiste la partie inférieure 壬.

T. XLIII. a.

N° 87.—T. XLIII. a. 011.   87

Extrémité inférieure d'une fiche en bois incomplète. Hauteur: 131 mm.; largeur: 8 mm.

...... 〔謹〕ˣ如ˣ詔書減荊各一歲   荊當竟七年五月八日

. . . [respectueusement] conformément à l'édit impérial, diminuer la peine d'un an pour chacun. La peine sera achevée le 8ᵉ jour du 5ᵉ mois de la 7ᵉ année.

Notification d'un édit d'amnistie partielle; la partie supérieure de la fiche devait contenir les noms des personnages bénéficiant de cette mesure.

Le code des *Han* avait des peines de travaux forcés variant d'un à cinq ans, portant chacune un nom particulier, celle de quatre ans appelée *wan* 完 et celle de cinq ans appelée *k'ouen-k'ien* 髡鉗 semblant seules avoir comporté l'exil à la frontière, appelé *tch'eng-tan* 城旦, expression qui se rencontre plusieurs fois dans les fiches. Ces condamnés sont pour la plupart des condamnés de droit commun: cinq ans de travaux forcés, avec la tête rasée et le carcan, étaient la peine de ceux qui avaient blessé quelqu'un dans une rixe, etc.; c'était la plus grave des peines dites légères: aussi était-ce celle qui était appliquée lorsque pour quelque raison la peine de mort était abaissée d'un degré.

La peine de cinq ans de travaux forcés s'aggravait de ce que le condamné avait la tête rasée, était chargé d'un carcan de fer (d'où le nom de *k'ouen-k'ien* 髡鉗) et était vêtu d'habits rouges. Le condamné à quatre ans de travaux forcés au contraire n'avait ni carcan ni habits rouges et on ne lui rasait pas la tête; c'est ce qu'on indiquait par le mot *wan* 完 "avec l'intégrité de son corps", mot un peu fort pour l'époque, mais qui avait tout son sens au début de la dynastie, avant la suppression des châtiments corporels, autres que la castration et la mort, par l'empereur Wen, quand les peines de la marque ou de l'ablation du nez s'accompagnaient des travaux forcés considérés comme peine secondaire: il désignait alors ceux qui étaient condamnés aux travaux forcés comme peine principale.

Si le bannissement à la frontière n'était appliqué qu'aux condamnés à quatre et cinq ans, la fiche ne peut être qu'un édit d'amnistie partielle de "relâchement de peine" *che-hing* 弛刑 qui, en diminuant d'un an la peine d'un condamné à cinq ans, le fait passer de la catégorie *k'ouen-k'ien* à la catégorie *wan* et, par conséquent, implique la suppression du carcan, des habits rouges et de l'obligation de garder la tête rasée. Le n° 88 montre un personnage de cette catégorie.

N° 88.—T. XLIII. a. 013.   88

Fiche en bois complète. Cursive. Hauteur: 235 mm.; largeur: 9 mm.

楨中隧弛刑ˣ許ˣ泉○○○ˣ今月十一日餔時何○ ......

Hiu Ts'iuan, condamné aux travaux forcés avec adoucissement de la peine, du poste de *Tcheng-tchong* 楨中 . . . ce mois, le 11ᵉ jour, à l'heure du repas du soir (3 à 5 heures de l'après-midi), . . .

Le poste de *Tcheng-tchong* est également mentionné dans les nᵒˢ 135 et 137. L'expression 弛刑 *che-hing* désigne les condamnés aux travaux forcés qui "ont eu un début de grâce et à qui on retire leur carcan et leurs vêtements rouges" (*Han-chou-yin-yi* 漢書音義, ap. *Heou Han chou* 後漢書, k.1 B, 4a; cf. Commentaire de YEN *Che-kou, Ts'ien Han chou*, k.69, 5b); cf. nᵒ 87. Les trois caractères laissés en blanc sont encore lisibles, bien qu'un peu effacés, mais ils sont en une cursive très abrégée que je n'ai pu déchiffrer.

Nᵒ 89.—T. XLIII. a. 012.   89

Partie supérieure d'une fiche en bois; le bas manque. Cursive. Hauteur: 158 mm.; largeur: 9 mm.

ˣ張叩頭死罪敢言之䷂月十日⋯⋯

Tchang prosterné, et méritant la mort, ose dire ceci. Ce mois-ci, le 10ᵉ jour, . . .

T. XLIII. g.

Nᵒ 90.—T. XLIII. g. 017. 020. 022. [022 manquant]   90

Trois fragments de fiche s'ajustant exactement les uns aux autres, sans que l'ensemble reconstitue la fiche complète. Hauteur: 230 mm.; largeur: 10 mm.

玉門丞掾〇〇〇移書〇〇〇從吏

L'assistant de l'adjoint (du sous-préfet) de *Yu-men* . . . adresse une lettre à . . . ; l'officier en second . . .

Début d'une lettre officielle à un supérieur. L'assistant de l'adjoint, *tch'eng-yuan* 丞掾, devait être une sorte de chef des bureaux de l'adjoint; c'est un petit emploi qui paraît avoir existé régulièrement à tous les degrés de la hiérarchie: on trouve un assistant auprès de l'adjoint d'une Commanderie (*Heou Han chou*, k.28, 7b), auprès de celui d'un *tou-wei* (CHAVANNES, *Documents*, nᵒ 451), et ici auprès de celui d'une sous-préfecture.

La sous-préfecture de *Yu-men* dépendait de la Commanderie de *Tsieou-ts'iuan*. Cette fiche montre où passait la frontière entre les deux Commanderies de *Touen-houang* et de *Tsieou-ts'iuan*.

T. XLIII. h.

Nᵒ 91.—T. XLIII. h. 020.   91

AVERS: 永光五年四月甲戌朔   己 ˣ卯   己⋯⋯
〇〇敢言之   己⋯⋯
REVERS: 〇〇〇⋯⋯

La 5ᵉ année *yong-kouang*, le 4ᵉ mois dont le 1ᵉʳ jour est *kia-siu*, le jour *ki-mao* (31 mai 39 a.C.) . . . ose dire ceci.

Début de lettre officielle adressée à un supérieur.

Nᵒ 92.—T. XLIII. h. 023.   92

Partie supérieure d'une fiche dont il manque le bas.

隧長玉門富昌里九崇

Le chef de poste, *Wan Tch'ong*, originaire du village de *Fou-tch'ang* (dépendant de la sous-préfecture) de *Yu-men*.

Il y a un poste de signaux, *souei*, de *Fou-tch'ang*, siège de l'adjoint du *heou*, 侯丞, du *heou-kouan* de *Ta-tsien tou* 大煎都 qui dépend lui-même du *tou-wei* de *Yu-men* 玉門 (CHAVANNES, *Documents*, nᵒ 150). Mais il ne peut avoir aucun rapport avec le *Fou-tch'ang* mentionné ici comme étant un village, *li* 里, car les villages sont des circonscriptions civiles dépendant des sous-préfectures et le lieu d'origine d'un individu quelconque est donné par l'indication de la circonscription civile. Le *Yu-men* mentionné ici est par suite non la circonscription militaire dépendant d'un des quatre *tou-wei* de la Commanderie de *Touen-houang*, mais une des sous-préfectures de la Commanderie voisine de *Tsieou-ts'iuan* 酒泉, et *Fou-tch'ang* doit être un des villages de cette sous-préfecture. De même: *Souen Wou-hia* 孫毋傰, originaire du village de *Fou-kouei*, 富貴里, dans la sous-préfecture de *Touen-houang* (CHAVANNES, *Documents*, nᵒ 62); *Tchang Hien* 張賢, originaire du village de *Kao-sseu* 高氾 dans la sous-préfecture de *Fen-yin* 汾陰, dépendant de la Commanderie de *Ho-tong* 河東 (CHAVANNES, *Documents*, nᵒ 73; voir aussi nᵒˢ 72, 74, 75, 77, 183, etc.).

N° 93.—T. XLIII. h. 018.

AVERS: 稟　　受降卒〇〇四月食三斛
REVERS: 萬年隊長吉守穀卒趙〇記〇〇

Remis au soldat du (poste) *Cheou-hiang* . . . nourriture pour le 4e mois, 3 *hou*.

Le commandant du poste de signaux *Wan-nien, Ki*. Le soldat *Tchao* commis à la garde des grains a enregistré . . .

Le poste de *Cheou-hiang*, mentionné dans CHAVANNES, *Documents*, n° 485 (également sans le mot *souei*) dépendait du *heou-kouan* de *Yu-men*. *Wan-nien* est probablement T. XLIII.h., puisque le commandant du poste contresigne le versement de la solde. Le *Wan-nien* de CHAVANNES, *Documents*, n° 415, est un canton, *li* 里: c'est une circonscription civile qui n'a rien à faire avec ce poste de signaux. Voir ci-dessus, n° 92, un cas analogue.

S'il s'agit, comme je suppose, d'un soldat du poste de *Cheou-hiang* en subsistance à *Wan-nien*, où il a résidé au moins un mois, on remarquera ces déplacements qui font passer un soldat d'un bout à l'autre de la Commanderie en le laissant toujours attaché au poste d'où il vient.

N° 94.—T. XLIII. h. 019.

Plaquette en bois brisée en haut, complète en bas, à droite et à gauche. Hauteur: 150 mm.; largeur: 23 mm.

一布〇絳一兩見	綠絨一見	裘一領見
〇〇一領見	絮巾一見	白布巾一見
〇〇一兩見	白番複䯼一領見	布〇一兩見
〇一牧見	白布單車衣一領見	絲綈一兩見
行服一兩見	裘絳一兩見	

1er registre: . . . toile . . . satin rouge   1 pièce de 40 pieds. Vu.
                         1 pièce de vêtement. Vu.
                         1 pièce de 40 pieds. Vu.
                         1 morceau. Vu.
                         1 pièce de 40 pieds. Vu.

2e registre: Toile fine verte, 1. Vu.
             Bonnet ouaté, 1. Vu.
             Veste doublée de   blanc, 1 pièce. Vu.
             Vêtement de char non doublé, en toile blanche, 1 pièce. Vu.
             Vêtement fourré à parements de satin rouge, 1 兩 pièce de 40 pieds. Vu.

3e registre: Vêtement fourré, 1 pièce. Vu.
             Bonnet de toile blanche, 1. Vu.
             Toile   1 pièce de 40 pieds. Vu.
                de soie, 1 pièce de 40 pieds. Vu.

Inventaire des vêtements appartenant à un soldat, analogue à celui de CHAVANNES, *Documents*, n° 72.

N° 95.—T. XLIII. h. 021.

Fiche brisée en haut et en bas. Hauteur: 102 mm.; largeur: 11 mm.

負劉書思錢九十⋯⋯丨　　負ˣ第子ˣ眞錢卅ˣ文

Doit *Lieou Chou-sseu* pièces de monnaie 90 . . .
Doit *Ti* (?) *Tseu-tchen* (?) pièces de monnaie 40.

L'inscription de chaque ligne est complète en haut, la partie supérieure du fragment étant occupée par un blanc, destiné sans doute à marquer une séparation entre les mentions conservées et les mentions analogues qui se trouvaient dans la partie perdue.

N° 96.—T. XLIII. h. 024.

Partie inférieure d'une fiche en bois dont le haut est cassé. Hauteur: 164 mm.; largeur: 13 mm.

⋯⋯年三十見　　始建國五年三月丙子除

. . . La 5e année *che-kien-kouo*, le 3e mois, jour *ping-tseu* (13 p.C.), prend son poste.

Il est impossible de donner un sens aux quatre premiers mots, le début de la fiche manquant. La date présente une difficulté: la 5ᵉ année *che-kien-kouo* (13 p.C.) a son troisième mois qui commence au jour *ki-mao* (16ᵉ du cycle); il ne contient par conséquent pas de jour *ping-tseu* (13ᵉ du cycle); le caractère 子 est un peu effacé, mais il est absolument impossible de lire 戌 (23ᵉ jour du cycle) ou 午 (43ᵉ jour du cycle) seuls jours *ping* contenus dans ce mois. D'autre part le caractère 三 est suffisamment clair pour qu'on ne puisse lire ni 二 ni 三. Il faut admettre une erreur, difficile à comprendre, de la part du scribe. Il faut peut-être lire 庚子 (37).

Nᵒ 97.—T. XLIII. h. 026.   97

Copeau de bois détaché d'une fiche retaillée pour être remployée. Hauteur: 24 mm.; Largeur: 12 mm.

一卒○

Un soldat . . .

Nᵒ 98.—T. XLIII. h. 015.   98

Grande fiche complète. Hauteur: 232 mm.; largeur: 12 mm.

AVERS: 杜○叩頭白君善足下毋恚開久出前○君仍毋方也叩頭敢言前

REVERS: 先取絹疋當立上間後不在久＝至今叩領＝○以字○去直百（十）○○○

十六段

AVERS: *Tou* 杜 se prosternant déclare. (Je souhaite) que vous vous portiez bien et que vous soyez sans chagrin; depuis longtemps   je souhaite que comme auparavant vous soyez sans mal. Prosterné, j'ose dire:

REVERS: précédemment j'ai pris une pièce de satin   pendant longtemps jusqu'à présent. Me prosternant, (sachant que je commets) un crime, j'écris . . .

Le prix de 160 . . . 16 morceaux . . .

Au revers, le caractère 十 mis entre parenthèses dans la transcription est placé en surcharge à droite dans l'original.

Début d'un brouillon de lettre privée, écrite par un certain *Tou*, qui est peut-être le même que le *Tou* qui a écrit la lettre privée du nᵒ 80.

Nᵒ 99.—T. XLIII. h. 029.   99

Plaquette de bois retaillée en pointe à la partie supérieure, complète en bas. Hauteur: 142 mm.; largeur: 16 mm.

AVERS: ......○未及至前因言車來言侯君四月中病君佳（?）病無......

REVERS: ......侯君從居○君ˣ家所未○大舍東堂塊｜○○前乃來謹請幸子思再拜

白○○○高子思

AVERS: . . . n'est pas parvenu. Auparavant comme votre lettre est arrivée disant que vous, Monsieur, vous êtiez tombé malade dans le courant du 4ᵉ mois, mais que votre maladie était sans (gravité?) . . .

REVERS: . . . je vous prie, portez-vous bien. *Tseu-sseu* vous saluant deux fois s'adresse à [vous] . . . *Kao Tseu-sseu.*

Fragment de brouillon de lettre privée, écrite par un certain *Kao Tseu-sseu* à un personnage dont le nom n'est pas mentionné.

Nᵒ 100.—T. XLIII. h. 030.   100

Plaquette de bois brisée en haut et en bas. Hauteur: 49 mm.; largeur: 22 mm.

AVERS: ......○○得福者手遺......｜......○部多謝兩兄......｜......前幸勿追......

REVERS: ......阝..........｜......春辱手賜......｜......永福都羊言......

AVERS: . . .   . . .; bien des salutations aux deux frères aînés; . . . que votre bonheur précédent continue sans cesse. . .

REVERS: . . . un bonheur perpétuel, des paroles de bon augure.

Fragment de brouillon de lettre privée. L'expression "les deux frères aînés" ne doit pas nécessairement être prise à la lettre: il peut s'agir simplement d'amis.

N° 101.—T. XLIII. h. 027.   **101**

Copeau de bois détaché d'une fiche retaillée. Hauteur: 55 mm.; largeur: 8 mm.

> AVERS: ○ ○ ○ 白 記 ○ 付 予 ○ ......
>
> REVERS: 付 予 一 牛 付 予 一 牛

REVERS: Me livrer un bœuf; me livrer un bœuf.

L'avers est inintelligible; le revers est un exercice d'écriture. Le second caractère 付 a été récrit sur le premier caractère 牛.

N° 102.—T. XLIII. h. 028.   **102**

Plaquette de bois épaisse, taillée en haut et à droite, cassée en bas; la moitié gauche a été coupée; le revers a été retaillé en biais du côté gauche. Hauteur: 70 mm.; largeur: 33 mm.; épaisseur: 9 mm.

> 國

Le caractère est très gros.

N° 103.—T. XLIII. h. 025.   **103**

Plaquette de bois carrée en haut, arrondie en bas, dont il manque la moitié gauche. Hauteur: 82 mm.; largeur: 25 mm.; épaisseur: 4 mm.

> ×督

Le caractère, très gros, est incomplet et n'est pas absolument sûr.

N° 104.—T. XLIII. h. 022.   **104**

Fiche coupée en haut, taillée en pointe en bas, retaillée à droite et à gauche. Hauteur: 70 mm.; largeur: 10 mm.

> ...... 也 由 行 ×敢 頁 ○

T. XLIII. i.

N° 105.—T. XLIII. i. 010.   **105**

Petit copeau de bois détaché d'une fiche retaillée. Hauteur: 48 mm.; largeur: 15 mm.

> 隊 長 守 ......

Le chef du poste à signaux . . .

N° 106.—T. XLIII. i. 015   **106**

Couvercle en bois, taillé un peu irrégulièrement; l'avers porte deux encoches, le revers est aplani. Hauteur: 114 mm.; largeur: 25 mm.; épaisseur: 10 mm. Avers, partie supérieure (du bas à la 1ère encoche): 28 mm.; partie médiane: 35 mm.; partie inférieure: 41 mm.

> AVERS: 田 翁

Monsieur *T'ien.*

Les caractères du revers sont trop effacés pour être lisibles. Le nom à l'avers doit être celui du destinataire; il est inscrit à la partie inférieure, le haut et le milieu restant anépigraphes.

N° 107.—T. XLIII. i. 012.   **107**

Couvercle en bois, taillé un peu irrégulièrement. L'avers est creusé au milieu de façon régulière; le revers est aplani. Hauteur: 47 mm.; largeur: 25 mm.; épaisseur aux bords supérieur et inférieur: 12 mm.; épaisseur au milieu: 7 mm.; hauteur des bords supérieur et inférieur: 7 mm.; hauteur de la partie creuse: 31 mm.

> 小 封 一

Petit paquet, un.

Préparé pour contenir soit le petit paquet mentionné, soit une lettre accompagnant le paquet.

N° 108.—T. XLIII. i. 016.   **108**

Copeau de bois détaché d'une fiche; deux petits morceaux se rajustant. Hauteur: 44 mm.; largeur: 8 mm.

> 且 將 使 ○

Nº 109.—T. XLIII. i. 018.   109

Morceau d'une planchette retaillée irrégulièrement pour être réutilisée comme fiche. Hauteur: 90 mm.; largeur au bord supérieur: 11 mm.; largeur au bord inférieur: 15 mm.

......○○○○...... | ......○禹　　重卩

De la 1ᵉ ligne il ne reste que la partie gauche de 4 caractères.

Nº 110.—T. XLIII. i. 013.   110

Copeau de bois détaché d'une fiche retaillée. Hauteur: 78 mm.; largeur: 22 mm.

......長○○再拜言○○

. . . saluant deux fois dit . . .

Fragment d'un brouillon de lettre privée.

T. XLIII. j.

Nº 111.—T. XLIII. j. 06.   111

Fiche en bois, complète en haut, cassée en bas. Hauteur: 95 mm.; largeur: 16 mm.; épaisseur: 4 mm.

AVERS: 前○......

REVERS: 前隆......

L'inscription commence, sur les deux faces, tout en bas de la fiche, laissant en haut 80 mm. en blanc.

Nº 112.—T. XLIII. j. 013.   112

Baguette en bois, taillée en pointe en bas, équarrie soigneusement en haut, 2 faces polies (une seule inscrite), 2 taillées non polies; forme analogue à T. XLIII.j.012. Longueur: 110 mm.; largeur de la face inscrite: 13 mm.; largeur des faces non inscrites, gauche: 15 mm.; droite: 12 mm.; dos: 12 mm.

......○永永光年年○○......

. . . *yong-kouang*, année, année . . .

Exercice d'écriture, les caractères ne sont pas rangés en ligne, mais sont placés pêle-mêle. La période *yong-kouang* dura de 43 à 39 a.C.

T. XLIII. k.

Nº 113.—T. XLIII. k. 032.   113

Fiche en bois complète. Hauteur: 127 mm.; largeur: 10 mm.

下中二千石部刺史郡太守諸侯相承書從事下當用者如○○

Envoyé aux fonctionnaires ayant une solde pleine de deux mille *che* de grains, aux inspecteurs, *ts'eu-che*, des provinces, aux préfets des Commanderies, aux ministres des princes. Au reçu de cette lettre, agissez en conséquence; dans votre conduite ultérieure, conformez-vous au décret.

C'est la formule régulière d'envoi de décrets impériaux sous les *Han*: voir *Che-ki*, k. 60, 6a. On trouvera dans CHAVANNES, *Documents*, nº 140, un document presque identique, mais plus complet, car il contient la date et le début de la formule:[1] 四月庚子丞吉下中₌二₌千〔石〕郡太守諸侯相丞書行事下當用之...... "Le 4ᵉ mois, le jour *keng-tseu* (58 ou 56 a.C.), le Premier Ministre (*Ping*) *Ki* (丙) 吉 adresse cet édit aux fonctionnaires ayant une solde pleine de 2000 *che* de grains, aux fonctionnaires ayant une solde de 2000 *che*, aux préfets des Commanderies, aux ministres des princes. Au reçu de cette lettre, agissez en conséquence. Dans votre conduite ultérieure . . ."

Les "fonctionnaires ayant une solde pleine de 2000 *che*", *tchong eul-ts'ien-che* 中二千石, sont les neuf ministres 九卿 qui reçoivent une solde de 180 *che* par mois (ce qui fait 2160 *che* par an); ils n'ont au-dessus d'eux que les Trois-Ducs 三公 et le Maréchal 大將軍 qui reçoivent presque le double, 350 *che* par mois (4200 par an). Les fonctionnaires ayant une solde de 2000 *che*, *eul-ts'ien-che* 二千石, reçoivent 120 *che* par mois (1440 *che* par an): ce sont les préfets, *t'ai-cheou* 太守, des commanderies, *kiun* 郡; enfin, il y a au-dessous d'eux les fonctionnaires assimilés à ceux dont la solde est de 2000 *che*, *pi-eul-ts'ien-che* 比二千石, qui ne reçoivent que 100 *che* par mois (1200 par an), à peine plus que les fonctionnaires dont la solde est de 1000 *che* (comme les sous-préfets qui reçoivent 80 *che* par mois, soit 960 *che* par an) (*Heou Han chou*, k. 38,

1) Je donne la lecture de WANG, k. 2, 2a, qui a reconnu que 中₌二₌千 est une faute de copiste pour 中二₌千₌〔石₌〕. *Ping Ki* fut Premier Ministre de 58 à 55, année de sa mort; les deux années 58 et 56 répondent aux indications de la fiche qui appartient sûrement à l'une d'elles.

6a; CHAVANNES, *Les Mémoires Historiques de Se-ma Ts'ien*, II, 526–527, note). Les "assimilés" sont les hauts fonctionnaires de l'administration centrale et, en province, au temps des *Han* Antérieurs, les commandants militaires des commanderies, *tou-wei* 都尉, supprimés au temps des *Han* Postérieurs, sauf dans quelques commanderies des frontières, où ils étaient appelés *wei* 尉.

La différence entre la fiche ci-dessus et celle de CHAVANNES, *Documents*, n° 140, est que la première mentionne les *ts'eu-che* avant les préfets des Commanderies et que la seconde ne les mentionne pas. Les treize *pou ts'eu-che* 部刺史, créés par l'empereur *Wou* en 106 a.C., étaient des inspecteurs provinciaux ayant 600 *che* de solde, tandis que les préfets des Commanderies avaient 2000 *che*; ils étaient hiérarchiquement inférieurs à ceux-ci, bien que leurs circonscriptions comprissent plusieurs Commanderies. Ils résidaient à la capitale; le huitième mois de chaque année, ils entreprenaient un tour d'inspection des Commanderies et revenaient pour le début de l'année suivante; à leur retour, ils adressaient un rapport à l'empereur, mais n'avaient aucun ordre à donner aux préfets; leur inspection d'ordre était limitée à six points spéciaux, en dehors desquels ils n'avaient pas le droit d'enquêter. Le titre de *ts'eu-che*, un instant changé en celui de *mou* 牧 en 8 a.C. avec une solde de 2000 *che*, fut rétabli en 42 p.C. par *Kouang-wou* 光武 avec la solde ancienne et dura jusqu'à la fin du IIe siècle, où le titre de *mou* fut repris pour peu de temps.

N° 114.—T. XLIII. k. 031.   114

Fiche en bois complète. Hauteur: 235 mm.; largeur: 11 mm.

入四年食○○○○○   陽朔四年十月十二〔日......

Entré: pour la nourriture de la 4e année . . .
4e année *yang-cho*, 10e mois, 12e [jour] (6 novembre 21 a.C.) . . .
Voir des fiches analogues ci-dessus, n°s 33, 34 et CHAVANNES, *Documents*, n°s 485, 486, 579, 580.

N° 115.—T. XLIII. k. 037.   115

Fiche en bois complète, cassée en deux morceaux qui se rajustent exactement. Hauteur: 79 mm.; largeur: 11 mm.

五月丙戌來書一封都尉印詣太守府日旦○○

Le 5e mois, le jour *ping-siu* (23e jour du cycle), arrivé une lettre, (scellée du) sceau du *tou-wei*, à porter à la résidence du préfet (de la Commanderie). (Heure:) aube. . .

Enregistrement de correspondance officielle. Voir ci-dessus, p. 7; cf. ci-dessous, n° 166.

Le nom de la Commanderie n'étant pas donné, il s'agit certainement de celle dont dépendait le poste T. XLIII.k., c'est-à-dire *Tsieou-ts'iuan*. Le *tou-wei* est également celui dont dépend le poste, c'est à-dire celui de la section occidentale de *Tsieou-ts'iuan*, 西部都尉. Les deux caractères illisibles à la fin de l'inscription sont le nom de celui qui a enregistré la lettre.

Les indications calendériques sont insuffisantes pour dater exactement la fiche; elle doit être à peu près contemporaine de la précédente.

N° 116.—T. XLIII. k. 042.   116

Fiche en bois complète en haut, brûlée en bas. Hauteur: 62 mm.; largeur: 17 mm.

未亡及亡人從者丈夫女子......丨未亡及亡人從者丈夫○......

Vivants et morts . . . hommes et femmes[1] . . .
vivants et morts, . . . hommes [et femmes] . . .

N° 117.—T. XLIII. k. 033.   117

Fiche en bois brisée en haut, recoupée en bas; toute imprégnée de sel. Hauteur: 141 mm.; largeur: 14 mm.

○○廼八月中爲計蒲○直四百已得三百

. . . dans le cours du 8e mois, pour compter . . . prix 400; reçu 300.

N° 118.—T. XLIII. k. 030.   118

Fiche en bois complète. Hauteur: 226 mm.; largeur: 11 mm.

刻從○假掾從事張右于楨各一所   惠兄   縱從×勞以..

. . . les attachés au bureau, *yuan-ts'ong-che* 掾從事, intérimaires *Tchang Yeou*, *Yu Tcheng*, chacun un endroit . . .

---

1) [?The widow and the followers of the deceased, male and female.]

Entre le caractère 所 et le caractère 縱 il y a un espace vide dû à ce que la fiche a été grattée; les deux caractères 惠兄 ont été écrits ultérieurement d'une autre main.

Nº 119.—T. XLIII. k. 027.   119

Fiche en bois complète en haut, brisée en bas. Hauteur: 58 mm.; largeur: 13 mm.

憎胡隊卒×將×回

Le soldat du poste de signaux *Tseng-hou, Tsiang Houei* (?) . . .

Nº 120.—T. XLIII. k. 043.   120

Fiche en bois, complète en haut, brisée en bas. Hauteur: 75 mm.; largeur: 11 mm.

戍卒王×肩

Le soldat *Wang Kien* (?) . . .

Nº 121.—T. XLIII. k. 038.   121

Fragment de fiche en bois. Hauteur: 60 mm.; largeur: 9 mm.

敢言之謹移

Je me permets de dire ceci: j'ai envoyé soigneusement (une lettre) . . .

Nº 122.—T. XLIII. k. 044.   122

Fiche en bois brisée en haut, complète en bas. Hauteur: 93 mm.; largeur: 17 mm.

AVERS: .... ○○敢言❘ ...... ○○書報評

REVERS: ...... ○食莫時持○○○

La première ligne de l'avers contient la formule des lettres officielles à un supérieur. Au revers 莫 lire 暮.

Nº 123.—T. XLIII. k. 039.   123

Plaquette en bois, coupée à droite; le verso a été en partie gratté. Hauteur: 86 mm.; largeur: 18 mm.

AVERS: ...... ○○○○○○○ ...... ❘ ...... 李叩頭下 ......

REVERS: ...... 御者足下 ......

La deuxième ligne de l'avers contient la formule des lettres privées. *Li* 李 est le nom de famille de celui qui a écrit la lettre.

Nº 124.—T. XLIII. k. 045.   124

Fiche en bois complète. Hauteur: 95 mm.; largeur: 9 mm.

AVERS: ...... ○三日三夜虛便 ......

REVERS: Traces de caractères effacés.

Nº 125.—T. XLIII. k. 046.   125

Fiche complète, arrondie en haut, carrée en bas. Hauteur: 98 mm.; largeur: 10 mm.

AVERS: ...... 令令令令 ......

REVERS: ...... 令 ......

Exercice d'écriture.

Nº 126.—T. XLIII. k. 029.   126

Fiche en bois, arrondie en haut, retaillée en pointe en bas. Hauteur: 129 mm.; largeur: 14 mm.

AVERS: ...... 元元年二月己巳

REVERS: ...... 令元元元元元

La 1ᵉ année . . . *yuan*, le 2ᵉ mois, jour *ki-sseu*.

La date de l'avers ne peut être précisée; le caractère à suppléer au dessus du premier caractère 元 doit être 永, 初 ou 始; car la première année de chacune des périodes *che-yuan* 始元 (86 a.C.), *tch'ou-yuan* 初元 (48 a.C.) et *yong-yuan* 永元 (89 p.C.) a un second mois contenant un jour *ki-sseu* (6ᵉ du cycle). Presque toute la période couverte par les fiches est ainsi embrassée.

Au revers, exercice d'écriture.

N° 127.—T. XLIII. k. 0.28

Fragment de fiche en bois. Hauteur: 80 mm.; largeur: 13 mm.

AVERS: ...... ○ 見 ○ ○ 陳 ○ 謹 封

REVERS: ...... ˣ奏 丨 ˣ丞 ˣ子 ˣ冀

N° 128.—T. XLIII. k. 036.

Fiche en bois. Hauteur: 75 mm.; largeur: 9 mm.

聿

T. XLIV.

N° 129.—T. XLIV. 9.

Plaquette en bois, recoupée en haut et en bas. Hauteur: 235 mm.; largeur: 27 mm.

〔○〕漢 亭 吏 逮 進 言 謹 案 文 書 居 貧 粮 食 常 有 ...... 丨 ○ 玄 乏 近 日 陳 ○ 自 問 求 乞 近
假 歸 曾 益 粮 食 今 ......

Tai 逮, officier du *t'ing* de . . . *-han* présente ces paroles: je me conforme respectueusement à votre lettre; comme je suis pauvre et que ma solde est toujours . . . (insuffisante?) . . ., ces jours-ci j'ai montré ma légèreté; je reconnais ma faute; j'ai demandé un congé et une augmentation de solde. Maintenant . . .

Fragment d'une lettre à un supérieur. Bien que la fiche soit régulièrement coupée en haut et en bas, elle me paraît incomplète: le nom du *t'ing* par lequel débute la première ligne ne peut être *Han* 漢 tout seul et il devrait y avoir un autre caractère au-dessus. Comme une faute ou un oubli sur ce point est impossible, je pense que la fiche a été recoupée en haut anciennement pour être remployée, puis jetée avant ce nouvel emploi.

T. XLIV. a.

N° 130.—T. XLIV.a. 019.

Fiche en bois brisée en haut, complète en bas, cassée en deux morceaux qui se rajustent. Hauteur: 100 mm.; largeur: 8 mm.

AVERS: ...... ○ 受 王 孟 監 書 一 封 孫 小 六 日 付 鄭

REVERS: ...... 受 王 監 書 二 即 日 朱 虎 付 趙 羌

1. Reçu une lettre de *Wang Meng-kien. Souen Siao* le 6ᵉ jour l'a remise à *Tcheng.*
2. Reçu deux lettres de *Wang Meng-kien.* Aujourd'hui *Tchou Hou* les a remises à *Tchao K'iang.*
Enregistrement de correspondance officielle. Voir des fiches analogues dans CHAVANNES, *Documents,* nᵒˢ 275, 367.

N° 131.—T. XLIV.a. 018 et 021

Planchette en bambou, complète, cassée en deux morceaux qui se rajustent (021 + 018); la partie supérieure de 018 a été grattée, de sorte qu'il manque quelques caractères entre les deux morceaux. Hauteur: 230 mm.; largeur: 30 mm.

AVERS:

大 人 坐 前   敢 嗟 .... 可 傷 哉 弟 少 語 莫 啚 窮 ......
            難 入 一 寫 .... 遠 有 連 晝 天 田 沙 中 幸 子 焉 得 衣 不 卽 日 來 ......
今 月 六 日 塊 土 息 ˣ收 一 .... ○ 前 來 受 勅 備 至 ○ 宜 領 ......
         初 八 日 ○ ˣ辭 言 勅 息 ○ 敬 再 拜 言 翁 ......

REVERS:

大 人 强 ○ ....○ ○ 甚 善 嚴 寒 參 列 願 自 將 宜 ......
眞 失 ○ .... 遲 自 怒 己 無 能 謝 兄 嫂 供 養 二 親 萬 幸 ......
辭 謝 ○ .... 貧 弟 善 供 養 大 從 母 敬 在 遠 桼 當 念 ......

AVERS:

A Son Excellence   J'ose déclarer . . .

de ce mois, le 6ᵉ jour . . .

. . . comment pourrais-je être blessé? Mon frère cadet . . . Bien que j'aie écrit une fois . . . (dans

mon bagne) lointain, j'ai sans cesse à défricher les terres incultes au milieu des sables; heureusement
. . . comment obtenir . . . les vêtements ne sont pas arrivés au jour fixé. . . Précédemment j'ai subi
un châtiment . . . il convient que je reçoive . . . le 8ᵉ jour [du . . . mois], je dis . . . respectueusement;
saluant deux fois, je dis: Monsieur . . .

REVERS:

que votre Excellence se porte bien . . . [je souhaite que vous alliez] très bien. Le froid est vif, je
souhaite que vous vous en protégiez . . .   . . . je regrette d'être incapable. Je remercie mon
frère aîné et ma belle-sœur de nourrir mes parents; [je souhaite] dix mille prospérités . . . Mon frère
cadet a l'excellence de nourrir ma grand'mère maternelle. Respectueusement de mon (bagne) lointain comme la tombe, je pense (à votre bonté) . . .

Fragment de lettre privée d'un condamné aux travaux forcés à sa famille.

Nº 132.—T. XLIV.a. 017.   132

Plaquette en bois, cassée en haut, taillée en pointe en bas, percée en haut d'un trou rond. Hauteur: 108 mm.; largeur:
22 mm.

> ˣ甲子言……

le jour *kia-tseu*, je dis . . .

Nº 133.—T. XLIV.a. 1.   133

Plaquette en bois retaillée en haut, où on a fait une tête à l'aide de deux petites encoches symétriques placées à 14 mm.
du bord supérieur; coupée à droite et à gauche. Hauteur: 185 mm.; largeur: 25 mm.; épaisseur: 6 mm.

> ○ 一百……
>   ○○○……

T. XLIV. b.

Nº 134.—T. XLIV. b. 3.   134

Plaquette en bois, taillée en pointe en bas. A la deuxième ligne, écriture plus grêle qu'à la première. Hauteur: 200 mm.;
largeur: 20 mm.

> 玉⟮門⟯ 告東番亭長政籢到召男子○……
>   急將詣玉門會○ˣ日有男齋……

Yu-men. Il est fait savoir au commissaire de police *t'ing-tchang* de *Tong-fan* 東番, *Tcheng* . . . que
[le temps de] convoquer les jeunes gens est arrivé . . . Ils se rendront rapidement à *Yu-men*, le . . . jour,
aura lieu la présentation des jeunes gens.

Yu-men en tête désigne la sous-préfecture de ce nom dans la Commanderie de *Tsieou-ts'iuan*, puisque le poste T. XLIV.b
se trouve sur son territoire, et n'a rien à faire avec la circonscription militaire de ce nom de la Commanderie de *Touen-
houang*; cf. nº 60, p. 31.

   l. 1 番 est écrit avec 田 au-dessus de 釆.

   籢 est peut-être à lire 婆 ou 憗, mais aucune des trois formes n'existe.

   Ordre du sous-préfet de *Yu-men* au *t'ing-tchang* de *Tong-fan* de procéder à l'appel des jeunes gens de son canton pour
le service militaire.

   Le *t'ing-tchang* était le chef de la police, sous les ordres du *tou-wei*, dans une petite circonscription formée de dix *li*
comptés sur la route, et des villages adjacents; il avait sous ses ordres des gardes de police *t'ing-heou* 亭侯; dans l'intervalle
entre deux postes, *t'ing* il, y avait un corps de garde, *yeou* 郵, avec une circonscription plus petite comprenant cinq *li*
seulement de route, (2½ *li* de chaque côté du *yeou*). Le chef de police, *t'ing-tchang*, était chargé d'arrêter les voleurs; il
portait une planchette de deux pieds et une corde pour les attacher (*Heou Han chou*, k. 28, 8b). Il était choisi parmi les
anciens miliciens, *keng* 更, âgés de plus de cinquante-six ans qui étaient libérés du service. C'est lui qui convoquait les
jeunes gens pour une période de service militaire actif (voir Introduction, p. 3).

   La fiche ci-dessus est, je pense, l'ordre au *t'ing-tchang* de convoquer les jeunes gens de *Tong-fan* et de les amener à
la Commanderie pour leur inscription sur les registres.

Nᵒ 135.—T. XLIV. b. 2.   135

Fiche en bois, complète. Hauteur: 227 mm.; largeur: 9 mm.; épaisseur: 2 mm.

AVERS: 南合橄一詣清塞掾治所揚一詣府閏月廿日封高少藼督印廿一日孚榜

REVERS: 刑駐鹿蒲即付楨中隧長程伯

AVERS: Pour le sud. Lettre officielle sur fiche fermée(?), une; à destination de la résidence du *ts'ing-sai-yuan*. Lettre officielle sur fiche ouverte(?), une; à destination de la Commanderie. Le 20ᵉ jour du mois intercalaire, portant le sceau de l'inspecteur en second des signaux à feu, *chao-tou-fong* 少督藼, *Kao* 高; le 21ᵉ jour . . .

REVERS: . . . un condamné. La fiche a été remise immédiatement. *Tch'eng Po*, chef du poste de *Tcheng-tchong*.

Enregistrement de correspondance officielle. L'inspecteur des signaux *tou-fong* 督烽 est connu: CHAVANNES, *Documents*, nᵒ 567, cf. WANG, k. 2, 21b. L'inspecteur en second *chao-tou-fong* 少督藼 apparaît ici pour la première fois. Le titre de *ts'ing-sai-yuan* n'est pas connu, autant que je sache. Si sa fonction correspond bien à son nom, il était à la Commanderie le chef du bureau de la police frontière. Le poste de *Tcheng-tchong* est mentionné aux nᵒˢ 88 et 137.

Nᵒ 136.—T. XLIV. b. 025   136

Fiche retaillée en palette, plus large en haut qu'en bas. Hauteur: 102 mm.; largeur en haut: 14 mm.; largeur en bas: 7 mm.

...... ○書(ou 畫?)藼火一 ○

. . . un signal de feu. . .

Peut-être un fragment d'un règlement sur l'enregistrement des signaux de feu.

Nᵒ 137.—T. XLIV. b. 024.   137

Branche équarrie grossièrement (il reste un nœud) en fiche à quatre faces; aplanie régulièrement en haut; légèrement en pointe en bas. La moitié supérieure n'est inscrite sur aucune face (sauf un ou deux caractères ajoutés ultérieurement). Hauteur: 90 mm.; largeur des 3 faces inscrites: 13 mm., 10 mm., 10 mm.

     1ᵉ FACE: <兩 兩> 永平五

     2ᵉ FACE: 年五月

     3ᵉ FACE: 楨中   隧長

La 5ᵉ année *yong-p'ing*, le 5ᵉ mois (juin-juillet 111 p.C.), le chef du poste de *Tcheng-tchong*.

La phrase se suit d'un bout à l'autre sur les trois faces de la fiche. En tête de la première face le caractère 兩 a été écrit deux fois d'une autre main: c'est un exercice d'écriture de date postérieure.

Nᵒ 138.—T. XLIV. b. 020.   138

Fiche en bois, retaillée en haut et en bas. Hauteur: 45 mm.; largeur: 8 mm.

...... 止宼司馬發......

Le *sseu-ma* de *Tche-k'eou* a envoyé . . .

Nᵒ 139.—T. XLIV. b. 026.   139

Copeau de bois. Hauteur: 73 mm.; largeur: 9 mm.

永初六年三月......

La 6ᵉ année *yong-tch'ou*, le 3ᵉ mois (avril 112 p.C.)

Nᵒ 140.—T. XLIV. b. 027.   140

Bois, cassé en haut, taillé en pointe en bas. Hauteur: 110 mm.; largeur: 12 mm.

式十五斗欠

25 *teou* manquent. . .

Nº 141.—T. XLIV. b. 031.

Fiche en bambou complète, taillée en pointe en bas. Hauteur: 225 mm.; largeur: 10 mm.

AVERS: 五月四日×卅人×中×寸万イ　定○○○×於……

REVERS: ……○○×室○○○

AVERS: Le 4ᵉ jour du 5ᵉ mois, 30 hommes . . .

Nº 142.—T. XLIV. b. 017.

Fiche en bois, retaillée anciennement. En bas à gauche encoche régulière 22/6. La fiche a été coupée régulièrement en bas mais de façon maladroite. Hauteur: 193 mm.; largeur: 26 mm.

AVERS: ○順叩頭言　／一日亡刀筆×復除今苦寒得……
　　　　　　　　　　　／苦苦達×窕處人書乎×今書……
　　　　伯先長公飽食頓首求者日朝○……

REVERS: ○爲當×復往相送食藥奈力不如心比○○……
　　　　×正多且奴力○乘○广自羞各＝奴力順……

AVERS: . . . *Chouen*, se prosternant dit: Que vous, Monsieur *Po* vous mangiez à votre faim, c'est ce que je demande, la tête prosternée. . . (Passer?) le jour entier sans couteau ni pinceau. . . Maintenant il fait très froid . . . extrêmement pénible. . .

REVERS: . . . vous m'avez envoyé de la nourriture et des médicaments; mes forces n'égalent pas mon cœur . . . esclave . . . avoir honte de soi-même . . . les esclaves; (moi) *Chouen* . . .

A l'avers, il faut lire les cinq premiers gros caractères de la première ligne à droite et passer immédiatement à la deuxième ligne, à gauche, qui est aussi en gros caractères. Les deux lignes en caractères plus petits et plus serrés placés en-dessous des cinq premiers caractères de la première ligne, sous le trait oblique, ont été écrits ensuite en profitant de l'espace vide qui restait, et sont à lire à la fin, soit de la première face soit de la fiche entière, c'est-à-dire après la deuxième face; le document est trop incomplet pour qu'on en reconnaisse la place exacte. A l'avers, première ligne, partie inférieure, 亡刀筆 indique qu'il manque le nécessaire pour écrire, le pinceau pour tracer les caractères, le couteau pour gratter les erreurs; je suppose que l'auteur de la lettre s'excuse d'être resté longtemps sans écrire. Au revers, ligne 1: après les quatre premiers caractères que la disparition de ce qui précède rend incompréhensibles, la suite exprime des remerciements ("mes forces ne sont pas égales à mon cœur") pour l'envoi de vivres et de médicaments. La deuxième ligne contient des formules d'humilité ordinaires dans la correspondance des condamnés aux travaux forcés (esclaves 奴力).

Nº 143.—T. XLIV. b. 018.

Fragment de plaquette en bois, retaillée, partie supérieure taillée en pointe, bas coupé droit. On a commencé à gratter la partie supérieure sur 46 mm. à l'avers et 48 mm. au revers. Hauteur: 77 mm.; largeur: 23 mm.

AVERS: ……○翁白○……丨……○○○……

REVERS: ……○獄且〔城〕……丨……○日去○……

Fragment de lettre privée. Au revers à la première ligne, je suppose qu'il faut suppléer le caractère 城 après 且 et qu'il s'agit des peines subies par celui qui écrit la lettre: prison 獄 et travaux forcés 且〔城〕.

Nº 144.—T. XLIV. b. 016.

Fiche taillée en pointe et cassée en haut. Hauteur: 70 mm.; largeur: 8 mm.

AVERS: ……古亦師之在……

REVERS: illisible.

Nº 145.—T. XLIV. b. 4.

Fiche cassée en haut et en bas. Hauteur: 48 mm.; largeur: 10 mm.

AVERS: ……是櫂一鄭○……

REVERS: ……良和○○……

N° 146.—T. XLIV. b. 028.   **146**

Fiche en bambou fendue et cassée en pointe en bas; taillée droit en haut; retaillée anciennement à droite, car les caractères sont incomplets de ce côté. Hauteur: 150 mm.; largeur: 12 mm.

     Illisible.

La fiche déjà inscrite a été surchargée d'une seconde inscription sans que l'on se donnât la peine de gratter la première, de sorte qu'il est impossible de lire l'une et l'autre.

T. XLIV. c.

N° 147.—T. XLIV. c. 09.   **147**

      麵二 ○

Farine, deux . . .

T. XLIV. d.

N° 148.—T. XLIV. d. 08–09.   **148**

Deux morceaux d'une fiche en bois, complète en haut, brisée en bas.

     永平七年正月甲申朔十八日言○ ...... | 春秋治渠各一通出塊糞三百畚 ...... |

     麥十石文華出塊糞少一畚以上 ...... | 獻以上折 ×胡麥十石文華田六○ ...... |

     人功日一石若文華○○○○ ...... | 斗○三百六石

La 7ᵉ année *yong-p'ing*, le 1ᵉʳ mois dont le 1ᵉʳ jour est *kia-chen* (11ᵉ jour du cycle), le 18ᵉ jour (24 février 64 p.C.) je dis: . . . Au printemps et en automne (il faut) curer les canaux, une fois à chacune (de ces deux saisons); ce qu'on extrait d'immondices pour engrais, (par) 300 paniers pour . . . blé 10 *che*. A *Wen-houa*, ce qu'on extrait d'immondices pour engrais est inférieur d'un panier et plus . . . Au-dessus de tant de paniers par? *meou*, on récolte 10 *che* de blé. Les champs de *Wen-houa*, 6 . . . travail, 1 *che* par jour. Si à *Wen-houa* . . . *teou*, [en tout?] 306 *che*.

Ordre relatif au curage des canaux, à l'utilisation des produits du curage pour fumer les terres et aux quantités de grains qui doivent être obtenues dans les champs, en particulier à *Wen-houa*, en proportion de la quantité d'engrais. Les terrains en question appartenaient au poste T. XLIV.d., puisque c'est là que le document a été trouvé et que d'ailleurs cet ordre est d'intérêt strictement local, ainsi que le prouve la présence de noms de lieux. Il s'agit probablement des champs de la colonie militaire *t'ouen-t'ien* 屯田 qui est mentionnée expressément ci-dessous, au n° 155 sous le nom de colonie militaire de *Yu-men* 玉門屯田.

N° 149.—T. XLIV. d. 06.   **149**

Fiche en bois.

     Recto: 三月十六日遣府吏孫蔣養兒秋持角弓箭○

     Verso: ...... ○○○○ ......

Recto: Le 3ᵉ mois, le 16ᵉ jour, on a envoyé *Ts'ieou* 秋, fils adoptif de *Souen Tsiang* 孫蔣, officier employé de l'administration centrale, *fou-li*, (de la sous-préfecture de la Commanderie) portant un arc de corne et des flèches . . .

N° 150.—T. XLIV. d. 05.   **150**

     Recto: ...... ○月十三日庚戌言

     Verso: ...... 與對吏江涼相撫樱官雜

Recto: . . . le . . . mois, le 13ᵉ jour, (marqué des signes cycliques) *keng-siu*, je dis:

Verso: . . . . .

Le *Kiang Leang* 江涼 du verso n'a rien de commun avec le personnage du même nom cité dans Chavannes, *Documents*, n° 885. Ce dernier vivait bien plus tard.

N° 151.—T. XLIV. d. 04.   **151**

     Avers: 張○子來吾舍與○民相隨未到 ×仁子 ......

     Revers: ○作舊雖因○○ ×聞 ......

Nº 152.—T. XLIV. d. 07.　　　　　　　　　　　　　　**152**

...... ○頭督侯侯堂......

Nº 153.—T. XLIV. d. 010.　　　　　　　　　　　　**153**

...... ○○不利遠ˣ迂不以○撫事......

T XLVI. h.

Nº 154.—T. XLVI. h. 021.　　　　　　　　　　　　**154**

Fiche en bois, complète en haut, cassée en bas; de plus, le bois est à demi pourri à la partie inférieure. Hauteur: 53 mm.; largeur: 9 mm.

虜守亭鄣不得燔薪舉......

Si les pirates entourent le fort et qu'on ne peut allumer du combustible, on élèvera . . .

守＝狩

Fragment d'un règlement de signaux, analogue à celui du nº 42 qu'il complétait: il était prévu que, si les pirates entouraient le fort, on ferait un signal avec l'appareil du haut du poste; ce nouvel article indiquait quel signal il fallait faire si, pour quelque raison, le combustible manquait.

Nº 155.—T. XLVI. h. 022.　　　　　　　　　　　　**155**

Fiche en bambou complète en haut et en bas, recoupée à gauche, cassée en deux morceaux qui se rajustent. La partie supérieure paraît avoir été grattée. Hauteur: 240 mm.; largeur: 11 mm.

令玉門屯田吏ˣ高紋田七頃給負弛刑十七人

Ordre à *Kao*(?), officier chargé de la colonie agricole de *Yu-men*, de remettre 7 *k'ing* de champs à fournir aux condamnés aux travaux forcés (au nombre de) dix-sept personnes.

Sur l'expression 弛刑, cf. nº 87. 7 *k'ing*＝700 *meou*, qui, divisés également entre 17 hommes, font 41 *meou* (environ 2½ ha) par personne.

Nº 156.—T. XLVI. h. 2.　　　　　　　　　　　　**156**

Fiche en bambou complète en haut et en bas, recoupée à gauche, cassée en deux morceaux qui se rajustent. La partie supérieure paraît avoir été grattée. Hauteur: 198 mm.; largeur: 9 mm.

○○○ 其九十人養　　　　八十人成阤
　　　 有二人○○八十五人　〔有〕○百六十二人杯路共三丈六尺三寸二分

. . . 20 hommes ⎰ Sur 90 hommes, 10 font la cuisine. 80 font un mur
　　　　　　　 ⎰ 102 hommes . . . 85 hommes . . . 162 hommes ensemble 36 pieds, 3 pouces,
　　　　　　　 ⎰ 2 dixièmes.

Compte de travail d'un détachement de corvée, analogue à ceux de CHAVANNES, *Documents*, nᵒˢ 102–111; 279–284; 285–288.

Nº 157.—T. XLVI. h. 019.　　　　　　　　　　　　**157**

Fiche complète en haut, retaillée en bas. Hauteur: 38 mm.; largeur: 13 mm.

癸酉卒卅二人

(Jour) *kouei-yeou*: soldats, 32 hommes.

Probablement nombre de soldats envoyés en corvée, comme au nº précédent.

Nº 158.—T. XLVI. h. 011.　　　　　　　　　　　　**158**

Fiche en bois, complète en haut, brisée en bas; la partie inférieure de la fiche paraît avoir été grattée sur 70 mm. Hauteur: 100 mm.; largeur: 11 mm.

卒郭彭祖

Le soldat *Kouo P'eng-tsou.*

Nº 159.—T. XLVI. h. 018.

Fiche en bois, complète en haut, brisée en bas. Hauteur: 52 mm.; largeur: 8 mm.

○ 胡隧卒一人 ……

Soldat du poste à signaux . . . *-hou*, un.

Nº 160.—T. XLVI. h. 016.

Fiche en bois, complète en haut, brisée en bas. Hauteur: 140 mm.; largeur: 12 mm.

五十六斛　　永平十二年十二月十四日 ○ ……

. . . 56 *hou*. Le 14ᵉ jour du 12ᵉ mois de la 12ᵉ année *yong-p'ing* (3 février 70 p.C.) . . .

Compte de versement, peut-être du produit des champs de la colonie militaire mentionnée au nº 155.

Nº 161.—T. XLVI. h. 013.

Fiche en bois, complète en haut, l'inscription occupe le milieu de la fiche entre deux blancs au-dessus et au-dessous. Hauteur: 225 mm.; largeur: 21 mm.

五月乙亥朔丁巳勝

Le 5ᵉ mois dont le 1ᵉʳ jour est *yi-hai* (12ᵉ jour du cycle), le jour *ting-sseu* (54ᵉ jour), *Cheng* . . .

Il faut probablement lire *ki-hai* 己亥 (14ᵉ jour du cycle) au lieu de 乙亥 ou 丁丑 (36) au lieu de 丁巳: un mois dont le 1ᵉʳ jour est *yi-hai* ne peut contenir un jour *ting-sseu*. Ont un 5ᵉ mois dont le 1ᵉʳ jour est *yi-hai*: 60 p.C., 96 p.C., 122 p.C., 153 p.C.; a un 5ᵉ mois dont le 1ᵉʳ jour est *ki-hai*: 123 p.C.

Nº 162.—T. XLVI. h. 1.

Fiche en bois, cassée en haut et en bas.

…… 其 ○ 二 ○ 人二有奇 ……

Nº 163.—T. XLVI. h. 015.

Fiche en bois, incrustée de sel. Hauteur: 175 mm.; largeur: 20 mm.

Recto: ○○○○有○囂○叔○有聞○……｜一月夾若可……｜○子世

Verso: ○子……

Nº 164.—T. XLVI. h. 017.

Fiche complète en haut, brisée en bas, cassée en deux morceaux qui se rajustent. Hauteur: 102 mm.; largeur: 12 mm.

○○○○○○○ˣ張

Nº 165.—T. XLVI. h. 014.

Plaquette en bois, taillée en arrondi en haut et en pointe en bas; la pointe est brisée. Hauteur: 228 mm.; largeur: 27 mm.; épaisseur: 11 mm.

○　　　○元元光年　　　　○
　　　　　○　中　　年

Exercice d'écriture: *yuan-kouang* est un *nien-hao* de *Wou-ti* des *Han* Antérieurs, mais c'est un *nien-hao* fabriqué après coup quand l'empereur *Wou* décida de diviser tout son règne en périodes de 6 ans et créa une série de ces périodes rétrospectivement pour les premières années de son règne. On ne peut le trouver dans une date. Il faut supposer un exercice sur les mots 元年, chaque mot répété deux fois le mot 光 ayant été ajouté dans l'intervalle ultérieurement.

Nº 166.—T. 001.

Fiche en bois, brisée en haut, complète en bas. L'enveloppe porte cette note: "Chinese tablet of uncertain origin found by Miss Harrison – with but outside T. packet containing T. XLIV.b. slips. Marked T.001. 17.XI.1919". Hauteur: 125 mm.; largeur: 16 mm.

ˣ十月一日未時到輒如書催督

Le 10ᵉ mois, le 1ᵉʳ jour, à l'heure *wei* (13 à 15 heures) est arrivée (la lettre). Conformément à la lettre, j'ai pressé la surveillance.

2. DOCUMENTS DE L'ÉPOQUE DES *T'ANG*

Nᵒ 167.—T. XLIV. d. 014.

Feuille de papier rectangulaire, complète en haut, en bas et à gauche, déchirée à droite et au milieu.

AVERS: ○ 秋 猶 ○ 惟 ...... 二 ○ ○ ○ ○ I ○ 隱 有 日 推 度 其 強 之 前 ○ ○ I ○ 車 牛

轉 呆 放 亦 有 一 車 且 今 I 官 車 廿 來 去 據 官 杖 ˣ 局 有 緣 I 公 將 去 者 想 ......

車 局 亙 訖 I 爲 排 批 ...... 學 隱 秋 I 詳 之 訓 二 I 無 紙 請 勿 ○

(For inscription on other side, see plate IX).

Nᵒ 168.—T. XLIVd. 015.

Fragment d'un ruban de papier; complet en haut et à droite en bas; déchiré à gauche. A droite, bord d'une feuille avec trace de collage sur la feuille précédente: l'ensemble devait former un rouleau. Un gros caractère inscrit au recto en haut **sur** le collage est illisible parce qu'il n'en reste que la moitié.

西 街 ...... 狀 上 I 过 戶 闞 ...... ○ 堂 一 口 車 行 害[1] 一 口 西 行 廚 一 口 小 馬

坊 一 口 I 右 ...... 过 經 今 七 載 己 上 蒙 判 付 坊 具 ˣ 枌 I 有 何 男 女 親

情 具 實 I 等 其 皂 主 闞 㐄 茌 ...... I ...... ˣ主 .... 無 男 女 ˣ親

Requête au sujet [de la maison de *K'an* 闞, sise] rue de l'ouest.

[Description de la maison du] disparu *K'an*: salle de . . . , une; chambre de l'aile droite, une; cuisine de l'aile gauche, une; petite écurie, une.

[Le propriétaire de la maison] ci-dessus [*K'an*], ayant disparu il y a sept ans, vous avez daigné juger que l'on m'accorde la maison . . . [on a fait une enquête pour savoir s'] il y a des fils ou des filles ou des parents; en toute vérité [il n'y en a pas] . . . et autres; le propriétaire de cette maison, *K'an* . . . Le propriétaire [de cette maison, *K'an*,] n'avait ni fils ni filles [ni parents (?)] . . .

Requête au sujet de l'attribution d'une maison vacante par la disparition de son propriétaire. Il semble que la livraison en avait été promise au pétitionnaire (le nom manque) par un jugement précédent à condition qu'il fût procédé à une enquête établissant qu'il n'y avait aucun héritier. Le pétitionnaire déclare que l'enquête a été faite et que, des témoignages des voisins du disparu, il résulte qu'il n'y avait pas d'héritiers. Je suppose que c'est à titre de créancier que le pétitionnaire réclame la maison, mais son titre n'est pas mentionné.

Sans date; d'après l'écriture doit être du Xᵉ siècle.

---

1) [Maspero's translation implies 東 行 房, which is in fact the correct decipherment.]

DEUXIÈME PARTIE

Documents provenant du site de *Leou-lan*

Documents de l'époque des *Tsin*

INTRODUCTION

Tous les documents provenant du site de *Leou-lan* remontent à l'époque de la dynastie *Tsin*, sauf ceux qui ont été découverts à la ruine d'un temple bouddhique LM et qui sont probablement de l'époque des *T'ang*. Ce sont des fiches en bois et quelques fragments de papier trouvés à proximité du Lop-nōr, dans une région aujourd'hui déserte, mais où d'anciens lits de rivières sont encore visibles, au nord-ouest de la dépression saline qui est le fond desséché de l'ancien lac dont le Lop-nōr[1] actuel n'est plus qu'un reste insignifiant. C'est le site de l'antique *Leou-lan* 樓蘭, comme l'indiquent clairement les documents retrouvés sur place. Ceux qui sont étudiés ci-dessous forment deux séries, toutes deux appartenant à une courte période avec un intervalle vide de quelques années entre les deux. Presque toutes les fiches en bois vont de 263 à 270 p.C.; les documents sur papier se partagent entre la même période et la seconde qui s'étend de 312 à 330 environ. Ceux de la précédente expédition STEIN, qu'a publiés Chavannes, ceux de SVEN HEDIN, qu'a publiés Conrady, et ceux de l'expédition du *Nishi Honganji* (Ōtani) se rapportent exactement aux mêmes périodes avec le même intervalle vide qui ne peut être par suite dû au hasard de fouilles nécessairement incomplètes.

Quand au IIe siècle a.C. les Chinois commencèrent leur expansion en Asie Centrale, ils trouvèrent que le bassin du Charchan-daryā (qu'on appelait plus tard *A-neou-ta* 阿耨達, c'est-à-dire *Anavatapta*, du nom du lac mythique situé au centre du monde d'où coulent vers les quatre points cardinaux les quatre grands fleuves: le Gange, l'Indus, l'Oxus et la *Sītā*, fleuve de l'ouest que les Bouddhistes chinois indentifiaient avec le Fleuve Jaune), entre le désert au nord et les montagnes de l'Altyntagh au sud, avec les rives du Lop-nōr où le Charchan-daryā se joignait au Tārīm, formait un petit royaume qu'ils appelèrent *Leou-lan* 樓蘭, probablement d'un nom local de la région des bords du Lop-nōr, nom qui s'est retrouvé dans les documents écrits en *kharoṣṭhī* sous les formes hindouisées *Krorayina, Kroraimna*.[2] La capitale était d'abord à *Yu-ni* 扜泥, l'actuel *Mīrān*,[3] au sud du Lop-nōr. En 77 a.C., elle fut transportée un peu à l'ouest, à *Yi-siun* 伊循, aujourd'hui *Charkhlik*,[4] à la suite d'une affaire où le roi, trop attaché aux Huns, fut mis à mort par les Chinois et

---

1) Pour tous les noms géographiques modernes non chinois, j'ai conservé la transcription de Sir Aurel Stein, afin de faciliter le recours aux Index de ses ouvrages et aux cartes qu'il a publiées. Les noms chinois, modernes et anciens, sont donnés en transcription française.
2) STEIN, *Serindia*, I, 414–417.
3) STEIN, *Serindia*, I, 326, 333, 343.
4) STEIN, *Serindia*, I, 325, 342.

remplacé par son frère qui, ayant été longtemps otage à la cour de Chine et ayant reçu une éducation chinoise, paraissait devoir être plus docile. Le nouveau roi était si peu sûr de ses sujets et avait d'autre part si peur des Huns qu'il demanda qu'on lui envoyât une garnison chinoise: une colonie militaire fut fondée alors à *Yi-siun*. Le nom du royaume fut à partir de ce moment changé en *Chan-chan* 鄯善 dans les textes chinois.[1]

Vers l'est et le nord, le royaume était limité par le désert; vers l'ouest, il tenait toute la vallée du Charchan-daryā, comprenant le pays de *Ts'ie-mo* 且末, l'actuel *Charchan*, que les documents hindouisés appellent *Calmadana*;[2] plus loin *Tsing-tsiue* 精絕, l'actuel *Ni-ya* (*Nina* des documents kharoṣṭhī), en dépendait au début du IIIᵉ siècle. Ce petit royaume avait une importance stratégique considérable: il était la clef des routes allant de Chine vers l'Asie Centrale;[3] c'était le premier pays habité au sortir de *Touen-houang* et de la Porte de Jade, *Yu-men*: de là, on allait soit au nord-ouest vers *Yen-k'i* 焉耆 (*Karashahr*), *Kieou-tseu* 龜茲 (*Kuchā*) et enfin *Sou-lö* 疏勒 (*Kāshgar*), soit à l'ouest vers *Yu-t'ien* 于闐 (*Khotan*). Aussi les Chinois y étaient-ils fortement installés, avec des colonies militaires sur la rive nord et sur la rive sud du Lop-nōr, pour garder les deux routes du nord et du sud.

Au IIIᵉ siècle, la population indigène était bouddhiste et fortement hindouisée: partout, à *Mīrān*, à *Niya*, à *Leou-lan*, ont été trouvées des ruines de *stūpas*. Les documents en *kharoṣṭhī* mentionnent des bonzes aux noms hindous, comme *Anamdasena*; les laïques eux-mêmes portent des noms bouddhiques, *Budhamitra*, *Dhamñapāla* (sk. *Dharmapāla*), *Puṃñadeva* (sk. *Pūrṇadeva*), etc., aussi bien que des noms indigènes *Kapǵeya*, *Kipṣa*, *Yapǵu*, etc.[4] A côté de l'influence indienne, l'influence chinoise était elle aussi très puissante: s'exerçant depuis les *Han*, renforcée par l'envoi régulier des jeunes princes en otage à la cour de Chine où ils faisaient leur éducation à la Grande-École, elle avait fini par imposer la langue chinoise, sinon comme langue officielle du royaume, au moins comme langue de cour, au point qu'une série de fiches en bois destinées à accompagner des cadeaux de jour de l'an ou de fête présentés par de grands personnages locaux au roi de *Ni-ya*, dépendant de *Chan-chan*, au IIIᵉ siècle, sont rédigées en chinois.[5]

Les documents chinois provenant de *Leou-lan* n'ont rien à faire avec le royaume indigène de *Chan-chan*, et je n'ai parlé de celui-ci que pour situer ces documents dans leur cadre non chinois, par opposition avec ceux du Limes de *Touen-houang* à l'époque des *Han*. Ils se rapportent tous à une administration chinoise civile et militaire installée à côté et en-dehors de l'administration indigène, et qui ne nous est connue que par eux. Une colonie militaire avait été fondée au temps des *Han* sur la rive nord de l'ancien Lop-nōr; Chavannes a rapporté la légende qui est le seul souvenir de sa création;[6] elle portait officiellement le nom de *Leou-lan*. C'est là qu'au milieu du IIIᵉ siècle, vers 263 ou un peu avant, vint s'établir l'administration chargée de reprendre la politique d'expansion en Asie Centrale, abandonnée ou tout au moins fort ralentie depuis un siècle environ.

Le chef en était le Secrétaire-Général pour les Pays d'Occident, *Si-yu tchang-che* 西域長史. Un de ces curieux petits blocs de bois qu'on attachait aux documents en papier par des cordons, comme une bulle en Occident, et qui portaient l'adresse du destinataire, porte les mots: "Au Secrétaire-Général pour les Pays d'Occident, Son Excellence M. *Tchang*".[7] Le nom de ce même personnage apparaît inscrit au dos d'un document officiel sur papier, comme destinataire, avec l'indication "*houei*

1) *Ts'ien Han chou*, k. 96, 3a, trad. WYLIE, dans *Journal Anthropological Institute*, X, 23–28; CHAVANNES, *Les Pays d'Occident d'après le Wei-lio*, dans *T'oung-pao*, 1905, 532 note, 537 note 2; cf. CONRADY, *Handschriften*, pp. 2–3.
2) *Ts'ie-mo*, anc. **ts'ie-mʷat*, est la transcription chinoise du nom indigène qui se cache sous cette forme hindouisée et en représente les deux premières syllabes *calmad(ana)*. La diphtongue *ie du VIIᵉ siècle dérive d'un ancien *ia du temps des *Han*. Chavannes avait préféré la lecture *ts'iu* à cause de la variante 沮 qui n'a que cette prononciation.
3) STEIN, *Serindia*, III, 1147–1148.
4) Sur l'onomastique non chinoise de *Leou-lan*, voir STEIN, *Serindia*, I, 414.
5) CHAVANNES, *Documents*, 940–947.
6) CHAVANNES, *Trois généraux chinois*, *T'oung-pao*, 1906, 246: c'est simplement l'histoire de la fondation de la colonie militaire de *Yi-wou* (Hāmi) vers 119 p.C., transportée à *Leou-lan*.
7) CHAVANNES, *Documents*, n° 751.

Tch'ang-k'o 諲昌恪'',[1] où le mot *houei* paraît mal employé, car il ne peut s'agir d'un nom personnel: en effet, outre que les noms personnels, *ming* 名, de deux caractères sont rares à cette époque, il est inadmissible qu'un subordonné s'adresse à son chef (le mot *po* 白 implique une lettre d'inférieur à supérieur) en l'appelant par son nom personnel; c'est certainement le *tseu* du personnage.[2] Malheureusement il n'y a aucun personnage ayant le nom de *Tchang Tch'ang-k'o* 張昌恪 (que ces deux derniers caractères soient pris comme son nom personnel, *ming*, ou son surnom, *tseu*), ni dans le *Tsin chou* ni dans le *Wei tche*. Un autre Secrétaire-Général se désigne lui-même par son nom personnel *Hong* 鴻, sans nom de famille, dans l'adresse d'une lettre qu'il envoie à son supérieur.[3]

Aucune de ces pièces n'est datée et on pourrait, à la rigueur, vouloir les rapporter à l'époque du Secrétaire Général *Li Po* 李柏, le seul dont la correspondance puisse être datée, et qui est postérieur de près de trois quarts de siècle au début de la dynastie *Tsin*,[4] en sorte que le titre de *Si-yu tchang-che* ne serait pas attesté pour la seconde moitié du IIIe siècle, mais seulement pour le début du IVe siècle. Mais une fiche, publiée par Chavannes, tranche la question. Elle contient la notification de son arrivée prochaine, faite à ses subordonnés par un Secrétaire-Général pour les Pays d'Occident nouvellement nommé; et bien qu'elle ne contienne pas de date exprimée explicitement, elle est datée assez exactement par les indications géographiques qu'elle renferme: "Le Secrétaire-Général pour les Pays d'Occident fait savoir: maintenant, prenant son poste pour la première fois, le 23e jour du mois, il se met en route et part de *Chang-kouei* 上邽 pour se rendre à *T'ien-chouei* 天水".[5] Le fait qu'il va de *Chang-kouei* à *T'ien-chouei* donne un *terminus ad quem*. En effet, *Chang-kouei* est, dans le *Tsin chou*,[6] le chef-lieu de la Commanderie de *T'ien-chouei*, ce qui ne s'accorderait pas avec ce document; mais la géographie administrative officielle de l'empire des *Tsin* en l'année 282 fait simplement de *Chang-kouei* une sous-préfecture "dépendant de *T'ien-chouei*" 屬天水,[7] et non son chef-lieu: ce n'est donc qu'après 282 qu'elle devint chef-lieu, probablement en 286, quand on rétablit le département de *Ts'in* 秦州 et qu'on en mit le chef-lieu à *Chang-kouei*. Avant cela, au temps des *Han*, la commanderie de *T'ien-chouei*, appelée *Han-yang* 漢陽 depuis 74 p.C.,[8] avait eu pour chef-lieu *Ki-tch'eng* 冀城; cette ville l'était restée aux IIe et IIIe siècles et était devenue de plus pour quelques années (269–282) le chef-lieu de département de *Ts'in*, la première fois que celui-ci avait été créé.[9] Ainsi la fiche n° 752 est nécessairement antérieure à 286, date du transfert du chef-lieu de la commanderie à *Chang-kouei*; elle appartient par conséquent aux documents des *Tsin* Occidentaux et non à ceux des *Leang* Antérieurs. Le titre de *Si-yu tchang-che* se trouve donc attesté de façon sûre pour l'époque des *Tsin* Occidentaux.

1) Conrady, *Handschriften*, Papier 9, 3 v°.

2) Cet emploi faux du mot *houei* 諲 apparaît dans les documents adressés au comptable *tchou-pou* 主簿 *Ma* 馬 avec le *houei T'ai-wen* 泰文, alors que nous savons qu'il s'appelait de son nom personnel *Li* 厲. Conrady, *Handschriften*, Papier 6, 1 v°: 白 | 諲泰文 | 馬評╳君 "Requête à (la personne) appelée *T'ai-wen*, M. *Ma*". Ces adresses sont rédigées de façon si curieuse qu'elles ont induit Conrady en erreur et lui ont fait faire des personnes désignées par leur *houei* des sortes d'intermédiaires dont le mot *po* 白 (requête) serait le nom de famille: "(Durch) *Peh* mit dem Namen *T'ai-wen* (an) Herrn *Ma P'ing*". L'interprétation de Conrady se heurte à cette invraisemblance que, sur les huit adresses de requêtes conservées, sept proviendraient par un hasard étonnant de cinq membres de la famille *Po*, alors qu'aucun membre de cette famille n'apparaît nulle part ailleurs dans ces archives de l'administration locale. Mais faire de *po* 白 un nom propre était le seul moyen de construire la phrase, du moment qu'il se refusait à admettre que le *houei* était celui du destinataire, dont le nom de famille est donné à la ligne suivante; en effet, si on donne à *po* sa valeur verbale, les trois caractères suivants restent en l'air non seulement grammaticalement, mais aussi au point de vue de la situation réelle des personnes considérées, puisque, placé après le verbe, il ne peut être le sujet (expéditeur) et que la ligne suivante fournit le complément (destinataire); l'hypothèse de Conrady qui en fait un intermédiaire ne pourrait pas non plus se justifier grammaticalement, car après *po* verbe un complément de manière devrait être introduit par une particule quelconque, comme dans Chavannes, *Documents*, n° 751. En réalité, c'est le nom personnel du destinataire: il suffit pour s'en convaincre de constater que le *houei*, *T'ai-wen*, ne se rencontre qu'avec le destinataire de nom de famille *Ma* et que, lorsqu'il y a deux destinataires, il y a aussi deux *houei*; et pour ne nous laisser aucun doute, un des documents reproduit le nom de famille dans l'indication du *houei*: "Remis . . . M. *Mao*, *houei Mao Tch'eng*" (Conrady, *Handschriften*, Papier 20, 3 v°).

3) Ci-dessous, n° 209. Dans ce document, la rédaction est tout à fait normale et ne laisse place à aucune hésitation.

4) Chavannes, dans *Serindia*, III, App. A, 1329–1330.

5) Chavannes, *Documents*, n° 752; Wang *Kouo-wei*, *op. cit.*, k. 2, 7a (n° 28): 西域長史承移•今初除有廿三日•當上道從上邽至天水.

6) *Tsin chou*, k. 14, 15b.

7) *Tsin t'ai-k'ang san-nien ti-tao ki* 晉泰康三年地道記, 8a (éd. Pi *Yuan* 畢沅, dans son *King-hiun-t'ang ts'ong-chou* 經訓堂叢書).

8) *Heou Han chou*, k. 28, 36b.

9) *Tsin chou*, k. 14, 15b.

Le titre de *tchang-che* qui, au temps des *Han*, avait été très commun et était celui de l'adjoint de presque tous les ministres et hauts dignitaires civils et militaires de la Cour, des généraux et autres chefs militaires et enfin des préfets *t'ai-cheou* des commanderies proches de la frontière, se rencontre moins fréquemment dans le *Tsin chou* où, en-dehors de la maison des princes, il avait disparu de l'administration civile, en particulier des départements et des commanderies, et n'avait survécu que dans l'administration militaire: c'était l'adjoint des chefs militaires, Gouverneurs-Généraux "chargés des affaires militaires de plusieurs départements" *tou-tou . . . tchou-tcheou kiun-che* 都督 . . . 諸州 軍事 (création des *Wei*) ou Protecteurs-Généraux, *tou-hou*, de certaines provinces frontières. Mais le *Tsin chou*, dans son chapitre sur les fonctionnaires, traite surtout de l'administration des *Tsin* Orientaux au IVᵉ siècle; et le titre de Secrétaire-Général, *tchang-che*, remplaçait celui d'adjoint, *tch'eng* 丞, dans les commanderies frontières.[1] Les Gouverneurs-Généraux avaient sous leurs ordres deux subordonnés, le Secrétaire-Général, *tchang-che* 長史, et le lieutenant, *sseu-ma* 司馬, le premier chargé de la direction des bureaux du chef-lieu ainsi que des affaires civiles, et le second chargé des affaires militaires, distinction d'attributions qui datait des *Han*.[2] Le titre de Secrétaire-Général pour les Pays d'Occident remontait aux *Han*: à cette époque il avait d'abord dépendu du Protecteur-Général des Pays d'Occident, *Si-yu tou-hou* 西域都護, établi à Kuchā, et avait eu sa résidence à Turfān. Le seul fait de cette résidence éloignée montre que tout en étant subordonné du Protecteur-Général, il était plutôt une sorte de délégué chargé d'une région déterminée qu'un directeur des bureaux. Cette situation particulière dut devenir encore plus nette à partir du IIᵉ siècle car, l'activité en Asie Centrale diminuant, on ne nomma plus de Protecteur-Général; les Pays d'Occident furent rattachés au département de *Leang* 涼, le plus occidental des départements chinois de ce temps, dont le chef-lieu était alors à *Ki-tch'eng* 冀城, sous-préfecture et chef-lieu de la commanderie de *T'ien-chouei*, dans la partie est de la province actuelle de *Kan-sou*, et c'est du gouverneur, *ts'eu-che* 刺史, de ce département que dépendit désormais le Secrétaire-Général pour les Pays d'Occident; mais à cette distance, il devait être pratiquement un agent indépendant et devait avoir hérité de toutes les fonctions de son ancien supérieur.

Aucun *Si-yu tchang-che* n'est mentionné pendant tout le IIIᵉ siècle, ni dans le *Heou Han chou*, ni dans le *San-kouo tche*, ni dans le *Tsin chou*; le premier qui reparaît est dans le second quart du IVᵉ siècle et il dépend alors non des *Tsin*, qui avaient perdu toute la Chine du Nord et s'étaient réfugiés à l'actuel *Nankin*, mais de celle des *Ts'ien Leang* 前涼 qui gouvernaient le *Kan-sou*. Mais les documents retrouvés à *Leou-lan* montrent clairement qu'en dépit du silence de l'histoire officielle, les premiers empereurs de la dynastie *Tsin* donnèrent ce titre à un fonctionnaire établi aux portes mêmes de la Chine sur la rive nord du lac *P'ou-tch'ang* 蒲昌海 (l'ancien fond du lac desséché au nord-est du Lop-nōr actuel). Il dépendait d'un Gouverneur-Général, *tou-tou*:[3] ce ne peut être que le Gouverneur-Général chargé des affaires militaires du département de *Leang* et autres départements; on en trouve un pour *Leang* et *Yong*, *tou-tou Leang-Yong eul-tcheou kiun-che* 都督涼雍二州軍事, mentionné dans le *Tsin chou* en 270.[4]

Le poste chinois où il résidait (LA) s'appelait *Leou-lan* 樓蘭: c'est le nom qui lui est donné dans un grand nombre de documents sur bois et sur papier de la fin du IIIᵉ siècle.[5] C'était un petit fort en forme de quadrilatère, ayant environ 320ᵐ de l'est à l'ouest sur 380ᵐ du nord au sud, aux bâtis en terre battue à la manière des constructions du Limes.[6] A l'intérieur, il reste des ruines de quelques bâtiments: l'ensemble le plus considérable (LA. II–III) paraît avoir été le local des bureaux de

---

1) *Song chou*, k. 40, 20b.
2) *Tsin chou*, k. 24, 3b.
3) Ci-dessous, nᵒ 213.
4) *Tsin chou*, k. 3, 5a.
5) Ci-dessous, nᵒˢ 207, 227; CHAVANNES, *Documents*, 754, 907, 922; CONRADY, *Handschriften*, Bois, nᵒ 107.
6) STEIN, *Serindia*, I, 386–388.

l'administration[1] et les petites salles du mur nord servaient probablement de dépôt d'archives;[2] les diverses constructions qui l'entourent devaient être aussi des bâtiments officiels: greniers, magasins, habitations de fonctionnaires. Mais le fait que presque tous les documents les plus intéressants recueillis par Sir Aurel Stein proviennent des tas de déchets entre les bâtiments rend l'identification de ces constructions impossible. Il devait y avoir aussi des casernes pour les troupes, mais aucune des ruines subsistantes ne peut avoir eu cet emploi. Un autre fort (LE), au nord-est sur la route de Chine, semble avoir joint à son rôle défensif celui de centre postal.[3] Des tours de guette (LF, LJ, etc.) complétaient la défense de la colonie.

C'est au chef-lieu (LA) que s'installe, au milieu du IIIe siècle, toute une administration civile et militaire analogue à celle des départements, des commanderies et des arrondissements chinois, ou plutôt à celle des grandes circonscriptions militaires des gouverneurs généraux, *tou-tou*, entre lesquelles était alors partagée la Chine. C'est des bureaux de cette administration qu'émanent tous les documents recueillis à *Leou-lan*, et des titres de fonctionnaires et employés apparaissent dans presque tous. Aussi ne sera-t-il pas inutile de donner brièvement ici un aperçu de ce qu'était l'organisation de ces bureaux d'administration locale.

Les bureaux d'un gouverneur général, ou encore ceux d'un département, étaient organisés au temps des *Tsin* (comme ceux des départements et des commanderies à la fin des *Han*) à l'image du gouvernement central. Une série de bureaux, *ts'ao* 曹, y remplissaient des fonctions analogues à celles des quatre bureaux de la chancellerie, *chang-chou cheng* 尙書省, à la capitale.[4] Le nombre en était naturellement moindre, mais sans cesser d'être considérable. Les chapitres sur les fonctionnaires des histoires des *Han* et des *Tsin* en donnent quelques noms que les inscriptions de cette époque mentionnent à côté de plusieurs autres. Il serait d'autant plus vain d'essayer d'en établir une liste complète que nous savons par les historiens anciens que chaque province avait sa tradition particulière à ce sujet et ses employés spéciaux.[5] Le *Tsin chou*[6] nomme les bureaux suivants:

1° Le bureau des mérites, *kong-ts'ao* 功曹, chargé de "faire avancer les sages et de récompenser les mérites", c'est-à-dire de recommander les personnes de la circonscription dignes d'entrer dans l'administration locale, les employés locaux dignes d'être présentés à l'empereur pour entrer dans l'administration centrale, etc. Le chef de ce bureau était hiérarchiquement le premier des chefs de bureau de la circonscription.

2° Le bureau des enquêtes administratives, *tou-yeou ts'ao* 督郵曹, chargé de faire les enquêtes administratives sur les fonctionnaires et employés subordonnés, par exemple les sous-préfets dans les Commanderies.

3° Le bureau de la population, *hou-ts'ao* 戶曹, chargé de l'administration civile de la circonscription, des recensements, de l'agriculture, etc.

4° Le bureau du personnel, *li-ts'ao* 吏曹, chargé du choix des fonctionnaires.

5° Le bureau des affaires militaires, *ping-ts'ao* 兵曹, chargé d'une part des troupes, des casernes, des arsenaux, des magasins d'armes et de l'autre, de la transmission d'ordres et de la réception des rapports sur les opérations en cas d'expédition militaire.

6° Le bureau de la poste, *fa-ts'ao* 法曹, chargé de la direction des relais postaux et d'acheminement de correspondance.

7° Le bureau de la justice, *tsö-ts'ao* 賊曹, chargé d'instruire les procès criminels: au temps des

---

1) STEIN, *Serindia*, I, 376.
2) STEIN, *Serindia*, I, 378 sq.
3) STEIN, *Serindia*, I, 423; II, 638; cf. ci-dessous, nᵒˢ 246, 247, 248.
4) Les bureaux de chancellerie, dont les chefs s'appelaient *lang* 郎 et non *yuan* 掾 comme dans les administrations provinciales, étaient au nombre de 34 au début de la dynastie *Tsin* (*Tsin chou*, k. 24, 6a).
5) *Song chou*, k. 40, 22b.
6) *Tsin chou*, k. 24, 14b.

Han Postérieurs, son chef avait été le plus important des chefs de bureaux de la Commanderie et avait reçu le surnom d'officier de gauche, *tso-li* 左吏.

8° Le bureau de la police, *tsö-pou ts'ao* 賊捕曹, chargé, son nom l'indique, de poursuivre et d'appréhender les criminels.

9° Le bureau des greniers, *ts'ang-ts'ao* 倉曹, chargé de l'entretien et de la surveillance des greniers publics, de l'impôt en nature, etc.

10° Le bureau des métaux, *kin-ts'ao* 金曹, probablement chargé des affaires concernant le sel et le fer ainsi que la monnaie.

11° Le greffe, *lou-che* 錄事, sorte de bureau d'ordres, où était centralisée la correspondance extérieure de tous les bureaux, soit avec l'administration centrale soit avec les autres administrations locales, pour vérification et correction; l'organisation de cette révision de la correspondance en un seul bureau paraît avoir été une création de la fin de la dynastie *Wei* ou des début de la dynastie *Tsin*: sous les *Han* les *lou-che* étaient répartis dans chaque bureau.

12° La comptabilité, où le comptable, *tchou-pou* 主簿, était chargé de tenir les registres de la circonscription.

13° L'enseignement, *wen-hio* 文學, qui dirigeait les écoles et maîtres de la circonscription.

On trouve d'autres noms dans les inscriptions des *Han*, des Trois-Royaumes et des *Tsin*. Par exemple, le gouverneur du département de *Yi* 益州, à la fin des *Han*, avait dans son administration un bureau des forêts, *lin-ts'ao* 林曹, un bureau de conscription, *tsi-ts'ao* 集曹, un bureau des requêtes, *tseou-ts'ao* 奏曹, une inspection des marchés, *kien-che* 監市.[1] D'autre part les chefs militaires, gouverneurs-généraux, *tou-tou*, protecteurs-généraux, *tou-hou*, et généraux, *tsiang-kiun* 將軍, avaient sous leurs ordres des bureaux analogues, mais adaptés à leur position: à côté du bureau des mérites, de la comptabilité, du greffe, du bureau de la justice, ils avaient par exemple un bureau des armes et cuirasses, *ping-k'ai ts'ao* 兵鎧曹, chargé de l'armement des troupes, etc.[2]

Tous ces noms de bureaux n'apparaissent naturellement pas dans les documents de *Leou-lan*, soit qu'ils n'aient pas tous existé dans cette petite place lointaine, soit que nos documents, relativement peu nombreux, n'aient pas fourni les noms de tous ceux qui s'y trouvaient; mais on en rencontre un bon nombre: bureau des mérites, *kong-ts'ao*,[3] bureau des enquêtes administratives, *tou-yeou*,[4] greffe, *lou-che*,[5] bureau de comptable, *tchou-pou*,[6] bureau des greniers, *ts'ang-ts'ao*,[7] inspection des greniers, *kien-ts'ang* 監倉[8], bureau militaire, *ping-ts'ao*,[9] bureau des cuirasses, *k'ai-ts'ao* 鎧曹[10] (correspondant au bureau des armes et des cuirasses *ping-k'ai ts'ao* des généraux), bureau des hôtes, *k'o-ts'ao* 客曹,[11] chargé de la réception des ambassadeurs étrangers, et bureau des eaux, *chouei-ts'ao*,[12] chargé de l'irrigation (tous deux sans doute établis sur le modèle de ceux de même nom de la chancellerie, *chang-chou cheng* 尚書省, à la capitale),[13] administrateur des paysans (ou des champs?), *tou-t'ien* 督田,[14] (sans doute le même que l'administrateur chargé de l'inspection des paysans, *kien-t'ien tou*

---

1) *Li-che* 隸釋, k. 5, 13a.
2) *Tsin chou*, k. 24, 4b.
3) Ci-dessous, nᵒˢ 198, 215, 220; CHAVANNES, *Documents*, 728, 734, 742, 744, 745; CONRADY, *Handschriften*, Bois, 102.
4) CHAVANNES, *Documents*, 930, 931, 937.
5) Ci-dessous, nᵒˢ 195W, 203, 214; CHAVANNES, *Documents*, 728, 733, 744, 745, 747; CONRADY, *Handschriften*, Bois, 80, 85.
6) Ci-dessous, nᵒˢ 215, 220; CHAVANNES, *Documents*, 728, 733, 745, etc.; CONRADY, *Handschriften*, Papier 18, 5, etc.
7) Ci-dessous, nᵒˢ 190, 198, 214, 216, 229, 246; CHAVANNES, *Documents*, 728, 745, 885; CONRADY, *Handschriften*, Bois, 4, 50, 93, etc.
8) Ci-dessous, nᵒˢ 190, 195 F, G, 214, 216; CHAVANNES, *Documents*, 728, 732, 735, 738, 745; CONRADY, *Handschriften*, Bois, 50, 79, 94.
9) CHAVANNES, *Documents*, 736, 920; CONRADY, *Handschriften*, Bois, 49, 114, etc.
10) CHAVANNES, *Documents*, 758.
11) Ci-dessous, nᵒˢ 204, 214, 228.
12) Ci-dessous, nᵒˢ 228, 247; CHAVANNES, *Documents*, 888.
13) *Tsin chou*, k. 24, 6a. Pour le bureau des eaux, cf. *Song chou*, k. 39, 7a; *San-kouo tche*, *Wei tche*, k. 4, 37b. Il n'y a à *Leou-lan* qu'un seul bureau des hôtes *k'o-ts'ao* au lieu des quatre *tchou-k'o ts'ao* 主客曹, un par champ de points cardinaux, de la chancellerie.
14) Ci-dessous, nᵒ 247; CHAVANNES, *Documents*, 882; CONRADY, *Handschriften*, Bois, 83.

監佃督, mentionné dans le *Tsin chou* comme particulier au département de *King* 荆州),[1] inspection des mesures, *kien-leang* 監量.[2]

Il y avait une certaine hiérarchie protocolaire entre les bureaux de l'administration locale. Les historiens déclarent que le chef du Bureau des Mérites avait le premier rang;[3] en examinant à ce point de vue les documents de *Leou-lan*, on s'aperçoit qu'il est en effet toujours nommé le premier dans les énumérations. Ensuite viennent le comptable *tchou-pou*, qui est toujours au second rang, et le chef du Greffe *lou-che-yuan*, qui tient le troisième rang.[4] Il ne m'est pas possible de descendre plus bas dans cette hiérarchie; toutefois l'Inspection des Greniers *kien-ts'ang* est en dessous du Bureau des Greniers *ts'ang-ts'ao*;[5] le Bureau des Requêtes *tseou-ts'ao*[6] et le Bureau des Hôtes *k'o-ts'ao*[7] sont nommés une fois après le Bureau et l'Inspection des Greniers. Cette hiérarchie est une hiérarchie de bureaux et non de fonctionnaires: quand il n'y a pas de chef de bureau titulaire, mais seulement un intérimaire, bien plus, quand c'est le scribe du bureau et non le chef du bureau qui signe, l'ordre reste le même. On comprend d'ailleurs aisément que l'on n'ait pas changé l'ordre des bureaux contresignant une pièce comptable, car cet ordre facilitait la vérification de ces pièces.

A la tête de chacun de ces bureaux[8] était un chef de bureau, *yuan* 掾: il portait ce titre avec le nom du bureau qu'il dirigeait, par exemple, chef du bureau des mérites, *kong-ts'ao-yuan*; cependant le chef de la comptabilité était appelé simplement "le comptable" *tchou-pou*, litt. "celui qui préside aux registres". Chaque chef de bureau avait sous ses ordres un ou deux scribes, *che* 史, qui lui servaient de sous-chefs et se partageaient les affaires. Chefs et sous-chefs de bureau avaient à leurs côtés des sortes de secrétaires particuliers respectivement appelés *ts'ong-yuan-wei* 從掾位 et *ts'ong-che-wei* 從史位, ce qui signifie littéralement "celui qui suit le poste de *yuan*" et "celui qui suit le poste de *che*"; le rang hiérarchique de ces secrétaires particuliers devait être assez proche de celui de leur chef, puisqu'il leur arrivait de lui succéder: par exemple, *Tch'ö Tch'eng-tai* 車成佁, secrétaire particulier de sous-chef de bureau, *ts'ong-che-wei*, en janvier 270,[9] était devenu en juin de la même année sous-chef de bureau militaire *ping-ts'ao-che*.[10]

Au-dessous des chefs de bureau et de leurs secrétaires particuliers était le petit personnel; les expéditionnaires, *chou-tso* 書佐 et *kan* 幹, qui copiaient la correspondance, les plantons, *yeou-kiao* 游徼, qui la portaient d'un bureau à l'autre, les petits scribes ou serviteurs, *siao-che* 小史, qui servaient peut-être d'huissiers; huissiers et plantons n'étaient pas des employés d'un cadre subalterne, au moins en Chine propre; c'étaient les degrés inférieurs de la hiérarchie locale, des positions de débutants; et quelque peu relevées que fussent leurs fonctions, ils appartenaient à la classe des lettrés et, après un certain nombre d'examens, ils pouvaient devenir copistes et expéditionnaires, plus tard chefs de bureau et même, par la suite, être promus dans l'administration centrale et devenir fonctionnaires. Tout le personnel de l'administration locale ne forme donc qu'un seul corps et c'est pourquoi tous, chefs et sous-chefs de bureau compris, étaient désignés de façon générale comme les employés, *li* 吏.

Dans les commanderies de la Chine propre, les employés étaient ordinairement pris parmi les notables, ainsi qu'on le voit par les inscriptions; les plus intelligents d'entre eux profitaient ensuite d'une occasion pour passer dans l'administration centrale et certains devenaient par la suite de hauts fonctionnaires. Il ne peut guère en avoir été ainsi dans la colonie militaire de *Leou-lan*: elle

---

1) *Tsin chou*, k. 24, 14b.
2) Ci-dessous, n° 214; CHAVANNES, *Documents*, 728, 745; CONRADY, *Handschriften*, Bois, 81, 86.
3) *Han kouan yi*.
4) CHAVANNES, *Documents*, 728, 743, 744, 745; cf. ci-dessous, n°s 215, 220.
5) Ci-dessous, n°s 190, 195 F, 214; CONRADY, *Handschriften*, Bois, 49.
6) CONRADY, *Handschriften*, Bois, 49.
7) Ci-dessous, n° 214.
8) Tout ce qui suit sur l'organisation des bureaux est tiré du *Tsin chou*, k. 24, 11b.
9) CHAVANNES, *Documents*, n° 733.
10) CHAVANNES, *Documents*, n° 736, 737.

ne pouvait être très nombreuse et on ne voit guère comment on y aurait trouvé tant de gens instruits pour remplir les bureaux. Il est plus probable que tous ces employés sont venus de l'intérieur. Mais un lettré n'était guère envoyé dans les régions lointaines de la frontière avec un poste inférieur qu'à la suite d'une condamnation ou par mesure de disgrâce: ce sont probablement tous des déportés et, quand l'un d'eux reçoit par décret en 266 la charge de *lang-tchong* 郎中,[1] c'est-à-dire de garde-lettré à la cour, c'est à mon avis moins une promotion qu'une sorte d'amnistie. C'est ce qui expliquerait leurs relations personnelles avec les fonctionnaires des bureaux de l'administration centrale: le correspondant de l'un d'eux parle de son emploi au Bureau Oriental, *tong-ts'ao* 東曹,[2] bureau de l'administration centrale à la capitale,[3] chargé de s'occuper de la promotion des hauts fonctionnaires du rang de 2000 *che* de solde, *eul-ts'ien che* 二千石.

L'administration locale de *Leou-lan* avait à s'occuper d'un double travail, exploitation de la colonie agricole et défense militaire. C'est à quoi nous la voyons en effet occupée dans les documents retrouvés. Nous ne savons pas grand'chose de l'organisation matérielle d'une colonie militaire de cette époque en général, ni de celle de *Leou-lan* en particulier. Etant donné le pays et le climat, l'irrigation était de première importance. L'eau était fournie à la colonie par une grande digue sur la rivière *Tchou-pin* 注賓,[4] c'est-à-dire sur un bras du Tārim ou du Kuruk-daryā qui doit être un des nombreux lits de rivière desséchés que Sir Aurel Stein a relevés autour du site de *Leou-lan*.[5] Cette digue, menacée tous les ans par les crues du printemps, exigeait un entretien et une surveillance sans négligence: c'est probablement à une de ces crues que se rapporte la rupture de la digue où on avait envoyé travailler 501 hommes qui ne suffisent pas à enrayer le désastre puisque l'ingénieur ou le chef de chantier réclame un renfort d'ouvriers.[6]

Mais ce n'est pas seulement de l'entretien des digues et des canaux que s'occupait l'administration, c'est de toute la culture. Des sous-officiers, *tsiang* 將, étaient envoyés avec de petits groupes de 20 à 30 soldats défricher et mettre en culture des endroits choisis et délimités d'avance. On admettait que dans les colonies militaires un homme pouvait travailler 20 *meou* en moyenne,[7] sans doute en tenant compte du temps que devaient prendre les exercices proprement militaires, exercice, garde, entretien des armes, soins à donner aux chevaux, etc. Nous voyons ici dans le secteur, *pou* 部, du sous-officier *Tchang K'ien* 張僉 21 hommes chargés de défricher et labourer 512 *meou*, soit 24, 3 par homme, et dans celui du sous-officier *Leang Siang* 梁襄 26 hommes chargés de défricher et labourer 379 *meou*, soit 14,5 par homme.[8] Les étendues à cultiver en chaque espèce de grain étaient fixées par l'administration selon ses besoins:[9] le travail se faisait militairement sous les ordres des sous-officiers; les ouvriers n'étaient pas des paysans astreints à certains devoirs militaires en échange des terres qui leur avaient été attribuées, mais des soldats envoyés travailler aux champs; quand le travail était achevé, le sous-officier qui en avait été chargé faisait un rapport; il était d'ailleurs responsable non seulement du travail, mais des hommes et était puni en cas d'accident.[10] Je ne sais s'il restait au temps des *Tsin* quelque chose de l'ancienne colonie militaire des *Han*; mais l'impression que laisse la lecture des documents trouvés à *Leou-lan* est d'une garnison qui, étant donnée sa situation, est forcée de produire elle-même ses vivres et par suite partage son temps entre les travaux militaires et les travaux des champs, plutôt que d'une colonie de soldats-paysans.

1) CONRADY, *Handschriften*, Papier, 16, 2.
2) CONRADY, *Handschriften*, Papier, 4.
3) *Tsin chou*, k. 24, 2b.
4) *Chouei-king tchou*, k. 2, 4b, trad. CHAVANNES, *Les Pays d'Occident d'après le Wei-lio*, dans *T'oung-pao*, 1905, p. 568.
5) STEIN, *Innermost Asia*, I, 204 sq.
6) CHAVANNES, *Documents*, 761.
7) *Ts'ien Han chou*, k. 69, 12a.
8) CHAVANNES, *Documents*, 753; WANG, *op. cit.*, k. 2, 27b (n° 31).
9) CHAVANNES, *Documents*, 753: Orge, 200 *meou* dont 20 défrichés; blé, 37 *meou* dont 29 défrichés; millet paniculé, 125 *meou* sont 20 sont irrigués et 90 labourés, etc.
10) CHAVANNES, *Documents*, 764; WANG, *op. cit.*, k. 2, 12b (n° 58).

L'organisation proprement militaire du poste est moins bien connue: il y avait des tours de guette,[1] avec un service de surveillance,[2] assuré probablement par les fantassins; une partie des troupes étaient formées de cavaliers,[3] destinés sans doute à des expéditions à l'extérieur. Mais rien de tout cela n'est très clair. Le service de la garnison ne devait guère différer de celui des soldats du Limes de *Touen-houang* au temps des *Han*, sauf que la culture y tenait bien plus de place.

En dehors de ces travaux usuels, les documents de *Leou-lan* nous révèlent une expédition à *Kao-tch'ang* (Turfan) en 268, expédition dont le *Tsin chou* ne parle pas.[4] Il ne semble pas qu'il y ait eu autre chose qu'un envoi de troupes de *Leou-lan* pour organiser une colonie militaire et il n'est pas question d'opérations de guerre dans les documents qui restent. C'était certainement une tentative pour reprendre la politique d'expansion en Asie Centrale abandonnée depuis un siècle; l'expédition devait faire partie du plan général qui avait amené la création d'un poste de Secrétaire-Général pour les Pays d'Occident à *Leou-lan*: le titre était trop ambitieux et surtout l'organisation administrative de l'endroit était une trop lourde machine aux rouages trop nombreux et trop compliqués pour diriger une petite colonie militaire aux bords du Lop-nōr, à moins d'admettre une arrière-pensée politique. L'expédition réussit, au moins pour un temps: une colonie militaire fut fondée à *Kao-tch'ang*,[5] on y leva même des "soldats indigènes" 土兵 parmi les Chinois restés dans le pays depuis les *Han*.[4] Fut-elle durable ou dut-elle être rappelée bientôt? Le document le plus tardif est de 272; il n'est guère douteux que l'administration installée une dizaine d'années plus tôt quitta *Leou-lan* en 273 ou peu après. Est-ce parce qu'elle se transporta à *Kao-tch'ang*, ou au contraire parce que *Kao-tch'ang* n'ayant pu être conservé, l'établissement de *Leou-lan* n'eut plus de raison d'être du moment où l'Asie Centrale ne pouvait être soumise? Quelque hypothèse qu'on adopte, il est certain que *Kao-tch'ang* et même *Leou-lan* étaient évacuées depuis longtemps quand, en 324, *Li Po* 李柏, Secrétaire-Général des Pays d'Occident, envoyé à son tour à *Leou-lan*, en partit pour diriger une expédition victorieuse contre *Yen-k'i*.

---

1) Ci-dessous, nᵒˢ 244, 251.
2) CHAVANNES, *Documents*, 920.
3) CHAVANNES, *Documents*, 729.
4) CONRADY, *Handschriften*, Bois, 114, 104, sont le premier le titre, le second des items d'un état de soldats morts à *Kao-tch'ang* en 263; cf. CHAVANNES, *Documents*, nᵒ 928, 1.9.
5) CHAVANNES, *Documents*, 928, 1.9: "*Leang Ts'ieou* et autres, en tout trois hommes, soldats indigènes de *Kao-tch'ang*" (ce fragment de papier, non daté, doit être des environs de 268, car le soldat *Leang Ts'ieou* reparaît dans le nᵒ 734, signé par *Leang Louan* 梁鸞 dont le nom se trouve sur de nombreux documents de cette période).

1. DOCUMENTS DE L'ÉPOQUE DES *TSIN*

1. Fragments littéraires. LE *Ki-tsieou p'ien*

Nº 169.—LA. II. x. 04.   169

Papier.

RECTO: ⌞急就編奇觚⌝與衆異羅列
　　　　⌞諸物名姓字⌝分別部居
　　　　⌞不離厠用日約少⌝誠快
VERSO: ⌞日約少⌝誠快
　　　　⌞意勉⌝力務之

Copie du début de la première section du *Ki tsieou p'ien*; sur cet ouvrage voir ci-dessus nᵒˢ 1 et 2, p. 14; et CHAVANNES, *Documents*, pp. 1–10 (nᵒˢ 1–8). Il manque le début de chaque ligne que j'ai suppléé entre crochets à l'aide des éditions modernes. Aucune variante par rapport au texte des éditions actuelles.

Le recto et le verso sont de mains différentes. Exercices d'écriture.

Nº 170.—LA. II. x. 05.   170

Papier.

RECTO: ⌞急就編奇⌝觚與衆丨⌞異羅異⌝列諸物

Verso: Les lignes 1–2 du verso n'appartiennent pas au *Ki tsieou p'ien*.

Copie du début de la première section du *Ki tsieou p'ien*, de la même main que le recto du précédent. Au verso, ligne 3 憙, les éditions actuelles écrivent 喜.

Verso, ligne 4. Copie du *Che king*.

Nº 171.—LC. i. 017.   171

Papier, gros caractères. Au verso, un trait vertical entre chaque colonne.

RECTO: 急就⌞編奇觚與衆⌝丨異羅列×諸⌞物⌝丨名姓字分別部丨×居不離厠用……
VERSO: ……日約⌞少⌝×誠⌞快⌝丨⌞意⌝兔力務之必有憙丨×編奇觚與衆異羅丨列諸
　　　　物名姓字分別⌞部⌝丨居不離厠用日⌞約⌝丨⌞少誠快⌝勉力務⌞之鳳皇飛

Début du *Ki tsieou p'ien*; bien que le texte du recto et celui du verso se suivent sans lacune, le verso n'est pas la suite du recto, c'est un fragment d'une autre copie et les deux lignes sont incomplètes. Au verso, la ligne 9 n'est pas la suite de la ligne 2: c'est une reprise du début du paragraphe, à l'exception des deux premiers caractères qui manquent. Exercices d'écriture.

Nº 172.—LE. i. 5.   172

Papier.

AVERS: ……厠用丨⌞日約少誠快⌝意×勉……
REVERS: ……居×不丨⌞離⌝厠⌞用日……⌝

Fragments de la première section. Les deux faces sont des débris de deux copies différentes. Exercices d'écriture.

Nº 173.—LF. ii. 07.   173

Papier.

AVERS: 急奇觚⌞與衆異羅列⌝丨諸物名姓字⌞分別部居⌝丨不
　　　　 雜×厠×用日⌞約少誠快⌝
REVERS: 日約少⌞誠快⌝意勉……

Début du *Ki tsieou p'ien*. A l'avers, après le caractère 急 il manque les deux caractères 就編. Bien que le revers soit presque exactement la suite de l'avers, c'est un fragment d'une autre copie. Ce fragment comble exactement les lacunes du nº 169 et réciproquement.

ASTROLOGIE MÉDICALE

Nº 174.—LA. V. x. 018.   **174**

Papier.

RECTO: 創爲刀衍所傷南斗丨主血北斗主創鶣鵲丨盧醫不能治之亦不丨能還
喪車起死人創奄丨愈不疼不痛……

Une blessure faite par un sabre, si (le moment est celui où) le Sagittaire, *Nan teou* 南斗, a l'ascendant sur le sang et la Grande Ourse, *Pei-teou* 北斗, a l'ascendant sur la blessure, ni *Pien-ts'io* ni le médecin *Lou* ne pourraient la guérir, non plus qu'ils ne pourraient éloigner le char funéraire et réveiller un homme mort.

Quand une blessure guérit sans (laisser de) douleur interne ou externe . . .

Pien-ts'io 鶣 (ou *扁*) 鵲 et *Lou* 盧氏 sont des médecins célèbres de l'antiquité. Le premier se serait appelé *Ts'in Yue-jen* (*Pien-ts'io* n'est qu'un surnom) et aurait vécu au Ve siècle a.C.; on lui attribue un livre de médecine célèbre, le *Nan-king* 難經; il a sa biographie dans le *Che-ki*, k. 105, 1a; cf. GILES, *Biographical Dictionary*, nº 396. Le second est loué comme un "médecin divin" 神醫 dans une anecdote de *Lie-tseu* 列子, VI. e.

VERSO: 頓首白近自丨宗諸外內丨宗宗

Exercice d'écriture.

II. Documents administratifs et privés

DOCUMENTS PROVENANT DE LA. I.

Nº 175.—LA. I. 02.   **175**

Fiche en bois complète. Tout le haut de la fiche est vide; l'inscription occupe seulement les 75 mm. de l'extrémité inférieure; pas de grattage. Hauteur: 233 mm.; largeur: 12 mm.

四月三日庚戌^x言 (? 白)

Le 3e jour du 4e mois, jour *keng-siu* (23 mai 266 p.C.), je dis . . .

La 2e année *t'ai-che* est la seule de cette période dont le 3e jour du 4e mois soit marqué des signes cycliques *keng-siu*; c'est donc certainement d'elle qu'il s'agit ici.

Nº 176.—LA. I. 03–04.   **176**

Petits fragments de papier tout déchirés contenant seulement quelques caractères incomplets.

DOCUMENTS PROVENANT DE LA. II, x.

Nº 177.—LA. II. x. 01.   **177**

Débris de papier, portant quelques caractères sur les deux faces.

Nº 178.—LA. II. x. 017.   **178**

Papier.

Un seul grand caractère 尾.

LA. II. xi.

Nº 179.—LA. II. xi. 01.   **179**

Papier.

…… 馬酒泉寄貂皮半 …… 丨麗少騫○○^x正 …… 丨○○○○

. . . [conduire?] un cheval à *Tsieou-ts'iuan* porter des peaux de zibelines, un demi . . .

La Commanderie de *Tsieou-ts'iuan*, le *Ngan-sou* 安肅道 actuel (le *Sou-tcheou* des *Ts'ing* et de nos cartes), était limitrophe de *Touen-houang* à l'est, cf. ci-dessus, pp. 1 et 12.

Nº 180.—LA. II. x. 06.   **180**

Papier. Hauteur: 205 mm.; largeur: 88 mm.

R° 前少穀盖不足言其至見郭欲丨得用望固致之想不見送○復丨重 ……
V° (*a*) 白光○丨公府○○
    (*b*) 白丨劉○季○丨塞水南下推之

Brouillon de lettre privée.

Nº 181.—LA. II. x. 03.

181

Fragment de papier. Hauteur: 63 mm.; largeur: 95 mm.

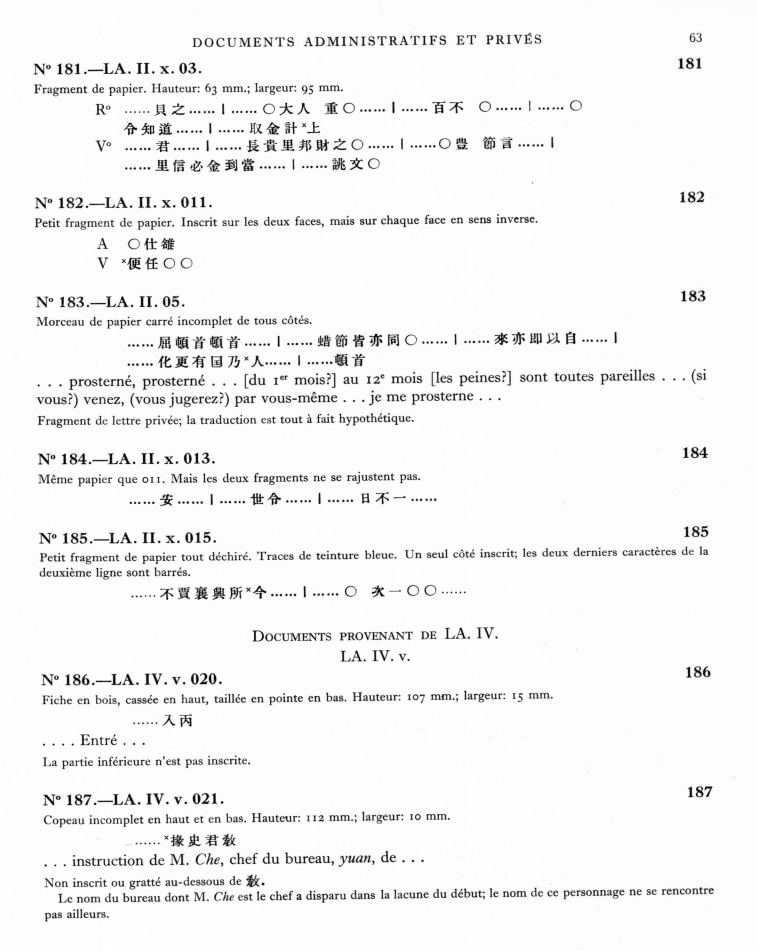

Rº ...... 貝之 ...... | ...... ○大人　重○ ...... | ...... 百不　○ ...... | ...... ○

令知道 ...... | ...... 取金計×上

Vº ...... 君 ...... | ...... 長貴里邦財之○ ...... | ...... ○豊　節言 ...... |

...... 里信必金到當 ...... | ...... 誂文○

Nº 182.—LA. II. x. 011.

182

Petit fragment de papier. Inscrit sur les deux faces, mais sur chaque face en sens inverse.

A　○仕雛

V　×便任○○

Nº 183.—LA. II. 05.

183

Morceau de papier carré incomplet de tous côtés.

...... 屈頓首頓首 ...... | ...... 蜡節皆亦同○ ...... | ...... 來亦即以自 ...... |

...... 化更有国乃×人 ...... | ...... 頓首

. . . prosterné, prosterné . . . [du 1ᵉʳ mois?] au 12ᵉ mois [les peines?] sont toutes pareilles . . . (si vous?) venez, (vous jugerez?) par vous-même . . . je me prosterne . . .

Fragment de lettre privée; la traduction est tout à fait hypothétique.

Nº 184.—LA. II. x. 013.

184

Même papier que 011. Mais les deux fragments ne se rajustent pas.

...... 安 ...... | ...... 世令 ...... | ...... 日不一 ......

Nº 185.—LA. II. x. 015.

185

Petit fragment de papier tout déchiré. Traces de teinture bleue. Un seul côté inscrit; les deux derniers caractères de la deuxième ligne sont barrés.

...... 不買襄與所×今 ...... | ...... ○　次一○○ ......

DOCUMENTS PROVENANT DE LA. IV.

LA. IV. v.

Nº 186.—LA. IV. v. 020.

186

Fiche en bois, cassée en haut, taillée en pointe en bas. Hauteur: 107 mm.; largeur: 15 mm.

...... 入丙

. . . . Entré . . .

La partie inférieure n'est pas inscrite.

Nº 187.—LA. IV. v. 021.

187

Copeau incomplet en haut et en bas. Hauteur: 112 mm.; largeur: 10 mm.

...... ×掾史君敎

. . . instruction de M. *Che*, chef du bureau, *yuan*, de . . .

Non inscrit ou gratté au-dessous de 敎.

Le nom du bureau dont M. *Che* est le chef a disparu dans la lacune du début; le nom de ce personnage ne se rencontre pas ailleurs.

N° 188.—LA. IV. v. 022.   188

Fiche en bois, brûlée en haut, coupée en bas, complète à droite mais retaillée à gauche, grattée à la partie supérieure. Hauteur: 110 mm.; largeur: 12 mm.

> AVERS: 沽四斗〇〇〇
> REVERS: 計用穀九斗八升

. . . acheté 4 *teou* . . .

Total du grain employé: 9 *teou*, 8 *cheng*.

N° 189.—LA. IV. v. 023.   189

Fiche en bois complète en haut, cassée en bas. Hauteur: 96 mm.; largeur: 10 mm.

Traces de deux (?) caractères incomplets.

N° 190.—LA. IV. v. 024–025.   190

Deux copeaux de bois dont l'un (024) forme la partie gauche de l'autre (025). Cassés en haut et incomplets; complets en bas ainsi qu'à droite et à gauche. Hauteur: 122 mm.; largeur: 11 mm.

> 〇月廿五日倉曹掾曹×顏監倉史馬……

Le 25ᵉ jour du . . mois, le chef du bureau des Greniers, *Ts'ao Yen*, le scribe de l'inspection des Greniers *Ma* . . .

Ts'ao Yen 曹顏 apparaît avec le même titre dans CHAVANNES, *Documents*, n° 728, la 4ᵉ année *t'ai-che* (268). Cette fiche doit être des environs de la même année.

N° 191.—LA. IV. v. 027.   191

Papier.

> …… 戶民大守副騎步督

. . . la population; le préfet (*t'ai-cheou*) commandant en second de la cavalerie et de l'infanterie . . .

Document ne se rapportant pas à des faits locaux: il n'y a pas de *t'ai-cheou* à Leou-lan. Le blanc au-dessus de 戶 doit être la marge supérieure de la feuille.

N° 192.—LA. IV. v. 029.   192

Papier. Hauteur: 95 mm.; largeur: 75 mm.

> RECTO: 子曰學∣   ∣   而∣   ∣

Louen yu, II. 15. Probablement exercice d'écriture.

Papier préparé pour copie de livre soigné, avec marges en haut et en bas; lignes entre les colonnes. Les 2ᵉ, 4ᵉ et 5ᵉ lignes sont vides; à la 3ᵉ une tache d'encre occupe tout l'espace au-dessus de 而; il semble qu'on ait essayé de laver le papier.

> VERSO: 丑丑荀子曰子曰吏掾〇〇〇

tch'eou, tch'eou. Siun-tseu dit, *tseu* dit. Officier . . .

Exercice d'écriture. On a retourné le papier pour écrire au verso en sens inverse.

N° 193.—LA. IV. v. 030.   193

Papier.

> RECTO: 〇別戀恨不〇∣……到想近可×耕督〇
> VERSO: 五月廿〇⌊日⌉……∣言想〇……∣勞近〇……∣〇爲〇……

Exercice d'écriture. Le recto et le verso n'ont aucun rapport; le verso est en gros caractères maladroits, il est écrit transversalement par rapport au sens d'écriture du recto.

Nº 194.—LA. IV. v. 031.

Papier.

RECTO: ...... 州𡔇全 ...... | ...... ○ ...... | ...... 河 ...... | ...... 首再⌊拜⌉

. . . [inclinant] la tête salue deux fois.

VERSO: illisible.

Débris d'un brouillon de lettre privée (?).

Nº 195.—LA. IV. v. 038.

Paquet de fragments de fiches en bois et de copeaux, avec ou sans inscriptions.

A   Copeau cassé en haut, en bas, à droite et à gauche. Hauteur: 50 mm.; largeur: 10 mm.

...... ○ 白書 ○ ......

B   Copeau; hauteur: 25 mm.; largeur: 5 mm.

...... 倉史 ×馬 ......

C   Copeau; hauteur: 25 mm.; largeur: 12 mm.

○ ...... | ○ 重 ......

D   Fiche grattée en bas; cassée en haut, en bas et à gauche; complète à droite. Hauteur: 70 mm.; largeur: 10 mm.

‖小麥一 ×斛二斗六升給 ×倉 ......

Blé, 1 *hou*, 2 *teou*, 6 *cheng*, livrés au grenier . . .

Le caractère 斛 a sa partie gauche grattée.

E   Fragment de fiche retaillée sur les côtés; haut cassé. Hauteur: 65 mm.; largeur: 12 mm.

RECTO: un caractère barré.

VERSO: 書 ○ 搗 ○ ......

F

⌊倉⌉ ×掾曹顏監倉史 ...... | ...... 史 ......

Le chef du bureau [des greniers] *Ts'ao Yen*; le scribe de l'inspection des greniers [*Ma?*] . . . Le scribe . . .

Il faut probablement restituer le caractère 馬 comme nom du scribe de l'inspection des greniers; cf. G, et nº 190; CHAVANNES, *Documents*, nº 728.

G   Hauteur: 32 mm.; largeur: 10 mm.

...... 監倉史馬 ......

[le chef du bureau des greniers *Ts'ao Yen?*] le scribe de l'inspection des greniers *Ma* . . .

H   Fiche cassée en haut, en bas et à gauche; complète à droite. Hauteur: 42 mm.; largeur: 8 mm.

泰始 ×四年三月八日

Le 8ᵉ jour du 3ᵉ mois de la 4ᵉ année *t'ai-*[*che*] (7 avril 268 p.C.).

I   Débris de fiche portant deux gros caractères.

元龍

J   Hauteur: 30 mm.; largeur: 6 mm.

六十二匹 | ○ ○ ○

K   Débris de copeau de bois cassé en haut, en bas et à gauche. Hauteur: 33 mm.; largeur: 9 mm.

...... ○ ×敢言 ○ ○ ......

L   Copeau gratté à la partie supérieure. Hauteur: 33 mm.; largeur: 12 mm.

...... 史 ......

M   Copeau complet en haut, à droite et à gauche; cassé en bas. Hauteur: 44 mm.; largeur: 13 mm.

‖ 小麥卅斛 ......∣將 ○ ○ ......

Blé, 30 *hou* . . .

N   Débris portant une ligne de caractères incomplets. Hauteur: 50 mm.; largeur: 12 mm.

O[1]   Gratté en haut; cassé en bas. Hauteur: 45 mm.; largeur: 10 mm.

馬 ○ 貢 ○

Signatures: 馬 et 貢 sont des noms de famille; les 2 autres caractères sont les noms personnels; les noms de famille sont écrits à l'encre noire; les noms personnels avec une encre plus pâle.

O[2]   Traces de 2 caractères incomplets. Hauteur: 20 mm.; largeur: 11 mm.

P   Cassé en haut, en bas, à droite et à gauche. Hauteur: 55 mm.; largeur: 20 mm.

○ ...... ∣羅四 ...... 布十三

4 . . . ; toile, 13 . . .

Q   Copeau, paraît coupé en haut et en bas; cassé à droite et à gauche. Hauteur: 65 mm.; largeur: 15 mm.

...... 廣卅二長卌三 ......

. . . large de 32, long de 43 . . .

S   Débris de fiche. Hauteur: 55 mm.; largeur: 9 mm.

泰〕始四年二月廿日 ○ ○

Le 20ᵉ jour du 2ᵉ mois de la 4ᵉ année *t'ai-che* (20 mars 268 p.C.).

T   Petit débris cassé en bas, taillé régulièrement en haut. Hauteur: 20 mm.; largeur: 13 mm.

...... 死 ˣ罪

. . . [se dissimulant qu'il mérite] la peine de mort . . .

V   Petit débris de copeau. Hauteur: 25 mm.; largeur: 18 mm.

‖小麥四 ˣ斛 ......
‖ ○ ○ ○ ......

Blé, 4 *hou* (?) . . .

W   Copeau.

...... 錄事掾 ......

. . . chef de bureau du greffe . . .

X   Copeau.

...... 三丈 ...... ∣ ...... 七丈 ......

. . . 30 pieds . . . 70 pieds . . .

Y   Copeau. Hauteur: 35 mm.; largeur: 16 mm.

昚書史

Z   Papier. Illisible.

AA   Petit morceau de soie. Hauteur: 12 mm.; largeur: 6 mm.

ˣ泰始四⌊年⌉......

4ᵉ année *t'ai-che* (268 p.C.).

AB   Copeau. Hauteur: 18 mm.; largeur: 12 mm.

...... 主簿 ......

. . . le comptable . . .

Nº 196.—LA. IV. v. 039.   **196**

Fragment de fiche en bois, complète en haut, cassée en bas. Hauteur: 90 mm.; largeur: 16 mm.

賞 帶 ......

Récompensé d'une ceinture . . .

Nº 197.—LA. IV. v. 040.   **197**

Fragment de fiche en bois, cassée en haut, complète en bas; retaillée du côté droit, où cependant les caractères sont restés complets; en bas, blanc de 40 mm. Hauteur: 120 mm.; largeur: 10 mm.

...... ○○ˣ圭ˣ巾ˣ各

Nº 198.—LA. IV. v. 041.   **198**

Grosse fiche en bois complète; inscrite sur les deux faces et sur une des tranches. Hauteur: 195 mm.; largeur: 35 mm.; épaisseur: 15 mm.

AVERS:

買布四斗　　勞文○二斗前幾取廿八斗
買履二斗　　復○○○○斗
　　　　　　共○○○○　○○○○
勞陽○二斗　共曹ˣ李

REVERS:

阿邵戈阿幾取十六斗　梁功曹取一斗
復勞益取四斗　　　　楊通二斗
復共張祿吳○餘二斗　價ˣ單子二斗
復勞仁子四斗　　　　勞子脩四斗

TRANCHE

曹倉曹廿斗

Acheté de l'étoffe, 4 *teou*

Acheté des chaussures, 2 *teou*

Lao Yang- (?) , 2 *teou*

. . . en plusieurs fois a (ont?) pris 16 *teou*

De nouveau *Lao Yi* a pris 4 *teou*

De nouveau *Tchang Lou* et *Wou* . . . ont pris les 2 *teou* restants

De nouveau *Lao Jen-tseu*, 4 *teou*

Le (chef du) Bureau des Greniers, *ts'ang-ts'ao*, *Ts'ao*, 20 *teou*.

Lao Wen- . . . 2 *teou*; auparavant, il a pris en plusieurs fois 28 *teou*.

de nouveau . . . *teou*.

en tout . . .

en tout *Ts'ao* et *Li* . . .

Le (chef du) Bureau des Mérites, *kong-ts'ao*, *Leang* a pris 1 *teou*

Yang T'ong, 2 *teou*

Kia . . . *tseu*, 2 *teou*

Lao Tseu-sieou, 4 *teou*

Compte des rouleaux d'étoffe sortis du grenier administratif et remis à divers personnages; c'est probablement un compte provisoire des sorties de la journée, destiné à être transcrit sur un registre, ce qui explique pourquoi il n'y a ni date ni signature. Aucun paiement n'est mentionné: les étoffes entraient dans le calcul des soldes des fonctionnaires et des employés; au lieu de prendre d'un coup la quantité à laquelle il a droit, chacun retire une petite quantité au fur et à mesure de ses besoins; le comptable note les quantités prises précédemment pour s'assurer que personne ne prend plus que ce à quoi il a droit. Les rouleaux étant d'une longueur et d'une largeur fixées par la loi (voir CHAVANNES, *Documents*, nᵒˢ 539, 811–814 et STEIN, *Serindia*, I, 373–377), on les mesure au boisseau.

Le (chef du) Bureau des Mérites *Leang* est *Leang Louan* qui remplissait cette fonction par intérim à une date inconnue (CHAVANNES, *Documents*, nᵒˢ 734, 743), mais antérieure au dixième mois de la 4ᵉ année *t'ai-che* (novembre 268 p.C.), époque où il était comptable, *tchou-pou* (CHAVANNES, *Documents*, nᵒ 728), et il ne quitta ce poste qu'à la fin de la 5ᵉ année pour devenir chef du bureau du greffe (CHAVANNES, *Documents*, nᵒˢ 737, 736). Le (chef du) Bureau des Greniers *Ts'ao* est *Ts'ao Yen* qui remplissait cette fonction au 6ᵉ mois de la 4ᵉ année *t'ai-che* (juillet 268 p.C.); cf. CHAVANNES, *Documents*, nᵒ 728. Le compte ci-dessus peut donc être daté approximativement de la fin de la 3ᵉ année *t'ai-che* (287) ou du début de la 4ᵉ année (268).

Nᵒ 199.—LA. IV. v. 043.   199

Fragment de plaque de bois taillée de façon à former deux parties, une tête de 10 mm. et un corps de 25 mm., séparées par une entaille profonde large de 3 mm., la tête formant un parallèlogramme rectangulaire; le corps est taillé en biseau, la face supérieure (inscrite) inclinant vers la face inférieure. La fiche a subi un commencement de retaille après usage: il manque la moitié droite des caractères de la première ligne. Hauteur: 38 mm.; largeur: 15 mm.

家書

Lettre privée.

弟權發

Envoi du frère cadet *K'iuan*,

Adresse de lettre privée; la lettre elle-même devait être sur papier et liée à cette adresse par une ou plusieurs ficelles; cf. CHAVANNES, *Documents*, nᵒ 751. Un autre fragment (LA. IV. v. 042) analogue a été trouvé par Sir Aurel Stein à côté du nᵒ 200; il est plus grand (hauteur: 45 mm.; largeur: 30 mm.): la tête et le corps sont de taille égale (hauteur: 20 mm.), et il y a deux encoches de 5 mm. de haut sur 5 mm. de profondeur. Il ne porte aucune inscription.

DOCUMENTS PROVENANT DE LA. V.

Nᵒ 200.—LA. V. x. 014.   200

Fragment de fiche en bois cassée en haut. Hauteur: 135 mm.; largeur: 11 mm.

……胡鐵大鋸一枚

. . . une grande scie en fer, *hou*.

Nᵒ 201.—LA. V. x. 015.   201

Fragment de fiche en bois cassée en haut et en bas. Hauteur: 90 mm.; largeur: 25 mm.

AVERS: …… ○○ˣ愚專意ˣ愉…… ǀ …… ○○ 壽拜啓 ……

REVERS: …… 通下ˣ對如○○○ …… ǀ …… ǀ …… 富 ……

Débris d'un brouillon de lettre avec caractères raturés et surchargés.

Nᵒ 202.—LA. V. x. 016.   202

Copeau de bois incomplet de tous les côtés, en haut et en bas, à droite et à gauche; de la deuxième ligne, il ne reste que la moitié droite des caractères. Hauteur: 70 mm.; largeur: 10 mm.

…… ○伍伯李卑穆成鈴下ˣ李○   …… ǀ ……

Les *wou-po Li Pei, Mou Tch'eng*, le *ling-hia Li* . . .

Les *wou-po* 伍伯 sont des soldats caporaux qui commandent à un groupe de cinq hommes (eux compris); leur nom veut d'ailleurs dire "chef de cinq"; on forme dans une troupe un foyer par cinq hommes et c'est le *wou-po* qui dirige hommes et foyer; aussi l'appelle-t-on *houo-po* 火伯 "chef du feu" (*Kou kin tchou*, fol. 2a). Quant aux *ling-hia* 鈴下, ils paraissent être des soldats d'élite choisis comme gardes du corps du général (*Tsin chou*, k. 34, 1b où ils sont appelés *ling-ko-tche-hia* 鈴閣之下).

Le *wou-po* Mou Tch'eng est mentionné dans CHAVANNES, *Documents*, nᵒ 728; WANG, *op. cit.*, k.2, 32b–33a (au lieu de 程永 lire 穆成) qui est daté de 268. La fiche étudiée ici doit donc dater de la même année ou à peu près.

Nᵒ 203.—LA. V. x. 017.   203

Copeau de bambou complet en haut, cassé en bas. Hauteur: 103 mm.; largeur: 13 mm.

錄事掾左　謹 〔言〕

Le chef (du bureau) du greffe *Tso*　　　　respectueusement [dit]

En-tête de lettre officielle.

Il y a un blanc entre les caractères 左 et 謹, mais il ne manque pas de caractère.

Le *lou-che yuan Tso* avait pour nom personnel *Lien* 廉; CONRADY, *Handschriften*, Bois, 85.

DOCUMENTS PROVENANT DE LA. VI.

Nᵒ 204.—LA. VI. i. 01. 204

Fiche en bois complète. En-dessous du premier caractère, espace laissé vide, 75 mm.; les six derniers caractères sont placés tout en bas de la fiche. Hauteur: 151 mm.; largeur: 13 mm.

入　　　　客曹犢皮二牧

Entré:　　　　　　du bureau des Hôtes, 2 peaux de veau.

Un grand espace vide en-dessous de 入: il ne manque rien.

Le Bureau des Hôtes, *k'o-ts'ao* 客曹, était chargé de s'occuper des étrangers de passage, voir ci-dessus, Introduction, p. 57. Les deux peaux de veau qu'il envoie au magasin sont probablement celles de deux animaux tués comme provisions pour des personnages de marque qui ont traversé le poste.

Nᵒ 205.—LA. VI. i. 02. 205

Fiche en bois incomplète du haut; l'inscription est entière et occupe le milieu de la fiche, avec un blanc de 12 mm. au-dessus du premier caractère. Hauteur: 168 mm.; largeur: 12 mm.

麵三〔斛〕○斗

Farine 3 [*hou*] . . . *teou*.

Nᵒ 206.—LA. VI. i. 04. 206

Fragment de fiche en bois, cassée en haut, en bas et à droite. Hauteur: 96 mm.; largeur: 8 mm.

⋯⋯ ○ ○ 壹 ○ ˣ 出 官 ⋯⋯

Enregistrement de sortie du magasin officiel.

DOCUMENTS PROVENANT DE LA. VI. ii.

Nᵒ 207.—LA. VI. ii. 020. 207

Fragment de fiche en bois cassée en haut et en bas; à la partie supérieure, une largeur de 1 mm. environ a été grattée anciennement. Hauteur: 50 mm.; largeur: 12 mm.

⋯⋯ 詣 樓 蘭 ⋯⋯

. . . se rendre à *Leou-lan* . . .

Le haut de la partie droite du caractère 詣 a disparu au grattage.

Nᵒ 208.—LA. VI. ii. 021. 208

Fragment de fiche coupée en haut et en bas; commencement de grattage à la partie supérieure, en biais de droite à gauche. Hauteur: 58 mm.; largeur: 14 mm.

⋯⋯ ○ 言　謹 啓 ⋯⋯

. . . dit: j'envoie respectueusement (cette lettre).

Adresse d'une lettre officielle.

Nᵒ 209.—LA. VI. ii. 022. 209

Copeau détaché d'une fiche qui devait être remployée; commencement de grattage dans le haut; il semble que celui qui a voulu réutiliser la fiche ait commencé par vouloir simplement gratter la fiche, puis qu'il se soit décidé ensuite à en détacher un copeau. Incomplet en haut et en bas. Hauteur: 85 mm.; largeur: 18 mm.

⋯⋯ 長 史 鴻 移

Le Secrétaire-Général, *tchang-che*, *Hong* adresse (cette lettre).

Il ne subsiste que la partie inférieure du caractère 長. *Hong* 鴻 ne peut être qu'un nom personnel: c'est celui qu'on emploie en parlant de soi-même dans une lettre officielle adressée à un supérieur 移. *Hong* devait être le Secrétaire-Général pour les Pays d'Occident *Si-yu tchang-che* 西域長史, puisque *Leou-lan* était le siège de ce fonctionnaire.

N° 210.—LA. VI. ii. 023. 210

Fragment de fiche, cassée en haut et en bas. Hauteur: 50 mm.; largeur: 15 mm.

......×疾病苦寒氣......

. . . la maladie; le vent froid très pénible . . .[1]

Probablement fragment d'une lettre privée.

N° 211.—LA. VI. ii. 024. 211

Fragment de fiche; complète en haut, cassée en bas. Hauteur: 130 mm.; largeur: 14 mm.

三尺九寸

3 pieds 9 pouces.

N° 212.—LA. VI. ii. 025. 212

Fragment de fiche; cassée en haut, brûlée en bas. Hauteur: 65 mm.; largeur: 14 mm.

......王愷遝書到

Il est arrivé une lettre de *Wang K'ai-t'a*, . . .

N° 213.—LA. VI. ii. 028. 213

Fiche en bois séparée en deux parties par deux encoches de 5 mm. de profondeur sur 4 mm. de hauteur à droite et à gauche; ces deux encoches délimitent à la partie supérieure une tête de forme trapézoïdale qui a 20 mm. de long sur 20 mm. de large en haut et 25 mm. de large en bas; la partie inférieure forme un rectangle de 58 mm. de long sur 25 mm. de large. Longueur totale 78 mm.

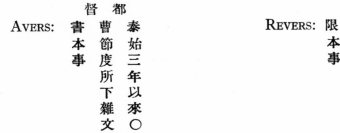

AVERS: Gouverneur-Général (*tou-tou*)

Correspondance officielle diverse sur les affaires propres (de son bureau), expédiée par l'Intendant militaire du bureau de . . . à partir de la 3ᵉ année *t'ai-che* (267 p.C.).

REVERS: Exclusivement les affaires propres (du ravitaillement de l'armée?).

Le titre de gouverneur général, *tou-tou*, ou pour le donner au complet *tou-tou* . . . *tcheou tchou kiun-che* 都督 . . . 州 諸軍事 "gouverneur général chargé des affaires militaires des départements de . . .", n'est pas un titre régulier au début des *Tsin*: il n'est donné que dans des circonstances exceptionnelles, lorsqu'il faut rassembler les forces militaires d'une région étendue entre les mains d'un seul haut fonctionnaire. *Leou-lan* et l'Asie Centrale dépendaient du gouverneur de *Leang* 涼州刺史; il continua d'en dépendre lorsqu'en 269 les commanderies occidentales de *Leang* en furent détachées pour former le département de *Ts'in* 秦. On mentionne un gouverneur général chargé des affaires militaires des deux départements de *Leang* et de *Yong* 都督涼雍二州諸軍事 qui est le roi de *Jou-yin* 汝陰, *Sseu-ma Tsiun* 司馬駿, nommé la 6ᵉ année *t'ai-che* (270) pour une expédition contre les *K'iang* 羌 qui avaient coupé la route du côté de *Kin-tch'eng* 金城 sur le Fleuve Jaune et tué le gouverneur du département de *Ts'in*. Il n'est pas mentionné de Gouverneur-Général avant lui dans cette région: c'est probablement le gouverneur-général dont il s'agit ici; c'est à lui que serait adressée la fiche ci-dessus, destinée à accompagner l'envoi d'une partie des archives du poste de *Leou-lan* pendant les années précédant immédiatement sa nomination.

Le titre de *tsie-tou*, emprunté à l'administration du royaume de *Wou* 吳, où il avait été créé dans le premier quart du IIIᵉ siècle, était donné à l'origine aux intendants militaires, chargés de s'occuper des vivres de l'armée, ravitaillement et transport (*San-kouo tche, Wou-tche* 吳志, k. 19, 2a); ce n'est que sous les *Leang*, au VIᵉ siècle, qu'il devint un titre de commandant d'armées. Ce sont donc les pièces administratives se rapportant à l'intendance militaire et aux transports de grains pour l'armée que le *tou-tou* se fait envoyer. Il me paraît difficile de voir dans cet envoi autre chose qu'une

---

1) 'Sick with a severe chill'?

enquête au sujet de malversations commises par le *tsie-tou Ts'ao* ou par un des employés de son bureau; l'année 267 serait celle de la nomination du fonctionnaire ou de l'employé prévaricateur, ou encore celle des premiers faits délictueux.

N° 214.—LA. VI. ii. 029.   214

Fiche en bois cassée en haut, complète en bas. Hauteur: 185 mm.; largeur: 12 mm.

AVERS: …… ○○曹 ‖‖ 泰始四年七月四日倉曹史×高×開監倉史馬○客

曹史張×撫

REVERS: 〔主簿梁〕鸞領錄事掾張○○監量掾闞

le bureau de … La 4ᵉ année *t'ai-che*, le 7ᵉ mois, le 4ᵉ jour (30 juillet 268 p.C.), le secrétaire des bureaux des Greniers, *ts'ang-ts'ao che*, *Kao Kouan*, le secrétaire de l'inspection des greniers, *kien-ts'ang-che*, *Ma* …, le secrétaire du bureau des Hôtes, *k'o-ts'ao-che*, *Tchang Fou*.

[Le comptable *Leang*] *Louan*; le directeur des bureaux intérimaire, *ling-lou-che yuan*, *Tchang* … le chef (du bureau) d'inspection des mesures, *kien-leang yuan*, *K'an*.

Le *kien-leang yuan K'an* est *K'an Hi* 闞攜, voir ci-dessous, n° 216.

Le personnage dont le nom personnel est *Louan* et dont le nom de famille est perdu dans la lacune du début de la fiche est certainement *Leang Louan*, sur lequel voyez CHAVANNES, *Documents*, nᵒˢ 728, 733, 734, 736, 744, 745, et ci-dessus, n° 198. Etant donnée la date, le titre qui doit être restitué au-dessus de son nom est sûrement celui de comptable, *tchou-pou* 主簿, ce qui est conforme à l'énumération hiérarchique des titres (voir ci-dessus, p. 58).

Les autres personnages sont inconnus. Il y a plusieurs *Ma* dans les documents de *Leou-lan*, mais c'est un nom de famille trop courant pour qu'on puisse les rapprocher, en l'absence du nom personnel ou tout au moins d'un titre de fonction identique à la même date.

N° 215.—LA. VI. ii. 030.   215

Fiche en bois complète en haut, cassée en bas mais dont l'inscription est entière. Hauteur: 115 mm.; largeur: 16 mm.

RECTO: 出大麥五斗給行書民桃將飯官

駱池一匹日五升起十二月十二日盡二十二日 彐

VERSO: 功曹張龜主簿×梁〔鸞〕

Sorti: orge, 5 *teou*, donnés au vaguemestre, *hing-chou*, … pour nourrir un chameau … (du service) officiel; par jour 5 *cheng*; du 12ᵉ jour au 22ᵉ jour du 12ᵉ mois.

Le chef du bureau des Mérites, *Tchang Kouei*; le comptable *Leang* [*Louan*].

池＝馳

Sur *Tchang Kouei* 張龜, voir CHAVANNES, *Documents*, nᵒˢ 735, 742, 743, 877, et ci-dessous n° 220.

Il ne reste que la partie gauche du caractère 梁.

L'emploi de chameaux par le service postal dans l'Ouest de la Chine remontait déjà aux *Han*: on en trouve un mentionné dans les fiches provenant de *Touen-houang* (CHAVANNES, *Documents*, n° 452).

La nourriture du chameau est de 5 *cheng* par jour pendant 10 jours (du 12 au 22 du 12ᵉ mois), soit 50 *cheng*＝5 *teou*.

N° 216.—LA. VI. ii. 026–027.   216

Deux fragments appartenant à la même fiche, mais ne s'ajustant pas exactement parce qu'un remploi ancien de 027 en a changé la forme. La fiche primitive a été cassée anciennement et 027 retaillé en biseau pour un usage inconnu. Le fragment 026, qui est la partie inférieure de l'ancienne fiche complète, est cassé en haut, complet en bas, légèrement brûlé sur le côté droit en haut. Hauteur: 175 mm.; largeur: 17 mm. Le fragment 027 qui est la partie supérieure de l'ancienne fiche complète, a été taillé en pointe et brûlé à la partie supérieure; il est taillé en biseau: la tranche droite a 5 mm. d'épaisseur tandis que la tranche gauche n'est qu'une arrête sans épaisseur. Hauteur: 62 mm.; largeur: 13 mm. Il manque encore un fragment au-dessus de 027.

〔出床〕三斛六斗給稟×李○十等三人   ‖‖ 泰始○年十一月廿一日倉曹史張○監倉翟咸闞攜

人日食一斗二升起〕十一月廿一日十盡卅日 ‖‖

Versé: 36 boisseaux de millet à panicules donnés à *Li* … (en tout) trois hommes. Nourriture journalière par homme: 1 boisseau 2 dixièmes. Le 11ᵉ mois, du 21ᵉ au 30ᵉ jour. La (2ᵉ ou 3ᵉ) année *t'ai-che* (266–267) le 21ᵉ jour du 11ᵉ mois, le scribe du bureau des greniers *Tchang*; … les scribes de l'inspection des greniers *Tchai Hien*, *K'an Hi*.

Le début de la fiche est restitué d'après Conrady, *Handschriften*, Bois 50 (mais il faut lire 床 et non 廩 à la première ligne, d'après la planche III, 50 revers; pour le sens de 床 = 麋 *mi*, millet à panicules, voir Wang, k.2, 27b). D'autres fiches analogues, mais incomplètes, *ibid.*, 53, 60, 64, 90, 100.

Etat des quantités de grains versés comme avance pour leur nourriture à trois hommes pour une période de dix jours. 36 *teou* (=360 *cheng*) pour 3 hommes pendant 10 jours font 12 *cheng* (1 *teou* 2 *cheng*) par jour et par homme; c'est une solde journalière du même montant que celle des sous-officiers, *tsiang* 將, de Conrady, *loc. cit.* Ce ne sont donc pas des soldats, car la solde journalière de ceux-ci est de 5 *cheng* (Chavannes, *Documents*, n° 729) ou 6 *cheng* (Chavannes, *Documents*, n°ˢ 734, 739) par jour. Ce sont soit des sous-officiers, *tsiang*, soit des employés de bureau, *li;* ils appartiennent à la classe que l'administration chinoise de ce temps appelait "les employés dont la solde se compte au boisseau", *teou-che* 斗食. Ceux-ci recevaient 11 *hou* 斛 par mois, mais la solde se payait partie en monnaie, partie en nature; et si on applique la proportion approximative de $\frac{1}{3}$ en nature pour $\frac{2}{3}$ en monnaie, qui est celle des petits fonctionnaires à 100 ou 200 *che*, on trouve en effet, pour 110 *teou* par mois, 26 *teou* en nature et le reste en monnaie.

On remarquera que le versement est effectué le 21 du 11ᵉ mois, jour où la décade commence: il est par conséquent fait d'avance. La fiche est signée du scribe du bureau des greniers et des deux inspecteurs des greniers, comme le document de Conrady, *Handschriften*, 50; il manque ici la note de la livraison, 付, signée par le scribe aux écritures, *chou-che* 書史: elle était probablement au verso. Parmi les signataires, le nom du scribe du bureau des greniers *Tchang* 張 ne s'est pas retrouvé ailleurs; mais les inspecteurs des greniers *Tchai Hien* 翟咸 et *K'an Hi* 闞攜 sont bien connus. Le premier se retrouve avec le même titre, dans Chavannes, *Documents*, n° 884 (*Ti* n'est qu'une prononciation différente du caractère 翟) et dans Conrady, *Handschriften*, Bois, 50A, 73, 74, 75, 76 (lu *Ti T'ong* 同). Le second apparaît, avec le même titre où le grade n'est pas précisé, dans Conrady, *Handschriften*, Bois, 78, mais avec le titre de scribe de l'inspection des greniers *kien-ts'ang che* 史, *ibid.*, Bois, 50A, 79, 94; c'est certainement aussi le même *K'an* qui signe, sans nom personnel, comme chef des bureaux de l'inspection des mesures *kien-leang-yuan* 監量掾, ci-dessus, n° 214 et dans Chavannes, *Documents*, n°ˢ 728, 745: il a eu un avancement entre l'année 266/7, date de la fiche étudiée ici, où il était scribe, c'est-à-dire sous-chef de l'inspection des greniers, et l'année 268, date de Chavannes, *Documents*, n° 728, où il était devenu chef de bureau de l'inspection des mesures. Il faut le distinguer du chef de bureau du greffe, *lou-che-yuan* 錄事掾 *K'an* 闞 qui signe souvent aussi de son nom de famille seul et dont le nom personnel était *Ling* 淩 (Conrady, *Handschriften*, Bois, 50B, 80).

N° 217.—LA. VI. ii. 031.   217

Fiche en bois taillée en pointe à l'extrémité inférieure. Hauteur: 130 mm.; largeur: 18 mm.

　　　　　……ˣ卅人金芒杖自隨言自……

. . . 30 hommes.

N° 218.—LA. VI. ii. 032.   218

Losange de bois percé au centre d'un trou de 5 mm. de diamètre; une face noircie; trois caractères dans l'angle inférieur. Hauteur: 115 mm.; largeur: 25 mm.

　　　　　寶小三

N° 219.—LA. VI. ii. 033.   219

Fiche en bambou coupée en haut, complète en bas. Hauteur: 93 mm.; largeur: 13 mm.

　　　　＼衣裳皆盡無用ˣ改

Les vêtements sont au complet, il n'y a pas besoin de les changer.

N° 220.—LA. VI. ii. 034.   220

Fiche en bois, complète en haut, cassée en bas. Hauteur: 70 mm.; largeur: 13 mm.

　　　　功曹ˣ木 ○　王 ○……｜主簿張龜……

Le chef du bureau des Mérites, *kong-ts'ao*, . . . *Wang* . . . ; le comptable *Tchang Kouei* . . .

N° 221.—LA. VI. ii. 035.   221

Fiche en bois cassée en haut, coupée régulièrement en bas, grattée sur 15 mm. en haut, en biais, de sorte qu'il manque la moitié droite du premier caractère.

　　　　〔泰始〕四年四月十六日壬子言

Le 4ᵉ année [*t'ai-che*], le 16ᵉ jour du 4ᵉ mois, (jour) *jen-tseu* (49ᵉ du cycle), je dis.

Bien que les deux caractères 泰始 du *nien-hao* aient disparu, le premier dans la cassure, le deuxième dans le grattage de la partie supérieure de la fiche, ils sont sûrs, car il n'y a du milieu du IIIe siècle au milieu du IVe que la période *t'ai-che* dont la 4e année ait un 4e mois dont le 16e jour soit marqué des signes cycliques *jen-tseu*. Cette date correspond au 14 mai 268.

Début de lettre officielle.

N° 222.—LA. VI. ii. 036.   222

Fiche en bois retaillée en haut et en bas. Hauteur: 65 mm.; largeur: 15 mm.

......不買　亡麥 ○ ......

N° 223.—LA. VI. ii. 037.   223

Fiche en bois retaillée en haut, complète en bas. Hauteur: 120 mm.; largeur: 18 mm.

...... ○ ○ ○ ○ | ...... ○ ○ 事起火迫 ......

N° 224.—LA. VI. ii. 039.   224

Copeau de bois cassé en haut et en bas. Hauteur: 60 mm.; largeur: 15 mm.

......皆徵一枚（？）| ...... ○ ...... | ...... ○ ......

N° 225.—LA. VI. ii. 043.   225

Fiche en bois complète en haut, brûlée en bas. Un blanc de 40 mm. entre le 3e et le 4e caractère. Hauteur: 200 mm.; largeur: 12 mm.

幷^×行　　承前新入馬皮合十二⌊枚⌉

. . . Pour faire suite à ce qui précède: peaux de cheval nouvellement entrées, en tout, 12.

Il s'agit probablement de peaux de chevaux du service postal morts en course ou à l'écurie, qu'on écorchait pour vérification et dont on déposait les peaux au magasin. On verra ci-dessous de nombreux exemples de cette pratique à l'époque des *T'ang*; cette fiche me paraît indiquer qu'elle était déjà en usage dans l'administration des *Tsin*.

N° 226.—LA. VI. ii. 044.   226

Fiche en bois cassée en haut, complète en bas; le commencement paraît avoir été gratté. Hauteur: 145 mm.; largeur: 12 mm.

^多^×惟爲^×敢不飢買均着名戶 ......

N° 227.—LA. VI. ii. 045.   227

Fiche en bois cassée en haut, en bas et sur le côté droit, complète à gauche seulement. Hauteur: 68 mm.; largeur: 17 mm.

AVERS: ...... ○ ○ ○ 卒 ...... | ...... 樓蘭耕種 ......

. . . soldats . . . à *Leou-lan*, labouré et planté . . .

REVERS: Signature illisible.

N° 228.—LA. VI. ii. 046.   228

Fiche en bois complète. Hauteur: 240 mm.; largeur: 18 mm.

水曹掾左朗白前府掾所食諸部瓜菜賈絲一匹付客曹

Le chef du bureau des Eaux, *Tso Lang*, déclare: le prix des courges et légumes de toutes les espèces, que le chef de bureau (ou les chefs des bureaux) de la précédente administration(?) a (ou ont) mangés est d'une pièce de soie. Remis au bureau des Hôtes.

Je ne sais pas exactement ce qui est entendu par 前府.

Sur les plantations de légumes de *Leou-lan*, voir CHAVANNES, *Documents*, n° 774.

N° 229.—LA. VI. ii. 047.　　　　　　　　　　　　　　**229**

Fiche en bois.

泰始五年五月ˣ二日辛卯起倉曹

Commencé le 2ᵉ jour du 5ᵉ mois, jour *sin-mao*, de la 5ᵉ année *t'ai-che* (17 juin 269). Le bureau des Greniers.

Il ne subsiste qu'un seul trait du caractère 二 qui se trouve ainsi transformé en caractère 一 (1ᵉʳ jour); mais la lecture en est sûre, car le jour *sin-mao* est en réalité le 2ᵉ et non le premier du 5ᵉ mois de la 5ᵉ année *t'ai-che*.

N° 230.—LA. VI. ii. 048.　　　　　　　　　　　　　　**230**

Fiche en bois recoupée en haut, cassée en bas. Hauteur: 122 mm.; largeur: 12 mm.

...... 將張僉言謹文書兵劉 ○ ......

. . . le sous-officier . . . , *Tchang K'ien*, dit: respectueusement je me conforme à l'écrit; le soldat *Lieou* . . .

Débris du compte-rendu d'un sous-officier *tsiang* commandant un *pou* 部 (circonscription territoriale ou section de moins de 100 hommes) au sujet d'un soldat.

N° 231.—LA. VI. ii. 049.　　　　　　　　　　　　　　**231**

Fiche en bois, brûlée à la partie supérieure, complète en bas. L'inscription est entière. Hauteur: 190 mm.; largeur: 14 mm.

...... 四枚　○假督王珮○失亡

. . . Quatre pièces, perdues par *Wang Pei* faisant fonction de *tou*.

Fragment d'un inventaire des armes et effets perdus par *Wang Pei*, probablement par suite de sa mort en campagne; cf. CONRADY, *Handschriften*, Bois, 104.

N° 232.—LA. VI. ii. 050.　　　　　　　　　　　　　　**232**

Fiche en bois cassée en haut et du côté droit, coupée en bas, complète du côté gauche seulement. Hauteur: 50 mm.; largeur: 18 mm.

...... ○○○○日 ...... | ...... 勤貝號寄 ......

N° 233.—LA. VI. ii. 053.　　　　　　　　　　　　　　**233**

Fragment de fiche en bois. Hauteur: 27 mm.; largeur: 5 mm.

ˣ卑ˣ遇卒

N° 234.—LA. VI. ii. 054.　　　　　　　　　　　　　　**234**

Fragment de fiche en bois, recoupée en haut, cassée en bas, légèrement brûlée. Hauteur: 75 mm.; largeur: 10 mm.

...... ˣ幷ˣ啓ˣ上 ......

N° 235.—LA. VI. ii. 055.　　　　　　　　　　　　　　**235**

Fragment de fiche en bois, cassée en haut et en bas, ainsi qu'à droite et à gauche. Hauteur: 118 mm.; largeur: 15 mm.

...... ○ 前城旦妻 ......

. . . femme de l'ancien condamné aux travaux forcés . . .

C'est le mari et non la femme qui est condamné aux travaux forcés; l'expression *tch'eng-tan* ne s'emploie que pour les hommes; pour les femmes on dit *chong* 舂. Sur d'autres condamnés aux travaux forcés, *tch'eng-tan* 城旦, à *Leou-lan*, voir CHAVANNES, *Documents*, n° 263 où l'origine du terme est expliquée. Le Code des *Han*, *Han lu* 漢律, appliquait le nom de *tch'eng-tan* à deux peines de condamnés aux travaux forcés: les condamnés à 4 ans de travaux forcés conservant l'intégrité de leur corps, *wan tch'eng-tan* 完城旦, et les condamnés à 5 ans de travaux forcés avec la tête rasée, *k'ouen-k'ien tch'eng-tan* 髡鉗城旦 (cf. n° 87); les peines s'accompagnaient souvent, mais pas nécessairement, de l'exil aux confins militaires. Les parents, la femme et les enfants étaient autorisés à suivre les déportés, depuis une ordonnance de 65 p.C. (*Heou Han chou*, k.2, 15a.).

Nº 236.—LA. VI. ii. 051 et 056. 236

Débris d'une cuiller en bois en deux morceaux. Longueur totale 135 mm.; manche, longueur: 82 mm., largeur: 5 mm.; longueur de la cuiller: 55 mm., largeur: 23 mm.; courbure du fond de la cuiller: 8 mm.

Sans inscription.

Nº 237.—LA. VI. ii. 060. 237

Fragment de papier. Partie supérieure d'une feuille, complète en haut, déchirée en bas, à droite et à gauche. Pas de marge. Hauteur: 70 mm.; longueur: 126 mm.

AVERS:		REVERS:	
米三斗三百一十五		○○	
米三斗三百卅五		○安二枚六百	
米三斗三百六十三 ˎ		[d'une écriture différente:]	
米三斗三百		催夷廿二枚買○	
○○斗六百		[de la première écriture:]	
○○斗二百六十		○○二枚二千	
○○斗二百卅		○枚四百六十	
○一斗五升百五十		○⌐枚⌐八十	
米三斗三百九十		○枚五十	
米一斛三斗千五百七十		○⌐枚⌐卅	
米一斗百卅五		駢×粟三百	
麥五斗三百		買蒲二百三	
○二斗百五十		[de la seconde écriture:]	
米七斗一千		○○三百五十	
Riz 3 *teou*	315	. . .	
Riz 3 *teou*	345	. . . 2 pièces	600
Riz 3 *teou*	360	(autre écriture:)	
Riz 3 *teou*	300	. . . 22 pièces, prix . . .	
. . . . . *teou*	600	(première écriture:)	
. . . . . *teou*	260	. . . 2 pièces	2000
. . . . . *teou*	240	. . pièce	460
. . . 1 *teou*, 5 *cheng* 150		. . . . .	80
Riz 3 *teou*	390	. . . pièces	50
Riz 1 *hou*, 3 *teou* 1570		. . .	40
Riz 1 *teou*	135	. . .	300
Blé 5 *teou*	300	Acheté . . .	203
. . . 2 *teou*	150	(deuxième écriture:)	
Riz 7 *teou*	1000	. . .	350

Avers, ligne 3, dernier caractère: les 3 points à droite de 三 indiquent qu'il est barré. Revers: les lignes 3 et 12 sont d'une grosse écriture et l'encre en est plus claire.

Fragment d'un compte. Les chiffres qui terminent chaque ligne sont le prix. Le *teou* de riz varie de 100 à 142; le blé vaut 60 (peut-être est-ce du blé aussi à la ligne suivante pour 75 le *teou*).

Nº 238.—LA. VI. ii. 061. 238

Papier.

······ ○　尙法龍亡○······ ┃ ······ ○曹齊亡○○······

Nº 239.—LA. VI. ii. 064.

Papier, déchiré en haut, en bas, à droite et à gauche.

. . . 賣 ⌐四L 匹	. . . vendu 4 pièces d'étoffe
. . . 賣五匹	. . . vendu 5 pièces
. . . 賣十匹	. . . vendu 10 pièces
. . . 賣六匹	. . . vendu 6 pièces
. . . ˣ賣十五匹	. . . vendu 15 pièces
. . . 賣⌐十匹	. . . vendu 10 pièces
. . . 賣⌐六匹	. . . vendu 6 pièces
. . . 賣⌐○匹	. . . vendu . . pièces
	Débris de compte.

Nº 240.—LA. VI. ii. (E) 065.

Papier.

敦煌｜......

Touen-houang . . .

Exercice d'écriture. Ce qui reste du caractère de la 2ᵉ ligne paraît être la partie supérieure gauche du caractère 敦 répété.

Nº 241.—LA. VI. ii. (E) 066.

Papier.

RECTO: ...... 糸來時居 ...... ｜ ...... ○此地謂 ......
VERSO: ...... 使今者有○ ...... ｜ ...... 是積 ......

Au verso, le caractère 今 est en surcharge, ajouté à droite de la ligne.

Nº 242.—LA. VI. ii. 063.

Fragment de papier déchiré de tous les côtés.

...... 近有著進聞ˣ渚 ...... ｜ ...... 面僕以書○受中ˣ小 ...... ｜ ...... ○於親○聞目

Fragment de lettre privée.

DOCUMENTS PROVENANT DE LC.

Nº 243.—LC. 049.

Papier.

RECTO: 趙君鳳明   省
VERSO: ○息理○○○○○○如皆 ...... ｜○聞○○書○○○ ......

Au recto, espace vide au-dessus du caractère 省.

Fragment d'un brouillon de lettre.

Nº 244.—LC. 050.

Papier.

○胡蓬高 ......

le poste de signaux de . . . -*hou* a une hauteur . . .

Sur les postes à signaux, voir Introduction, p. 3 sq. Ce document, ainsi que ci-dessous, nº 251, montre qu'ils étaient encore en usage à l'époque des *Tsin* pour la défense des postes du désert.

Nº 245.—LC. IV. 011.

Petit fragment de papier tout déchiré.

AVERS: ...... 伺 ○ ○ˣ須夷多事 ......

REVERS: ...... 兄 ○ ○ ...... ｜ ...... 月八 ...... ｜ ......

Les deux lignes lisibles du revers sont écrites en sens inverse l'une de l'autre. Ce sont probablement des exercices d'écriture ou des brouillons différents.

DOCUMENTS PROVENANT DE LE.

N° 246.—LE. i. 1.   246

Fiche en bois. Épaisseur en haut 4 mm., au milieu 8 mm., en bas 20 mm. La partie supérieure basse porte une inscription, hauteur 105 mm. Partie inférieure élevée avec creux; au milieu, 3 rainures pour cordes. En haut à droite et à gauche, 2 petites encoches. Hauteur: 150 mm.; largeur: 50 mm.

泰始二年八月十日丙辰言丨蒲書一封倉曹史ˣ張　　事丨營以　行

La 2ᵉ année *t'ai-che*, le 10ᵉ jour du 8ᵉ mois, jour *ping-tch'en* (26 septembre 266 p.C.), je dis: lettre-tablette, une: le secrétaire du Bureau des Greniers, *ts'ang-ts'ao che*, Tchang expose les affaires. (Adressé) à la résidence pour être transmis par courrier.

La fiche est écrite de gauche à droite. Ligne 2: 蒲 = 簿, voir WANG, *op. cit.*, k.2, 13b, et cf. CHAVANNES, *Documents*, nᵒˢ 615 (où 入西蒲書一封 doit être compris: "lettre-tablette allant à l'ouest, une"), 614, 616. L'expression 蒲書 "lettre-tablette" paraît être le nom de ces fiches de forme particulière, dont la partie supérieure porte la mention de transmission du bureau des courriers, tandis que la partie inférieure retaillée paraît avoir contenu la lettre pliée et scellée. Le mot 營 doit désigner la résidence du Grand Secrétaire pour les Pays d'Occident, *Si-yu tchang-che* 西域長史, qui commande à *Leou-lan*. Au début du IIIᵉ siècle, quand cette région, séparée des *Tsin*, dépend des rois de *Ts'ien Leang* 前涼, de la famille *Tchang* 張, il y a en Asie Centrale trois camps, *ying* 營: 1°) celui du Grand Protecteur du *Yu-men*, *Yu-men ta hou* 玉門大護, à *Yu-men*, près de *Touen-houang*; 2°) celui du Grand Secrétaire des Pays d'Occident, *Si-yu tchang-che*, à *Hai-t'eou* 海頭, c'est-à-dire à *Leou-lan*; 3°) celui du *Meou-ki hiao-wei* 戊己校尉, à *Kao-tch'ang* 高昌, c'est-à-dire à *Turfān*.

La fiche ci-dessus montre qu'un au moins de ces trois camps, celui du *tchang-che* des Pays d'Occident (peut-être aussi celui du *Yu-men*), remontait aux *Tsin*; on le trouve aussi mentionné dans CHAVANNES, *Documents*, nᵒˢ 751, 752, 885.

N° 247.—LE. i. 2.   247

Fiche en bois.

泰始ˣ三年二月廿八日辛未言丨書一封水曹督田掾鮑湘張雕言事丨
使君營以郵行

La 3ᵉ année *t'ai-che*, le 28ᵉ jour du 2ᵉ mois, jour *sin-wei* (9 avril 267 p.C.), je dis: lettre, une: le (chef du) bureau des Eaux, *chouei-ts'ao* 水曹, et le chef (du bureau) d'inspection des Champs, *tou-t'ien yuan* 督田掾, *Pao Siang* 鮑湘 et *Tchang Tiao* 張雕 exposent les affaires. Adressé au camp de Son Excellence pour être transmis par courrier.

N° 248.—LE. i. 6.   248

Fiche en bois.

泰始⌊○年○月⌉ˣ十日丙辰　言丨⌊書一封○⌉曹史ˣ梁○言事丨⌊營⌉以　郵　行

[La . . . année] *t'ai-che*, le 10ᵉ(?) jour [du . . . mois], jour *ping-tch'en*, je dis: [lettre, une:] le secrétaire du bureau de [. . .], *Leang* . . . expose les affaires. [Adressé à la résidence] pour être transmis par courrier.

Très effacé et presque illisible; les deux premiers caractères 泰始 ne se distinguent qu'en examinant la pièce sous un certain angle; le chiffre de l'année et celui du mois ne sont pas reconnaissables. Ce n'est que grâce à la comparaison des deux fiches précédentes que le reste de l'inscription a pu être soit déchiffré soit restitué. Si le chiffre du jour est bien 十, la fiche est de la 2ᵉ ou de la 7ᵉ année *t'ai-che*, les seules de cette période qui ont un mois dont le 10ᵉ jour soit marqué des signes *ping-tch'en*; plus probablement la 2ᵉ année (266), puisque les deux documents précédents sont l'un de la 2ᵉ et l'autre de la 3ᵉ année de cette période; dans cette hypothèse la première ligne se lirait: "泰始⌊二年八月⌉十日丙辰　言 la 2ᵉ année *t'ai-che*, le 10ᵉ jour du 8ᵉ mois, jour *ping-tch'en* (26 septembre 266)".

N° 249.—LE. i. 3. (1–5). **249**

Cinq fragments de papier déchirés de tous les côtés et collés l'un sur l'autre.

1) ...... 三 月 廿 日 龍 頓 首 頓 首 每 恨 佳 ......

2) ...... 月 ○ 日 龍 頓 首 ○ ○ 每 恨 ...... | ...... 倉 來 示 敬 悉 惟 ○ ......

3) ...... 三 月 廿 日 龍 頓 首 頓 首 別 里 ˣ忽 ...... | ...... 久 每 嘗 有 一 別 塗 ˣ涇 ˣ很 ○ 用 ......

Le 20ᵉ jour du 3ᵉ mois, *Long* se prosternant, se prosternant . . .

4) ...... 有 嘗 ......

5) Quelques caractères cursifs illisibles

Fragments du début de quatre exemplaires de la même lettre: les deux premiers et les deux derniers sont des brouillons en caractères cursifs; le numéro 3 est une copie en beaux caractères réguliers. Sauf la date et la formule de politesse du début, la lettre n'est pas compréhensible.

N° 250.—LE. i. 4. **250**

Papier.

○ 承 ○ ○ | ○ ○ ○ ○ 己 私 | ...... ○ 忘

DOCUMENTS PROVENANT DE LF.

N° 251.—LF. i. 06. **251**

Fiche en bois, brisée en haut et en bas.

...... 翟 政 胡 蓬 樟 馴 ○ ...... ○ ○ ......

. . . le poste de signaux *Tcheng-hou.*

Un poste à signaux . . . -*hou* est mentionné ci-dessus, n° 244: il n'est pas impossible que ce soit le même.

2. DOCUMENTS DE L'ÉPOQUE DES *TS'IEN LEANG*

Leou-lan, abandonné par l'administration chinoise entre 270 et 275 vit reparaître un Secrétaire-Général pour les Pays d'Occident une cinquantaine d'années plus tard. Les *Tsin* venaient de se réfugier au sud du Fleuve Bleu après le sac de *Tch'ang-ngan* et la perte de tout le bassin du Fleuve Jaune. L'extrême ouest de la Chine, le *Kan-sou* actuel, formait alors un petit état dont les souverains n'osèrent pas prendre le titre d'empereur et se contentèrent de celui de roi, *wang* 王, en reconnaissant la suzeraineté nominale des empereurs de la dynastie *Tsin*, bien trop éloignés pour que cette suzeraineté se traduisît par des actes. Ces princes furent amenés à s'occuper de l'Asie Centrale où les Avares devenaient dangereux; *Leou-lan* fut réoccupé; le Secrétaire-Général pour les Pays d'Occident *Li Po* 李 柏 s'installa dans l'ancienne citadelle des *Tsin* qu'on appelait alors "la Tête du Lac", *Hai-t'eou* 海 頭. On n'y mit pas l'organisation compliquée du début des *Tsin*: on se contenta semble-t-il d'y faire une base pour l'expédition projetée contre *Kao-tch'ang* et *Yen-k'i*. Plusieurs brouillons (dont un est complet) d'une lettre de *Li Po* à l'administration centrale ont été recueillis à *Leou-lan* par la Mission Ōtani: la principale pièce a été traduite par Chavannes dans l'App. *A* de *Serindia* (III, pp. 1329–1330); de plus, les n°ˢ 930–934, 935 (?), 938 des *Documents* appartiennent à cette correspondance et rappellent les intrigues qui précédèrent l'intervention chinoise à *Yen-k'i*. Je donne ici séparément le seul des documents de *Leou-lan* de la 3ᵉ expédition Stein qui se rapporte sûrement à cette période.

N° 252.—LA. VI. ii. 062. **252**

Papier.

...... 愈 足 言 嘗 住 ○ ......

五 日

...... 若 ○ 無 駝 足 來 至 海 頭 ......

. . . Le 5ᵉ jour, je suis (*ou* il est) arrivé à *Hai-t'eou*. . .

五 日, deux caractères plus petits ajoutés dans l'interligne. Lettre d'un personnage de l'entourage de *Li Po* 李 柏: elle n'est pas de *Li Po* lui-même, car celui-ci arrive à *Hai-t'eou* le 2ᵉ jour (du 5ᵉ mois), et non, comme le signataire de la lettre, le 5ᵉ jour (d'un mois inconnu).

3. DOCUMENTS DU IVme SIÈCLE
Documents provenant de LM.
1. Classiques et textes littéraires divers

N° 253.—LM. I. i. 016.   253

Fragment d'un rouleau de papier; complet en hauteur avec deux marges; écrit d'un seul côté. 17 caractères à la ligne. IVe siècle. Hauteur: 225 mm.; largeur 143 mm.

⌊……夏四月辛亥哀⌉┃⌊公⌉˟縊干徵師赴于楚且告有　立君公子勝憖┃
之楚人執而殺之公子留奔鄭書曰陳候　⌊之┃⌉弟招˟殺˟陳大子匾師˟罪
在˟招˟也楚人執陳⌊行⌉┃　人干徵師殺之罪不在⌊行⌉˟人也⌉干徵師˟不
〇陳 故也
叔弓如┃晉　賀虒祁也˟斿吉相鄭⌊伯以如晉⌉亦賀虒祁┃也史趙　見子
大叔˟曰⌊甚哉⌉其相蒙也˟可⌊弔也而⌉┃又賀　之大叔曰˟若˟何˟弔……

Tso-tchouan, 8e année du prince *Tchao* (534 a.C.), 4e mois, jour *sin-hai*; Legge, *Chinese Classics*, t.V, p. 620; Couvreur, *Tch'ouen-ts'ieou*, t.III, p. 155.

Var.: ligne 3, caractère 5 大 éd. act. 世; car. 7 匾 éd. act. 偃. Ligne 5, car. 6 斿 éd. act. 游. Ligne 7: après le 3e caractère (之) il manque un caractère 子.

Le Commentaire (ligne 4 en bas), n'est pas celui de *Tou Yu*, qui est beaucoup plus considérable puisqu'il a trois notes sur ce passage au lieu d'une seule, et celle qui se rapporte à *Kan Tcheng-che* 干徵師 dit: 干徵師陳大夫也, texte tout différent de notre MS. Ce n'est pas celui de *Fou K'ien* 服虔 des *Han* Postérieurs, qui est perdu, mais dont nous savons qu'il contenait une note sur le mot 蒙 (ligne 6, car. 13): 蒙欺也, note qui ne se retrouve pas ici (*Che ki*, k.XXXIX, fol. 22a). Mais il y a eu un assez grand nombre d'autres Commentaires du *Tso-tchouan*, tous aujourd'hui perdus, et ce fragment est trop petit pour qu'il soit possible de reconnaître dequel il est tiré.[1]

La variante 大子 pour 世子 (ligne 3) suggère que le manuscrit est des *T'ang* où le caractère 世 était évité. Mais papier et écriture indiquent un manuscrit bien plus ancien et il n'y a pas de raison de le séparer des autres documents sur papier de L. qui sont du début du IVe siècle. Voir Introduction p. 25.

N° 254.—LM. I. i. 017.   254

Fragment de papier, déchiré en haut, complet ou coupé en bas.

……並明。陽盛於上。陰類┃……〇穀〇於倉蠶┃……有寒暑日有短┃
……似其賈不

. . . [le soleil et la lune] tous deux éclairent; le *yang* est florissant en haut, le *yin* . . . [en bas], . . . les céréales . . . dans les greniers, les vers à soie . . . ; [l'année] a l'alternance du froid et du chaud, les jours ont l'alternance du court [et du long] . . .

Fragment d'un texte en phrases de quatre mots. Il faut certainement restituer 日月 au début de la 1e ligne, 〇下 au début de la 2e, 年 au début de la 3e et 長 au début de la 4e.

N° 255.—LM. I. i. 020.   255

Papier.

曲禾……┃以親詩……┃恭近……┃衣服……┃者所……

Débris de copie d'un texte littéraire que je n'ai pu identifier.

N° 256.—LM. I. i. 021.   256

Papier.

……自天子出┃……者行化之┃……⌊移風易⌉俗莫善於┃⌊樂⌉……是故聖王

Appartient probablement au même texte que n° 255. La 3e ligne est une citation du *Hiao king* 孝經, §12, 11a.

---

1) As shown by Pelliot 3739 (Bibliothèque Nationale), the version of Tu Yü's commentary that we possess to-day differs considerably from that which was current in early times. The present fragment may therefore be Tu Yü's commentary. Moreover, the gloss on *mêng*, attributed to Fu Ch'ien, is usually taken to refer to an earlier passage in the *Tso Chuan* (Hsi, 24; Legge, p. 189, line 3). The possibility therefore remains that this is a fragment of Fu Ch'ien's commentary.

Nᵒ 257.—LM. II. i. 04.

Papier.

…… 候而好耕也ˣ　讓丨○也……而忽位也懼姓命丨咸郊牛○○○○
○○○○相而ˣ背國也悼群妖之呑乱丨欲守吾之本眞○○慕古人之
道風顚託○丨○○誨第七

Fragment d'un texte copié soigneusement, avec des lignes marquant les colonnes. La deuxième ligne est la fin d'un titre de chapitre.

Nᵒ 258.—LM. II. ii. 07.

Papier.

…… 無……丨……ˣ士危……丨……芝……

Nᵒ 259.—LM. III. 02.

Papier complet en haut avec marge supérieure. Trait délimitant la marge et séparant les lignes. Déchiré à droite et en triangle du coin droit en bas au coin gauche en haut.

RECTO: 病我必速ˣ歸……丨……寇害也 使民……丨…従歸従………

VERSO: quelques lignes en écriture *kharoṣṭhī*.

Texte littéraire non identifié.

II. Documents administratifs et privés

Nᵒ 260.—LM. I. i. 018 et 022.

Deux fragments (018 est la partie supérieure de 022); les caractères encerclés sont de 018, le reste de 022.
Fragment d'un recensement.

(蒲　隧)　竇成年卅　　　　　　　妻嫣申金年ˣ廿○
(蒲　隧)　隃林年卅　　　　　　　息男蒲籠年六死
　　　　　　　　　　　　　　　　妻司文年廿五
(蒲　隧)　澡支年廿五　　　　　　息男皇可籠年五
(蒲　隧)　○○ˣ曾年七十二　　　　妻溫宜○年廿
　　　　　　　　　　　　　　　　○死
　　　　　　　　　　　　　　　　息男奴斯年卅ˣ五○死
　　　　　　　　　　　　　…………年卅………
　　　　　　　　　　　　　　　　○○○匚年冖○　死
○○ˣ葛奴年五十　　　　　　　　妻句文年卌
　　　　　　　　　　　　　　　　息男公科年廿五
勾文○安生年ˣ冊
　　五十三除　十一　　　　　　死
　　　年冊…………

P'ou-hao	Teou Tch'eng	30 ans	sa femme *Yen Chen-kin*	20 ans
			son fils légitime *P'ou-long*	6 ans
				est mort
,,	*Yu-Lin*	30 ans	sa femme *Sseu Wen*	25 ans
			son fils légitime *Houang K'o-long* …	5 ans
,,	*Tch'ao Tche*	25 ans	sa femme *Wen Yi-* …	20 ans
,,	… … -tseng	72 ans	est mort …	
			son fils légitime *Nou-sseu*	35 ans
				est mort (?)

			. . .	30 ans
P'ou-hao	*Ko Nou*	50 ans	sa femme *Keou Wen*	40 ans
			son fils légitime *Kong-k'o*	25 ans
. . .	*Ngan-cheng*	40 ans	. . . est mort	
. . .	. . .	de 53 retrancher 11 . . .		

V° très effacé, paraît plus ancien. Incompréhensible.

N° 261.—LM. I. ii. 09.   261

Grande feuille de papier complète en haut et en bas ainsi que le coin à droite en haut; déchirée à gauche et coin droit en bas. Hauteur: 298 mm.; largeur: 262 mm.

六月十二日吉×河歸 ………｜不得汝白事用爲一〇……｜
想〇夫婦何似良日吾及餘｜甚平安惟廣與身死未能得｜
〇裏觀欲〇〇向壹時〇想｜〇意不知古時始能去辦也汝｜
………處廢洽無以自喩汝｜………上下求一來看者便爲｜
……永畢吾前問主賓留驢在

Le 12ᵉ jour du 6ᵉ mois,   [il y a longtemps
que?] je n'ai pas reçu de lettre de vous, . . .
je pense (à vous deux) mari et femme   moi et les autres . . .
nous sommes en excellente santé, mais *Kouang-hing* est mort; je n'ai pas pu . . .

Débris d'une lettre privée.

TROISIÈME PARTIE

Documents provenant de la région de *Turfān*

1. ÉPOQUE DES *TS'IEN LEANG*
INTRODUCTION

Les rois de *Ts'ien Leang* 前涼 qui avaient pris ce titre dynastique parce que leurs états se composaient de la province de *Leang* 涼 (qui est le *Kan-sou* actuel), avaient institué un Secrétaire-Général pour les Pays d'Occident, *Si-yu tchang-che* 西域長史, et après avoir occupé l'ancien *Leou-lan* au bord du Lop-nōr, ils avaient fait une expédition sur *Kao-tch'ang* (Turfān) et *Yen-k'i* (Kharashahr), vers 324 (voir ci-dessus, pp. 60, 78). Un seul document émanant de cette dynastie a été retrouvé dans la région de Turfān; encore ne porte-t-il rien en dehors de sa date. Celle-ci suffit à montrer que l'occupation effective dura jusqu'après le milieu du IVᵉ siècle, et le lieu de la découverte, qui est ASTĀNA, indique que le centre de l'occupation chinoise était à *Kao-tch'ang* (Khara-khōja) qui fut la capitale de la région pendant toute l'antiquité.

Nº 262.—Ast. VI. i. 027.

○○○○ ○○l升平八年六月三日

. . . le 3ᵉ jour du 6ᵉ mois de la 8ᵉ année *cheng-p'ing* (18 juillet 364 p.C.)

升平八年 8ᵉ année *cheng-p'ing*. La période *cheng-p'ing* des *Tsin* n'a duré que cinq ans, de 357 à 361: l'empereur *Mou* étant mort au début de 361, son successeur l'empereur *Ngai* prit pour l'année suivante un nouveau titre de période, *long-ho* 隆和. Mais l'ancien *nien-hao* fut repris en 362 par les rois de *Ts'ien Leang* 前涼. *Tchang Hiuan-tsing* 張玄靚, voulant marquer contre les empereurs de *Ts'in* (de la famille *Fou* 苻) qu'il se considérait comme vassal de *Tsin*, mais ignorant sans doute le titre de période du nouvel empereur, désigna 362 comme 6ᵉ année *cheng-p'ing*. Il mourut cette année et son successeur *Tchang T'ien-tseu* 張天錫 prit le titre de période *t'ai-ts'ing* 太清 qu'on fait commencer d'ordinaire en 363. Le document ci-dessus montre que le nouveau roi garda au moins deux ans encore le *nien-hao* des *Tsin*; la chronologie des *Ts'ien Leang* est si fragmentaire dans le *Tsin chou* que sa reconstruction est fort hypothétique. Il y a un autre exemple de *nien-hao* des *Tsin* conservé par les rois de *Ts'ien Leang* longtemps après sa disparition en Chine, c'est la période *kien-hing*, la dernière des *Tsin* Occidentaux qui dura en réalité 4 ans, de 313 à 316, que le roi *Tchang Kouei* 張軌 prit en 313 et que son fils *Che* 寔 conserva à son avènement en 314, comme vassal des *Tsin*, jusqu'à sa mort en 319, même après la chute des *Tsin* Occidentaux et l'abandon de ce *nien-hao* en Chine. Ses successeurs en gardèrent ou en reprirent l'usage de temps en temps en plus de celui de leurs périodes propres: le *Tsin chou*, k. 86, 9a, mentionne la 12ᵉ année *kien-hing* (324) et une fiche de *Leou-lan* (CHAVANNES, *Documents*, nº 886) est datée de la 18ᵉ année *kien-hing* (330).

2. DOCUMENTS DE L'ÉPOQUE DES *T'ANG*
INTRODUCTION

Il a été trouvé des documents chinois sur tous les points de la région de Turfān: aux deux endroits qui furent successivement chefs-lieux à l'époque des *T'ang*, l'oasis de KHARA-KHŌJA (marquée Kao) et en particulier le hameau d'ASTĀNA (Ast.) avec son ancien cimetière, et celle de YĀR-KHOTO (Yar.);

Toyukh et Yutōgh sur la route de Turfān à P'i-chan, Murtukh. Tous (sauf un qui remonte aux *Tsin*) sont de l'époque des *T'ang*; très variés de contenu, ils peuvent se répartir en quatre classes:

1° documents officiels, débris des archives de l'administration chinoise de la région de Turfān aux VIIe et VIIIe siècles, époque où ce pays formait le Gouvernement-Général du département de *Si*, *Si-tcheou tou-tou-fou* 西州都督府: la plupart proviennent du cimetière d'Astāna, mais il en a été trouvé aussi à Kharakhōja, à Yutōgh et à Toyukh;

2° documents privés, en très petit nombre, émanant soit de fonctionnaires, soit de personnes privées, soit de temples: contrats, lettres, livres de comptes, etc.;

3° fragments de rouleaux de livres classiques ou d'ouvrages littéraires, également peu nombreux;

4° documents religieux, en particulier fragments de livres bouddhiques.

Documents provenant d'Astāna

Archives administratives du Gouvernement-Général du département de *Si*.

Le royaume de *Kao-tch'ang* 高昌, dont le territoire occupait le bassin de Turfān, après avoir été gouverné au VIe siècle par une dynastie royale d'origine chinoise, les *K'iu* 麴,[1] qui avaient organisé leur cour à la chinoise et employaient la langue chinoise, sinon comme langue officielle de l'administration, au moins comme langue de cour, fut réduit en province chinoise en 640, à la suite d'une expédition qui se termina par la prise de la capitale.[2] Le roi *K'iu Tche-cheng* 麴智盛 fut emmené prisonnier en Chine; il fut d'ailleurs bien traité et reçut un titre de cour. Mais la reprise de l'activité politique chinoise en Asie Centrale qui avait suivi de près la pacification de l'empire par les *Souei* et qui, interrompue un instant par la guerre civile qui renversa cette dynastie, se poursuivit dès le lendemain de l'avènement des *T'ang*, ne pouvait permettre, surtout au début, le maintien d'un souverain local à Turfān: la région était à la fois trop importante comme nœud de routes et trop près des tribus turques; et l'équipée de *K'iu Wen-t'ai* 麴文泰, le prédécesseur de *Tche-cheng*, qui, plus effrayé des Turcs proches que des Chinois lointains, avait lâché ceux-ci après leur avoir fait des avances, en sorte que son changement de front avait été la cause de l'expédition de 640, montrait que ce pays avait besoin d'être occupé réellement pour être sûr. Des garnisons chinoises y furent installées sous l'autorité d'un fonctionnaire chinois qui reçut le titre de Protecteur-Général Pacificateur de l'Occident, *Ngan-si tou-hou* 安西都護; la résidence de celui-ci fut placée non pas à l'ancienne capitale du royaume, *Kao-tch'ang* 高昌 (aujourd'hui Khara-khōja, à 42 km. est de Turfān), mais un peu à l'ouest, à la sous-préfecture de *Kiao-ho* 交河 (actuellement Yār-khoto, à 20 *li* ouest de Turfān), ancienne résidence de l'administration chinoise au temps des *Han* et des Six-Dynasties, qui avait l'avantage d'être à la jonction des routes sortant de la dépression de Turfān soit vers le nord dans la direction des pays turcs où on installa, un peu à l'ouest de Guchen actuel, le Protecteur-Général de *Pei-t'ing*, *Pei-t'ing tou-hou fou* 北庭都護府, soit vers l'ouest dans la direction de l'Ili, soit vers le sud-ouest dans celle de *Yen-k'i* 焉耆 (Kharashahr) et du bassin du Tārīm.

La réaction des Turcs contre l'influence chinoise ne se fit pas attendre: le khaghan *A-che-na Ho-lou* 阿史那賀魯 qui, étant chef des tribus établies entre Urumchi et Guchen, était un de ceux dont la puissance était le plus directement affectée par l'intrusion des Chinois, n'acceptait leur présence qu'à contre-cœur; molesté par son voisin *Che-kouei*, allié des Chinois, il réussit à le chasser et, fort du prestige de sa victoire, il entraîna l'ensemble des tribus turques, attaqua ouvertement les Chinois et les chassa à la fois de Turfān et de Hāmi (651). Il fallut plusieurs années pour le réduire, mais en décembre 657 *Ho-lou* fut pris (il devait être sacrifié sur la tombe de l'empereur *T'ai-tsong*, le *Tchao-ling* 昭陵, l'année suivante) et, non seulement les départements de *Yi* 伊州 (Hāmi) et de *Si* 西州

---

1) Voir ci-dessous, p. 166.
2) J'ai résumé ici ce qu'il m'a paru nécessaire de connaître de l'histoire de Turfān sous les *T'ang* pour comprendre les documents publiés ci-dessous; pour plus de détails, voir Chavannes, *Documents sur les Tou-kiue (Turcs) Occidentaux*, pp. 107–112

(Turfān), mais encore celui de *T'ing* 庭州 (près de Guchen) furent réoccupés par les Chinois. Le Protectorat-Général Pacificateur de l'Occident, *Ngan-si tou-hou*, y fut réinstallé le 20 janvier 658, mais comme *Kiao-ho*, l'ancien siège, devait avoir été pillé et détruit, ce fut à l'ancienne capitale *Kao-tch'ang* que le Protecteur-Général mit sa résidence; ce ne fut que pour quelques mois, car la défaite des Turcs amena la soumission de toute l'Asie Centrale et, le 7 juin 658, il se transporta à *Kieou-tseu* (Kuchā) qui avait été à l'époque des *Han* le siège du Protecteur-Général des Pays d'Occident. C'est là qu'il resta établi jusqu'à la fin du VIIIe siècle, quand les attaques des Tibétains forcèrent les Chinois à abandonner toute l'Asie Centrale (790).

L'ancien royaume de *Kao-tch'ang* cessa de dépendre du Protecteur-Général Pacificateur de l'Occident, *Ngan-si tou-hou*, dès que celui-ci eut quitté son territoire pour s'établir plus à l'ouest. Il forma dès lors le Gouvernement-Général du département de *Si*, *Si-tcheou tou-tou fou* 西州都督府; et probablement pour achever de pacifier le pays, on y envoya comme Gouverneur-Général vers 660–664 le frère du dernier roi de *Kao-tch'ang*, *K'iu Tche-tchan* 麴智湛. Le chef-lieu était alors l'ancienne capitale *Kao-tch'ang* 高昌; il ne fut plus déplacé jusqu'à sa destruction par les Tibétains en 791 et l'évacuation du pays par les Chinois. En un siècle et demi, les seuls changements qui survinrent furent des changements de nom: le Gouvernement-Général du département de *Si* devint en 658 Gouvernement-Général de *Kin-chan* 金山; en 742, quand les départements (*tcheou*) furent supprimés dans tout l'empire, il devint Commanderie de *Kiao-ho* 交河郡; il reprit son premier nom en 758 et le garda jusqu'à la fin. Quant au chef-lieu, *Kao-tch'ang*, il vit en 742 son nom changé en *Ts'ien-t'ing* 前庭.

* * *

Le département de *Si*, *Si-tcheou* 西州, occupait la dépression de Turfān toute entière et comptait une cinquantaine de milliers d'habitants.[1] Vers l'est par-delà le désert, il était limitrophe du département de *Yi* 伊州 (Hāmi); à l'ouest, par-delà les montagnes, du royaume de *Yen-k'i* 焉耆 (Kharashahr) qui dépendait du Protectorat-Général Pacificateur de l'Occident; au nord, en franchissant les passes du *T'ien-chan*, du département de *T'ing* 庭州 (près de Guchen), siège du Gouverneur-Général de *Pei-t'ing*. Il était divisé en cinq sous-préfectures, *hien* 縣:[2]

1° *Kao-tch'ang* 高昌, aujourd'hui Kharakhōja,[3] l'ancienne capitale du royaume, à 42 km. à l'est de Turfān.

2° *Kiao-ho* 交河, aujourd'hui Yār-khoto,[4] un peu à l'ouest de Turfān.

3° *Lieou-tchong* 柳中, l'oasis actuelle de Lukchun.[5]

4° *T'ien-chan* 天山, aujourd'hui Toksun,[6] au pied des Monts d'Argent, *Yin-chan* 銀山 (Kumush-tāgh).

5° *P'ou-tch'ang* 蒲昌, sur la rive ouest du lac Barköl.

Les noms de ces sous-préfectures, comme ceux des départements de *Yi* et de *T'ing*, sont plusieurs fois mentionnés dans les documents publiés ci-dessous. La localisation en est sûre. Il n'y a que la sous-préfecture de *P'ou-tch'ang* pour laquelle quelques explications sont nécessaires, parce que son nom prête à confusion avec celui du lac *P'ou-tch'ang*, *P'ou-tch'ang hai* 蒲昌海, qui est le Lop-nōr. La confusion est si facile que le *Sin T'ang chou* l'a faite et qu'il place dans la sous-préfecture de *P'ou-tch'ang* les quatre postes fortifiés du sud du Lop-nōr: *Ts'i-touen tch'eng* 七頓城 (Mirān), *Che-tch'eng tchen* 石城鎮 (Charkhlik), *Nou-tche tch'eng* 弩支城 (probablement Vāsh-shahri) et *Pouo-sien tchen* 播仙鎮 (Charchan).[7] En réalité le lac et la sous-préfecture de *P'ou-tch'ang* n'ont rien à

1) *Kieou T'ang chou*, k. 40 37b; *Sin T'ang chou*, k. 40, 10b.
2) *Kieou T'ang chou*, k. 40, 37b; *Sin T'ang chou*, k. 40, 10b; *T'ong-tien*, k. 124, 4b; *Yuan-ho kiun-hien tche* 元和郡縣志, k. 40, 20a.
3) STEIN, *Serindia*, vol. I, p. 418; III, p. 1167.
4) STEIN, *Serindia*, vol. III, 1167.
5) STEIN, *Serindia*, vol. III, 1160.
6) STEIN, *Serindia*, vol. III, 1177.
7) *Sin T'ang chou*, k. 40, 9a.

faire l'un avec l'autre. Située à 180 *li* au nord-ouest du département de *Si*,[1] cette sous-préfecture, qui avait été détachée du Protectorat-Général de *Pei-t'ing*[2] à une date inconnue avant le milieu du VIIIe siècle, était au nord-ouest du lac *P'ou-lei* 蒲類, appelé aussi *P'o-si* 婆悉 ou *P'o-si-kiue hai* 婆悉厥海 (lac Barköl).[3] L'erreur du compilateur du *Sin T'ang chou* est rendue manifeste par le fait que, comme tous les auteurs géographiques du temps des *T'ang* et des *Song*, il déclare que cette sous-préfecture dépendait à l'origine du département de *T'ing* (près de Guchen), affirmation incompatible avec sa localisation au sud du Lop-nōr.[4] Sa position est donnée dans le fragment de description géographique du département de *Si* trouvé à *Touen-houang*: les quatre routes de cette sous-préfecture vont toutes quatre à *T'ing-tcheou* (près de Guchen) en se dirigeant vers l'ouest ou le nord-ouest et en passant par des régions où l'eau et les pâturages sont abondants ou tout au moins suffisants.[5] C'est certaine-ment pour les pâturages de la région de Barköl, aujourd'hui encore excellents[6] que cette sous-préfec-ture avait été rattachée au département de *Si*, car c'est à propos de l'estivage de troupeaux de chevaux que nous la trouvons mentionnée dans les documents des archives de *Si-tcheou*.[7]

* * *

Le département de *Si*, siège d'un Gouverneur-Général de 2e classe, était organisé administrativement à la chinoise,[8] on le voit sans peine en parcourant les pièces émanant de ses divers bureaux qui ont été retrouvées.

Un Gouverneur-Général de 2e classe était assisté d'un lieutenant-gouverneur *pie-kia* 別駕 qui le secondait en tout et le remplaçait en cas d'absence; le lieutenant-gouverneur fut plusieurs fois sup-primé, mais toujours rétabli au bout de quelques années au cours des trois siècles que dura la dynastie *T'ang*. Au-dessous, le secrétaire-général, *tchang-che* 長史, dirigeait toute l'administration civile, avec l'aide d'un secrétaire-adjoint, le *sseu-ma* 司馬, qui avait les mêmes fonctions que lui, mais avec un rang inférieur, et qui remplissait surtout les fonctions de directeur des bureaux. Les chefs des bureaux de l'administration locale placés sous ses ordres étaient d'abord: le secrétaire chef du bureau du Greffe, *lou-che ts'an-kiun-che* 錄事參軍事,[9] qui faisait recopier les lettres et vérifiait les cachets, enregistrait la correspondance, etc.; puis les six chefs de bureau:[10] le secrétaire chef du bureau du personnel, *kong-ts'ao* 功曹 *ts'an-kiun-che*,[11] chargé de l'examen des fonctionnaires, des sacrifices, des affaires bouddhistes et taoïstes, et des constructions; le secrétaire chef du bureau des Greniers, *ts'ang-ts'ao* 倉曹 *ts'an-kiun-che*, chargé des poids et des mesures, des magasins et greniers, de l'impôt en nature, des marchés; le secrétaire chef du bureau de la Population, *hou-ts'ao* 戶曹 *ts'an-kiun-che*,[12] chargé des registres de la population, des corvées, etc.; le secrétaire chef du bureau militaire, *ping-ts'ao* 兵曹 *ts'an-kiun-che*,[13] chargé de la poste et des courriers, des tours à signaux, des arsenaux et magasins d'armes; le secrétaire chef du bureau de la Justice, *fa-ts'ao* 法曹 *ts'an-kiun-che*[14], chargé

1) *Yuan-ho kiun-hien tche*, k. 40, 20a.
2) *T'ong-tien*, k. 174, 4b; *Kieou T'ang chou*, k. 40, 38b; *Sin T'ang chou*, k. 40, 10b.
3) *Kieou T'ang chou*, k. 40, 38b (*P'o-si hai*); *Yuan-ho kiun-hien tche*, k. 40, 17a (*P'o-si-kiue hai*): c'est le nom actuel Bar-köl, Bars-köl, voir P. PELLIOT, *Neuf notes sur des questions d'Asie Centrale*, ap. *T'oung-pao*, XXVI (1929), p. 251, note 3.
4) *Sin T'ang chou*, k. 40, 10b.
5) Bibliothèque Nationale, fonds chinois, MS. Pelliot n° 2009, reproduit photographiquement dans *Che-che pi-pao* 石室祕寶, fasc. 2, transcrit dans Lo Tchen-yu 羅振玉, *Ming-cha che-che yi-chou* 鳴沙石室佚書, fasc. 3, p. 38, sous le titre (arbitrairement choisi, mais admissible) de *Si-tcheou t'ou-king* 西州圖經.
6) STEIN, *Innermost Asia*, vol. I, p. 537.
7) Ci-dessous, n° 309.
8) Sur l'organisation d'un Gouvernement Général, voir *T'ang lieou-tien* 唐六典, k. 30, 3a; *T'ong-tien*, k. 32, 4a; *Kieou T'ang chou*, k. 44, 28b; *Sin T'ang chou*, k. 49B, 5a.
9) Ci-dessous, n°s 283, 301, 302.
10) Le *Kieou T'ang chou* en les énumérant, *loc. cit.*, les appelle "les 6 bureaux"; le *T'ang lieou-tien*, *loc. cit.*, les énumère tous les six, mais sans ajouter explicitement le nombre; le *Sin T'ang chou*, *loc. cit.*, ajoute entre le *hou-ts'ao* et le *ping-ts'ao* un 7e bureau, bureau de l'Agricul-ture *t'ien-ts'ao* 田曹, qui avait été créé en 761.
11) Ci-dessous, n° 278.
12) Ci-dessous, n° 263.
13) Ci-dessous, n°s 263, 301, 302.
14) Ci-dessous, n° 263.

de la justice et de la police; le secrétaire chef du bureau des Travaux Publics, *che-ts'ao* 士曹 *ts'an-kiun-che*, chargé des constructions de toutes sortes, bâtiments publics, ponts, maisons, ainsi que de l'entretien des rivières, des gués, etc. Enfin il y avait trois secrétaires, *ts'an-kiun-che*, de rang inférieur, qui n'étaient chefs d'aucun bureau régulier, mais recevaient des fonctions et missions diverses selon les besoins de l'administration.

Les chefs de bureau étaient secondés par des sous-chefs que le *T'ang lieou-tien* appelle *fou* 府[1] et les documents d'Ástāna tantôt *fou* également,[2] tantôt *tso* 佐.[3] Ceux-ci avaient sous leurs ordres chacun deux scribes, *che*, pour leur servir de copistes. Les sous-chefs de bureau étaient en nombre variable: au bureau des Mérites, il y en avait 3, de même qu'au bureau des Greniers et à celui des Travaux Publics; au bureau des Affaires Militaires et à celui de la Justice, 4; le bureau du Greffe remplaçait les rédacteurs par deux greffiers, *lou-che* 錄事, flanqués eux aussi chacun de deux scribes.

En outre, il y avait des employés extérieurs: des agents de police, *tche-tao* 執刀, qui en principe étaient au nombre de 15, et des gardiens de prison, *tien-yu* 典獄, au nombre de 14, enfin des enquêteurs de police, *wen-che* 問事. Le chef des marchés, *che-ling* 市令, avait un petit service qui se composait d'un adjoint, *tch'eng* 丞, et d'une demi-douzaine d'employés divers. Il y avait deux directeurs des greniers, *ts'ang-tou* 倉督, chacun avec deux scribes, *che* 史. Enfin, il y avait un Savant-Maître des Classiques, *king po-che* 經博士, et un Savant-Maître de Médecine, *yi po-che* 醫博士, chacun assisté d'un professeur-adjoint appelé Disciple, *ti-tseu* 弟子, chargés l'un de la direction de l'école provinciale et de l'enseignement des classiques, l'autre de l'école de médecine du chef-lieu du département.[4]

* * *

La valeur que le département de *Si* avait aux yeux des Chinois pour la possession de l'Asie Centrale tenait en grande partie à ce que la région de Turfān était un important nœud de routes. Les routes principales étaient celles qui reliaient *Tch'ang-ngan* 長安, la capitale des *T'ang*, aux deux grands Protectorats-Généraux de l'Asie Centrale, le Protectorat-Général de *Pei-t'ing* près de Guchen et le Protectorat-Général Pacificateur de l'Occident à Kuchā: elles passaient toutes deux par les départements de *Leang* 涼 et *Yi* 伊 (Hāmi) pour aboutir au département de *Si* 西 où elles se séparaient à la sortie de la sous-préfecture de *Kiao-ho* 交河 (Yār-khoto), pour aller la première droit au nord en franchissant les montagnes,[5] la seconde vers le sud-ouest, d'abord à la sous-préfecture de *T'ien-chan* 天山, puis au-delà des monts d'Argent, *Yin-chan* 銀山 (Kumush-tāgh), qui la bornent au sud, au royaume de *Yen-k'i* (Kharashahr) et à celui de Kuchā,[6] et continuant plus loin encore, par Kāshgar, vers la Sogdiane, la Perse et l'Inde. Les documents des archives de *Si* font souvent allusion à ces routes, soit au tronçon de *Si* vers *Yi* (Khara-khōja à Hāmi),[7] soit à celui de *Si* vers *T'ing* (Khara-khōja à Guchen),[8] soit à celui de *Si* vers *Yen-k'i* (Khara-khōja vers Kharashahr).[9]

La route ou plutôt les routes menant de *Yi* vers *Si* sont parfaitement connues. Il y avait d'abord la route directe à travers le désert, de Toghucha un peu au nord-ouest de Hāmi à Chik-tam au nord-est de P'i-chan, que Roborovsky suivit en 1895[10] et qui aujourd'hui manque d'eau sur la plus grande partie de son parcours.[11] Elle était considérée comme mauvaise dès le temps des *T'ang* et il est noté

---

1) *T'ang lieou-tien*, k. 30, 4b–5a.
2) Ci-dessous, n°ˢ 274 (daté de 690), 275.
3) Ci-dessous, n°ˢ 277, 301 (daté de 707), etc. Dans le *T'ang lieou-tien*, k. 30, 10a, le mot *tso* désigne les sous-chefs de bureau des départements, *tcheou*; dans les sous-préfectures, *hien*, il n'y a pas de sous-chefs de bureau et ce sont les chefs de bureau qui sont appelés *tso* (*ibid.*, 9b).
4) *T'ang lieou-tien*, loc. cit.; *Sin T'ang chou*, k. 49B, 5a; *Kieou T'ang chou*, k. 44, 28b.
5) *Sin T'ang chou*, k. 40, 10b, trad. CHAVANNES, *Documents sur les Tou-kiue Occidentaux*, 11; cf. ci-dessous, p. 139.
6) *Sin T'ang chou*, k. 40, 10b, trad. CHAVANNES, *op. cit.*, 6; cf. ci-dessous, p. 139.
7) Ci-dessous, n°ˢ 302, 303, 307.
8) Ci-dessous, n°ˢ 301, 302, 305.
9) Ci-dessous, n° 301.
10) STEIN, *Serindia*, III, 1154–1155; *Innermost Asia*, II, 582, n. 6.
11) STEIN, *Innermost Asia*, II, 582, n. 6.

dans le *Yuan-ho kiun-hien tche* que les étapes en sont extrêmement difficiles.[1] D'après le fragment d'une description géographique du département de *Si* retrouvé à *Touen-houang*, cette route de *Lieou-tchong* à *Cha-tcheou* est constamment dans les sables mouvants et on s'y perd facilement, les sources et puits sont salés et amers, il n'y a pas d'herbe et il faut emporter eau et vivres pour le voyage.[2] Le *Sin T'ang chou* n'y fait que de courtes allusions, mais elle est décrite dans le *Song che* parce qu'elle fut suivie par *Wang Yen-tö* 王延德 en 981, quand il alla en ambassade à *Kao-tch'ang*[3]. Partant de *Yi-wou* 伊吾 (Hāmi), il passa par *Yi-tou* 益都, puis par *Na-tche* 納職 (Lapchuk). "Dans cette région il n'y a ni eau ni herbage. *Wang Yen-tö* se mit en route en emportant du pain grillé. Au bout de trois jours, il arriva au relais de *Pi-fong* 避風 à l'issue de la Vallée des Démons, *Kouei-kou* 鬼谷... Au bout de huit jours en tout, il arriva au monastère bouddhique de *Tsö-t'ien* 澤田寺. Il passa ensuite par une localité appelée *Pao-tchouang* 寶莊 (P'i-chan?), puis par *Lieou-tchong* 六種 (Lukchun), ..." Le *Sin T'ang chou*[4] décrit au contraire la route actuelle[5] qui, passant plus au nord que la précédente, fait un détour jusqu'au pied du *T'ien-chan*. "De l'ouest de la sous-préfecture (*Na-tche* = Lapchuk), on traverse *Tou-ts'iuan* 獨泉, *Tong-houa* 東華, *Si-houa* 西華, *T'o-ts'iuan* 鉈泉 (la source des Chameaux); on franchit la rivière *Ts'eu-k'i* 茨其水, on passe à *Chen-ts'iuan* 神泉. A 390 *li*, il y a le poste 守捉 de *Lo-hou* 羅護 (du côté de *Ts'i-ku-tsing*); puis au sud-ouest, on passe aux dunes de *Ta-fei-ts'ao* 達匪草堆 et, à 190 *li*, on arrive au poste de *Tch'e-t'ing* 赤亭 (près de Chik-tam?) où on rejoint la route (directe) de *Yi* à *Si*." De *Lo-hou* (*Ts'i-ku-tsing*) une route[6] conduisait au nord à Barköl "montant au nord-ouest les monts *Fa-lou* 乏驢領 (chaîne des Ânes fatigués), à 120 *li* arrivant à *Tch'e-kou* 赤谷, puis sortant de la passe et à sa sortie traversant *Tch'ang-ts'iuan* 長泉 et *Long-ts'iuan* 龍泉; à 180 *li*, il y a le poste de *Tou-chan* 獨山, puis on passe à *P'ou-lei* 蒲類 (lac Barköl)". De *P'ou-lei*, en suivant la vallée vers l'ouest, on arrivait en 160 *li* à la sous-préfecture de *Kin-man* 金滿, siège du département de *T'ing* où était le Protecteur-Général de *Pei-t'ing*, un peu à l'ouest de Guchen. Une route directe reliait *Si* à *T'ing*.[7] "A 10 *li* au nord de *Kiao-ho* (Yār-khoto), il y a l'auberge de *Long-ts'iuan* 龍泉館; plus au nord, en entrant dans la gorge, à 130 *li*, on atteint *Lieou kou* 柳谷 (Vallée des Saules), on passe les monts *Kin-cha* 金沙嶺 (chaîne des Sables d'Or); à 160 *li* on passe le poste chinois de *Che-houei* 石會漢戍 et on arrive à la citadelle du Gouvernement Général de *Pei-t'ing*."

Un pareil centre routier impliquait un charroi considérable; et comme tous les transports à travers l'Asie Centrale se faisaient alors par le moyen de chevaux (l'âne et le chameau étaient bien moins employés, au moins dans les services administratifs) soit à dos d'animal pour les personnes, soit en voiture pour le matériel,[8] il fallait y entretenir un grand nombre de chevaux. Aussi n'est-il pas étonnant que l'Administration des Chevaux, *ma-tcheng* 馬政, ait été un service important et que les documents qui en émanent tiennent une grande place parmi ceux qui ont été trouvés à Astāna. Ces documents n'ont pas été découverts en place comme ceux du Limes et de *Leou-lan*: ce n'est pas dans les ruines du bâtiment de l'Administration des Chevaux que Sir Aurel Stein les a recueillis, mais dans un cimetière; ce sont des registres et des dossiers mis au rebut et démembrés, et les pièces en ont souvent été découpées pour être utilisées à la confection de vêtements funéraires. Mais même

1) *Yuan-ho kiun-hien tche*, k. 40, 18b (?)
2) Bibliothèque Nationale, fonds chinois, ms. Pelliot, n° 2009. Reproduit photographiquement dans LO Tchen-yu, *Che-che pi-pao* 石寶祕寶, fasc. 2.
3) *Song che*, k. 490, 8b sq., trad. CHAVANNES, *Les Pays d'Occident d'après le Wei-lio*, (*T'oung-pao*, 1905), p. 530, note; STEIN, *Innermost Asia*, II, 582–583, n.6.
4) *Sin T'ang chou*, k. 40, 10b.
5) STEIN, *Serindia*, Vol. III, p. 1154, n.7.
6) *Sin T'ang chou*, k. 40, 10b.
7) *Sin T'ang chou*, k. 40, 8b; trad. CHAVANNES, *Documents sur les Tou-kiue Occidentaux*, p. 11.
8) Quelques pièces concernant des transports en chars ont été retrouvées: des fragments de rouleaux provenant de *Kao-tch'ang*, analogues à ceux du Service des Chevaux, se trouvent dans la collection de M. Nakamura à Tōkyō; ce sont les débris d'un registre contenant un recensement des voitures appartenant à des particuliers: l'un d'eux est daté de la 2e année *yi-fong* (677).

dans leur état fragmentaire, ils donnent une idée précise de ce qu'était l'administration d'un grand service provincial aux VIIe et VIIIe siècles de notre ère.

L'Administration des Chevaux dépendait du vice-ministre du service du Grand Cocher, *T'ai-p'ou-sseu chao-k'ing* 太僕寺少卿; tandis que le ministre était chargé des écuries du Palais Impérial, le vice-ministre s'occupait de tout ce qui dans l'empire concernait les chevaux (on y avait adjoint les bœufs et autres animaux élevés pour les sacrifices) et les voitures. En laissant de côté les services centraux auxquels les documents du département de *Si* ne font naturellement pas allusion, l'organisation provinciale était la suivante:

Un troupeau, *k'iun* 群, se composait de 120 chevaux;[1] à la tête de chaque troupeau était placé un chef de pâture, *mou-tchang* 牧長,[2] ou simplement chef, *tchang* 長,[3] ou encore chef d'écurie, *ts'ao-t'eou* 槽頭,[4] ayant sous ses ordres des garçons de pâture, *mou-tseu* 牧子[5] ou *mou-jen* 牧人. Dans le département de *Si*, les garçons de pâture étaient des condamnés à la déportation militaire, *p'ei-ping* 配兵, chargés chacun d'une vingtaine de chevaux.[6] Quinze chefs de pâture, *mou-tchang* 牧長, étaient subordonnés à un officier de pâture, *mou-wei* 牧尉.[7] Au-dessus de ces officiers il y avait des inspecteurs de pâture, *mou-kien* 牧監, ou simplement inspecteurs, *kien* 監, assistés d'un inspecteur en second, *kien-fou* 監副 (au VIIe siècle, l'inspecteur portait le titre d'inspecteur de gauche, *tso-kien* 左監, et son second celui d'inspecteur de droite, *yeou-kien* 右監), et d'un adjoint, *tch'eng* 丞. Les inspecteurs étaient répartis en trois classes: les inspecteurs de première classe, *chang-kien* 上監, avaient dans leur circonscription 5000 chevaux, ceux de seconde classe, *tchong-kien* 中監, 4000, ceux de troisième classe, *hia-kien* 下監, 3000. Leurs bureaux se composaient d'un greffier, *lou-che* 錄事, d'un comptable, *tchou-pou* 主簿, d'un *tche-sseu* 直司, d'un *t'ouan-kouan* 團官, qui avaient sous leurs ordres divers employés, des sous-chefs de bureau, *fou* 府, des scribes ou copistes, *che* 史, des archivistes, *tien-che* 典事, des magasiniers, *tchang-kou* 掌固, en nombre variable suivant la classe de l'inspecteur. Les inspecteurs dépendaient de quatre Commissaires, *che* 使, un pour chacun des points cardinaux. Leur nombre varia suivant les époques; au VIIIe siècle, ils passèrent de 47[8] à 65[9], dont 16 pour la division occidentale dans laquelle était le département de *Si*.

Les occupations du Service des Chevaux étaient l'élevage et la multiplication des chevaux, des ânes, des bœufs, des moutons appartenant à l'administration. Les inspecteurs avaient la charge chacun d'un pacage, *fang* 坊: il y en avait eu d'abord huit seulement pour la Chine entière, mais leur nombre s'accrut avec celui des inspecteurs.[10] Chaque pacage était un haras et un centre d'élevage avec de vastes pâturages, où l'on allait puiser les chevaux nécessaires d'une part pour l'armée, de l'autre pour la poste et les transports publics.[11] Le pacage du département de *Si* était dans la sous-préfecture de *P'ou-tch'ang*, près du lac Barköl.[12]

Tous les animaux devaient être marqués au fer et les marques étaient réglementées.[13] "Tous les chevaux (à leur entrée au haras) et les poulains (à leur naissance) sont marqués du petit sceau officiel sur l'épaule droite, du sceau portant les caractères cycliques de l'année sur la hanche droite, enfin du sceau portant le nom de l'inspecteur *kien* (du haras où ils sont nés) sur le côté droit ou gauche suivant qu'ils appartiennent à l'écurie de droite ou à celle de gauche.[14] A l'âge de deux ans, quand on

1) *T'ang-lu chou-yi* 唐律疏義, k. 15, 3a.
2) *Ibid.*
3) *Sin T'ang-chou*, k. 50, 7a; ci-dessous, n° 297.
4) Ci-dessous, n° 309.
5) *T'ang-lu chou-yi*, k. 15, 4a.
6) Ci-dessous, n° 295.
7) *T'ang-lu chou-yi, loc. cit.*; *Sin T'ang-chou, loc. cit.*
8) *Sin T'ang chou*, k. 50, 10b.
9) *T'ang lieou-tien*, k. 5, 12b.
10) *Sin T'ang chou*, k. 50, 10b.
11) *T'ang houei-yao* 唐會要, k. 72, 20b.
12) Ci-dessous, n° 309.
13) *T'ang houei-yao*, k. 72, 20a–b.
14) Ci-dessous, n° 297, où le cachet est celui du chef, *tchang*, et non celui de l'inspecteur, *kien*, de pâture.

commence à mesurer la force de leur echine, ils sont marqués d'un sceau portant le caractère *fei* 飛 sur l'épaule droite. Les chevaux de premier et de second ordre sont marqués d'un sceau en forme de dragon sur le côté gauche du cou . . . les chevaux de l'administration donnés à des particuliers sont marqués du sceau portant le caractère 賜 (donné). Les chevaux de l'armée et les chevaux de la poste sont marqués du sceau portant le caractère 出 (sorti). Les uns et les autres sont marqués sur la joue droite." On voit qu'un cheval remis au service postal porte au moins cinq sceaux (3 de naissance, 1 de 2 ans, 1 de sortie), s'il est né dans un haras du Service des Chevaux, et davantage, s'il a été acquis au-dehors et s'il porte les marques de ses propriétaires précédents. Le cas de chevaux acquis au-dehors devait se présenter souvent à *Si*, pour des chevaux venant des élevages turcs, car le *T'ang houei-yao* a conservé les dessins de toute une série de marques de chevaux de diverses tribus d'Asie Centrale.[1]

Les fonctionnaires de l'Administration des chevaux étaient responsables des bêtes qui leur étaient confiées, et ils étaient punis si les pertes étaient trop fortes. Pour 100 têtes et par an, les pertes ne devaient pas dépasser 10 chevaux, bœufs, ânes, ou moutons, ou 7 chameaux, ou 6 mulets, sinon le chef de pâture, *mou-tchang*, et les garçons de pâture, *mou-tseu*, recevaient 30 coups de bambou court pour un animal manquant au-dessus du nombre régulier; pour 3 animaux manquant, on augmentait la peine d'un degré (soit 40 coups pour 4, 50 pour 7, 60 pour 10, etc.) et quand le chiffre des pertes atteignait 22, les 100 coups de bambou court étaient remplacés par 100 coups de bambou long; au-dessus, la peine était augmentée d'un degré par 10 bêtes perdues; le maximum de la peine était la déportation pour trois ans; il était atteint pour une perte de 72 bêtes. Toutefois, on était moins sévère dans le cas d'animaux venus du dehors: pour ceux-ci le chiffre des pertes admises sans châtiment était triplé la première année, doublé seulement la seconde, pour revenir à la moyenne normale à la troisième année après leur entrée.[2]

Non seulement le troupeau ne devait pas diminuer, mais il devait s'accroître régulièrement par les naissances de poulains, d'ânons, etc. Il y avait des règlements détaillés sur cette question et dans ce cas aussi on distinguait les animaux récemment acquis, qu'on considérait comme étant de qualité inférieure à ceux qui étaient nés au haras et de qui on attendait moins. Le compte de l'accroissement n'était pas annuel, mais réparti sur trois ans, sans doute pour ne pas surcharger les états annuels des pertes nécessairement élevées d'animaux en bas-âge. L'accroissement régulier des troupeaux était récompensé, comme une diminution exagérée était punie.[3]

Les employés des pacages n'avaient pas seulement à veiller au développement et à la santé du troupeau, ils avaient aussi à dresser les jeunes animaux. D'après le Règlement du Grand-Cocher, *T'ai-p'ou che* 太僕式, le dressage des chevaux commençait à deux ans. Chaque officier de pâture, *wei* 尉, choisissait dix dresseurs de chevaux, *t'iao-si ma-jen* 調習馬人; mais on ne dit pas combien de temps durait le dressage, ni à quel âge les chevaux étaient livrés à l'armée ou au service de la poste. Pour un cheval non dressé livré à une administration, les fonctionnaires et employés responsables étaient punis de 20 coups de bambou court; pour cinq animaux la peine était augmentée d'un degré; le maximum était de 100 coups de bambou long.[4]

Les chevaux une fois dressés étaient livrés soit à l'armée, soit au service postal. Ce service, appelé service des Transports, *kia-pou* 駕部, dépendait d'ailleurs lui aussi du ministère de la Guerre, *ping-pou* 兵部,[5] et dans les départements et Gouvernements-Généraux, c'était le chef du bureau militaire, *ping-ts'ao ts'an-kiun-che*, qui en avait la direction.[6] En principe, il y avait un relais postal, *yi* 驛, ou *yi-tchouan* 驛傳, ou *tchouan-chö* 傳舍, tous les 30 *li*; mais si le terrain était très difficile, la distance

1) *T'ang houei-yao*, k. 72, 20b.
2) *T'ang-lu chou-yi*, k. 15, 2b.
3) *T'ang-lu chou-yi*, k. 15, 1a–3a.
4) *T'ang-lu chou-yi*, k. 15, 12a.
5) *T'ang lieou-t'ien*, k. 5, 12a–b; *Sin T'ang chou*, k. 46, 11a; *Kieou T'ang chou*, k. 43, 14b.
6) *T'ang lieou-t'ien*, k. 30, 11a.

pouvait être moindre; c'est ainsi qu'en 698, aux portes mêmes de la capitale, le trajet du premier relais, celui du Poste de la Capitale, *Tou-t'ing yi* 都亭驛, au deuxième, *Tseu-chouei yi* 滋水驛, bien que de 26 *li* seulement, causant la mort de nombreux chevaux, tant la route était dure, on le coupa en deux en établissant juste au milieu le relais de *Tch'ang-lo* 長樂驛 à 13 *li* de chacun des deux anciens relais.[1] En Asie Centrale, où la position des relais est commandée par les points d'eau, ces règles ne pouvaient être suivies qu'approximativement. L'empire contenait 1639 relais, dont 260 relais du service postal fluvial, *chouei-yi* 水驛, 1297 du service postal terrestre, *lou-yi* 陸驛, et 86 à la fois relais fluviaux et relais terrestres.[2] Chaque relais avait un maître de poste, *yi-tchang* 驛長, qui avait sous ses ordres un certain nombre de palefreniers *yi-tseu* 驛子. Le nombre des chevaux dans les relais postaux était fixé selon les besoins du service: les deux "relais de la capitale", *tou-t'ing yi* 都亭驛 (un à la capitale de l'ouest, *Tch'ang-ngan*, l'autre à la capitale de l'est, *Lo-yang*) avaient 75 chevaux; dans les provinces, *tao* 道, le relais du chef-lieu avait 60 chevaux, puis, à mesure qu'on s'éloignait d'un chef-lieu, le nombre des chevaux diminuait: 45 aux 2e et 3e relais, 33 au 4e, 27 au 5e, 23 au 6e. Si cette règle avait été appliquée en Asie Centrale, le relais du chef-lieu du département de *Si* aurait dû avoir 60 chevaux: les listes de chevaux retrouvées[3] montrent qu'il en avait bien davantage. A chaque relais était adjoint en principe 400 *meou* de pâturages, où on lâchait les chevaux pour qu'ils se nourrissent, quand ils n'étaient pas de service;[4] c'est une mesure qui ne semble pas avoir pu être appliquée à tous les relais d'Asie Centrale. Quand les chevaux étaient à l'écurie, le travail des employés de relais postal consistait à les nourrir et à les soigner, et il y avait des règlements sur la nourriture à leur fournir et sur les soins à leur donner en cas de maladie; le maître de poste et les palefreniers étaient punis si les règlements n'étaient pas appliqués et si les animaux tombaient malades. Quand les chevaux avaient des ulcères, alors qu'ils n'étaient pas de service, mais "étaient lâchés pour se nourrir", les garçons de pâture, *mou-tseu*, qui en étaient chargés, ainsi que leurs supérieurs, étaient punis au prorata des animaux malades: 20 coups de bambou court pour 10% de malades, avec augmentation d'un degré par chaque 10%; toutefois, si le nombre total des animaux confiés au palefrenier était inférieur à 10, le châtiment était de 30 coups de bambou court par animal, avec une augmentation d'un degré pour chaque bête malade: on jugeait sans doute que, son travail étant moindre, il devait mieux soigner ses bêtes. Dans les deux cas le maximum de la peine était de 100 coups de bambou long.[5]

Le principal travail d'un relais postal consistait à fournir aux courriers et aux fonctionnaires de passage les animaux nécessaires à leur déplacement et aux transports officiels. Les courriers recevaient au départ un document sur papier, *tche-k'iuan* 紙券, où étaient inscrits le nombre de relais qu'ils avaient à traverser; ils remettaient ce papier au Département de la Chancellerie Impériale, *men-hia-cheng* 門下省, à la capitale, ou, en province, au chef du poste, au général, au gouverneur, au sous-préfet, etc., à qui ils portaient un ordre; si, chemin faisant, ils avaient à traverser un fort ou une ville, ils devaient donner leur papier pour que le haut fonctionnaire y mît son cachet; s'ils refusaient de le présenter, ils étaient arrêtés.[6] Il n'est pas question de papier de ce genre pour les fonctionnaires de passage, revenant de leur poste ou s'y rendant. Un règlement fixait le nombre des chevaux auxquels chacun avait droit suivant son rang:[7] 10 pour les fonctionnaires de première classe, 9 pour ceux de seconde classe, 8 pour ceux de troisième classe, 4 pour ceux de quatrième et cinquième classes, 2 pour ceux de sixième et septième classes, 1 pour ceux de huitième et neuvième classes. En-dessous, on n'avait droit qu'à des ânes. Les personnes sans fonction ni titre honorifique n'avaient pas le droit d'emprunter les chevaux de la poste: si un des employés du relais en donnait à quelqu'un de cette

---

1) *Tch'ang-ngan tche* 長安志, k. 11, 2a.
2) L'addition est fausse; je donne les chiffres tels qu'ils se trouvent dans les textes chinois, ne sachant où est l'erreur.
3) Ci-dessous, nos 295, 296.
4) *Sin T'ang chou*, k. 46, 11b.
5) *T'ang-lu chou-yi*, k. 15, 9a.
6) *T'ang lieou-tien*, k. 5, 12b.
7) *Sin T'ang chou*, k. 46, 11a.

sorte, prêteur et emprunteur étaient punis de 100 coups de bambou long par cheval prêté et, si le prêt avait dépassé 5 jours, la peine était pour l'un et l'autre d'un an de déportation; toutefois si c'était le maître de poste lui-même qui avait remis le cheval à quelqu'un qui n'y avait pas droit, la peine était diminuée d'un degré et le maximum n'était que de 100 coups de bambou long, parce que le maître de poste était pécuniairement responsable de toute perte d'animal.[1] Le fonctionnaire de passage qui dépassait le nombre de chevaux auquel il avait droit était puni d'un an de déportation par animal en trop, avec augmentation d'un degré par bête; pour celui qui ayant droit à des ânes prenait des chevaux, la peine était diminuée d'un degré. Si le maître de poste était au courant, il était puni de la même peine; sinon, il n'était pas puni.[2]

Le transport de bagages privés par les chevaux, bœufs, ânes, mulets et chameaux de la poste était interdit, sauf pour les bagages personnels (par là on entendait les vêtements et couvertures que l'on porte sur soi, ainsi que l'arc et le sabre): ceux-ci ne devaient pas dépasser 10 livres sous peine de 10 coups de bambou court par 1 livre de surplus, avec augmentation d'un degré par 10 livres et un maximum de 80 coups de bambou long. Il en était de même pour les transports en voiture, mais dans ce cas la charge autorisée était de 30 livres et la peine était de 10 coups de bambou court pour 5 livres de supplément avec augmentation d'un degré par 20 livres et un maximum d'un an de déportation.[3] Les règlements prévoyaient même le cas où plusieurs personnes ensemble chargeraient trop un animal ou une voiture: en ce cas le surplus était partagé entre les délinquants et la peine était calculée d'après le nombre obtenu: ainsi 10 hommes ensemble ayant chargé un cheval de 10 livres de trop, on comptait une livre par personne et ils recevaient chacun 10 coups de bambou court.[4] Les plaies à l'échine, *tsi-p'o* 脊破 (litt. rupture d'échine), étaient considérées comme dues à un excès de charge: une plaie ou un abcès de 3 pouces était puni de 20 coups de bambou court; au-dessus de 5 pouces, la peine était de 50 coups; l'étendue de la plaie était mesurée par le tour et non par le diamètre, par conséquent 3 pouces de tour pour 1 pouce de diamètre, 5 pouces de tour pour 3 pouces de diamètre; si la plaie ou l'abcès était de forme carrée, on comptait de même.[5]

Les chevaux ne sortaient du relais qu'accompagnés chacun d'un palefrenier qui le soignait en route, veillait à l'application des règlements et le ramenait après emploi: toutefois, quand une personne avait droit à plusieurs chevaux, on donnait un palefrenier par 3 chevaux. Les frais de ce palefrenier étaient à la charge de l'usager.[6] La route à parcourir était fixée: c'était la route directe d'un relais à l'autre et il n'était pas permis de s'en détourner, sous peine de 100 coups de bambou long à partir d'un *li* de supplément; la peine était augmentée d'un degré par 5 *li*, avec un maximum de 2 ans de déportation. Il n'était pas davantage permis de dépasser le relais d'arrivée; toutefois s'il n'y avait pas de cheval disponible à ce relais, le coupable n'était pas poursuivi pour avoir continué son chemin.[7]

D'après "l'Ordonnance des Ecuries et des Pâturages", *kieou mou ling* 廄牧令,[8] les animaux appartenant à l'administration qui tombaient malades en cours de route et étaient incapables de continuer leur chemin, étaient laissés au département ou à la sous-préfecture la plus proche pour y être nourris et soignés; les grains et les remèdes étaient donnés aux frais de l'administration: les employés publics à qui ils étaient laissés devaient les nourrir et les soigner conformément aux règlements, sinon ils étaient punis de 30 coups de bambou court et, si leur négligence était cause que l'animal mourait, de 40 coups pour un animal, avec augmentation d'un degré par 3 bêtes mortes et un

---

1) *T'ang lu chou-yi*, k. 15, 19b.
2) *T'ang-lu chou-yi*, k. 15, 16b.
3) *T'ang-lu chou-yi*, k. 10, 16a; k. 15, 6b.
4) *T'ang-lu chou-yi*, k. 15, 6a.
5) *T'ang-lu chou-yi*, k. 15, 8b.
6) *T'ang lieou-tien*, k. 5, 12b; *T'ang-lu chou-yi*, k. 10, 14b.
7) *T'ang-lu chou-yi*, k. 10, 9b.
8) *T'ang-lu chou-yi*, k. 15, 4a.

maximum de 100 coups de bambou long. Les documents d'Astāna montrent que la mort d'un cheval en cours de route donnait lieu à toute une enquête: le palefrenier faisait un rapport sur la cause de la mort;[1] un vétérinaire était envoyé examiner, si on le jugeait nécessaire, et faisait un rapport sur la cause; on statuait ensuite sur la peine à infliger au palefrenier et, le cas échéant, à l'usager.[2] La peau de l'animal devait être rapportée et la marque en était examinée, sans doute pour s'assurer que la bête était réellement morte et n'avait pas été vendue subrepticement. Si l'accident survenait près d'un lieu habité, elle était dépecée après l'écorchage et la viande en était vendue.[3]

Ces débris des archives du Gouvernement-Général du département de *Si* montrent le fonctionnement d'une grande administration provinciale aux VIIᵉ et VIIIᵉ siècles. La première chose qui frappe est l'abondance de la paperasserie: pour des faits insignifiants, rapports, enquêtes, rapports d'enquête, rapports sur la décision prise; et tout cela est ensuite copié dans un registre-journal daté, signé et contresigné. Ces papiers innombrables passaient entre les mains de fonctionnaires de tout rang: on trouve non seulement les signes abrégés, presque illisibles, marquant l'approbation et la mise en application des mesures indiquées dans le texte, mais encore des annotations de toute sorte sur tous les détails des affaires en cours. Les registres de copie eux-mêmes étaient l'objet d'une attention méticuleuse: formés de plusieurs feuilles de papier collées bout à bout de façon à constituer les longs rouleaux, *kiuan* 卷, qui étaient encore la forme courante des livres de toute sorte au temps des *Han*, ils portent régulièrement, au revers, à cheval sur la ligne de jonction des feuilles collées, une date et une signature; c'est un procédé destiné évidemment à rendre impossible des coupures ultérieures soit par suppression soit par addition: nous employons, nous aussi, des procédés analogues.

---

1) Ci-dessous, nᵒˢ 301, 304, 307.
2) Ci-dessous, nᵒˢ 302, 307.
3) Ci-dessous, nᵒ 302.

I. Documents Officiels

REGISTRE DE CORRESPONDANCE DU GOUVERNEMENT-GÉNÉRAL

Nº 263.—Ast. I. 4. 018.   **263**

Portion d'un rouleau de papier découpé aux ciseaux en haut, complet en bas, déchiré à droite et à gauche. Chaque ligne de la transcription correspond à une ligne de l'original.

```
················· 事
··············· ○ 事
·········坊肉○事
⌊法曹符爲○○⌉駝犯盜移餘蒸嶺事
5    ⌊一符爲⌉官人被訟謗不要路事
兵曹符爲差輸丁廿人助天山屯事
戶曹符爲給張玄應募夫十人事
⌊兵⌉曹符爲衛士安思忠收領事
⌊一⌉符爲麴識望身死事
10   ⌊一⌉符爲警固事
法曹符爲公主寺婢逃走事
⌊一⌉符爲流人趙長壽捕捉事
ˣ兵曹符爲警固事
⌊一符⌉爲己西烽火不絕警備事
15   ⌊一符⌉爲勘寄住等戶速上事
⌊一符⌉爲警固事一符爲訪廉蘇一事
⌊一符⌉爲訪王李詢事  一符爲訪流人趙長壽等事
韓張什
⌊一⌉符爲張師子受勳出事
20   ⌊兵⌉曹符爲西夷僻被圍警固事
⌊一符⌉爲徵車坊牛分付龍申事
········秃子羍車坊麥事
⌊一符⌉爲均攤諸親物庫藏所由事
⌊一符⌉爲徵北館車坊牛事
25   ⌊一符⌉爲警固排比隊伍事
⌊一符⌉爲警固收拾羊等事
⌊一⌉符爲訪令史寇＜揚＞錫事
······⌊爲⌉○二賊事
······符爲⌉...囚使爭縑事
```

[Lettre du bureau de la Justice: · · · · · · · · · · · · · · · ·
le (fort de) *Ts'ong-ling*.

[Lettre (du même bureau)]: accusation contre des fonctionnaires; ce n'est pas important.

Lettre du bureau des affaires militaires: envoyer 20 coolies pour aider à la colonie militaire de *T'ien-chan*.

Lettre du bureau de la Population: donner à *Tchang Hiuan-ying* 10 volontaires.

Lettre du bureau de . . . : le milicien *Ngan Sseu-tchong* est arrêté(?).

[Autre] lettre (du même): *K'iu Che-wang* est mort.

[Autre] lettre: prendre garde.

Lettre du bureau de la Justice: des esclaves du Monastère de la Princesse *Kong-tchou-sseu* 公主寺 se sont enfuies.

[Autre] lettre (du même): arrestation du déporté *Tchao Tch'ang-cheou*.

Lettre du bureau Militaire: prendre garde.

[Autre] lettre (du même): les postes de signaux de l'ouest prendront garde de ne pas interrompre (leurs signaux).

[Autre] lettre (du même): examiner les résidents temporaires et autres habitants et faire immédiatement un rapport.

[Autre] lettre (du même): faire attention. Autre lettre: rechercher *Lien Sou-yi*.

[Autre] lettre (du même): rechercher *Wang* et *Li* pour enquête. Autre lettre: rechercher les déportés *Tchao Tch'ang-cheou* (nom effacé) *Han Tchang-che*, etc.

[Autre] lettre (du même): *Tchang Che-tseu* a reçu sa libération pour acte de mérite.

Lettre du bureau Militaire: *Si Yi-p'i* est assiégé; prendre garde.

[Autre] lettre (du même): faire un relevé des bœufs de la remise des chars; en donner l'ordre à *Long Chen*.

. . . [charger?] *T'ou-tseu* d'emporter le blé de la remise des chars.

[Autre lettre (du même)]: exposer l'origine de tous les stocks d'objets personnels et faire un rapport(?).

[Autre lettre (du même)]: faire un relevé des bœufs de la remise des chars du relais postal nord.

[Autre lettre (du même)]: prendre garde; ranger en ordre les sections et les escouades.

[Autre lettre (du même)]: prendre garde; recevoir 10 moutons.

[Autre lettre (du même)]: rechercher l'expéditionnaire, *ling-che* 令史, *K'eou Si* 寇錫.

. . . deux brigands.

[Lettre du bureau . . .]: . . . les prisonniers et faire qu'ils rivalisent de . . . (?)

Fragment d'un registre de correspondance officielle à l'arrivée. Toutes les lettres proviennent des divers bureaux du département de *Si, Si-tcheou* 西州; c'est, suivant toute vraisemblance, un débris du registre tenu dans le service du secrétaire chef du bureau du greffe, *lou-che ts'an-kiun-che* 錄事參軍事. Non daté; aucun des faits auxquels il fait allusion n'est connu; antérieur à 752, date à laquelle le terme de *wei-che* 衛士 (l.8) fut remplacé par celui de *wou-che* 武士 pour désigner les miliciens (*T'ong-tien*, k. 29, 5a). C'est un des documents qui montrent le mieux l'activité de l'administration chinoise en Asie Centrale à cette époque.

Il manque une bande étroite dans le haut du document, si bien que la plupart des indications d'origine manquent et probablement aussi les dates des jours de réception, à moins qu'on n'admette que tout le document représente une partie de la correspondance officielle d'un seul jour, auquel cas les dates auraient pu être non dans la partie perdue d'en haut, mais dans les parties manquantes de droite et de gauche. Le contenu de chaque lettre est résumé en quelques mots. Deux entrées oubliées ont été rajoutées dans les interlignes; quelques caractères corrigés.

Sur le département de *Si, Si-tcheou* 西州, alors siège d'un Protectorat-Général de 2ᵉ classe, *tchong tou-hou-fou* 中督護府 et sur son administration, voir ci-dessus, p. 84 sq.; trois des bureaux de l'administration locale sont nommés dans le document ci-dessus, bureau des Affaires Militaires, *ping-ts'ao* 兵曹, bureau de la Population, *hou-ts'ao* 戶曹, et bureau de la Justice, *fa-ts'ao* 法曹.

La seconde entrée n'a pu être traduite; une autre, de sens incertain, n'est traduite qu'avec quelques réserves et est marquée d'un point d'interrogation; il faudrait connaître les affaires dont il s'agit (comme les scribes qui ont écrit ce registre) pour être toujours sûr du sens à donner à ces trop brèves indications.

L. 4 ⌊法曹符為……⌉. Etant donné le contenu des lettres résumées aux l. 4–5, elles ne peuvent venir que du Bureau de la Justice, *fa-ts'ao* 法曹.

葱嶺 *Ts'ong-ling*. Le poste fortifié 守捉城 de *Ts'ong-ling*, situé à l'ouest de Khotan (*Sin T'ang-chou*, k. 40, 35b), est Tāsh-kughān dans le Sarīkol (STEIN, *Serindia*, I, 53). Je n'ai pas exactement compris de quoi il s'agit mais il y est question de brigands 盜, et par conséquent l'affaire ressortit bien au Bureau de la Justice.

L. 5 ⌊一符為⌉. Il ne manque que trois caractères: il ne peut donc y avoir ici un nom de bureau, dont la mention exigerait quatre caractères.

L. 6 為……事 "pour l'affaire de . . .". C'est encore aujourd'hui la formule normale pour introduire une affaire en style administratif. Je me contente d'indiquer cette formule qui revient à chaque ligne et que je n'ai pas traduite, parce qu'elle rend à peu près impossible la construction de phrases françaises.

天山 *T'ien-chan* est une sous-préfecture dépendant de *Si-tcheou* (*Kieou T'ang-chou*, k. 40, 29b; *Sin T'ang-chou*, k. 40, 10b), à 129 *li* au sud-ouest: c'est Toksoun (CHAVANNES, *Documents sur les Tou-kiue*, 6–7; STEIN, *Serindia*, III, 1177).

L. 8 ⌊兵⌉曹. La lettre résumée ici traite des affaires d'un milicien, *wei-che*, et par conséquent ressortit au bureau Militaire. La restitution est d'ailleurs garantie par la comparaison des l. 10 et 13.

衛士 *wei-che* "milicien". Tous les hommes de 20 à 60 ans étaient inscrits sur les registres militaires. C'étaient les miliciens, *wei-che* 衛士, qui étaient convoqués tous les ans au 11ᵉ mois pour une période d'exercice et de plus, chaque fois que la situation militaire l'exigeait, pour des expéditions à l'extérieur ou simplement pour tenir garnison, mais qui le reste du temps reprenaient leurs occupations dans leurs familles et dans leurs champs (*Sin T'ang-chou*, k. 59, 1b); sur l'organisation des milices, voir ci-dessous, p. 96.

L. 14. Le sens est: les tours à signaux de l'ouest, par leurs signaux ininterrompus, montrent la présence constante d'ennemis: il faut particulièrement prendre garde.

L. 15 寄住 *ki-tchou* "résident temporaire"; l'expression s'applique à toute personne qui habite un endroit qui n'est pas celui sur les registres duquel il est inscrit pour l'impôt, la corvée et le service militaire d'une part, pour les distributions de terre de l'autre.

L. 20 夷僻. Il y avait deux *Yi-p'i*, un de l'est et un de l'ouest; c'étaient deux des six forts, *tchen* 鎮, gardant la route à l'ouest de *Yen-k'i* 焉耆 (*Sin T'ang-chou*, k. 40, 11b). *Si Yi-p'i* situé à 450 *li* à l'ouest de *Yen-k'i* (Kharashahr) et à 180 *li* à l'est du Protectorat Général de *Ngan-si* 安西, alors à Kuchā (*Sin T'ang-chou*, k. 43, B, 17a, *cf.* CHAVANNES, *Documents sur les Tou-kiue*, 7 et suiv.), pourrait être le Yangi-ābād actuel, situé entre Burgur et Kuchā (STEIN, *Innermost Asia*, II, 802). Je n'ai trouvé nulle part mention d'un siège de *Si Yi-p'i*.

L. 22. Note ajoutée en surcharge dans l'interligne: 夆 = 舉. Ma traduction suppose dans la lacune du haut de la ligne quelque chose comme ⌊爲使〇⌉, le dernier caractère étant le nom de famille de l'individu désigné seulement par son sobriquet "le Chauve" *t'ou-tseu*; s'il s'agissait d'un enlèvement non autorisé, il me semble que la note l'indiquerait clairement en employant un mot signifiant "voler", au lieu de 舉 qui veut dire simplement "emporter".

L. 27 令史 *ling-che* "expéditionnaire". Les *ling-che* sont de petits employés de ministères, où ils sont chargés de copier la correspondance (*T'ang lieou-tien*, k.1, 9b). Comme il n'y a pas de *ling-che* dans les administrations provinciales, il s'agit certainement d'un ancien *ling-che* déporté.

L. 28. Note ajoutée après coup dans l'interligne: il me semble qu'il n'y a pas assez de place en haut de la ligne pour mettre la mention du bureau d'origine.

REQUÊTE AU SUJET D'UNE EXPÉDITION

Nº 264. Ast. I. 4. 093.   **264**

Portion d'un rouleau de papier, morceau coupé aux ciseaux en haut, complet en bas, déchiré irrégulièrement à droite, décollé de la feuille qui lui faisait suite à gauche. Au verso, enduit de couleur grise avec des bandes noires. Hauteur: 232 mm.; longueur: 392 mm.

```
      ……久經……｜……今奉　　勅在軍前ˣ告〇｜……令蕃漢兵等各須
      強人統領隨入賊要藉傔人｜……ˣ若發京多折衝果毅傔及譯語等
 5    恐煩傳驛惣不｜……事交廢闕其人等旣多在己西伊庭西等州兵｜
      ……合逐懷岌先去令將前件人等便行於理極省｜……懷岌將行
      各遣權撿校果事分配統領幷傔入賊｜……恩脫久懷岌所請其人
      等應合得行賜傔等一｜……並請准波斯軍別　勅撿校果毅幷傔
10    譯⌊語⌉……ˣ於所在處便給發遣其應合得官者事了｜……⌊懷⌉岌
      自領入朝准　勅赴選但以軍機事｜……緘默　……ˣ尙書省商量
      ˣ處分者曹司商量懷岌旣｜……討擊事資果毅傔人處分其陳請誠
15    〇｜……又其人等旣多在己西賓省傳驛發遣此｜……有一二計
      工勞費不多望依所請實爲允｜⌊便⌉……曾任五品官者請從發處
      給一人餘傔及六品七｜⌊品⌉軍中准例給傔其行賜請別頭准金｜
20    ……行例處分　　｜商量狀
                  如前謹牒
```

. . . depuis longtemps . . . Maintenant, ayant reçu l'ordre impérial à proclamer devant l'armée . . . les soldats chinois et barbares doivent tous être des hommes vigoureux . . .

Si on expédie de la capitale un grand nombre d'Impétueux, *tchö-tch'ong* 折衝, d'Intrépides, *kouo-yi* 果毅, de domestiques, *k'ien* 傔, et d'interprètes, il est à craindre que (leur grand nombre) ne trouble la poste, . . .

Ces hommes sont très nombreux dans les préfectures occidentales, *Yi* 伊, *T'ing* 庭, *Si* 西, etc. Quand les soldats . . . se joignant à la suite de *Houai Ki* partiront en avant, si (*Houai Ki*) emmenant les hommes susdits se met en marche, cela économisera . . . Dans les affaires militaires, la rapidité est chose importante: nous espérons que Votre Excellence dans sa bienveillance [ordonnera à] *Houai Ki* de les emmener; chacun d'eux après qu'on aura pesé les circonstances et examiné les faits, sera réparti entre les officiers et ils entreront en pays ennemi comme ordonnances . . . si vous accordez . . . ce que demande *Houai-ki*,[1] les hommes auront droit à des frais de voyage, les ordonnances par jour? . . . Nous vous prions de permettre que l'armée de Perse 波斯軍 reçoive séparément un décret spécial (ordonnant) d'examiner[2] en quels lieux il y a des Braves ainsi que des Miliciens et des Interprètes afin qu'on les envoie. Ceux qui seront en droit d'obtenir des fonctions, seront présentés à la Cour par *Houai-ki* aussitôt l'affaire (de leur examen) achevée, et promus conformément aux règlements; mais comme ce sont des affaires militaires . . . [cela se fera?] secrètement.

Nous demandons respectueusement au Département des Affaires d'État, *chang-chou-cheng* 尙書省, de délibérer et de prendre une décision. Les chefs de service, *ts'ao sseu* 曹司, ont délibéré sur la requête de *Houai-ki*. Pour une expédition militaire, il faut des Intrépides et des ordonnances; conformément à ce que demande (*Houai-ki*) . . . comme ces hommes sont nombreux dans l'ouest, cela diminuera vraiment les transports . . . et les frais ne seront pas trop grands; nous espérons que vous accorderez ce qu'il demande, vraiment ce sera bien . . . Aux fonctionnaires du 5e degré, nous vous prions de décider qu'il leur sera donné (à chacun) une ordonnance et que les autres ordonnances seront réparties entre les fonctionnaires du 6e et 7e degré suivant les règlements militaires; pour les frais de voyage, nous vous prions d'accorder par tête . . . et de décider conformément aux règlements.

Nous présentons respectueusement cette requête pour qu'il en soit délibéré

(ce qui est) ci-dessus est une requête respectueuse.

Requête adressée au Département des Affaires d'État, *chang-chou-cheng* 尙書省, au sujet de la composition d'un corps expéditionnaire en Asie Centrale: il est proposé, au lieu de transporter à grands frais des soldats des milices de Chine, de les recruter parmi ceux qui sont déjà en Asie Centrale et qui ne peuvent guère être que des déportés, un décret particulier devant permettre de les rechercher chacun à l'endroit où il se trouve et de les convoquer ainsi que les interprètes. Il est un peu difficile de se rendre compte de la portée exacte de la requête parce que tout en parlant en général de lever toutes les catégories de miliciens en Asie Centrale, les prévisions de détail ne portent que sur la répartition des ordonnances à attribuer aux fonctionnaires; probablement parce que c'est la seule question qui prêtait à discussion, l'emploi des déportés comme militaires ne soulevant aucune difficulté.

Dans l'organisation militaire des *T'ang* (*Sin T'ang-chou*, k. 50; *T'ong-tien*, k. 29, 4b) tous les hommes de 20 à 60 ans, en dehors des familles de classe mandarinale (on pourrait se demander aussi si les très nombreux esclaves de l'État n'étaient pas en dehors de cette organisation), étaient astreints au service militaire comme miliciens *wei-che* 衛士 (voir ci-dessus, p. 95); c'était, comme la corvée, un des travaux obligatoires, *yi* 役, qui leur étaient imposés.

Ces militaires n'étaient pas constamment sous les armes. Tous les hommes astreints au service des milices devaient un certain nombre de "tours de garde", *fan* 番, c'est-à-dire de périodes de service actif d'un mois chacune; et entre ces "tours" ils étaient laissés dans leurs familles à leurs occupations. Le nombre des "tours" dus augmentait avec la distance de la capitale; mais ils n'étaient pas tous nécessairement effectués par tous les hommes astreints au service, car on ne les appelait qu'en cas de nécessité; le temps de service réel de chacun devait donc varier considérablement suivant les circonstances politiques et suivant les provinces. En principe, les habitants de la zone de 500 *li* autour de la capitale devaient 5 périodes, ceux des 500 *li* suivants 7, de 1000 à 1500 *li*, ils en devaient 8, à 2000 *li*, 10, et au-delà de 2000 *li*, 12 (*Sin T'ang-chou*, k. 50, 3a). Ceux qui manquaient à "monter leur tour de garde", *chang fan* 上番, et arrivaient en retard étaient punis de 100 coups de bambou long par jour de retard, avec augmentation d'un degré par 2 jours; au bout de 17 jours de retard, ils avaient atteint le maximum qui était la déportation à 3000 *li*; ceux qui désertaient, restant chez eux ou se cachant au lieu de venir à l'appel, étaient punis d'un an de bannissement pour un jour de désertion, avec augmentation d'un degré par 2 jours; le maximum, c'est-à-dire la déportation à 3000 *li*, était atteint au bout de 15 jours (*T'ang-lu chou-yi*, k. 28, 9b). Tous ceux qui en avaient les moyens se faisaient remplacer. Il devait y avoir un règlement sur les remplacements, car ceux qui se faisaient remplacer de leur propre autorité, ou simplement changeaient de tour de garde avec d'autres, étaient punis de la déportation à 3000 *li* (*T'ang-lu chou-yi*, k. 7, 6b).

Les miliciens, *wei-che*, avaient été divisés à l'époque des *Souei* en Impétueux, *tchö-tch'ong* 折衝, et Intrépides, *kouo-yi*

---

1) Maspero has written sometimes *Houai Ki*, sometimes *Houai-ki*. Both are possible.
2) Better, "We ask that, according to the terms of the special Decree about the Persian Army, search should be made . . ."

果 毅, noms qui répondaient peut-être à des corps différents. Ces noms furent supprimés au début des *T'ang* et à partir de cette époque on ne les rencontre plus, à ma connaissance, que comme une désignation élégante des miliciens en général, ou bien dans quelques titres d'officiers de milice pour lesquels on les reprit tout exprès en 637 sans les employer en même temps pour désigner les troupes qu'ils commandaient. Les dix provinces, *tao* 道, étaient divisées en circonscriptions militaires qu'on appelait "divisions d'Impétueux", *tchö-tch'ong fou* 折衝府, ou simplement "divisions", *fou* 府 ; leur nombre est donné tantôt comme de 574 (*T'ong-tien*, k. 29, 4b), tantôt comme de 594 (*T'ang lieou-tien*, k. 5, 5a), tantôt comme de 634 (*Sin T'ang-chou*, k. 50, 2a) pour les provinces, chiffre auquel il faut ajouter 261 *fou* pour la province de la capitale. On levait dans chaque *fou* suivant son importance seulement 800, 1000, ou 1200 hommes: c'étaient les miliciens, *wei-che* 衛士 (*cf.* ci-dessus, p. 96). Chacun d'eux était armé d'un arc avec 30 flèches et d'un sabre accroché transversalement; il portait de plus tout un équipement personnel: des outils, une pierre à aiguiser et un grand poinçon; des vêtements, un bonnet de feutre, un sac de feutre et des bandes molletières; et enfin des vivres, 9 boisseaux (*teou*) de blé et 2 boisseaux de riz; tout cet équipement était habituellement conservé au magasin du *fou* et n'était distribué aux hommes qu'à l'entrée en campagne; en temps ordinaire, dans les garnisons, ils ne portaient que leurs armes, arc, flèches et sabre. Tous les ans, au 11e mois, il y avait une période d'exercices militaires terminée par une revue.

A la tête du *fou* était tout un état-major, d'abord le commandement de circonscription, l'officier des Impétueux, *tchö-tch'ong tou-wei* 折衝都尉 (de la classe supérieure du degré principal du 4e rang 正四品上 pour les *fou* de 1ère classe, de la classe inférieure du degré secondaire du même rang pour les *fou* de 2e classe, de la classe supérieure du degré secondaire du 5e rang pour les *fou* de 3e classe), chargé du commandement de la troupe et de l'administration militaire; il était assisté pour le commandement par le chef en second, *pie-tsiang* 別將 (divers degrés du 7e rang suivant l'importance du *fou*); pour l'administration par le *ping-ts'ao* 兵曹 (8e à 9e rang), sorte d'officier à la fois d'administration et d'intendance, qui gardait les sceaux officiels, fournissait le papier et les pinceaux, etc.; enfin pour la justice militaire par les deux officiers des Intrépides, *kouo-yi tou-wei* 果毅都尉, de droite et de gauche (5e à 6e rang suivant le *fou*). En cas d'expédition, si les miliciens étaient appelés, c'est le *tchö-tch'ong tou-wei* qui la conduisait; si partie seulement était appelée, c'était le *kouo-yi tou-wei*. Les miliciens formaient des compagnies 團 de 300 hommes, commandées chacune par un capitaine, *hiao-wei* 校尉; chaque compagnie était divisée en 6 sections, *touei* 隊, de 50 hommes, commandées par un chef de section, *tcheng* 正; chaque section à son tour était subdivisée en 5 escouades, *houo* 火 (litt. "feux"), de 10 hommes, sous les ordres d'un chef, *tchang* 長. L'escouade avait son train d'équipage, *pei* 備, de 6 bêtes de somme, chevaux ou ânes, qui portaient tout "l'équipement de l'escouade", *houo-kiu* 火具, savoir: une tente en toile noire pour abriter les 10 hommes, une auge en fer et une mangeoire en toile pour les chevaux, une broche, une houe, une cisaille, un pilon, un panier, une hache, une pierre, une scie, deux faucilles et deux supports de cuirasse et de plus, l'"équipement de la section", *touei-kiu* 隊具, dont les diverses pièces (un briquet, une corde de poitrail pour cheval avec trois licous et trois entraves de pied) étaient probablement réparties entre les 5 escouades de la section. Le régiment de milice devait être une troupe assez lourde; avec ses 6 bêtes de somme par 10 hommes, c'était un convoi de 720 bêtes qui le suivait quand toute la troupe d'un *fou* de 1e classe entrait en campagne. Si, comme le dit le *T'ong-tien* (k. 148, 5a), on donnait en principe 20.000 hommes à un général faisant une expédition à l'extérieur, cela représentait un convoi de 12.000 chevaux ou ânes à conduire, soigner, nourrir tout le long du chemin. La chose était possible encore en Chine propre, si la troupe combattait à proximité de sa garnison; mais il était inadmissible de faire voyager un train pareil dans le désert et de lui faire traverser toute l'Asie Centrale, non pas que le ravitaillement en fût matériellement impossible, puisque les relais pour tous étaient organisés à cette fin et qu'il suffisait de les ravitailler eux-mêmes à l'avance, mais parce que les frais auraient été énormes et de plus le cheminement extrêmement lent. Il est donc tout à fait compréhensible qu'on ait proposé de recruter les miliciens sur place parmi les déportés de l'Asie Centrale, au lieu de les faire venir de Chine.

Le document n'est pas daté, il est certainement antérieur à 749, date de la suppression des *tchö-tch'ong fou* (*T'ong tien*, k. 29, 5a); car après cette date, l'existence des *tchö-tch'ong* et des *kouo-yi* ne s'expliquerait pas. De plus, la mention de "l'armée de Perse" donne une date plus précise. On sait que Pirouz, fils de Yezdegerd III, après avoir essayé en vain de résister aux Arabes dans le Tokhāristān, se réfugia à la cour de Chine vers 670 et y resta jusqu'à sa mort. Son fils *Ni-nie-che* 泥湼師 reçut du gouvernement chinois l'aide effective que son père n'avait jamais pu obtenir, et une expédition fut organisée en 677 sous les ordres de *P'ei Hing-kien* 裴行儉, qui fut chargé de conduire *Ni-nie-che* en Perse et de le remettre sur le trône; mais l'expédition ne dépassa pas Tokmak et *Ni-nie-che*, après être resté une vingtaine d'années dans le Tokhāristān, finit par revenir en Chine où il mourut.

AFFAIRES DE MALVERSATIONS DE FONCTIONNAIRES
Le Procès de *Fan Tchong-min*

Une série de sept petits documents provenant de Ast. III 3 (014, 015, 016, 022, 030, 032, 033) se rapporte à une même affaire: ce sont des pièces d'un procès contre un fonctionnaire malhonnête accusé de vol au préjudice de l'administration.

et de prévarication à l'égard de ses subordonnés. Comme pour les pièces de l'Administration des Chevaux, il semble y avoir à la fois les pièces originales et leurs copies enregistrées dans un grand rouleau. Tous ces documents officiels ont ultérieurement passé aux mains de particuliers qui les ont découpés pour en faire des vêtements funéraires à bon marché. Aussi n'en subsiste-t-il que des débris informes, ce qui rend difficile de se représenter exactement l'affaire; c'est pourquoi il m'a paru utile d'en résumer brièvement les principaux traits tels qu'on peut les reconnaître.

L'accusé appelé *Fan Tchong-min* 氾忠敏 était un petit fonctionnaire des greniers. Avec les impôts en nature et le paiement également en nature d'une partie de la solde des fonctionnaires, avec la nourriture et la solde des troupes, enfin avec le service postal considérable et le nombre de chevaux qu'il exigeait, les greniers étaient un rouage important de l'administration. Dans un Gouvernement-Général de 2ᵉ classe *tchong tou-tou fou* 中都督府, comme était le département de *Si*, il y avait un double mécanisme administratif. D'abord l'administration locale comptait parmi ses bureaux un bureau des greniers, avec un chef de bureau, *ts'ang-ts'ao ts'an-kiun-che* 倉曹參軍事 (voir ci-dessus, p. 85). De plus il y avait un grenier au chef-lieu avec deux directeurs de grenier *ts'ang-tou* 倉督, assistés de quatre scribes de grenier *ts'ang-che* 倉史: il faut bien admettre, si bizarre que cela puisse paraître à première vue, que les deux directeurs étaient attachés au même grenier, puisqu'on les voit tous deux compromis dans le détournement de 50 *che* fait par *Fan Tchong-min* au grenier du Gouvernement-Général pendant qu'il était un des scribes de ce grenier. En outre, il y avait certainement un grenier dans chaque sous-préfecture, *hien*, bien que les recueils administratifs n'en parlent pas. Et enfin chaque fort, *tchen* 鎮, avait lui aussi son grenier, avec deux directeurs et deux scribes dans les forts de 1ᵉ classe, 1 directeur et 2 scribes dans ceux de 2ᵉ classe, et 1 directeur et 1 scribe dans ceux de 3ᵉ classe. Ces fonctionnaires recevaient, rangeaient, gardaient, surveillaient les diverses denrées du grenier: là en effet étaient entreposés non seulement les grains versés au titre de l'impôt en nature, riz, blé, avoine, millet, etc., mais encore les drogues médicinales, puis les étoffes (qui étaient elles aussi reçues en paiement des impôts et constituaient une sorte de monnaie), le papier, les pinceaux et l'encre nécessaires aux divers bureaux, etc. (*T'ang leou-tien*, k. 30, 19a; *Sin T'ang chou*, k. 49, 4a). Ils avaient à s'occuper des entrées (impôts en nature), des sorties (soldes des fonctionnaires, paiements divers), de la conservation des grains, de l'entretien des bâtiments; ils tenaient les registres d'entrée et de sortie, faisaient tous les ans des rapports, *chen* 申, sur la situation de leur grenier, etc.

La position administrative de *Fan Tchong-min* n'est pas absolument claire. Il avait été à une certaine époque scribe du grenier, *ts'ang-che*, du fort de *Tch'e-t'ing* 赤亭鎮 (sur la route de Turfān à Hāmi, voir ci-dessus, p. 87). Il avait été ultérieurement nommé scribe du grenier du Gouvernement-Général, à *Kao-tch'ang*, puisque c'est au grenier de cette ville qu'il détourna les 50 *che* qui font l'objet d'une enquête (033=doc. nº 266), avec la complicité de deux directeurs des greniers; ceux-ci furent d'ailleurs mis à pied entre le temps de ce vol et celui de sa découverte, car ils se désignent eux-mêmes comme "anciens directeurs du grenier", *ts'ien ts'ang-tou* 前倉督.

Fan Tchong-min est accusé d'abord d'avoir volé au préjudice de l'administration: il n'a pas inscrit certaines entrées, ou encore il a inscrit sur son registre des entrées et des sorties de denrées en en altérant le montant. Une enquête faite au fort de *Tch'e-t'ing*, où il avait été scribe, a révélé des vols. De plus, les fonctionnaires qui ont eu affaire à lui l'accusent de prévarication: il s'est fait donner des rouleaux d'étoffe par un certain *Teng Fang* dont la fonction n'est pas indiquée; il y a aussi une affaire de quantités exagérées de pinceaux qui n'est pas très claire. Les documents ne nous font pas savoir, comment le procès se termina: les sept pièces dont il subsiste des fragments ne sont que des dénonciations, enquêtes, rapports du débat; il semble cependant que dès le début la culpabilité de *Fan Tchong-min* ait été reconnue. Il est possible d'ailleurs qu'il n'en ait pas été à ses premiers délits. Une ordonnance impériale de la première moitié du VIIᵉ siècle permettait de donner des emplois aux déportés au bout de six ans (*T'ang-lu chou-yi*, k. 3, 16b); la date de l'ordonnance, *ling* 令, n'est pas donnée par le Commentaire qui la cite, mais elle est évidemment des premières années de la dynastie, puisqu'un règlement 制 de 641 excluait de cette faveur les condamnés à mort graciés et rangés parmi les déportés 免死配流 (*T'ang houei-yao*, k. 41, 5b). Or les déportés, quel que soit leur temps de travaux forcés (un an ou trois ans), étaient à la fin de leur peine inscrits sur les registres de la population du lieu de leur déportation (*T'ang-lu chou-yi*, k. 3, 17b); c'est seulement en 21 qu'une mesure de bienveillance leur accorda la libération et le renvoi dans leur pays d'origine, où ils étaient rangés dans les classes serviles (*ibid.*, 11a); une mesure particulière avait accordé la libération au bout de 6 ans aux déportés du Camp Fortifié de *T'ien-tö* 天德軍 dans l'Ordos (*ibid.*, 8a, b). Par conséquent, les emplois qu'on leur donnait étaient nécessairement dans l'administration locale; il était en effet difficile de recruter de petits fonctionnaires pour les régions éloignées, étant donné le peu de goût des Chinois pour les séjours au loin; en Chine propre, tout le petit personnel des administrations locales pouvait facilement être recruté sur place, mais en Asie Centrale où la population n'était pas chinoise, la chose était plus difficile. Il est possible que tous les personnages de ce procès, accusé et accusateurs, soient des criminels déportés à *Si-tcheou* et employés dans l'administration locale. Si *Fan Tchong-min* était un déporté et s'il fut reconnu coupable, il dut être condamné à 100 ou 130 coups de bambou long et à trois années de travaux forcés au lieu de sa déportation. (*T'ang-lu chou yi*, k. 4, 1a–b.)

N.° 265.—Ast. III. 3. 022. 265

MS. Partie supérieure d'un rouleau coupé en biais à gauche, déchiré en bas; trous d'aiguille en haut; face extérieure noircie; taillé sur le même patron que 033, pour un vêtement funéraire. Hauteur: 115 mm.; largeur (en bas): 170 mm.

> ......ˣ倉史氾忠敏
> 右ˣ件人先將已知 ...... | ...... 赤亭鎮牒盜與ˣ後 ...... | ......
> ...... 取本籍入已去 ...... | ...... 不虛蒙判籍徵
> 氾ˣ敏 ...... | 來氾ˣ敏 ......

. . . Le scribe du grenier *Fan Tchong-min*.

Au sujet du personnage ci-dessus désigné, il a été appris précédemment que . . . le fort de *Tch'e-t'ing* a écrit au sujet des vols . . . il a enlevé de son registre (les passages concernant) les entrées(?) . . . ce n'est pas une (accusation) vide. Daignez examiner le registre et convoquer *Fan Min*. . . .

Rapport à un supérieur sur *Fan Tchong-min* après une première enquête sur les agissements de ce personnage: je ne sais si les vols de *Tch'e-t'ing* sont l'affaire même qui est jugée ici, ou s'il s'agit d'une autre affaire découverte au cours de l'instruction de la première.

L.1. 倉史 scribe des greniers. Dans un Gouvernement-Général de 2ᵉ classe, *tchong tou-tou fou* 中都督府, comme celui du département de *Si*, il y a deux directeurs des greniers et 4 scribes des greniers; voir ci-dessus, p. 86.

L.3. 赤亭鎮 poste fortifié de *Tch'e-t'ing* sur la route de *Kao-tch'ang* à *Yi-wou* (voir ci-dessus, p. 98).

L.4. C'est la seule traduction qu'on puisse donner de ce passage, tel qu'il est; mais étant donné les lacunes qui précèdent et qui suivent, il pouvait avoir en réalité un sens un peu différent.

N.° 266.—Ast. III. 3. 033. 266

MS. Fragment de feuille découpé dans un rouleau en forme très irrégulière (symétrique exactement à 030＝doc. n° 270): le bas forme une sorte de languette arrondie; en haut à gauche saillant carré coupé aux ciseaux; brûlé et déchiré en haut à droite, trous d'aiguille dans le bas du côté gauche. Face extérieure noircie, sauf une bande de 15 mm. qui a été collée en haut pour agrandir le papier. Hauteur totale: 200 mm.; hauteur de la languette: 180 mm.; largeur maxima de la languette: 160 mm.; largeur (en haut): 60 mm.

> ○○○○○○○○○○○○案內乃無ˣ所 ...... | ○○○○○○○入籍五
> 十石送狼井館脚出高⌊昌⌉ ...... | ○○○○○德子領送據其月　日是
> 從政⌊等⌉當 ...... | ○○⌊氾⌋忠敏偷收倉付歷與新人入破數本色籍破
> 氾 | 敏獨自　辦將入氾債負攤徵從政等情將屈若氾敏 | 等⌊身並見在
> 望乞⌉甚問處分

Brouillon du suivant; la traduction et les notes des deux pièces se trouvent sous le numéro suivant.

N.° 267.—Ast. III. 3. 015. 267

MS. Fragment de rouleau, coupé droit en haut et en bas de façon à faire à droite un angle aigu en haut, un angle obtus en bas; déchiré à gauche. De haut en bas, entre les deux dernières lignes, collage régulier de deux des feuilles. A droite en haut traces d'aiguille. Hauteur: 255 mm.; largeur (en haut): 135 mm.; largeur (en bas): 25 mm.

> ...... 是從政等 ...... | ...... 本色籍破氾敏獨 ...... | ...... 屈若氾敏等身並
> 見在望乞ˣ甚⌊問處分⌉
> | 右件⌉狀如前謹牒
> 　　　天寶二年二月　　　日　　前倉史雷思顏
> 　　　前倉督張從政何思忠
> 帖追氾忠敏對問○

. . . cela est dans les archives. Or il n'y a pas . . . L'entrée au registre portait: 50 *che* à conduire au relais postal de *Lang-tsing* 狼井. En sortant de *Kao-[tch'ang]*, . . . [le palefrenier 驛子] *Tö-tseu* était chargé de les conduire. D'après la date du jour et du mois de sa sortie, c'est (nous) *Ts'ong-tcheng* et autres qui devions (en prendre livraison?). *Fan Tchong-min* a subrepticement pris le chargement fait au grenier; à plusieurs reprises quand c'étaient de nouveaux venus, il a détruit le montant original. Le registre a été détruit, c'est *Fan Min* tout seul qui s'occupait des entrées. *Fan* était endetté, distribuait des paiements à (*Tchang*) *Ts'ong-tcheng* et autres qui naturellement ont obéi à *Fan Min*.

Les dites personnes (*Ts'ong-tcheng*, etc.) , maintenant, toutes désirent être examinées en justice et demandent à être punies. La requête ci-dessus est adressée respectueusement.

. . . jour du 2ᵉ mois de la 2ᵉ année *t'ien-pao* (mars 743). L'ancien scribe du grenier *Lei Sseu-yen.* Les anciens directeurs du grenier, *Tchang Ts'ong-tcheng* et *Ho Sseu-tchong.*

Note convoquant *Fan Tchong-min* à un interrogatoire sur les faits dont il est accusé. Déposition de *Lei Sseu-yen, Tchang Ts'ong-tcheng* et *Ho Sseu-tchong* accusant *Fan Tchong-min* de s'être approprié des versements faits au grenier; *Lei Sseu-yen, Tchang Ts'ong-tcheng* et *Ho Sseu-tchong* qui signent "anciens" employés du grenier, ont quitté le grenier. Je suppose qu'ils ont été renvoyés par *Fan Tchong-min* et se vengent en l'accusant, mais la traduction est en certains passages (particulièrement 4–5) assez hypothétique. Il ne faut pas s'étonner de les voir s'accuser eux-mêmes en même temps qu'ils dénoncent *Fan Tchong-min*: ils ne risquent rien en effet; car le Code des *T'ang* accorde l'impunité à tout coupable s'accusant lui-même: "Tout coupable qui, avant que sa faute soit connue, se sera dénoncé lui-même, aura sa peine remise" (*T'ang-lu chou-yi*, k. 5, 1a).

Nº 266 (033).

L.2. 五十石 50 *che* de grains destinés au ravitaillement du relais postal, qui doit fournir des vivres aux personnes de passage et à leurs chevaux. *Cf.* nº 339, où les *kouan* 館 de la région demandent une fourniture supplémentaire de 120 *che*. 狼井館 "Relais du Puits aux Loups" ou "de la Fosse aux Loups" (井 = 穽). Je n'ai pas retrouvé le nom ailleurs. Sur les relais postaux et leur ravitaillement, voir ci-dessus, p. 89 sq.

脚 = 刦

高⌊昌⌉. Le caractère 昌 s'impose comme second élément d'un nom de lieu dont le premier caractère est 高 dans le *Si-tcheou*; d'autant plus qu'un envoi de grains pour ravitailler un relais postal ne peut se faire que du grenier du chef-lieu du Gouvernement-Général, *Kao-tch'ang.*

L.3. ○ 德子 Le caractère qui précède 德子 était le nom de famille. Ce personnage est certainement le palefrenier chargé de conduire le cheval qui porte les 50 *che* de grains: l'expression 領使 est celle qui désigne l'envoi d'un palefrenier avec un cheval. *Cf.* ci-dessous, nº 297, l. 3, note (p. 128). Il est mentionné dans le nº 306, l. 1, un palefrenier *Tong Tö-tö* 董德々. 從政, c'est *Tchang Ts'ong-tcheng* 張從政, un des signataires du document, cf. ci-dessus, l. 5 du texte.

L.4–5. La traduction de ces deux lignes n'est pas sûre.

Nº 267 (015).

L.3. 等身 "les dites personnes"=les signataires de la dénonciation.

L.5. 二月. le caractère 二 2ᵉ mois est écrit en surcharge sur un caractère 正 1ᵉʳ mois.

L.6. Ecrite en gros caractères d'une autre main.

Nº 268.—Ast. III. 3. 014. 268

MS. Fragment de rouleau coupé aux ciseaux en haut de façon à former un angle droit à gauche et un angle aigu à droite, déchiré en bas; en haut trous d'aiguille et débris de fil. Le papier a été coupé pour servir à la confection d'un vêtement funéraire. Hauteur: 120 mm.; largeur (en haut): 160 mm. (en bas: 115 mm.).

據氾敏所被並○○ ⸱⸱⸱⸱⸱⸱ ┃問登方楊住即知虛實謹⸱⸱⸱⸱⸱⸱
⌊右⌉件狀如前謹牒
　　　　天寶ˣ二⌊年○月　　　　日⌉
　　　問
　　　　ˣ登　⌊方⌉

. . . conformément à ce que *Fan Min* . . . En interrogeant *Teng Fang* et *Yang Tchou* vous saurez si c'est vrai ou faux. Respectueusement . . .

La requête ci-dessus est respectueusement adressée.

. . . jour du . . . ᵉ mois de la 2ᵉ année *t'ien-pao*

Après interrogatoire de *Teng Fang* . . .

Fin d'une dénonciation contre *Fan Tchong-min*, avec les noms des témoins qui certifient les faits reprochés à ce personnage. Il reste trop peu du texte pour reconnaître en quoi consiste l'accusation; les signatures manquent; je ne sais si c'est une autre requête des signataires du nº 267 (015) ou si elle émane d'autres personnes.

L.1. 汜敏 *Fan Min* est appelé ailleurs *Fan Tchong-min*, 汜忠敏; cette suppression du premier caractère du nom personnel n'est pas nécessairement due à une négligence du copiste, voir n° 297, l. 19, note (p. 128), à propos du nom du Vice-Grand-Protecteur-Général Pacificateur de l'Occident *T'ang Houei* ou *T'ang Kia-houei*.

L. 3. ×二 Les traces du caractère seraient insuffisantes pour qu'on reconnût, si c'est 二 ou 三: mais n° 267 garantit la lecture 二.

L. 4. ×登方 *Teng Fang*. Deux caractères quatre fois plus gros que les précédents et d'une autre écriture.

N° 269.—Ast. III. 3. 032.   269

MS. Fragment de rouleau, coupé droit en haut, complet en bas, légèrement arrondi à gauche; coupé à droite de façon à faire un rentrant arrondi en bas et un saillant arrondi au milieu, brûlé et déchiré en haut à droite; a servi à la confection d'un vêtement funéraire. Hauteur (mesuré le long de la ligne 5): 175 mm.; largeur (au milieu): 130 mm.; (en haut): 80 mm.; (en bas): 60 mm.

......×前與即速對定連狀同來者但承前例｜...... 人應勾紙筆衆人供給
案紙貳伯已下次紙｜...... 伯張狀伯張已來即足粮食一兩石且有一升
不得｜...... 用練兩疋三疋不過四疋今汜敏廣破鼓......｜論當已枱登方
取練拾疋揚師住不......⌊紙⌉｜筆當時供送計惣不給......｜請不攤徵○
......｜貫盜......

... Mais d'après les anciens règlements, on doit offrir du papier et des pinceaux. Tous les employés offrent au moins 200 feuilles de papier d'archives, . . . feuilles de papier de deuxième qualité, 100 feuilles de . . . , 100 feuilles de requêtes; à partir de ce chiffre cela suffit. Pour les vivres, sur 1 ou 2 *che*, il y a 1 *cheng* qu'on ne reçoit pas . . . Pour le satin, 2 rouleaux, 3 rouleaux, cela ne dépasse pas 4 rouleaux.

    Maintenant *Fan Min* a   largement dépassé la mesure; . . . on dit qu'il a pris de *Teng Fang* 10 rouleaux de satin; de *Yang Che-tchou* . . . le papier et les pinceaux au moment où ils étaient offerts, étaient comptés, ceux qui ne donnaient pas . . . ; ceux qui demandaient à ne pas payer leur part (des frais de bureau) ou que (cette part) fût diminuée . . . ; . . . le vol . . .

L. 4. 破鼓 litt. "a cassé le tambour".

    Rapport sur *Fan Tchong-min*, probablement à la suite de la requête du n° 271, puisqu'il est question de *Teng Fang* et *Yang Che-tchou*, que les signataires de cette déposition conseillaient d'interroger. Il s'agit ici d'une 2e série de délits: dans les documents précédents, c'étaient des vols au préjudice de l'administration; ici ce sont des prévarications à l'égard de ses subordonnés. Le code des *T'ang* a divers articles contre les fonctionnaires qui reçoivent ou se font donner des cadeaux par leurs ressortissants: le document ci-dessus montre que les règlements mettaient les frais de bureau à la charge des employés subordonnés mais en fixant une limite. *Fan Tchong-min* est accusé d'avoir largement dépassé cette limite.

N° 270.—Ast. III. 3. 030.   270

MS. Fragment de feuille découpée dans un rouleau en forme irrégulière (symétrique de 029 mais un peu plus petit), à l'inverse de 032 (=n° 269), déchiré à gauche; traces de couleur le long du côté droit. Le texte est complet en haut, et il subsiste une partie de la marge supérieure. Hauteur: 280 mm.; largeur maxima de la languette: 150 mm.; largeur en haut: 50 mm.

○ ○勾會友供寧......｜可勒同均出欠錯......｜汜敏實用即須汜⌊敏⌉
......⌊汜⌉｜敏知紙筆......｜○用多須......

Autre document relatif à la même affaire, mais trop incomplet pour être traduit. Il s'agit encore (l. 4) des pinceaux et du papier exigés par *Fan Tchong-min* de ses subordonnés.

N° 271.—Ast. III. 3. 016.   271

MS. Fragment découpé dans un rouleau pour servir à la confection d'un vêtement funéraire: en haut le bord supérieur paraît être le bord original de la feuille; déchiré en bas; coupé en biais parallèlement à droite et à gauche, mais l'angle aigu à droite et en haut est déchiré. Trous d'aiguilles et débris de fil en haut et à droite et en bas à gauche dans le découpage en biais. Face extérieure noircie sauf une bande étroite de papier collée le long du bord supérieur pour allonger la feuille. Longueur: 135 mm.; hauteur: 160 mm.

......×給件練属......｜......素用充紙筆......｜牒件狀如前×謹
天寶二×年......

Fin d'un document sur la même affaire: il s'agit encore de papier et de pinceaux ainsi que du satin que *Fan Tchong-min* s'est fait donner par ses employés. Même date, 2ᵉ année *t'ien-pao* (743).

Le Procès de . . . *Che* et de *Kao Siun*

Nº 272.—Ast. III. 4. 092.   **272**

Portion d'un rouleau de papier; morceau complet en haut et en bas; déchiré à droite et à gauche; la première ligne est la fin de la feuille du rouleau qui était collée avant le fragment conservé. Hauteur: 270 mm.; longueur: 550 mm.

```
        益思效○○○……|石及雍州奉天縣令高峻等弊狀幷臣|等司訪
        知在外有不安穩事具狀如前其勾|徵連懸色類繁雜　　　恩勅雖
  5     且停納於後|終擬徵收考使等所通甚爲便穩旣於公有益|並堪久
        長施行者奉　　　　勅宜付所司參詳逐|便穩速處分者謹伴商量狀
        如前牒奉者今以|狀下州宜准狀符到奉行
                                        主事　　謝侃
  10    比部員外郎　　　　奉古　　令史　　鉗耳果
                        書令史
                        景龍三年八月四日　　　　下
          十　五　日
                            倩
  15          連　順　白　　　　九月十五日　　錄事○　受
              十　六　日　　　　參軍攝　錄事參軍　　ˣ付
        勅檢校長行使　　　　　　牒西州都督府
        粟參拾肆碩
  20    牒得西州長行坊牒稱上件粟准使牒每|日合飼三百疋馬當爲一
        十九日馬出使|飼不滿三百疋每日計徵上件粟合徵|所由典張
        感魏及王素汜洪曹行主師衛
```

Cachet a l'encre rouge sur les lignes 18–19:

```
        ○　○　○
        之弱　○
        印州　○
```

. . . la requête sur les abus commis par . . . *Che* 石 et par *Kao Siun* 高峻, sous-préfet de *Fong-t'ien* 奉天 dans le département de *Yong* 雍州, ainsi que la situation troublée dans les provinces que Votre sujet et d'autres fonctionnaires ont découverte après enquête, (tout cela) est écrit dans la requête ci-dessus, où il est dit que leurs fraudes dans la perception des taxes sont nombreuses et variées. Bien que Votre ordonnance de bienveillance arrête la perception, à l'avenir il faut verser entièrement; ainsi que les Commissaires Examinateurs l'ont expliqué: c'est extrêmement facile, c'est d'intérêt général, et en même temps c'est une mesure durable qu'il faut appliquer. Ayant reçu l'ordonnance impériale, il convient de commander aux autorités compétentes de faire des enquêtes et ensuite de donner des ordres aux préfectures; il faut se conformer à la requête et mettre (l'ordonnance) en application à l'arrivée des lettres.

Le sous-chef de Division du Contrôle (au Ministère de la Justice), *pi-pou yuan-wai-lang* 比部員外郎, *Fong-kou* 奉古.

Le chef des expéditionnaires, *tchou-che* 主事, *Sie K'an* 謝侃.

L'expéditionnaire, *ling-che* 令史, *K'ien Eul-kouo* 鉗耳果.

L'expéditionnaire copiste, *chou-ling-che* 書令史.

3ᵉ année *king-long*, 8ᵉ mois, 4ᵉ jour (12 septembre 709), ordre expédié le 15ᵉ jour (23 septembre).

9ᵉ mois 15ᵉ jour (7 décembre), le greffier . . . a reçu.

Le 16ᵉ jour (8 décembre), le chef du bureau faisant fonction de chef du bureau du greffe . . .

Le Commissaire honoraire aux longs trajets   au Gouvernement-Général de *Si-tcheou*.
(au sujet de) 34 *che* de grain.

Nous avons reçu des écuries de (chevaux pour) longs trajets une lettre déclarant que la quantité de riz ci-dessus, conformément à la lettre du Commissaire, est exactement la nourriture journalière totale de 300 chevaux. Or pendant 19 jours, des chevaux ont été envoyés en course et le total de 300 n'a pas été atteint. Chaque jour (il convient) de vérifier le compte de la quantité de grain ci-dessus et de vérifier la cause (de cette irrégularité). Les archivistes *Tchang Kan* 張感, *Wei Ki* 魏及, *Wang Sou* 王素, *Fan Hong* 氾洪, *Ts'ao Hing* 曹行, le *tchou-che* 主事 *Wei* . . 韋○ . . .

Fragment du registre de correspondance du Bureau (*ts'ao*) du Gouvernement-Général de *Si-tcheou*, contenant: 1° la fin d'une lettre officielle du Ministère de la Justice au sujet de vexations de la population à l'occasion de la perception des impôts et d'un décret impérial ordonnant des mesures à ce propos; **2°** le début d'une lettre d'un Commissaire inspecteur du service des chevaux demandant des explications sur le fait que la nourriture des chevaux envoyés en course n'est pas décomptée du total de la nourriture des chevaux du relais des postes de *Si-tcheou*. La première affaire ne se rapporte pas directement à *Si-tcheou*, mais il ressort des phrases finales qu'à la suite de cette affaire, une mesure générale a été prise et des enquêtes ordonnées dans tous les départements pour rechercher si des agissements analogues ne se sont pas produits; la lettre ci-dessus dont il subsiste la fin est destinée à ordonner cette enquête. La seconde affaire est purement locale: il s'agit de malversations sur la nourriture des chevaux de la poste, à propos desquelles une enquête est demandée.

L. 2. 雍州奉天縣 "la sous-préfecture de *Fong-t'ien* dépendant du département de *Yong*". C'est aujourd'hui la sous-préfecture de *K'ien* 乾縣 (*K'ien-tcheou* des *Ts'in*) au *Chen-si*.

"Votre sujet" désigne le sous-chef de la Division du Contrôle signataire de la requête (l. 10).

L. 4 et 6. Blanc de deux caractères au-dessus des mots désigant le décret impérial, sans lacune.

L. 9. 主事 *tchou-che*, chef des expéditionnaires, voir l. 10 *ling-che*.

L.10. 比部 *pi-pou*, Division du Contrôle Administratif, une des divisions du Ministère de la Justice, *hing-pou* 刑部, à l'époque des *T'ang*, dont le chef, *lang-tchong* 郎中, était chargé de vérifier les impôts, les dépenses courantes, la solde des fonctionnaires, les apanages et dotations, les malversations, les fraudes, enfin le matériel militaire et les recettes des colonies militaires; les départements *tcheou* lui adressaient un compte-rendu sous forme de rapport à l'empereur, *chen* 申, tous les ans à la fin de l'année; il se faisait envoyer également des *chen* par les greniers de la capitale, toutes les saisons par ceux des provinces jusqu'à 2000 *li*, deux fois par an au-delà de 2000 *li*, une fois par an seulement au-delà de 5000 *li*; les erreurs ne devaient pas dépasser 5 pour cent (*T'ang lieou-tien*, k. 6, 13b; *Kieou T'ang chou*, k. 43, 11b; *Sin T'ang chou*, k. 46, 12b).

員外郎 *yuan-wai-lang*, sous-chef de division dans un ministère: le titre passe pour signifier "l'honorable (*lang*) qui est en-dehors (*i.e.*, à côté) du titulaire (*yuan*)", celui-ci étant le *lang-tchong* 郎中, chef de division. Le Ministère a à sa tête un Président, *chang-chou* 尚書 (3e degré principal de la hiérarchie 正三品), avec deux vice-présidents, *che-lang* 侍郎, (4e degré principal supérieur 正四品上); en-dessous, il y a quatre divisions, ayant à leur tête un chef de division *lang-tchong*, assisté de deux sous-chefs de division *yuan-wai-lang*; la Division du Contrôle *pi-pou* est une de ces quatre.

奉古: le caractère *fong* 奉 n'est pas un nom de famille; ce personnage signe donc de son nom personnel seul.

令史 *ling-che*, expéditionnaires (et l. 9 主事 *tchou-che*, expéditionnaires-chefs, l. 11 *chou-ling-che* expéditionnaires-copistes): dans tous les bureaux des ministères, il y avait de nombreux petits employés et fonctionnaires occupés à la copie des divers exemplaires de la correspondance administrative, exemplaires à expédier, à conserver, etc.: on les appelait *ling-che*. Les *chou-ling-che* étaient des expéditionnaires de rang et de solde inférieurs aux précédents chargés des mêmes besognes. On les recrutait les uns et les autres parmi les employés subalternes "hors du courant", *lieou-wai* 流外, qui étaient nommés expéditionnaires copistes, *chou-ling-che*; après deux examens sur les mérites, ils devenaient fonctionnaires "dans le courant" *lieou-nei* 流內, du degré le plus bas de la hiérarchie et étaient nommés expéditionnaires, *ling-che* (sur l'examen sur les mérites, *k'ao* 考, voir DES ROTOURS, *Le Traité des Examens, traduit de la Nouvelle Histoire des T'ang*, 50–52). Parmi ceux-ci on choisissait les expéditionnaires-chefs, *tchou-che*, chargés de diriger leur travail: ils étaient du 9e degré secondaire supérieur 從九品上. A l'origine il y avait un expéditionnaire-chef pour dix expéditionnaires (*T'ang lieou-tien*, k. 1, 9b), mais à l'époque des *T'ang* il y en avait davantage. La Division du Contrôle Administratif du Ministère de la Justice comptait quatre expéditionnaires-chefs, pour quatorze expéditionnaires et **27** expéditionnaires-copistes (*Ibid.*, k. 6, 1b).

Tous les employés des lignes 9–11 sont des employés de la Division du Contrôle du Ministère de la Justice; ils appartiennent à l'administration centrale, à la capitale, et non à l'administration locale.

L.15. 錄事 ○ "le greffier . . .", le dernier caractère est le nom du greffier. A partir d'ici, les employés sont de l'administration locale.

La date(15e jour du 9e mois) est celle de réception de la lettre du Ministère au Gouvernement-Général où elle est enregistrée par le *lou-che* 錄事. La différence entre la date de la ligne 12 et celle de la ligne 15: 4e jour du 8e mois — 15e jour du 9ᵉ mois, montre le temps que la correspondance officielle mettait à aller de la capitale à Turfān au début du VIIIᵉ siècle, soit 38 jours, le 8ᵉ mois de la 3ᵉ année *king-long* étant un mois de 30 jours.

L.16. La date, 16ᵉ jour, lendemain de l'enregistrement, est celle où la pièce est remise au bureau compétent par le Chef du Bureau du Greffe.

L.17. 檢校 *kien-kiao*, fonctionnaire honoraire, voir des Rotours, *op. cit.*, p. 250.

長行使: le titre de Commissaire Impérial aux longs trajets doit être un titre institué pour une mission spéciale: il ne constitue pas une fonction permanente, car il n'y en a pas trace dans les recueils administratifs des *T'ang*. Il s'agit ici d'un haut fonctionnaire chargé d'une enquête.

L.18. 粟參拾肆碩 34 *che* 石 font 340 *teou* 斗 (boisseaux). Or la nourriture régulière d'un cheval est fixée à 1 boisseau de grain par jour, ration qui est diminuée de moitié quand il est nourri d'herbe verte (*T'ang lieou-tien*, k. 17, 8b). On s'attendrait par conséquent à 300 *teou*, c'est-à-dire 30 *che* pour 300 chevaux. Comme la demande d'explication qui suit ne porte pas sur ce point, il est possible que la différence soit à expliquer par une légère augmentation de ration pour les chevaux des "longs parcours" 長行; mais il faut remarquer que 340 divisé par 300 donne un nombre 1,33 . . . qui serait impossible.

L.19–22. La question qui était soit posée à la fin de la lettre dans la partie qui manque, soit suggérée sans être exprimée ouvertement, est celle-ci: puisqu'il y a tous les jours la même quantité de grain pour la nourriture des chevaux, malgré l'absence de plusieurs chevaux partis en course pendant plusieurs jours, est-ce que les fonctionnaires subalternes et employés ne s'approprient pas, au détriment de l'administration, les rations des chevaux absents. Les individus nommés à la dernière ligne sont probablement les personnes soupçonnées auxquelles doivent être demandées des explications.

L.22. 典 . . . 魏及 les archivistes . . . *Wei Ki. Cf.* nᵒ 302, Ast. III. 4. 094, l.27 où "l'archiviste *Wei Ki*" signe un document (1ᵉ année *chen-long*, 3ᵉ mois). Les autres noms ne se retrouvent pas ailleurs.

主師 (*sic*) = 主事 de la l. 9.

Ecrit par deux copistes différents, un pour les seize premières lignes, l'autre pour les cinq dernières. De plus, les signatures sont naturellement d'écritures diverses et la date en trois grands caractères 十五日 à la 13ᵉ ligne est elle aussi d'une écriture différente de celle des copistes.

Autres procès

Nᵒ 273.—Ast. VII. 2. 020.   273

Bas de feuille. Petite écriture régulière. Milieu du VIIIᵉ siècle.

......麥...... | ......粟 | ......狀責得倉 | ......廿一日並徵納入倉其日 |
......通斛斗去載十二月廿八日王無驕納和籴數 | ......由如前請處分
者具狀錄申郡

. . . blé . . . riz non décortiqué . . . le 21ᵉ jour, tout était rentré au grenier; ce jour-là . . . tonneaux et boisseaux d'usage courant. Le 28ᵉ jour du 12ᵉ mois de l'an passé, *Wang Wou-k'iao* versa plusieurs . . . de riz pour vente à prix réduit . . . Pour les motifs ci-dessus, nous avons l'honneur de demander l'application de sanctions.

  Requête copiée et à transmettre à la Commanderie.

Partie finale d'une requête écrite probablement par le directeur du grenier pour s'accuser lui-même et "demander l'application de sanctions" au sujet d'irrégularités dans la gestion de son grenier. On sait que les fonctionnaires en faute qui s'accusaient d'eux-mêmes avant que la faute eût été découverte par les autorités n'étaient pas poursuivis (*T'ang-lu chou-yi*, k. 5, 1a; cf. ci-dessus, nᵒ 270).

Date: le *nien-hao* n'est pas donné, mais le mot *tsai* n'a été employé officiellement pour désigner les années que du 6 février 745 au 19 mars 758 (4ᵉ année *t'ien-pao* à 2ᵉ année *tche-tö*). Le document appartient nécessairement à cette courte période.

Nᵒ 274.—Ast. VII. 2. 018.   274

Partie inférieure gauche d'une feuille avec marge inférieure. La disposition générale de l'original a été conservée dans la transcription et chaque ligne de la transcription correspond à une ligne de l'original.

......文賑天授元⌐年⌐八月一日見在倉粮
......四分
　　　　牒
　　　日　府　羅　及　牒
......護　倉　庫　申　稱　覆　了　撿　尋

. . . le 1er jour du 8e mois de la 1ère [année] *t'ien-cheou* (8 septembre 690), les grains se trouvant actuellement dans le grenier, . . . 4 *fen.*

Requête.

[1e année *t'ien-cheou*, 1er mois, . . .] jour, lettre du sous-chef de bureau *Lo Ki* . . . le gardien du grenier et du magasin font un rapport et déclarent contrôlé en enquête . . .

L.1. Les quatre caractères 天授 ainsi que 月 et 日 plus bas sont écrits en caractères de l'impératrice *Wou* et c'est probablement ce qui fait que le scribe en appliquant son attention à ces caractères inusuels a sauté le caractère 年.

L.4. 府 *fou.* Ce mot désigne les sous-chefs des bureaux, voir ci-dessus, p. 86. *Lo Ki* est mentionné aussi dans les nos 275, 279.

L.5. 申 *chen* est le nom technique des rapports que les greniers envoient au chef de Division du Contrôle, *pi-pou langtchong* 比部郎中; à *Si-tcheou*, étant donnée la distance, cette vérification était annuelle (*T'ang lieou-tien*, k. 6, 13b, et voir ci-dessus, p. 98 et n° 276, p. 103). Le rapport est en principe adressé à l'empereur, d'où le nom de *chen* 申.

N° 275.—Ast. VII. 2. 025 et 022.   275

Deux petits fragments se rajustant et formant la partie inférieure d'un document; j'ai marqué la séparation par des traits pointillés verticaux: 025 est formé des caractères de gauche des lignes 2–5; 022 se compose de tout le reste, à droite. L'écriture de la première et de la deuxième lignes diffère de celle du reste du document. Fin du VIIe siècle.

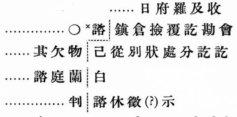

jour, reçu par le sous-chef de bureau *Lo Ki.*

. . . le grenier du fort; après vérification . . .

. . . les choses qui manquent. L'affaire a déjà été réglée par d'autres requêtes et est terminée. Fin.

Document concluant définitivement une affaire de malversations déclarée déjà réglée. Sur *Lo Ki*, voir nos 274 (daté de 690) et 279.

Registre d'entrées et sorties du Grenier *K'iu-yu*

Les six numéros qui suivent sont des débris d'un même rouleau; ils n'ont pu être classés faute de dates suffisantes.

N° 276.—Ast. VII. 2. 023.   276

Fragment formant le coin en haut à droite d'un rouleau dont le reste est perdu; c'est probablement le début. Gros caractères formant un titre, transcrit ici verticalement pour en conserver l'aspect.

○　鸜
○　鵒
×前　倉

Le grenier *K'iu-yu* . . .

. . . précédemment . . .

Débris du titre du registre d'entrées et sorties du grenier.

K'iu-yu ts'ang est probablement le nom du grenier public de *Si-tcheou* dont émanent les fragments qui suivent; mais comme ces documents proviennent d'une tombe, il est impossible d'en tirer un renseignement topographique.

L.2. Le caractère 前 doit se rapporter aux quantités de grains se trouvant au grenier "précédemment", c'est-à-dire avant toute sortie ou rentrée, ou encore inscrites à la fin du registre précédent ou de l'année précédente.

Nᵒ 277.—Ast. VII. 2. 016. 277

Morceau de la partie supérieure d'un rouleau, avec grande marge supérieure. La troisième ligne en gros caractères cursifs, le reste en petits caractères réguliers. Au verso, un cachet à l'encre rouge indéchiffrable et le caractère 言. Disposition générale de la transcription conforme ligne par ligne à l'original.

入 ......
錄事 ....
十九日　　　佐裴小壽
史 ˣ張 ......
○ ....

Entré . . .
Le greffier . . .
　　　19ᵉ jour
Le sous-chef de bureau *P'ei Siao-cheou*
Le scribe *Tchang* . . .

Nᵒ 278.—Ast. VII. 2. 017. 278

Morceau de la partie inférieure d'un rouleau, sans marge inférieure. La première et la troisième lignes sont en gros caractères, le reste en caractères moins gros mais plus grands et moins réguliers que l'écriture ordinaire des scribes des *T'ang*. Sur les deuxième et troisième lignes, traces d'un cachet vermillon indéchiffrable.

一 日
三 月 一 日 錄事　　　開
功曹攝錄事參軍廣文　　付
夜日　　　　　　　七日
　　　　　　　　　　1ᵉʳ jour

Le 1ᵉʳ jour du 3ᵉ mois, le greffier, manque (son nom).

　　Le chef du bureau des Mérites (*kong-ts'ao*) chargé des fonctions de chef du bureau du greffe *Kouang-wen* a remis.

. . . nuit et jour (?)　　　　　　7ᵉ jour

Les deux caractères 夜 日 paraissent faire partie d'une formule, car on les retrouve dans les mêmes conditions sur un des petits fragments de 015 : . . . 夜日　　廿七⌊日⌉.

Nᵒ 279.—Ast. VII. 2. 019. 279

Fragment de la partie inférieure d'un registre. Fin du VIIᵉ siècle.

・ ・ ・ ・ ・ ・ ・ ・ ・ ・ ・
.... 夜
...... 入 羅 及 收　　 ˣ及
十 五 日
・ ・ ・ ・ ・ ・ ・ ・ ・

. . . entré. Reçu par *Lo Ki* (Signature:) *Ki*.

　　　　　　le 15ᵉ jour.

Lo Ki 羅及, qui reçoit les versements, est le directeur ou un des employés du grenier. Il est nommé aussi dans le nᵒ 274 qui porte la date de 690, et dans le nᵒ 275.

Nᵒ 280.—Ast. VII. 2. 021. 280

Partie inférieure d'un rouleau, avec petite marge inférieure. Petite écriture régulière de scribe des *T'ang*.

...... 附 ∣ ...... ○斗肆勝陸合 ∣ ...... 糸木界兵四人充正月粮 ∣ ...... 二
月 一 日 現 在 ∣ ...... ○ ○ ○ ......

... Supplément.

... *teou* 4 *cheng* 6 *ko*

[versés à] 4 soldats de   à titre de solde du 1er mois.

Le 1er jour du 2e mois, actuellement de nouveau:

N° 281.—Ast. VII. 2. 015.   281

Lot de petits fragments, débris d'un ou de plusieurs rouleaux qui ont été déchirés pour servir à divers usages, peut-être déjà avant d'être déposés dans la tombe. La plupart d'entre eux sont imprégnés de chaux et sont devenus blancs et très friables. Il y a sur quelques-uns des débris de soie fine rouge qui semblent indiquer qu'ils ont servi à confectionner des vêtements funéraires; quelques fragments couverts de matières en décomposition sont sans doute ceux qui à l'origine étaient placés le plus près du cadavre.

Il paraît y avoir des documents de trois sortes:

1°. Un registre des états journaliers des grains contenus dans le grenier;

2°. Un registre des entrées et sorties des greniers;

3°. Des requêtes relatives aux affaires du grenier; j'ai réuni les fragments suivant ces trois groupes, mais étant donné l'état extrêmement fragmentaire des documents, il n'est pas possible de reconnaître si 1° et 2° ne sont pas en réalité des débris d'un seul et même registre.

Registre d'entrée et sortie

C. Milieu de feuille. A la ligne 2, à droite du caractère 高 un point rouge.

. . . .

...... 納　　　參拾貳碩 ....

.... 伍拾碩高°如山納 ....

.... 碩參㪷闞大郎納 ....

...... 壁納　　　貳拾碩○ ....

.........⌊納⌉　　伍拾陸碩貳㪷伍×勝 ......

[. . . *che*] versés par . . . 32 *che*: [versés par . . .] 50 *che* versés par *Kao Jou-chan* . . . *che*, 3 *teou*: versés par *K'an Ta-lang* (. . . *che*] versés par . . . *pi*   . 20 *che*: versés par . . .

(Total?) 56 *che*, 2 *teou*, 5 *cheng*, . . .

D. Bas de feuille avec marge inférieure; entre les deux lignes, un espace vide.

. . . .

...... 肆碩貳㪷柒×勝 | ...... 見徵納

E. Haut de feuille avec marge supérieure.

肆拾伍碩○ ○×施納 ......

45 *che*, . . . *teou*   versés par . . .

O. Milieu de feuille.

...... 所納 ...... | ...... 都據 ......

V. Milieu de page. Un espace vide entre les deux lignes; un point rouge à droite du caractère 伍 (ligne 2).

...... ○×茂×忠 ...... | ...... ×碩柒㪷伍勝張秀瓖納 ......

. . . *che*, 7 *teou*, 5 *cheng*: versés par *Tchang Sieou-houai* (?)

AA. Milieu de page.

...... 日以前交覆後新納得解○ ......

Registre des états journaliers

A. Milieu de page.

...... ×捌伯柒拾柒碩參㪷伍勝參合 ...... | ...... 伯柒拾玖碩伍㪷貳勝肆

合青麥 ...... | ...... 貳伯肆拾肆碩伍㪷陸勝柒合小麥 ...... | ...... 陸拾

碩捌㪷捌勝伍合米 ...... | ...... 㪷壹勝貳⌊合⌉ ...... | ......⌊高昌⌉縣 ......

   . . . 8 773 boisseaux, *teou*, 53 de . . .
   . . . (1) 795 boisseaux, 24 de blé vert
   . . . 2 445 boisseaux, 67 de blé
   . . . (.) 608 boisseaux, 85 de riz
   . . . . .boisseaux, 12 de . . .

Sous-préfecture [de *Kao-tch'ang*].

B. Bas de page. Les caractères entre parenthèses à la première et à la troisième ligne, lus au premier déchiffrement, se sont détachés ultérieurement du papier très friable.

      ...... 小 麥 ｜ ...... (ˣ勝 ˣ陸) 合 貳 勺 伍 撮 青 麥 ｜ ...... 肆 勝 肆 合 ｜ ......
      (廿 三 日) ......

. . . boisseaux, ...] de blé
. . . boisseaux,] 625 de blé vert
. . . boisseaux, 44 . . .
         23ᵉ jour.

G.   ...... 壹 阡 柒 拾 參 ⌊碩⌉......   . . . 1073 *che*
a.   ...... 六 斛 捌 合 貳 勺 .... 60 boisseaux, 082 . . .

H. Milieu de page.
      ...... 拾 貳 ⌊碩⌉ 陸 斗 捌 勝 ...... ┆ ...... 柒 碩 參 斗 壹 ...... ｜ ...... 柒 勝 ......
. . . o]126 boisseaux, 8 . . .
. . . oo]73 boisseaux, 1 . . .
. . . . boisseaux,] 7 . . .

K. Milieu de page.
      ...... 碩 玖 勝 肆 ⌊合⌉ ...... ｜ ...... 碩 伍 斗 參 ⌊勝⌉ ...... ｜ ...... 見 在 如 ⌊右⌉ ...... ｜ 請 ......
. . . dizaines de boisseaux (*che*), 94 . . .
. . . . 5 boisseaux, 3
[les quantités de grains contenues dans le grenier] sont actuellement comme [déclaré ci-dessus] . . . je demande la permission de . . .

Q. Bas de page. Un espace vide entre les deux lignes.
      ...... 由 ...... ｜ ...... 碩 柒 斗 陸 合 ......
. . . (ooo)7 boisseaux, o6 . . .

AC. Bas de page.
      ......ˣ陸 碩 肆 斗 參 合 小 麥 .... ○ ○ ......
. . . (oo)64 boisseaux, o3 de blé . . .

Z. Fragment qui paraît bien être complet en haut (avec marge supérieure) et en bas, déchiré en haut, à droite et à gauche. Espace vide assez large entre les deux premières lignes.

      . . . .
      ...... 前 破 除 外 ......
      廿 九 ⌊日⌉
      貳 伯 柒 碩 玖 斗 玖 勝 壹 合 青 麥
      .... 五 十 二 人 正 月 粮
      .... ˣ載 二 月 一 日 見 在 覆
. . . après soustraction des quantités précédemment . . . dépensées
      29ᵉ [jour]
2079 boisseaux, 91 de blé vert
. . . Solde du 1ᵉʳ mois pour (.)52 hommes
      . . . année, 2ᵉ mois, 1ᵉʳ jour,

X.   ......⌈前⌉破除見在惣壹萬......

. . . après soustraction des quantités dépensées actuellement, le total est de 1(0.000) [*che* . . .].

AB. Bas de page.

......料數內稱麥貳拾丨......入見在所○

Vérifications et signatures

F. Bas de feuille.

> .   .   .   .
>
> .... 裁   廿九日遣
>
> ......載正月廿九日   ˣ郡守主薄袁昌
>
>   ⌈錄⌉事劉溫

. . . 29ᵉ jour

. . . année . . . 1ᵉʳ mois, 29ᵉ jour   Le comptable intérimaire de la commanderie, *Yuan Tch'ang*

        Le greffier *Lieou Wen*

A¹. Haut de feuille (?).

...... 廻 ...... 丨...... 兵曹 ...... 丨ˣ撿覆並無欠少者又撿ˣ郡 ......

. . . du bureau des affaires militaires . . . vérification faite, il ne manque absolument rien. De plus, après vérification [du grenier?] de la commanderie . . .

M. Bas de feuille.

> .   .   .   .   .   .   ,   .   .
>
> ...... 申○ 丨......○覆欠斜䆂 撿 范 丨...... 終並...... 狀並......

Rapport présenté par . . . [au grenier de . . .] vérification faite de ce qu'il manque (compté) en *hou* et *teou*. Le vérificateur *Fan*

Les fragments ci-dessus sont approximativement datés par l'emploi du mot *kiun* 郡 "commanderie" pour désigner *Si-tcheou* (F), et par l'emploi du mot *tsai* 載 "année" (F et Z). En effet les départements *tcheou* furent supprimés en 742, et on reprit alors pour désigner les circonscriptions l'ancien terme de commanderie, *kiun*; on revint à l'ancienne désignation en 758. D'autre part le mot *tsai* remplaça officiellement *nien* 年 comme désignation de l'année du 1ᵉʳ jour du 1ᵉʳ mois de 4ᵉ année *t'ien-pao* (6 février 745) au 1ᵉʳ jour du 2ᵉ mois de la 1ʳᵉ année *k'ien-yuan* (14 mars 758), c'est-à-dire pendant les dix dernières années de la période *t'ien-pao* et pendant toute la période *tche-tö*; les documents ci-dessus sont donc à placer entre 745 et 758.

Nᵒ 282.—Ast. VII. 2. 022 see Nᵒ 275.   [manquant]

Nᵒ 283.—Ast. III. 4. 087.   283

Papier incomplet, recoupé régulièrement en haut, en bas et à gauche, déchiré à droite. Hauteur: 135 mm.; longueur: 180 mm.

> .... ○ ○ ○
>
>   十一日
>
> .... 十一日錄事○受
>
> ....⌈錄⌉事參軍 ○ 付
>
>   十五日

. . . . . .

11ᵉ jour

. . . le 11ᵉ jour, le greffier   a reçu

. . . le chef du bureau du greffe   a remis

. . . . . .

        15ᵉ jour

. . . . . .

Fragment d'un registre d'entrées, qui devait être différent de celui des nᵒˢ 277-279.

PIÈCES ADMINISTRATIVES DIVERSES

N° 284.—Ast. III. 4. 091.

Feuille de papier découpée dans un rouleau: traces de collage à droite; coupée aux ciseaux en haut, complète en bas; déchirée à droite (décollée) et à gauche. Au recto dans le coin en bas à droite, enduit gris à bandes noires. Hauteur: 345 mm.; longueur: 225 mm.

RECTO

...... ○ 謹牒

長壽二年四月　　　日

佃人　　張才⌊實⌉

佃人　　○○○

. . . présente respectueusement sa requête.

2e année *tch'ang-cheou*, 4e mois,　　jour (11 mai–9 juin 693)

Le fermier *Tchang Ts'ai-che*

Le fermier . . .

L.2. Les caractères 年, 月 et 日 sont écrits avec les formes spéciales créées par l'impératrice *Wou*.

L.3. 張才⌊實⌉ cf. n° 294—Ast. III. 4. 079 r° et v° où ce personnage apparaît dans des comptes de monnaie.

L.4. Ligne barrée d'un gros trait d'encre.

Requête de fermiers, sans doute au sujet de baux des terres publiques; fragment d'un registre de correspondance.

VERSO

右得馮西武田十四畝　相五康漢君二　四劉僧子二　四趙退願二　右得水田十三

○東南水西范至　趙于如二　夏秋君三　趙進隆一

南界北渠　　　　×劉趙子四　趙貞仁六

　　　　　　　劉伯○　　田渚歡二

Les personnes ci-dessus ont obtenu (de cultiver) 13 champs irrigués.

. . . 4; *Tchao T'ouei-yuan*, 2; *Tchao Tsin-long*, 1; *Tchao Tcheng-jen*, 6; *T'ien Tchou-houan*, 2; . . . 4; *Lieou Seng-tseu*, 2; *Hia Ts'ieou-kiun*, 3; *Lieou Tchao-tseu*, 4; *Lieou Po-* . . . , . . . ; . . . *-siang*, 5; *K'ang Han-kiun*, 2; *Tchao Yu-jou*, 2.

Les personnes ci-dessus ont obtenu de cultiver 14 *meou* de champs appartenant à *Fong Yeou-wou* [délimités] à l'est par la rivière du sud, à l'ouest par [la propriété de] *Fan* jusqu'à [celle de] . . . , au sud par la limite, au nord par le canal.

Liste des fermiers d'un certain *Fong Yeou-wou*. Puisque les terres louées sont propriété privée, pour que l'administration ait pris la peine de faire la liste des fermiers, ceux-ci doivent avoir été des personnes sur lesquelles elle avait des droits spéciaux, soldats, colons militaires ou déportés.

N° 285.—Ast. VII. i. 09.

Petit fragment de papier coupé aux ciseaux sauf à gauche où il est déchiré.

...... 月四日　　付

. . . le 4e jour du . . . mois　　livré

A droite de chacun des trois premiers caractères conservés, il y a un petit trait horizontal, qui doit être une signature d'illettré.

Au verso, il reste la moitié d'un caractère.

Nº 286.—Ast. VII. i. 011.

Trois débris de papier collés l'un sur l'autre; C a le revers noirci.

A ......ˣ辞蒙○ ...... ｜ ...... 尔來判 ...... ｜ ......ˣ延日不與追 ...... ｜ ...... 牒 ......
B ...... 佳人○ ...... ｜ ...... 若取本 ...... ｜ ...... 取本里 ...... ｜ ...... ○長錄 ......
C ...... 酬還以 ...... ｜ ...... 麴武迻 ......

Nº 287.—Ast. I. 4. 019.

Débris de papier mince déchiré de tous côtés; imprégné de chaux.

...... 誨等發 ...... ｜ ...... 助屯輸丁 ...... ｜ ...... 索善覲任 ...... ｜
...... ○處置 ...... ｜ ...... 復業 ...... ｜ ...... 云等替 ...... ｜ ...... ○ ○ ......

L.2. Envoi de coolies pour aider une colonie militaire, cf. nº 263. 1. 6.

Nº 288.—Ast. VII. 2. 024.

Deux petits morceaux de papier se rajustant entre le 2ᵉ et le 3ᵉ caractères.

牒撿案連如前

La requête a été contrôlée et jointe au dossier comme est dit ci-dessus.

Débris d'un registre de copies de requêtes administratives; formule finale d'une requête.

Nº 289.—Ast. III. 4. 078b.

Bande étroite, coupée en haut, complète en bas, déchirée à droite et à gauche; devait être collée sur un autre papier pour recouvrir les murs: en bas, amorce d'un enduit gris bleu avec des bandes noires. Hauteur: 245 mm.; largeur: 56 mm.

...... ○ ○ˣ長壽年望請充頭官事 ｜ ...... ○ ○謹以
牒陳請裁處分謹牒
ˣ長ˣ壽ˣ二年三月   日○ ○

Fin d'une requête datée du 3ᵉ mois de la 2ᵉ année *tch'ang-cheou* (avril 693); les mots 年, 月 et 日 sont écrits avec les caractères créés par l'impératrice *Wou*.

Nº 290.—Ast. I. i. 018.

Petit fragment coupé en forme légèrement arrondie en haut, déchiré des autres côtés.

...... 得矇矓夏 ...... ｜ ...... 長只維 ...... ｜ ...... 臧田其還公逃死 ...... ｜
...... 如後不依令疑 ...... ｜ ...... 辨感

Nº 291.—Ast. III. 4. 078a.

Petit rouleau de papier découpé en forme de bande, déchiré en haut, à droite et à gauche, complet en bas. Au revers, enduit disposé en bandes alternées blanches et noires. Hauteur: 245 mm.; largeur: 56 mm. VIIᵉ–VIIIᵉ siècle.

...... 定吉所買口及衣物並在後同使人處留未來昭悉 ｜
...... ○今許論臺己來計會○使去西州自拜   尊等自從

Les esclaves, vêtements et autres objets qui ont été achetés sont derrière; le tout attend avec le messager et n'est pas arrivé . . . Maintenant *Hiu Louen-t'ai* est venu faire les comptes et a été envoyé à la préfecture de *Si*. Depuis que je vous ai quitté. . . .

Probablement débris d'une lettre privée; mais la traduction est très incertaine, le texte étant trop incomplet pour qu'on puisse discerner de quoi il s'agit.

N° 292.—Ast. VI. 2. 010. 292

MS. Plusieurs fragments de papier collés sur une toile grossière, cousue elle-même grossièrement en charnière; d'une soie fine violette collée des deux côtés à la fois sur le papier et sur la toile où il ne reste que des traces. Trois fragments seulement sont inscrits.

a. AVERS: ...... 馬○子卅九騎ˣ僉 ...... | ...... 關得二弣卌一騎 ...... |
...... 各一幢三弣合有 ...... | ...... 六月五日往十日與 ...... |
...... 兵曹掾陳○史翟 ...... | ...... 所 ......

. . . chevaux . . . 39 cavaliers, entièrement . . . 41 cavaliers . . . chacun 1 bannière et 3 en tout on a . . . le 5ᵉ jour du 6ᵉ mois est parti, le 10ᵉ jour . . . avec . . . le chef du bureau des affaires militaires *Tch'en* . . . et le scribe *Tchai*. . . .

REVERS: ......ˣ到邊日○人 ...... | ... ... 四日水值○○ ...... |
...... 二畝○○道水○ ...... | ...... 風○○○畝萊半畝 ...... |
...... 不加穩○乃 ......

La 4ᵉ ligne semblerait indiquer qu'il s'agit de répartition de cultures, " . . . *meou*, légumes ½ *meou*", mais le fragment est trop incomplet pour être traduisible.

b. ...... ○○○ ...... | ...... 八年 ......

. . . 8ᵉ année. . .

c. AVERS: ...... ○供用 ......

REVERS: ...... 掾王○白屯 ...... | ......十一口猪一頭 幷 ......

. . . 11; porc, 1; et . . .

d. Quelques caractères illisibles.

N° 293.—Ast. 004. 293

Fragment de papier formant le coin en haut à droite d'une feuille; les bords supérieur et droit intacts; déchiré en bas et à gauche.

州學生牛 ...... | 如同前⌐狀 ......⌐ |
文聞請補 ...... | 與狀同者 ...... |

Nieou, étudiant à l'école de la préfecture . . . conformément à la précédente requête . . . j'ai appris que vous demandiez à être nommé provisoirement . . . conformément à la requête . . .

高昌縣生者牛 ...... | 縣定准狀符ˣ爲 ......

Nieou, étudiant, originaire de la sous-préfecture de *Kao-tch'ang* . . . sous-préfecture, conformément à sa requête . . .

Sur les lignes 5 et 6, un cachet vermillon:

督 西
之 州
印 都

Cachet du Gouverneur-Général de la préfecture de *Si*.

Réponse officielle à une requête pour entrer dans l'administration locale. Il est probable que c'est la lettre annonçant sa nomination au pétitionnaire.

L.1. 州學 l'école de la préfecture. Dans l'administration des *T'ang*, il y avait une école inférieure par sous-préfecture et une école moyenne par préfecture. A *Si-tcheou*, gouvernement-général de 2ᵉ classe, l'école devait être dirigée par un Savant-Maître des Classiques, *king-hio po-che* 經學博士, ayant sous ses ordres deux professeurs adjoints, *tchou-kiao* 助教; elle recevait 60 élèves titulaires, *hio-cheng* 學生 (*T'ang lieou-tien*, k. 30, 5b; cf. DES ROTOURS, *op. cit.*, 133); on y enseignait les cinq Classiques (*T'ang lieou-tien*, k. 30, 11a; *Sin T'ang chou*, k. 44, 2b). Les examens passés dans les écoles provinciales permettaient d'entrer dans les grades inférieurs de l'administration locale (*T'ang lieou-tien*, k. 30, 10a–b); les meilleurs des lauréats étaient envoyés à la capitale pour être présentés aux examens et entrer ainsi dans l'administration centrale; c'est sous la direction du chef du bureau des Mérites *kong-ts'ao ts'an-kiun-che* de chaque préfecture que le choix de ces candidats provinciaux aux examens de la capitale était effectué.

N° 294.—Ast. III. 4. 079.   **294**

Papier, déchiré en haut, en bas et à gauche; coupé aux ciseaux à droite. Au recto, traces d'enduit gris bleu. Hauteur: 200 mm.; largeur: 155 mm. Fin du VIIe siècle.

RECTO

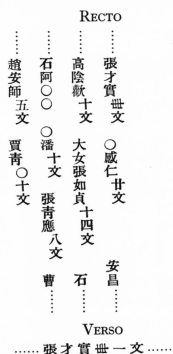

. . . ; *Tchang Ts'ai-che*, 40 sapèques, . . . *Kan-jen*, 20 sapèques; *Ngan Tch'ang* . . . , . . . ; *Kao Yin-houan*, 10 sapèques; la fille aînée *Tchang Jou-tcheng*, 14 sapèques; *Che* . . . . . ; *Che Ngo*, . . . *Fan*, 10 sapèques; *Tchang Ts'ing-ying*, 8 sapèques; *Ts'ao* . . .

. . . ; *Tchao Ngan-che*, 5 sapèques; *Kia Ts'ing-* . . . 10 sapèques.

VERSO

...... 張才實卅一文 .... *Tchang Ts'ai-che*, 41 sapèques . . .

L. 1. 張才實 (et verso) *Tchang Ts'ai-che*, apparaît dans n° 284, Ast. III. 4. 091, daté de 693, comme fermier.

ADMINISTRATION DES CHEVAUX, *ma-tcheng* 馬政

Registre des chevaux du Service Postal mis au repos

N° 295.—Ast. III. 3. 07–08.   **295**

Deux longs fragments d'un rouleau se rajustant. 07: lignes 1–23 et partie inférieure de ligne 24; 08: lignes 25–74 et partie supérieure de la ligne 24. Hauteur: 284 mm.; longueur: 543 mm. (07) + 1033 mm. (08) = 1 m. 576. Marge supérieure 25 mm., pas de marge inférieure.

```
　一疋怱草九歲
　一疋騟草十歲　　近人頰古之字近人耳×鍐
　一疋留駮草三歲　　近人頰古之字次膚　押
　一疋留草十五歲　　近人頰古之字兩怗散白耆痕破八寸次下膚近人膊蕃印　押
5　一疋驃父十歲玉面　　近人鼻軼近人耳鍐兩眼下烙盤近人頰古之字遠人膊有瘡近人
　　　　　　　　　　腿有蕃印破「次下膚」　押
死一疋怱草六歲　　近人項花印近人膊有疢盤近死出賣未售　押
　一疋怱父十五歲　　蘿蓉式退函馬脊破六寸下膚　押
　一疋留敦十二歲　　方亭式退函馬脊破六寸下膚　押
```

10　　　右件馬配兵王懷貞放
一疋赤驃父六歲　遠人頰古之字耆破五寸次膚　押
一疋紫驃父四歲　額鼻偏白遠人眼霞兩耳決梁上散破次膚　押
一疋赤敦十二歲　近人頰古之字近人耳鼻決近人腿蕃印兩怗散白次膚　押
一疋瓜敦十五歲玉面連口白　近人頰古之字耆梁破後兩蹄白近人腿膊蕃印次膚　押
15　一疋駱父五歲　鼻頭有鈴兩鼻梁散白近人頰古之字研膊次膚　押
一疋悤敦十六歲　近人鼻決兩耳決遠人頰古之字近人腿蕃印耆破三寸次膚　押
一疋青悤父十二歲　近人頰古之字近人腿膊蕃印次膚　押
一疋赤草十九歲　遠人耳禿近人鼻決近人頰古之字近人腿膊蕃印兩肚烙盤兩怗散白次膚　押
20　一疋赤草二歲帶星　未印私印　押
一疋紫敦八歲　兩耳歃近人腿膊蕃印耆破三寸次膚　押
一疋留敦九歲　近人頰古之字近人怗一點白近人腿膊蕃印肚上一點疚盤痕破一寸次膚　押
一疋驃敦十五歲　狠井式退馬　脊破五寸次膚　押
　　　　　　............(008)............
25　一疋赤敦十八歲　狠井式退馬患癈肺病耆破八寸下膚　押
一疋赤驃父十二歲　州坊近送到耆破六寸次膚耆瘡未堪　押
　　　　右件馬配兵楊道法放
一疋紫草十三歲　兩耳歃遠人鼻決兩怗散白近人腿有蕃印近人頰古之字痕上破次膚　押
30　一疋留父十二歲　兩耳歃近人頰古之字近人腿膊有蕃印耆痕散破次膚　押
一疋赤草八歲　遠人耳歃近人頰古之字近腿膊蕃印兩怗散白痕上散破後兩蹄白次膚　押
一疋烏留草十七歲　近人頰古之字近人腿膊蕃印兩怗散白耆破四寸次膚　押
一疋赤草十五歲帶星　近人頰古之字腿膊蕃印怗散白耆痕破次膚　押
35　一疋悤草廿歲　近人頰古之字痕上散破遍身任子次膚　押
一疋悤敦廿歲　近人頰古之字面上有烙盤近人腿有蕃印痕上散破次膚　押
一疋悤父十六歲　近人頰古之字遠人鼻決痕破五寸近人腿有蕃印白口任子次膚　押
40　一疋赤父廿歲玉面連呰白　兩眼霞四蹄白近人頰古之字近人腿蕃印痕上瘡三寸次下膚　押
一疋紫草六歲帶星　近人眼霞口散白近人頰古之字兩怗散白近人腿蕃印三蹄白次膚　押
一疋悤父八歲　近人頰古之字兩耳鋺歃近人鼻歃近人腿有蕃印次膚　押
一疋留草十五歲　近人耳決遠人耳鋺近人頰古之字幷有山字近人腿膊烙盤耆破兩怗散白次膚　押
45　一疋紫敦八歲　兩耳決近人膊有蕃印次下膚　押
一疋紫父九歲　近人耳禿遠人耳鋺近人頰古之字近人腿膊蕃印遠人怗一點白至疥次膚　押
一疋草留十二歲　近人頰古之字近人腿膊蕃印耆微破次膚　押
50　一疋赤草四歲　近人頰古之字次膚截毛　押
一疋留父七歲帶星　近人膊有蕃印腿有烙盤近人頰古之字次下膚　押
一疋烏留敦十八歲　州坊近送　下膚　押
　　　　右件馬配兵雷貞一放
一疋赤草十二歲帶星　鼻痕一道白兩怗散白近人腿膊蕃印痕上破三寸次膚　押
55　一疋留草七歲　兩耳鋺近人鼻歃兩怗散白近人頰古之字遠人肋有瘡次膚　押
一疋紫父七歲　鼻痕一道白遠人耳歃近人古頰之字近人腿膊蕃印耆痕五寸破次膚　押

一疋怱父六歲　　遠人頰古之字研膊次膚　押

一疋赤草四歲帶星　　遠人頰古之字鼻痕一道白次膚　押

60　一疋赤草十歲　　近人耳決近人頰古之字近人腿膊蕃印兩蹄白次膚　押

一疋赤草二歲玉面連鼻白　　三蹄白未印私印　押

一疋赤草十四歲玉面連呰白　　近人頰古之字近人腿膊蕃印兩怗散白次膚　押

一疋騟父十八歲玉面　　近人頰古之字遠人膊有灾盤近人腿膊蕃印耆破三寸次膚　押

一疋怱草七歲　　近人頰古之字近人膊有行字下膚　押

65　一疋赤草十五歲　　近人頰古之字近人腿膊蕃印兩怗散白次膚　押

一疋留敦六歲　　近人耳秃決近人鼻少決遠人頰古之字近人腿膊蕃印次膚　押
不堪

一疋赤父八歲　　方亭式退函馬脊破○○○○○次膚　押

一疋騱敦十九歲　　方亭式退函馬瘵肺病耆破方圓一尺下膚　押

70　一疋赤父十歲　　州坊迻到耆破近人項昌字頰有古之字近人肚烙盤次下膚
押

右件馬配兵楊永意　放

一疋留草六歲　　遠人耳缺近人頰古之字鼻痕微白兩怗散白近人腿蕃印次膚
押

75　一疋驃敦十歲帶星　　遠人鼻白兩耳鼻缺近人頰古之字兩怗散白近人腿蕃印次
膚　押

一疋○○○歲　　×近×人×頰×古×之×字×近×人×腿×膊⌞蕃⌝×印×瘡×散○○○○⌞次膚　押⌝

• • • • • • • • • • • • • • • •

Une jument pommelée, 9 ans. . . .

Une jument alezane, 10 ans. Sur la joue du côté du palefrenier, un ancien caractère *tche* 之. L'oreille du côté du palefrenier est déchirée. . . .

Une jument rousse tachetée de blanc, à crinière noire, 3 ans. Sur la joue du côté du palefrenier, un ancien caractère *tche*. Peau de deuxième qualité.　Vu.

Une jument rousse à crinière noire, 15 ans. Sur la joue du côté du palefrenier, un ancien caractère *tche*. Les deux flancs blanc tacheté. Vieille écorchure de 8 pouces. Peau de la deuxième qualité inférieure. Sur l'épaule du côté du palefrenier, marque en caractères barbares.　Vu.

5　Un étalon jaune clair, 10 ans. Face (couleur de) jade. Le naseau du côté du palefrenier est fendu. L'oreille du côté du palefrenier est coupée. Sous les deux yeux cicatrice de marque au fer rouge. Sur la joue du côté du palefrenier, un ancien caractère *tche*. Sur l'épaule du côté éloigné du palefrenier, il y a un abcès. Sur la cuisse du côté du palefrenier, il y a une marque en caractères barbares. Peau de deuxième qualité inférieure.　Vu.

Morte. Une jument pommelée, 6 ans. Sur le cou du côté du palefrenier, marque en forme de fleur. Sur l'épaule du côté du palefrenier, il y a une cicatrice de cautérisation. Près de mourir, a été mise en vente, (mais) n'a pas trouvé d'acheteur.　Vu.

Un étalon pommelé, 15 ans. (Excroissances pareilles à des) *ts'ong-yong* aux deux cuisses. Chancre au menton. A l'échine, écorchure de 6 pouces. Peau de qualité inférieure.　Vu.

Un cheval hongre bai à crinière noire, 12 ans. Ulcères carrés aux deux cuisses. Chancre au menton. A l'échine, écorchure de 6 pouces. Peau de qualité inférieure.　Vu.

10　Les chevaux ci-dessus (ont été remis) au (déporté) rangé parmi les soldats, *Wang Houai-tcheng*, 王懷貞 pour être lâchés (au pâturage).

Un étalon bai-jaune clair, 6 ans. Sur la joue du côté éloigné du palefrenier, un ancien caractère *tche*. Vieille écorchure de 5 pouces. Peau de deuxième qualité.　Vu.

Un étalon brun-jaune clair, 4 ans. Les côtés du front et des naseaux blancs. L'œil du côté éloigné du palefrenier couvert d'une taie. Les deux oreilles déchirées. Le dessus de l'épine dorsale couvert de petites écorchures. Peau de deuxième qualité.　Vu.

Un cheval hongre bai, 12 ans. Sur la joue du côté du palefrenier, un ancien caractère *tche*. L'oreille et le nez du côté du palefrenier déchirés. Sur la cuisse du côté du palefrenier, marque en caractères barbares. Les deux flancs blanc tacheté. Peau de deuxième qualité.   Vu.

Un cheval hongre jaune à museau noir, 15 ans, face couleur de jade avec les côtés de la bouche blancs. Sur la joue du côté du palefrenier, un ancien caractère *tche*. Ecorchure à l'épine dorsale. Les deux pieds de derrière blancs. Sur la cuisse et l'épaule du côté du palefrenier, marque en caractères barbares. Peau de deuxième qualité.   Vu.

15   Un étalon tacheté de noir, 5 ans. Au bout des naseaux il y a une verrue. La base du nez est blanc tacheté. Sur la joue du côté du palefrenier, il y a un vieux caractère *tche*. Epaules pelées par le frottement. Peau de deuxième qualité.   Vu.

Un cheval hongre pommelé, 16 ans. Le naseau du côté du palefrenier est déchiré. Les deux oreilles sont déchirées. Sur la joue du côté éloigné du palefrenier, un ancien caractère *tche*. Sur la cuisse du côté du palefrenier, marque en caractères barbares. Ecorchure de 3 pouces. Peau de deuxième qualité.   Vu.

Un étalon gris pommelé, 12 ans. Sur la joue du côté du palefrenier, ancien caractère *tche*. Sur la cuisse et l'épaule du côté du palefrenier, marque en caractères barbares. Peau de deuxième qualité. Vu.

20   Une jument baie, 19 ans. L'oreille du côté éloigné du palefrenier est chauve. Le naseau du côté du palefrenier est déchiré. Sur la joue du côté du palefrenier, ancien caractère *tche*. Sur la cuisse et l'épaule du côté du palefrenier, marque en caractères barbares. Sur les deux côtés du ventre, cicatrice de marque au fer rouge. Les deux flancs blanc tacheté. Peau de deuxième qualité.   Vu.

Une jument baie, 2 ans, tachetée. Pas encore marquée; marque privée.   Vu.

Un cheval hongre brun, 8 ans. Les deux oreilles déchirées. Sur la cuisse et l'épaule du côté du palefrenier, marque en caractères barbares. Vieille écorchure de 3 pouces. Peau de deuxième qualité.   Vu.

Un cheval hongre roux à crinière noire, 9 ans. Sur la joue du côté du palefrenier, ancien caractère *tche*. Sur le flanc du côté du palefrenier, un point blanc. Sur la cuisse et l'épaule du côté du palefrenier, marque en caractères barbares. Sur le ventre, un point, cicatrice de cautérisation. Plaie d'un pouce. Peau de deuxième qualité.   Vu.

Un cheval hongre jaune clair, 15 ans. Trous de cicatrice aux deux cuisses; chancre. [08:] A l'échine écorchure de 5 pouces. Peau de deuxième qualité.   Vu.

25   Un cheval hongre bai, 18 ans. Trous de cicatrices aux deux cuisses. Chancre. Atteint d'une maladie incurable des poumons. Vieille écorchure de 8 pouces. Peau de qualité inférieure.   Vu.

Un étalon bai et jaune clair, 12 ans. Récemment arrivé des haras de la Préfecture. Ecorchure de 6 pouces. Peau de deuxième qualité. Abcès ancien. Incapable de porter une charge.   Vu.

Les chevaux ci-dessus (ont été remis) au (déporté) rangé parmi les soldats, *Yang Tao-fa* 楊道法 pour être lâchés (au pâturage).

Une jument brune, 13 ans. Les deux oreilles fendues. Le naseau du côté éloigné du palefrenier déchiré. Les deux flancs blanc tacheté. Sur la cuisse du côté du palefrenier, il y a une marque en caractères barbares. Sur la joue du côté du palefrenier, ancien caractère *tche*. Ecorchures sur des cicatrices. Peau de deuxième qualité.   Vu.

30   Un étalon roux à crinière noire, 12 ans. Les deux oreilles fendues. Sur la joue du côté du palefrenier, un ancien caractère *tche*. Sur la cuisse et sur l'épaule du côté du palefrenier, marque en caractères barbares. Cicatrices. Ecorchures disséminées. Peau de deuxième qualité.   Vu.

Une jument baie, 8 ans. L'oreille du côté éloigné du palefrenier fendue. Sur la joue du côté du palefrenier, ancien caractère *tche*. Sur la cuisse et l'épaule du côté du palefrenier, marque en caractères barbares. Les deux flancs blanc tacheté. Ecorchures disséminées sur des cicatrices. Les deux pieds de derrière blancs. Peau de deuxième qualité.   Vu.

Une jument noire et baie à crinière noire, 17 ans. Sur la joue du côté du palefrenier, ancien caractère *tche*. Sur la cuisse et l'épaule du côté du palefrenier, marque en caractères barbares. Les deux flancs blanc tacheté. Ancienne écorchure de 4 pouces. Peau de deuxième qualité. Vu.

Une jument baie, 15 ans, tachetée. Sur la joue du côté du palefrenier, ancien caractère *tche*. Sur la cuisse et sur l'épaule (du côté du palefrenier) marque en caractères barbares. Les (deux) flancs blanc tacheté. Ancienne cicatrice. Peau de deuxième qualité. Vu.

35 Une jument pommelée, 20 ans. Sur la joue du côté du palefrenier, ancien caractère *tche*. Ecorchures disséminées sur tout le corps. Peau de deuxième qualité. Vu.

Un cheval hongre pommelé, 20 ans. Sur la joue du côté du palefrenier, ancien caractère *tche*. Sur la face, il y a une cicatrice de marque au fer rouge. Sur la cuisse du côté du palefrenier, marque en caractères barbares. Ecorchures disséminées sur des cicatrices. Peau de deuxième qualité. Vu.

Un étalon pommelé, 16 ans. Sur la joue du côté du palefrenier, ancien caractère *tche*. Le naseau du côté éloigné du palefrenier déchiré. Cicatrice écorchée de 5 pouces. Sur la cuisse du côté du palefrenier, marque en caractères barbares. Bouche blanche. Peau de deuxième qualité. Vu.

40 Un étalon bai, 20 ans. Face (couleur de) jade, avec les moustaches de chaque côté blanches. Les deux yeux couverts d'une taie. Les quatre pieds blancs. Sur la joue du côté du palefrenier, ancien caractère *tche*. Sur la cuisse du côté du palefrenier, marque en caractères barbares. Sur cicatrice, abcès de trois pouces. Peau de deuxième qualité inférieure. Vu.

Une jument brune, 6 ans, tachetée. L'œil du côté du palefrenier a une taie. Bouche blanc tacheté. Sur la joue du côté du palefrenier, ancien caractère *tche*. Les deux flancs blanc tacheté. Sur la cuisse du côté du palefrenier, marque en caractères barbares. Trois pieds blancs. Peau de deuxième qualité. Vu.

Un étalon pommelé, 8 ans. Sur la joue du côté du palefrenier, ancien caractère *tche*. Les deux oreilles fendues et déchirées. Le naseau du côté du palefrenier déchiré. Sur la cuisse du côté du palefrenier, il y a une marque en caractères barbares. Peau de deuxième qualité. Vu.

45 Une jument rousse à crinière noire, 15 ans. L'oreille du côté du palefrenier est déchirée, l'oreille du côté éloigné du palefrenier est fendue. Sur la joue du côté du palefrenier, ancien caractère *tche*, et de plus caractère *chan* 山 . Sur la cuisse et l'épaule du côté du palefrenier, cicatrice de marque au fer rouge. Vieilles écorchures. Les deux flancs blanc tacheté. Vu.

Un cheval hongre brun, 8 ans. Les deux oreilles déchirées. Sur l'épaule du côté du palefrenier, il y a une marque en caractères barbares. Peau de deuxième qualité inférieure. Vu.

Un étalon brun, 9 ans. L'oreille du côté du palefrenier est chauve. L'oreille du côté éloigné du palefrenier est fendue. Sur la joue du côté du palefrenier, ancien caractère *tche*. Sur la cuisse et l'épaule du côté du palefrenier marque en caractères barbares. Sur le flanc du côté éloigné du palefrenier, un point blanc. Extrêmement galeux. Peau de deuxième qualité. Vu.

Une jument rousse à crinière noire, 12 ans. Sur la joue du côté du palefrenier, ancien caractère *tche*. Sur la cuisse et l'épaule du côté du palefrenier, marque en caractères barbares. Un peu écorchée. Peau de deuxième qualité. Vu.

50 Une jument baie, 4 ans. Sur la joue du côté du palefrenier, ancien caractère *tche*. Peau de deuxième qualité. Crins (de la crinière? ou de la queue?) coupés. Vu.

Un étalon bai à crinière noire, 7 ans, tacheté. Sur l'épaule du côté du palefrenier, il y a une marque en caractères barbares. Sur la cuisse (du même côté), il y a une cicatrice de marque au fer rouge. Sur la joue du côté du palefrenier, ancien caractère *tche*. Peau de deuxième qualité inférieure. Vu.

Un cheval hongre noir et bai à crinière noire, 18 ans. Récemment conduit des écuries de la Préfecture. Peau de deuxième qualité. Vu.

Les chevaux ci-dessus (remis au) rangé parmi les soldats *Lei Tcheng-yi* 雷 貞 一 pour être lâchés (au pâturage).

Une jument baie, 12 ans, tachetée. Sur les naseaux une cicatrice blanche. Les deux flancs blanc tacheté. Sur la cuisse et l'épaule du côté du palefrenier, marque en caractères barbares. Ecorchure sur cicatrice de 3 pouces. Peau de deuxième qualité. Vu.

55   Une jument rousse à crinière noire, 7 ans. Les deux oreilles fendues. Le naseau du côté du palefrenier déchiré. Les deux flancs blanc tacheté. Sur la joue du côté du palefrenier, ancien caractère *tche*. Sur le flanc du côté éloigné du palefrenier, il y a un abcès. Peau de deuxième qualité.   Vu.

Un étalon brun, 7 ans. Sur les naseaux, une cicatrice blanche. L'oreille du côté éloigné du palefrenier est déchirée. Sur la joue du côté du palefrenier, ancien caractère *tche*. Sur la cuisse et l'épaule du côté du palefrenier, marque en caractères barbares. Cicatrice de 5 pouces. Ecorchures. Peau de deuxième qualité.   Vu.

Un étalon pommelé, 6 ans. Sur la joue du côté éloigné du palefrenier ancien caractère *tche*. Epaules pelées par le frottement. Peau de deuxième qualité.   Vu.

Une jument baie, 4 ans, tachetée. Sur la joue du côté éloigné du palefrenier, ancien caractère *tche*. Sur les naseaux, une cicatrice blanche. Peau de deuxième qualité.   Vu.

60   Une jument baie, 10 ans. L'oreille du côté du palefrenier est déchirée. Sur la joue du côté du palefrenier ancien caractère *tche*. Sur la cuisse et l'épaule, marque en caractères barbares. Deux pieds blancs. Peau de deuxième qualité.   Vu.

Une jument baie, 2 ans, face (couleur de) jade, naseaux blancs. Trois pieds blancs. Pas encore marquée (officiellement), marques privées.   Vu.

Un cheval hongre bai, 14 ans, face (couleur de) jade, avec les moustaches de chaque côté blanches. Sur la joue du côté du palefrenier, ancien caractère *tche*. Sur la cuisse et l'épaule du côté du palefrenier, marque en caractères barbares. Les deux flancs blanc tacheté. Peau de deuxième qualité. Vu.

Un étalon alezan, 18 ans, face (couleur de) jade. Sur la joue du côté du palefrenier, ancien caractère *tche*. Sur l'épaule du côté éloigné du palefrenier, il y a une vieille écorchure. Sur la cuisse et l'épaule du côté du palefrenier, marque en caractères barbares. Cicatrice de 3 pouces. Peau de deuxième qualité.   Vu.

Une jument pommelée, 7 ans. Sur la joue du côté du palefrenier, ancien caractère *tche*. Sur l'épaule du côté du palefrenier, il y a un caractère *hing*. Peau de deuxième qualité.   Vu.

65   Une jument baie, 15 ans. Sur la joue du côté du palefrenier, ancien caractère *tche*. Sur la cuisse et l'épaule du côté du palefrenier, marque en caractères barbares. Les deux flancs blanc tacheté. Peau de deuxième qualité.   Vu.

Un cheval hongre roux à crinière noire, 6 ans. L'oreille du côté du palefrenier est chauve et déchirée. Le naseau du côté du palefrenier est un peu déchiré. Sur la joue du côté éloigné du palefrenier, ancien caractère *tche*. Sur la cuisse et l'épaule du côté du palefrenier, marque en caractères barbares. Peau de deuxième qualité.   Vu.

Incapable de porter une charge.

Un étalon bai, 8 ans. Ulcères carrés aux deux cuisses. Chancre au menton. A l'échine, écorchure [de . . . pouces?] . . . Peau de deuxième qualité.   Vu.

Un cheval hongre tacheté de noir, 19 ans. Ulcères carrés aux deux cuisses. Chancre au menton. Atteint de morve. Les poumons malades. Ecorchure circulaire d'un pied (de tour). Peau de deuxième qualité.   Vu.

70   [Un] étalon bai, 10 ans. Amené des écuries de la Préfecture. A l'arrière, vieille écorchure. Sur le cou du côté du palefrenier, caractère *tch'ang* 昌. Sur la joue (du même côté), il y a un ancien caractère *tche*. Sur le ventre du côté du palefrenier, cicatrice de marque au fer rouge. Peau de deuxième qualité inférieure.   Vu.

Les chevaux ci-dessus (ont été remis) au (déporté) rangé parmi les soldats *Yang Yong-yi* 楊永意, pour être lâchés (au pâturage).

Une jument rousse à crinière noire, 6 ans. L'oreille du côté éloigné du palefrenier est déchirée. Sur la joue du côté du palefrenier, ancien caractère *tche*. Sur les naseaux, cicatrice un peu blanche. Les deux flancs blanc tacheté. Sur la cuisse du côté du palefrenier, marque en caractères barbares. Peau de deuxième qualité. Vu.

75 Un cheval hongre jaune clair, 10 ans, tacheté. Le naseau du côté éloigné du palefrenier est blanc. Les deux oreilles et les naseaux sont déchirés. Sur la joue du côté du palefrenier, ancien caractère *tche*. Les deux flancs blanc tacheté. Sur la cuisse du côté du palefrenier, marque en caractères barbares. Peau de deuxième qualité. Vu.

[Un(e?) . . . ans.] Sur la joue du côté du palefrenier, ancien caractère *tche*. Sur la cuisse et sur l'épaule du côté du palefrenier, marque [en caractères barbares]. Abcès disséminés . . .

Etat des chevaux appartenant au service postal mis au repos. Les chevaux sont réunis sur la liste par groupes d'une quinzaine environ confiés à un palefrenier, condamné aux travaux forcés. Chaque cheval est décrit avec tous ses signes distinctifs: couleur, âge, cicatrices, marques, etc.

La traduction des indications relatives à la couleur de la robe des chevaux ne pouvait être qu'approximative. J'ai adopté les équivalents suivants qui ne prétendent nullement à une exactitude absolue: *ts'ong* 怱, pommelé; *yu* 騟, alezan; *ts'eu* 紫, brun; *tch'e* 赤, bai; *p'iao* 驃, jaune clair; *ts'ing* 青, gris; *wou* 烏, noir; *lieou* 留, roux à crinière noire; *po* 駁, roux, tacheté de blanc; *koua* 瓜, jaune à museau noir; *ki* 騹, tacheté de noir; *lo* 駱, blanc à crinière noire. On trouvera dans les notes des explications plus précises sur ces divers mots.

L.1. 怱 = 驄 *ts'ong* "pommelé". *Chouo-wen* 說文, s.v. 驄 "un cheval à poil gris et blanc mélangés" 馬青白雜毛也.
草 = 騲 *ts'ao* "jument". 騟 *yu* "alezan". Cf. *Yu-p'ien* 玉篇, s.v., *yu* "cheval de couleur baie" 赤色馬也.

L.2, 3, 4, etc. 近人, 遠人 litt. proche de l'homme, éloigné de l'homme. La position des divers signes est rapportée au palefrenier qui tient la tête du cheval et dont la place est fixe, à gauche de l'animal de façon à tenir les rênes de la main droite. "Celui qui présente un cheval, le conduit de la main droite, par une corde" (*Li-ki*, Sect. *K'iu li* 曲禮 trad. COUVREUR, I, 44; LEGGE, I, 85; commentaire de K'ONG *Ying-ta*, *Li-ki tchou-chou*, k. 3, 14b: "Le cheval est très fort; l'homme de son côté a de la force dans la main droite, c'est pourquoi on se sert de la main droite pour tenir la corde.") Par conséquent 近人 désigne le côté gauche du cheval, qui est le plus près du palefrenier tenant l'animal de la main droite; 遠人 désigne le côté droit du cheval, qui est le plus éloigné du palefrenier, les côtés gauches et droits étant pris par rapport à l'animal lui-même, comme vu par son cavalier et non comme vu par un spectateur placé devant lui.
古之字 le caractère 之 ne se trouve pas parmi les marques de chevaux énumérées dans le *T'ang houei-yao* 唐會要, k. 72, 20.

L.3. 留 = 騮 *lieou* écrit aussi 駠, bai à crinière noire. *Chouo-wen*, s.v. Il y a des chevaux *lieou* bai et jaune (*Yue ling*, k. 16, 14). 駿 = 駁 *po*, bai tacheté de blanc. Voir TCHENG *Hiuan* 鄭玄, commentaire du *Che king*, Mao 156, "(un cheval) bai à crinière noire, *lieou*, et blanc s'appelle *po*".

L.4. 耆痕破 (cf. l. 11 耆破) cicatrice.
帖 = 貼 *t'ie*, litt. "tapis de selle". Il s'agit de la partie du thorax couverte par le tapis de la selle quand le cheval est harnaché, c'est-à-dire la région située en arrière du garrot et du poitrail et en avant de la croupe; les deux *t'ie* sont les deux flancs.
破八寸, et passim, autres indications analogues: plaie superficielle de 8 pouces de tour; voir ci-dessus, p. 91.
番印. Le cheval est un cheval d'Asie Centrale, probablement des élevages turcs, et porte le "cachet en caractères barbares" qui indique son origine. Voir dans le *T'ang houei-yao*, k. 77, 20b, les marques que les diverses tribus d'Asie Centrale mettaient à leurs chevaux.

L.5. 驃 *p'iao*, jaune clair. *Chouo-wen*, s.v.: "cheval jaune tacheté de blanc; on dit aussi jaune à la queue blanche".
父 = 駁 *fou*, étalon. *Yu-p'ien* s.v.: "cheval mâle".

L.6. 次下虜 Ces trois caractères sont d'une autre main que le reste de la ligne, probablement ajoutés après coup.
疚 *kieou*, maladie chronique, invétérée.
般 = 瘢 *pan*, cicatrice.

L.7. 花印 "une marque en forme de fleur". Une marque de trois fleurs à côté de la queue est mentionnée parmi les marques de chevaux dans le *T'ang houei-yao*, k. 72, 20a: c'est d'une marque analogue qu'il s'agit ici.

L.8. 蓯蓉 *ts'ong-yong*. Au propre c'est une plante que Giles identifie à l'orobranche ammophila (C. A. Mey). Il s'agit ici d'un ulcère, *wei* 微, voir ci-dessous n° 298, 4, l. 2, p. 132. Je suppose qu'on le compare à cette plante à cause de sa forme.
函馬 = 頷瘑. *Han* 函 est le menton et la lèvre inférieure, voir *T'ong sou-wen* 通俗文 cité dans le *K'ang-hi*

tseu-tien, s.v. 函: "Le dessus de la bouche s'appelle *kio* 臙, le dessous de la bouche s'appelle *han*. Je traduis 瘑 *ma* d'après le *Chouo-wen*, s.v.: *ma*, quand c'est une maladie des yeux s'appelle aussi 惡气; quand cela s'attaque au corps on l'appelle aussi chancre rongeur 蝕 創 (j'adopte pour *tch'ouang* dans ce cas la traduction "chancre" d'après COUVREUR, mais le mot désigne souvent simplement une plaie). D'autre part, d'après le *K'ang-hi tseu-tien*, ce mot lu *nien* désigne une maladie des bœufs et des chevaux qui n'est pas exactement spécifiée.

L.9. 敦 = 驐 cheval hongre.
亭 = 疔 *t'ing*, ulcère.

L.10. 配兵 *p'ei-ping*, "rangé parmi les soldats". Les dictionnaires donnent au mot *p'ei* 配 le sens de "déportation, déporté" qu'il a en effet dans la littérature des Cinq-Dynasties et des *Song*. La langue juridique des *T'ang* lui attribue un sens différent. Ce mot désignait à l'origine certains genres de peine appliqués aux familles des personnes condamnées pour des crimes entraînant le châtiment de toute la parenté. Le Code des *Leang*, rédigé en 502–503, édictait contre les bandits 劫身 la peine de décapitation et, pour leurs femmes et leurs enfants, l'inscription aux rôles militaires 補兵 à vie (je n'ai trouvé aucun texte précisant en quoi consiste cette peine pour les femmes); en cas d'amnistie, la marque au visage avec diverses peines accessoires remplaçait la décapitation pour les coupables, et les femmes et les enfants étaient "rangés parmi les arbalétriers" *ts'ai-kouan* 材官, parmi les forgerons, parmi les ouvriers du *chang-fang* 尚方, etc., suivant la gravité du crime commis (*Souei chou*, k. 25, 5b). A la fin des *Wei* Orientaux, pendant la régence de *Kao Houan* 高歡 (534–537), on décida que pour les crimes de brigandage et d'assassinat, la peine serait la décapitation, même pour les complices, et que les femmes et les enfants des coupables seraient "rangés parmi les familles de musiciens" 配樂戶, ce qui équivalait à une sorte de dégradation, les musiciens appartenant aux classes viles; les "petits voleurs" étaient punis de mort, les femmes et les enfants "rangés parmi les familles de courriers" 配驛戶 et les complices déportés (*Wei chou*, k. 111, 25b). Le code de la dynastie des *Ts'i* Septentrionaux, publié en 564, édictait la même peine pour les familles des assassins; les filles des condamnés à la déportation étaient "rangées parmi les esclaves employées au décorticage du riz" 配舂 (*Souei chou*, k. 25, 11b). Celui des *Tcheou* (563) édictait contre toute la famille des déportés la peine d'être "rangée parmi les familles d'esclaves publics de 2e degré" 配雜戶 (*Souei chou*, k. 25, 15a). Le mot *p'ei* 配 était aussi appliqué à la peine infligée à ceux qui, devant subir suivant la loi une certaine peine, étaient graciés partiellement et subissaient une peine moindre: par exemple quand en 597 *Lai K'ouang* 來曠, condamné à la décapitation par l'empereur *Kao-tsou* des *Souei* fut sauvé par l'intervention du Grand Juge, il ne fut pas gracié entièrement, mais "rangé parmi les déportés dans le département de *Kouang*" 配徒廣州 (*Souei chou*, k. 25, 22a). A l'époque des *T'ang*, le mot a encore ce sens, dans ses diverses applications: une ordonnance de 715 édicta que les femmes des fonctionnaires de rang supérieur au 5e degré, quand elles commettraient un crime, au lieu d'être déportées "en des régions lointaines et mauvaises" seraient "rangées parmi les femmes qui entrent au (Palais) *Yi-t'ing*" 配入掖庭 (*T'ang houei-yao*, k. 41, 22a) c'est-à-dire deviendraient ouvrières dans le Palais Impérial, le *Yi-t'ing* étant "le lieu où les femmes du Palais enseignent les métiers", manière polie de dire qu'elles les pratiquaient et ainsi, par l'exemple, les enseignaient (*Tch'ang-ngan tche* 長安志, k. 6, 2b, éd. *King-hiun t'ang ts'ong-chou* 經訓堂叢書). Mais dès ce moment, on associe ce mot d'ordinaire à la peine de déportation 流 et c'est probablement ce qui prépara le changement de sens. Les femmes du déporté devaient le suivre et ses ascendants et descendants étaient autorisés à l'accompagner au lieu de sa déportation (*T'ang-lu chou-yi*, k. 3, 17a): ils étaient "rangés parmi les déportés" *p'ei-lieou* 配流, ou "ceux qu'il y a lieu de ranger (parmi les déportés)" *ying-p'ei* 應配; les condamnés à mort auxquels pour quelque raison l'empereur accordait "d'éviter la mort" 免死 sans les gracier entièrement, ou ceux qui s'étaient rachetés de la peine de mort pour vieillesse, maladie, ou parce qu'ils étaient fils uniques de parents vivants, étaient soumis à la peine du degré inférieur à la mort, c'est-à-dire à la déportation: eux aussi étaient "rangés parmi les déportés" 配流; les déportés qui ont été condamnés à la déportation pour avoir commis un crime qui légalement mérite cette peine, sont appelés *fan-lieou* 犯流. Les deux classes ensemble s'appellent soit tout au long "ceux qui sont déportés pour crime et ceux qu'il y a lieu de ranger (parmi les déportés)" 犯流應流者 (*T'ang-lu chou-yi*, k. 3, 16a), soit en abrégé "les déportés et rangés (parmi eux)" 諸流配人 (*ibid.*, 18b): la ressemblance de ces deux termes *p'ei* et *lieou* a été cause de nombreuses confusions, comme on peut le voir en comparant le texte du *T'ang-lu chou-yi* à celui du *Song hing t'ong* 宋刑統; et le fait que le commentaire, *chou-yi*, qui est des *Song*, emploie l'expression *p'ei-lieou* dans le sens de "déportés" y a ajouté encore. D'ailleurs le texte même du *T'ang-lu* montre déjà l'évolution du sens dès le VIIIe siècle: il y a au moins une formule où il emploie le mot 配 sans discrimination, c'est 至配所 "à l'arrivée au lieu de déportation" (k. 3, 19a). Et au VIIIe siècle le nouveau sens est établi: une ordonnance de 707 édicte pour certains crimes que les coupables, âgés de plus de 16 ans, seront tous "déportés dans des départements mauvais et lointains du *Ling-nan* pour être esclaves publics" 並配嶺南遠惡州為城旦 (*T'ang houei-yao*, k. 41, 22a).

Si le mot *p'ei* 配, avec *lieou* 流 ou isolément, tend dès l'époque des *T'ang* à prendre le sens de "déporté", il n'en garde pas moins son sens propre dans une expression comme *p'ei-ping* 配兵, qui est parallèle à 配春 ou 配雜戶 du VIᵉ siècle. D'autre part, l'expression *p'ei-ping* ne se rencontre pas dans le Code des *T'ang*: mais on y trouve l'expression *p'ei-yi* 配役. On traduit généralement le mot *yi* 役 par "corvée" ou "travaux forcés" suivant les cas, et ces traductions sont exactes; mais elles ne recouvrent pas tous les emplois du mot qui sert aussi à désigner le service militaire effectif. Or les déportés faisaient un ou trois ans de *yi* selon la gravité de leur crime (*T'ang-lu chou-yi*, k. 3, 16b), et ce *yi* devait suivant les cas et les lieux être soit ce que nous appellerions travaux forcés, soit ce que nous appellerions service militaire.

En résumé le personnage de l.10 et de même ceux des ll. 27, 52 et 71 subissent une peine de déportation, soit comme parents d'un déporté, soit comme condamnés à mort graciés partiellement ou ayant racheté leur peine, si le mot *p'ei* 配 est à prendre dans son sens propre, comme je le crois, soit comme ayant été condamnés à la peine de déportation *lieou* 流, si le mot a déjà ici son sens dérivé; cette peine comporte dix ans de séjour dans un endroit lointain et mauvais, sur lesquels un ou trois ans de *yi*, c'est-à-dire dans ce cas particulier de service militaire. Ceux qui sont mentionnés ici font leur temps de travaux forcés militaires comme palefreniers du service postal (dépendant du ministère de la guerre) à *Si-tcheou*; ils sont chargés de surveiller chacun 15 à 20 chevaux mis au vert.

放 *fang*: c'est le terme qui désigne les chevaux lâchés au pâturage et mis au repos; on trouve aussi l'expression *fang-sseu* 放飼 "lâchés pour se nourrir" (*T'ang-lu chou-yi*, k. 15, 6a).

瓜 = 騧 *koua*. Le véritable caractère est 騧; l'empereur *Ming* 明 des *Song* (465–472) le changea en 騧 pour éviter la ressemblance avec 禍 "malheur, calamité". *Yu-p'ien*, s.v. 騧: "cheval jaune à museau noir".

L.15. 騹 *ki*, "tacheté de noir". Le *Yu-p'ien*, s.v., dit simplement "couleur de cheval" 馬色, sans préciser laquelle, et le *K'ang-hi tseu-tien* se contente de le reproduire; les Dictionnaires de Couvreur et de Giles ainsi que le *Ts'eu-yuan* ont laissé ce mot de côté. Je prends 騹 = 骸 *ki*, poil noir 黑毛.

鈴肉 *ling-jou*, verrue, litt. chair en forme de clochette.

L.24. 狼井 = 痕窜 *hen-tsing*, creux de cicatrices. Je suppose qu'il s'agit de cicatrices profondes.

L.26. 坊 *fang*, pacage. Voir ci-dessus, p. 88.

L.69. 瘝 = 瘵 *sang*, morve.[1]

1) Maspero seems to leave 任子 *jen tzŭ* untranslated, in lines 35 and 37.

Nᵒ 296.—Ast. III. 3. 037.   **296**

Fragment d'un grand rouleau, probablement le même que 07–08. Complet en haut et en bas, incomplet à droite et à gauche. Hauteur: 284 mm.; longueur: 775 mm.

. . . .

一疋留草八歲帶星　近人耳鋺近人頰古之字近人膊蕃印兩怗白近人
　　　眼霞丨次膚　押
一疋留父廿歲　遠人耳決近人頰古之字近人腿蕃印肚有烙盤
　　　膊有行者破丨次膚　押
5　一疋赤敦十八歲　狼井式退函馬脊破四寸次下膚　押
一疋駱父十五歲　狼井式退馬患膊肺病者破五寸下膚　押
　　右件馬配兵夫蒙守莊　放
一疋紫草十歲　兩耳決近人頰古之字兩怗散白次膚
一疋者白草十六歲帶星　兩耳決近人頰古之字近人腿蕃
　　　印痕破三寸硏膊次膚　押
10　一疋留草四歲　近人頰古之字次膚　押
一疋留草十五歲　近人頰古之字近人耳缺兩怗散白次膚　押
一疋紫草八歲　近人頰古之字近人腿膊蕃印遠人肚有肉鈴兩
　　　怗散白次丨膚　押
15　一疋留草十五歲　近人耳缺近人頰古之字近人腿膊蕃印兩怗散白
　　　遠人腿散白丨次膚　押
一疋留父二歲　未印私印　押
一疋忩敦十八歲　近人頰古之字近人腿蕃印者破三寸患後脚次膚　押
一疋草紫七歲　鼻頭白近人頰古之字兩怗散白痕上破次膚
20　一疋赤父七歲玉面連岂白　兩眼霞近人頰古之字近人腿蕃印次膚
一疋赤敦十八歲帶星　近人頰古之字近人腿膊蕃印兩怗散白次膚　押
死　一疋留父三歲　近人頰古之字患瘝近死未申

一疋赤父二歲　未印私印　押

一疋赤草十八歲　近人耳鼻決近人頰古之字脊破兩怗散白次膚　押

25　一疋念父十二歲　近人頰古之字近人耳禿近人腿蕃印脊破四寸次膚　　押

一疋瓜草七歲　近人頰古之字近人腿膊蕃印遠人怗散白次膚　押

一疋念敦十八歲　樅蓉式退函馬患肺病兼老瘦耆破一尺下膚　押

右件馬配兵〇〇×林放

└一疋〇〇〇歲　……近人┐腿蕃印兩怗散白次膚　押

30　└一疋〇〇〇歲………………………兩┐怗散白次膚　押

· · · · · · · · · · · · · ·

Une jument rousse à crinière noire, 8 ans, tachetée. Oreille du côté du palefrenier déchirée. Sur la joue du côté du palefrenier, un ancien caractère *tche* 之. Sur l'épaule du côté du palefrenier, marque en caractères barbares. Les deux flancs blancs. L'œil du côté du palefrenier a une taie. Peau de deuxième qualité. Vu.

Un étalon roux à crinière noire, 20 ans. L'oreille du côté éloigné du palefrenier déchirée. Sur la joue du côté du palefrenier, un ancien caractère *tche*. Sur la cuisse du côté du palefrenier, marque en caractères barbares. Sur le ventre, il y a une cicatrice de marque au fer rouge. Sur l'épaule, il y a une vieille écorchure de marche. Peau de deuxième qualité. Vu.

5 Un cheval hongre bai, 18 ans. Trous de cicatrices aux deux cuisses. Chancre au menton. A l'échine une écorchure de 4 pouces. Peau de deuxième qualité inférieure. Vu.

Un étalon blanc à crinière noire, 15 ans. Les poumons malades. Une vieille écorchure de 5 pouces. Peau de dernière qualité. Vu.

Les chevaux ci-dessus (ont été confiés) au (déporté) rangé parmi les soldats *Fou-meng Cheou-tchouang* 夫蒙守莊, pour être lâchés (au pâturage).

Une jument brune, 10 ans. Les deux oreilles déchirées. Sur la joue près du palefrenier, un ancien caractère *tche*. Les deux flancs blanc tacheté. Peau de seconde qualité.

Une jument blanche, 16 ans, tachetée. Les deux oreilles déchirées. Sur la joue du côté du palefrenier, un ancien caractère *tche*. Sur la cuisse du côté du palefrenier, marque en caractères barbares. 10 Ecorchure cicatrisée de 3 pouces. Epaules pelées par le frottement. Peau de deuxième qualité. Vu.

Une jument rousse à crinière noire, 4 ans. Sur la joue du côté du palefrenier, un ancien caractère *tche*. Peau de deuxième qualité. Vu.

Une jument jaune à museau noir, 15 ans. Sur la joue du côté du palefrenier, un ancien caractère *tche*. L'oreille du côté du palefrenier fendue. Les deux flancs blanc tacheté. Peau de deuxième qualité. Vu.

Une jument brune, 8 ans. Sur la joue du côté du palefrenier, un ancien caractère *tche*. Sur les cuisses et les épaules marques en caractères barbares. Sur le ventre du côté éloigné du palefrenier, il y a une verrue. Les deux flancs blanc tacheté. Peau de deuxième qualité. Vu.

15 Une jument rousse à crinière noire, 15 ans. L'oreille du côté du palefrenier fendue. Sur la joue du côté du palefrenier, un ancien caractère *tche*. Sur la cuisse et l'épaule du côté du palefrenier, marque en caractères barbares. Les deux flancs blanc tacheté. La cuisse du côté éloigné du palefrenier, blanc tacheté. Peau de deuxième qualité. Vu.

Un étalon roux à crinière noire, 2 ans. Pas encore marqué. Marque privée. Vu.

Un cheval hongre pommelé, 18 ans. Sur la joue du côté du palefrenier, un ancien caractère *tche*. Sur la cuisse du côté du palefrenier, marque en caractères barbares. Ecorchure de 3 pouces. Maladie aux pieds de derrière. Peau de deuxième qualité. Vu.

Une jument brune, 7 ans. Le bout des naseaux blanc. Sur la joue du côté du palefrenier, un ancien caractère *tche*. Les deux flancs blanc tacheté. Ecorchures. Peau de deuxième qualité.

20 Un étalon bai, 7 ans, face (couleur de) jade, avec les moustaches de chaque côté blanches. Les deux

yeux ont une taie. Sur la joue du côté du palefrenier, un ancien caractère *tche*. Sur la cuisse du côté du palefrenier, marque en caractères barbares. Peau de deuxième qualité.

Un cheval hongre bai, 18 ans. Tacheté. Sur la joue du côté du palefrenier, un ancien caractère *tche*. Sur la cuisse et l'épaule du côté du palefrenier, marques en caractères barbares. Les deux flancs blanc tacheté. Peau de deuxième qualité.   Vu.

Mort. Un étalon roux à crinière noire, 3 ans. Sur la joue du côté du palefrenier, un ancien caractère *tche*. Malade de la morve, près de mourir. Pas encore de rapport (à son sujet).

Un étalon bai, 2 ans. Pas encore marqué; marque privée.   Vu.

Une jument baie, 18 ans. L'oreille et le naseau du côté du palefrenier sont déchirés. Sur la joue du côté du palefrenier, un ancien caractère *tche*. Echine écorchée. Les deux flancs blanc tacheté. Peau de deuxième qualité.   Vu.

25   Un étalon pommelé, 12 ans. Sur la joue du côté du palefrenier, un ancien caractère *tche*. L'oreille du côté du palefrenier est chauve. Sur la cuisse du côté du palefrenier, marque en caractères barbares. Sur l'échine, écorchure de 4 pouces. Peau de deuxième qualité.   Vu.

Une jument jaune à museau noir, 7 ans. Sur la joue du côté du palefrenier, ancien caractère *tche*. Sur la cuisse et l'épaule du côté du palefrenier, marque en caractères barbares. Le flanc du côté éloigné du palefrenier, blanc tacheté. Peau de deuxième qualité.   Vu.

Un cheval hongre pommelé, 18 ans. (Tumeur en forme de) *ts'ong-yong* aux deux cuisses. Chancre au menton. Atteint d'une maladie des poumons et efflanqué de vieillesse. Cicatrice écorchée sur une longueur d'un pied. Peau de deuxième qualité.   Vu.

Les chevaux ci-dessus (confiés) au rangé parmi les soldats . . . *-lin* pour être lâchés (au pâturage).

30   [Un(e?) . . . ans.] . . . Sur la cuisse [du côté du palefrenier] marque en caractères barbares. Les deux flancs blanc tacheté. Peau de deuxième qualité.   Vu.

[Un(e?)   ans.] . . . les deux flancs blanc tacheté. Peau de deuxième qualité.   Vu.

Même registre.

L.22. 未申 "il n'y a pas encore de rapport à son sujet". Il s'agit du rapport sur les circonstances de sa maladie et de sa mort: les employés étaient responsables des animaux qui mouraient à l'écurie, voir ci-dessus, p. 91 sq.

Registre de départ et de retour des chevaux du Service Postal

N° 297.—Ast. III. 3. 09–010.   **297**

Deux longs fragments appartenant à un même rouleau, mais ne se rajustant pas l'un à l'autre. Hauteur: 287 mm.; longueur: 353 mm. (09) et 534 mm. (010). VIIIe siècle.

(010)   . . . .

‘「同前月日馬子〇〇〇領到次」下膚’

. . . . 全耳鼻全西長印   押曹萅

‘同前月日馬子雷忠友領到次下膚’   押曹萅

〇一頭青黃父十歲   次膚萅全近人耳剜鼻全西長印

5   ‘同前月日馬子雷忠友領到遠人怗二寸破梁一寸破次下膚’ 押曹萅

使送卅道文解使四品孫麴誠   古乘馬臺疋

△一疋紫父八歲   次膚萅破一寸耳鼻全帶星近人腿一點白西長官印

‘同前月日馬子雷忠友領到近人怗破一寸幷腫次下膚’ 押曹萅

以前使閏月二日發分付馬子雷忠友領送

次膚耆微破近人耳禿遠人耳鼻決

10   使梁希暹乘馬壹疋   △一疋留草七歲 兩怗白近人膊蕃印西長官印

‘同前月日馬子〇〇〇等領到耆二寸破瘡〇次下膚’

使張燕客乘馬兩疋

×一×疋〇〇〇「歲   次」膚耆微瘡近人耳鼻全近人腿膊蕃印西長官印   曹萅

△一疋紫驃草五歲   次膚萅全耳鼻全近人腿蕃印西長官印

15   '六月十日馬子○○ˣ董ˣ敬元等領到梁破一寸次下膚'   押曹存

        以前使閏五月二日發付使各自領

    ○獸醫目波斯乘驢壹頭   △一頭青黃父八歲次膚脊全兩怗白遠人耳折西長印

      '六月十日目波斯自領到坊次下膚'   押曹存

    使安西副大都護湯惠幷家口乘馬肆疋

20   △一疋赤敦八歲   次膚脊全耳鼻全兩怗白耳後兩點灸痕近人腿蕃印西長印

      '六月十二日馬子董敬元梁知禮宋唻仙等領到脊破三寸病痕下膚'   押曹存

    △一疋留敦八歲   次膚脊全耳鼻全近人腿蕃印近人後脚一道白西長印

      '同前月日馬子董敬元梁知禮宋唻仙等領到脊破三寸病瘝下膚'   押曹存

    △一疋�駁敦九歲   次膚脊全兩鼻決近人耳決腿膊蕃印袁人頰私印西長官印

25   '同前月日馬子董敬元領到臀破二寸次膚'   押曹存

    △一疋紫父十二歲   次膚脊全耳全近人鼻決近人腿膊蕃印西長官印

      '死○'

        暹解退健兒   壹頭

    △一頭馬父七歲   次膚脊全耳鼻全遠人怗白西長官印

30   '六月十二日馬子董敬元等領到脊全次下膚脚○'   押曹存

        以前使閏五月十三日發馬子董敬元等領送

    使伊吾軍健兒呂守謙王大兆等乘馬一疋   驢疋頭

    「一疋○○○歲   次膚脊○」……近人腿蕃印西長官印

  (09)   '六月十二日馬「子」……'   趙秀

35   右開元十年閏五月ˣ九ˣ日ˣ使ˣ自ˣ領

    使師文尙駱楚賓等各乘馬壹疋

    一疋留父五歲   次膚脊全耳鼻全頭白近人腿蕃印近人怗一點白西長官印

      '六月十二日馬子董敬元梁知禮等領到脊全次下膚'   押趙秀

'留寄'   一疋紫父八歲   次膚脊全耳全近人鼻決兩怗散白西長官印

40   右開元十年閏五月十日付使師文尙等自領

    前安西副大都護湯嘉惠幷家口乘馬陸疋   驢參頭   ○壹頭

'寄留'   一疋紫父六歲   次膚脊全耳鼻全面玉連呰白回蹄白近人腿蕃印西長官印

      '六月十二日馬子董敬元狀注寄留'   押

    △一疋怠敦七歲   次膚者微破近人鼻決耳全遠人頰私印西長官印

45   '同前月日馬子董敬元等領到脊破二寸次下膚'   押趙秀

    △一疋烏留駁父五歲   次膚脊全耳鼻全近人腿蕃印兩眼霞西長官印

      '同前月日馬子董敬元等領到脊全次下膚'   押趙秀

    △一疋白怠敦十二歲   次膚梁微破兩耳決近人鼻決腿膊蕃印遠人頰私印西長官印

      '同前月日馬子董 敬元領到臀破二寸梁三寸破下膚跙蹄'   押趙秀

50   △一疋烏留敦七歲   次膚脊全近人耳禿帶星鼻頭白鼻全後兩蹄白近人腿丨

        蕃印西長官印

      '同前月日馬子董敬元領到脊全次膚'   押趙秀

    △一疋○敦八歲   次膚脊全耳鼻全悾後一道白近人腿膊蕃印近人頰丨

        私印西長官印

      '同前月日馬子董元領到臀破一寸次膚'   押董秀

    △一頭大日堂父十歲   次膚脊全耳鼻全遠人頰私印近人項左字西長官印

55   '同前月日馬子董元領到脊全次下膚'   押趙秀

    △一頭青黃父九歲   次膚脊全耳鼻全遠人頰私印近人項左字西長官印

      '同前月日馬子董元等領到脊破二寸次下膚'   押趙秀

    「一頭○○○歲   次膚脊○ …… 近人項左」字西長官印

    · · · · · · · · · ·

[6e *mois*, 9e *jour, le palefrenier . . . l'a ramené.*] *Peau en mauvais état . . .* intact; oreilles et naseaux intacts; marque du chef (de pâture du département) de *Si.*
Signé: *Ts'ao Tsi.*

Mêmes mois et jour, le palefrenier LEI TCHONG-YEOU *l'a ramené. Peau en mauvais état.* Signé: *Ts'ao Tsi.*

Un âne gris et jaune, 10 ans. Peau en état médiocre; échine intacte; oreille du côté du palefrenier fendue; naseaux intacts; marque du chef (de pâture du département) de *Si.*

5   *Mêmes mois et jour, le palefrenier* LEI TCHONG-YEOU *l'a ramené. Sur le flanc du côté éloigné du palefrenier, écorchure de deux pouces; sur l'épine dorsale, écorchure d'un pouce; peau en mauvais état.* Signé: *Ts'ao Tsi.*

Fourni à

K'iu Tch'eng-kou, un cheval de trait.

Un étalon brun, 8 ans. Peau en état médiocre; sur l'échine écorchure d'un pouce; oreilles et naseaux intacts; . . . sur la cuisse du côté du palefrenier, un point blanc; marque officielle du chef (de pâture du département) de *Si.*

Mêmes mois et jour, le palefrenier LEI TCHONG-YEOU *l'a ramené. Sur le flanc du côté du palefrenier, écorchure d'un pouce et furoncle; peau en mauvais état.* Signé: *Ts'ao Tsi.*

Le cheval ci-dessus: le (5ᵉ) mois intercalaire, le 2ᵉ jour, ordre avait été donné au palefrenier *Lei Tchong-yeou* de le conduire.

10   Fourni à *Leang Hi-tch'e,* un cheval de trait. Une jument rousse à crinière noire, 7 ans. Peau en état médiocre; un peu écorchée; l'oreille du côté du palefrenier, chauve; l'oreille et le naseau du côté éloigné du palefrenier déchirés; les deux flancs blancs; sur l'épaule du côté du palefrenier, marque en caractères barbares; marque officielle du chef (de pâture du département) de *Si.*

Mêmes mois et jour, les palefreniers . . . l'ont ramené. Cicatrice de 2 pouces; abcès . . . Peau en mauvais état.

Fourni à *Tchang Yen-k'o* 2 chevaux de trait.

Un(e?) . . . [ans]. Peau en état [moyen]; petite plaie; l'oreille et le naseau du côté du palefrenier intacts; sur la cuisse et l'épaule du côté du palefrenier, marque en caractères barbares, marque officielle du chef [de pâture du département] de *Si.* Signé: *Ts'ao Tsi.*

Une jument brune et jaune clair, 5 ans. Peau en état médiocre; échine intacte; oreilles et naseaux intacts; sur la cuisse du côté du palefrenier, marque en caractères barbares; marque officielle du chef (de pâture du département) de *Si.*

15   6ᵉ *mois,* 10ᵉ *jour, les palefreniers . . . et* TONG KING-YUAN *les ont ramenés. Sur l'épine dorsale, écorchure d'un pouce; peau en mauvais état.*   Signé: *Ts'ao Tsi.*

Les chevaux ci-dessus: le 5ᵉ mois intercalaire, le 2ᵉ jour, ordre avait été donné à chacun (des deux palefreniers ci-dessus désignés) de les conduire.

Au vétérinaire *Mou Po-sseu,* un âne à atteler.

Un âne gris et jaune, étalon, 8 ans. Peau en état médiocre, échine intacte, deux flancs blancs; l'oreille du côté éloigné du palefrenier coupée; marque du chef (de pâture du département de) *Si.*

6ᵉ *mois,* 10ᵉ *jour,* MOU PO-SSEU *l'a ramené lui-même à l'écurie. Peau en mauvais état.* Signé: *Ts'ao Tsi.*

Fourni au Vice-Grand-Protecteur-Général Pacificateur de l'Occident *T'ang Houei* et à sa famille, 4 chevaux de trait.

20   Un cheval hongre bai, 8 ans. Peau en état médiocre; échine intacte; oreilles et naseaux intacts; deux flancs blancs; derrière les oreilles deux taches blanches; cicatrice invétérée; sur la cuisse du côté du palefrenier, marque en caractères barbares; marque du chef (de pâture du département) de *Si.*

6ᵉ *mois,* 12ᵉ *jour: les palefreniers* TONG KING-YUAN, LEANG TCHE-LI, SONG TCH'OU-SIEN *l'ont ramené. A l'échine écorchure de 3 pouces; impropre au travail pour maladie, peau en très mauvais état.* Signé: *Ts'ao Tsi.*

Un cheval hongre roux à crinière noire, 8 ans. Peau en état médiocre; échine intacte; oreilles et naseaux intacts; sur la cuisse du côté du palefrenier, marque en caractères barbares; sur le pied de derrière du côté du palefrenier, une tache blanche; marque officielle du chef (de pâture du département) de *Si*.

Mêmes mois et jour, les palefreniers Tong King-yuan, Leang Tche-li, Song Tch'ou-sien *l'ont ramené; à l'épine dorsale, écorchure de 3 pouces; atteint de maladie chronique; peau en très mauvais état.* Signé: *Ts'ao Tsi*.

Un cheval hongre tacheté de noir et de blanc, 9 ans. Peau en état médiocre; échine intacte; les deux naseaux déchirés; l'oreille du côté du palefrenier déchirée; sur la cuisse et l'épaule, marque en caractères barbares; sur la joue du côté éloigné du palefrenier marque privée; marque officielle du chef (de pâture du département) de *Si*.

25   *Mêmes mois et jour, le palefrenier* Tong King-yuan *l'a ramené; à la crinière écorchure de 2 pouces; peau en état moyen.*   Signé: *Ts'ao Tsi*.

Un étalon brun, 12 ans. Peau en état moyen; échine intacte; oreilles intactes; naseau du côté du palefrenier, déchirée; sur la cuisse et l'épaule du côté du palefrenier, marque officielle du chef (de pâture du département) de *Si*.

Mort . . .

(Bête) allant au pas pour un Brave qui relève de maladie, un cheval.

Un cheval, étalon, 7 ans. Peau en état médiocre; échine intacte; oreilles et naseaux intacts; le flanc du côté éloigné du palefrenier, blanc; marque officielle du chef (de pâture du département) de *Si*.

30   *Le 12e jour du 6e mois: les palefreniers* Tong King-yuan, *etc., l'ont ramené; échine intacte; peau en très mauvais état; pied . . .*   Signé: *Ts'ao Tsi*.

Fourni aux Braves du Camp retranché de *Yi-wou*, *Lu Cheou-kien*, *Wang Ta-wang*, un cheval de trait et un âne.

[Un(e?) . . . ans. Peau en état médiocre; l'échine . . .]; sur la cuisse du côté du palefrenier, marque en caractères barbares; marque officielle (du chef de pâture du département) de *Si*.

(09)   6e *mois,* 12e *jour: le palefrenier . . .* Signé: *Tchao Sieou*.

35   Ci-dessus, 10e année *k'ai-(yuan)*, 5e mois intercalaire, 9e jour, ordre avait été donné à . . . d'emmener (ces chevaux).

Fourni à *Che Wen-chang* et *Lo Tch'ou-pin*, chacun un cheval de trait.

Un étalon roux à crinière noire, 5 ans. Peau en état médiocre; échine intacte; oreilles et naseaux intacts; la base du nez blanche; sur la cuisse du côté du palefrenier, marque en caractères barbares; sur le flanc du côté du palefrenier, un point blanc; marque officielle du chef (de pâture du département) de *Si*.

6e *mois,* 12e *jour: les palefreniers* Tong King-yuan, Leang Tche-li, *etc., l'ont ramené, échine intacte; peau en très mauvais état.*   Signé: *Tchao Sieou*.

Gardé temporairement. Un étalon brun, 8 ans. Peau en état médiocre; échine intacte; oreilles intactes; naseau du côté du palefrenier déchiré; les deux flancs blanc tacheté; marque officielle du chef (de pâture du département) de *Si*.

40   Ci-dessus 10e année *k'ai-(yuan)*, 5e mois intercalaire, 10e jour (28 juin 722) livré à *Che Wen-chang*, etc., qui ont emmené eux-mêmes (les chevaux).

Au ci-devant Vice-Grand-Protecteur-Général Pacificateur de l'Occident *T'ang Kia-houei* et à sa famille, 6 chevaux, 3 ânes et 1 . . .

Gardé temporairement. Un étalon brun, 6 ans. Peau en état médiocre; échine intacte; oreilles et naseaux intacts; face (couleur de) jade avec les moustaches de chaque côté blanches; les 4 pieds blancs; sur la cuisse du côté du palefrenier, marque en caractères barbares; marque officielle du chef (de pâture du département) de *Si*.

6e *mois,* 12e *jour: le palefrenier* Tong King-yuan *a présenté une requête pour demander qu'il soit gardé temporairement.* Signé.

Un cheval hongre pommelé, 7 ans. Peau en état médiocre; souffre de petites écorchures; naseau du côté du palefrenier déchiré; oreilles intactes; sur la joue du côté éloigné du palefrenier, marque privée; marque officielle du chef (de pâture du département) de *Si*.

45 *Mêmes mois et jour, les palefreniers* TONG KING-YUAN, *etc., l'ont ramené; à l'échine écorchure de 2 pouces, peau en très mauvais état.* Signé: *Tchao Sieou.*

Un étalon noir et roux tacheté de blanc à crinière noire, 5 ans. Peau en état médiocre; échine intacte; oreilles et naseaux intacts; sur la cuisse du côté du palefrenier marque en caractères barbares; taie sur les deux yeux; marque officielle du chef (de pâture du département) de *Si*.

Mêmes mois et jour, les palefreniers TONG KING-YUAN, *etc., l'ont ramené; échine intacte; peau en très mauvais état.* Signé: *Tchao Sieou.*

Un cheval hongre blanc et pommelé, 12 ans. Peau en état médiocre; à l'épine dorsale, légères écorchures; les deux oreilles déchirées; le naseau du côté du palefrenier déchiré; sur la cuisse et l'épaule, marque en caractères barbares; sur la joue du côté éloigné du palefrenier, marque privée; marque officielle du chef de (pâture du département de) *Si*.

Mêmes mois et jour, les palefreniers TONG KING-YUAN, *etc., l'ont ramené; à la crinière, écorchure de 2 pouces; à l'épine dorsale, écorchure de 3 pouces; peau en mauvais état; pieds.* Signé: *Tchao Sieou.*

50 Un cheval hongre noir et roux à crinière noire, 7 ans. Peau en état médiocre; échine intacte; oreille du côté du palefrenier chauve; tacheté; base des naseaux blanche; naseaux intacts; pieds de derrière blancs; sur la cuisse du côté du palefrenier marque en caractères barbares; marque du chef (de pâture du département) de *Si*.

Mêmes mois et jour, les palefreniers TONG KING-YUAN, *etc., l'ont ramené; échine intacte, peau en état médiocre.* Signé: *Tchao Sieou.*

Un cheval hongre . . . , 8 ans. Peau en état médiocre; échine intacte; oreilles et naseaux intacts; derrière . . . une tache blanche; sur la cuisse et l'épaule du côté du palefrenier, marque en caractères barbares; sur la joue du côté du palefrenier, marque privée; marque officielle du chef (de pâture du département) de *Si*.

Mêmes mois et jour, le palefrenier TONG (KING)-YUAN *l'a ramené; à la crinière, écorchure d'un pouce; peau en état médiocre.* Signé: *Tchao Sieou.*

Un étalon de la Grande Poste, 10 ans. Peau en état médiocre; échine intacte; oreilles et naseaux intacts; sur la joue du côté éloigné du palefrenier, marque privée; sur le cou du côté du palefrenier, un caractère *tso*; marque du chef (de pâture du département) de *Si*.

55 *Mêmes mois et jour, le palefrenier* TONG (KING-)YUAN *l'a ramené; échine intacte, peau en très mauvais état.* Signé: *Tchao Sieou.*

Un (âne) étalon gris et jaune, 9 ans. Peau en état médiocre; échine intacte; oreilles et naseaux intacts; sur la joue du côté éloigné du palefrenier, marque privée; sur le cou du côté du palefrenier, un caractère *tso*; marque officielle du chef de (pâture du département de) *Si*.

Mêmes mois et jour, les palefreniers TONG (KING-)YUAN, *etc., l'ont ramené; à l'échine écorchure de 2 pouces; peau en très mauvais état.* Signé: *Tchao Sieou.*

[Un (âne) . . . ans. Peau en état médiocre; échine . . . . . . sur le cou du côté du palefrenier] un caractère [*tso*]; marque du chef (de pâture du département) de *Si*.

[*Mêmes mois et jour, le palefrenier* TONG (KING-)YUAN *l'a ramené; échine, etc.* Signé: *Tchao Sieou*]

L.1. 同 前 月 日 "les mêmes mois et jour". C'est certainement le 9ᵉ jour du 6ᵉ mois de la 10ᵉ année *k'ai-yuan* (26 juillet 722): le registre est tenu au jour le jour et la première date (de retour de chevaux) exprimée explicitement est le 10ᵉ jour du 6ᵉ mois (27 juillet 722).

L.2. 西 長 désignation abrégée: le titre complet serait 西 州 牧 長. C'est en effet au pâturage, avant le dressage, que les chevaux étaient marqués, mais c'est au nom de l'Inspecteur, *kien* 監, et non à celui du chef, *tchang* 長, voir ci-dessus, p. 88. Je suppose que le pacage, *fang* 坊, de *Si-tcheou*, situé hors de Chine, était considéré comme trop peu important pour que son directeur eût le titre d'Inspecteur.

L.3. 領到 *ling-tao* "a ramené" est l'opposé de 領送 *ling-song* "a emmené"; voir l. 9–10.

L.7. Je ne comprends pas le début de la ligne

K'iu 麴 était le nom de l'ancienne famille royale de *Kao-tch'ang*, voir ci-dessus, p. 83; il est naturellement impossible de dire si toutes les personnes de ce nom sont des membres de la famille royale.

L.9. 腫 *tchong*, furoncle; voir *Chouo-wen*, s.v., qui le définit par *yong* 癰 furoncle.

L.9–10. Les deux dates successives sont, la 1ère, à l'encre rouge, celle du retour du cheval, et la seconde, à l'encre noire, celle du départ du même cheval; le même palefrenier, *Lei Tchong-yeou* l'avait emmené, 領送 *ling-song*, litt. "le conduisant accompagna", et le ramène, 領到 *ling-tao*, litt. "le conduisant est arrivé".

L.17. 獸醫 *cheou-yi*, vétérinaire. Il n'est mentionné nulle part de vétérinaire dans le personnel des départements *tcheou* ou des gouvernements-généraux *tou-tou-fou*.

目波斯 *Mou Po-sseu*. Dans le nom du vétérinaire, le caractère 目 n'est pas un nom de famille chinois et *Po-sseu* est le nom de la Perse à l'époque des *T'ang*. Je suppose que le nom signifie *Miuk* le Persan et a été fabriqué à la chinoise avec un nom de famille et un *tseu* de deux caractères, au moyen d'une partie du nom indigène du vétérinaire et d'un sobriquet d'origine.

驢壹頭 "un âne". Les gens qui voyagent en poste ont droit suivant leur rang à un nombre plus ou moins élevé de chevaux ou d'ânes, voir ci-dessus, p. 90.

L.19. 安西副大都護湯惠 *T'ang Houei* ou *T'ang Kia-houei* (l.41) fut nommé Vice-Grand-Protecteur-Général Pacificateur de l'Occident, *Ngan-si fou tou-tou-hou* en 717 (*Sin T'ang chou*, k. 215, 8a; CHAVANNES, *Documents sur les Tou-kiue Occidentaux*, p.78) avant le 7ᵉ mois de cette année (*Tseu-tche t'ong-kien*, k. 211; CHAVANNES, *op. cit.*, p.284, n° 2); il avait le titre de *tsie-tou-che* 節都使 en 719 (CHAVANNES, *op. cit.*, 113; *Sin T'ang chou*, k. 22, 9a). A son passage par *Si-tcheou* le 1ᵉʳ juillet 722 mentionné ici, il avait cessé de l'être puisqu'il est qualifié de *ts'ien* 前 "le précédent"; comme il voyage avec sa famille, *kia* 家, c'est-à-dire vraisemblablement ses domestiques plutôt que sa femme et ses enfants, et qu'il se dirige vers *Yi-tcheou*, c'est-à-dire prend la route de Chine, c'est évidemment son voyage de retour; il a dû quitter son poste quelques jours plus tôt. Il avait succédé à *Kouo K'ien-houan* 郭虔瓘 qui tenait ce poste en 716 (*Sin T'ang chou*, k. 126, 5b; CHAVANNES, *op. cit.*, 81, n.1); il semble avoir eu comme successeur *Tchang Hiao-song* 張孝嵩 qui était encore Commissaire Impérial *tsie-tou-che* de *Pei-t'ing* au 8ᵉ mois de 722 (*Tseu-tche t'ong-kien*, k. 212, 15b; CHAVANNES, *op. cit.*, 150), quelques mois après son départ, et fut nommé gouverneur de *T'ai-yuan* à la fin de 723. Celui-ci fut à son tour remplacé, après un intervalle de quelques mois, par *Tou Sien* 杜暹 au début de 724 (*Tseu-tche t'ong-kien*, k. 212, 16a). Le titre de Vice-Protecteur-Général ne doit pas induire en erreur: il n'y avait pas de Protecteur-Général en titre au-dessus de *Tou Sien* et je crois bien qu'il en était de même pour *T'ang Kia-houei*.

Le nom *T'ang Houei* 湯惠 (l. 19) à côté de *T'ang Kia-houei* 湯嘉惠 (l. 41, et *Sin T'ang chou*, loc. cit.) n'est pas dû nécessairement à une faute de copiste: on trouve souvent dans les documents des *T'ang* des fonctionnaires qui signent tantôt des deux caractères de leur nom personnel, tantôt du second caractère seul (mais jamais du premier), voir n° 268. Il semble qu'à cette époque, où les noms personnels de deux caractères ne sont pas encore la règle, le second caractère soit seul le vrai nom personnel et le premier soit seulement une sorte de caractère de bon augure intermédiaire entre le nom de famille et le nom personnel, exactement comme dans les noms personnels des Annamites d'aujourd'hui.

L.28. 解退 *kiai-t'ouei* "relevé de maladie" litt. "dégagé par une suée", *kiai*, qui fait "reculer", *t'ouei*, la maladie. — 健兒 *kien-eul* "un Brave", voir l. 32.

頭 *t'eou*: la numérale ordinaire des chevaux est *p'i* 匹 ou 疋 qu'on trouve régulièrement dans ce document; *t'eou* apparaît quelquefois tantôt pour des ânes (et il est à sa place), tantôt comme ici pour un cheval. Il doit y avoir une raison à ce changement de numérale, mais je n'ai pu la découvrir.

L.32. 伊吾軍健兒 "Les Braves du camp retranché de *Yi-wou*". Le camp retranché, *kiun* 軍, est la plus importante des quatre sortes de fortifications de frontières, les autres étant le fort, *cheou-tchouo* 守捉, la citadelle, *tch'eng* 城, et la forteresse, *tchen* 鎮 (*Sin T'ang chou*, k.50, 4a). Le camp retranché de *Yi-wou* était situé à 300 *li* au nord-ouest de la préfecture de *Yi* (Hāmi), au bord du fleuve *Kan-lou* 甘露 (*Sin T'ang chou*, k. 40, 10b), au nord des monts *Che-lo-man* 時羅曼 (*Yuan-ho kiun-hien tche*, k. 40, 10a), c'est-à-dire de la partie orientale des Monts *T'ien-chan*. Ce camp était donc dans la région du lac Barköl.

Le nom de "Braves" *kien-eul* paraît avoir été donné à l'époque des *T'ang* à des soldats levés spécialement pour une campagne déterminée, sortes de volontaires recrutés exprès (et non par un appel régulier de miliciens *wei-che* de la région) et formant des corps particuliers, comme par exemple les 100.000 *kien-eul* levés en 751.

L.39. 寄留. Cette ligne n'est pas suivie de la ligne à l'encre rouge notant le retour du cheval ramené par son palefrenier; d'autre part, à la ligne 40 la remise du cheval à *Che Wen-chang*, etc., n'est accompagnée d'aucun nom de palefrenier et il est dit qu'ils l'ont "conduit eux-mêmes" 自領. Il ressort de là que *Che Wen-chang* et *Lo Tch'ou-pin* ont emmené 2 chevaux avec 2 palefreniers, mais qu'un des deux chevaux ou bien leur a été confié temporairement, ou plus probablement est tombé malade en route et entré à un poste voisin pour être soigné (voir ci-dessus, p. 91). Cf. l. 42 où c'est à la demande du palefrenier qu'un autre cheval est "gardé provisoirement".

L.54. 日=馹 *je*, relais postal. La Grande Salle du Relais postal, *ta-je-t'ang* 大馹堂 est, je pense, le relais postal du chef-lieu du département.

Registre des chevaux morts

Nº 298.—Ast. IX. 6. 02–03.   298

Onze fragments d'un même rouleau, qui a été découpé pour former une paire de souliers en papier et dont les morceaux ont été ensuite collés les uns sur les autres, celui qui forme la face externe de chaque chaussure étant noirci extérieurement. Il y a six épaisseurs de papier dans 02, numérotées a (face externe), b, c, d, e (bourrage à l'intérieur), f (face interne); et cinq épaisseurs seulement dans 03, numérotées a (face externe), b, c, e, (bourrage intérieur), d (face interne). Comme tous les fragments viennent du même rouleau, je les ai rangés dans l'ordre chronologique.

Pour faire chaque soulier, on a découpé dans le rouleau une série de onze morceaux en forme de fer à cheval, mesurant de la base à la pointe 264 mm. et d'une branche à l'autre, à la base, 255 mm. (cette largeur de la base représente à peu près la hauteur du rouleau original); entre les deux branches, on a évidé un espace ovale de 137 mm. de large à la base et de 152 mm. de long; les branches du fer à cheval ont l'une 54 mm., l'autre 65 mm. de large à la base et vont en s'élargissant; la tête du fer à cheval a 216 mm. (dans la hauteur du rouleau original) sur 105 mm. (dans le sens de la longueur du rouleau original). Après avoir collé l'une sur l'autre six feuilles pareilles dans 02 et cinq feuilles dans 03, on a plié le fer à cheval en papier ainsi formé, de façon à rabattre l'une sur l'autre les deux extrémités c et d dont les bords ont été cousus l'un à l'autre: on a eu ainsi un soulier dont c–d– fournit le talon et a–b– le devant; la forme générale se relevait en avant comme dans les souliers chinois ordinaires. Pour achever, il restait à ajouter les semelles, faites de même papier; voir Ast.ix.6.

Il résulte de la forme suivant laquelle le rouleau a été découpé que, dans les onze morceaux, il manque le milieu des lignes dans la moitié de chaque fragment correspondant à la base du fer à cheval (entre c et d), et le haut et le bas dans la moitié correspondant à la tête du fer à cheval (entre a et b). Comme ils sont tous datés, je les ai classés dans l'ordre chronologique et non suivant l'ordre des numéros, mélangeant ainsi les différents fragments de 02 et 03.

1.—03. d.

```
        一疋赤敦　　十二月
        一疋瓜雛敦　　十二月十「日從○○使廻磧內死肉棄不收剝皮將來」納庫
        一疋留敦　　十二月十七「日從○○使廻磧內死肉棄不收剝皮」將來納庫
        一疋白忩敦　　十二月十七「日從○○使廻磧內死肉棄不收」剝皮將來納庫
    5　「一」疋瓜敦　　十二月十八日「在槽死肉賣與○○得銀」錢肆文送司「倉」皮納庫訖
        「一」疋忩敦　　十二月廿三日在槽死「肉賣與ˣ蘇」通遠得銀錢貳文送司「倉」皮納庫訖
        「一疋○」敦　　十二月廿四日在槽死肉賣與ˣ蘇通遠得銀錢貳文送司倉皮納庫
        |一疋○○」　州槽十二月廿四日在槽死肉賣與○○子得錢貳文送司倉皮納庫訖
        「一疋○○　正月」二日從伊州使廻磧內死肉棄不收剝皮ˣ將「來納庫訖」
        「一疋○○　　正月○日……」○書死皮肉並棄不收剝印將來「納庫訖」
```

Un cheval hongre bai. Le 12ᵉ mois [. . . jour . . . mort . . .]

Un cheval hongre jaune à museau noir et à front blanc. Le 12ᵉ mois, le 10ᵉ [jour, au retour d'une course à . . . , est mort dans le désert; la viande a été abandonnée, la peau a été enlevée, rapportée et] versée au trésor.

Un cheval hongre roux à crinière noire. Le 12ᵉ mois, le 17ᵉ [jour (14 décembre 669), au retour d'une course à . . . , est mort dans le désert; la viande a été abandonnée; la peau a été enlevée], rapportée et versée au trésor.

Un cheval hongre blanc et pommelé. Le 12ᵉ mois, le 17ᵉ [jour, au retour d'une course à . . . , est mort dans le désert; la viande a été abandonnée;] la peau a été enlevée, rapportée et versée au trésor.

5   [Un] cheval hongre jaune à museau noir. Le 12ᵉ mois, le 18ᵉ jour (15 décembre 669), [est mort à l'écurie; la viande a été vendue à . . .]; on en a obtenu quatre pièces d'argent qui ont été remises [au garde-magasin]; la peau a été versée au trésor.

[Un] cheval hongre pommelé. Le 12ᵉ mois, le 23ᵉ jour (20 décembre 669), est mort à l'écurie; [la viande a été vendue à *Sou T'ong-*] *yuan*; on en a obtenu 2 pièces d'argent qui ont été remises au garde-magasin; la peau a été versée au trésor.

[Un cheval] hongre . . . Le 12ᵉ mois, le 24ᵉ jour (21 décembre 669), est mort à l'écurie; la viande a été vendue à *Sou*(?) *T'ong-yuan*; on en a obtenu 2 pièces d'argent qui ont été remises au garde-magasin; la peau a été versée au trésor.

[Un cheval . . .] Des écuries de la préfecture. Le 12ᵉ mois, le 24ᵉ jour (21 décembre 669), est mort à l'écurie; la viande a été vendue à . . . -*tseu*; on en a obtenu 2 pièces d'argent qui ont été remises au garde-magasin; la peau a été versée au trésor.

[Un cheval . . . Premier mois] 2ᵉ jour, au retour d'une course à *Yi-tcheou*, est mort dans le désert; la viande a été abandonnée et n'a pas été reçue; la peau a été enlevée, rapportée et versée au trésor.

[Un cheval . . . Le 1ᵉʳ mois, le . . . jour, . . .] . . . a écrit que (le cheval) était mort; la peau et la viande ont été l'une et l'autre abandonnées et n'ont pas été reçues; la marque a été enlevée, rapportée et versée au trésor.

Liste de chevaux morts avec un résumé des circonstances de leur mort et de l'emploi de la viande et de la peau. Quand la viande du cheval mort est vendue, le prix en est remis en monnaie au garde-magasin 送司倉; quand au contraire la viande est abandonnée, ou bien la peau est rapportée et versée au trésor 納庫, ou bien elle aussi est abandonnée et la marque seule est rapportée et examinée 將來撿 . . . ; dans chaque cas la formule finale est différente, et il suffit des derniers mots pour reconstruire tout le passage, sauf naturellement la caractéristique du cheval, la date quand elle manque et les noms propres: en effet, comme on n'abandonne pas la viande d'un animal mort à l'écurie, les deuxième et troisième formules impliquent qu'il est mort dans le désert; il n'y a d'hésitation que dans le cas de vente de la viande puisque celle d'un animal mort en course peut être vendue au cas où la mort a eu lieu à proximité d'un endroit habité, cf. par exemple n° 2 (02 c., ligne 3).

Les passages entre crochets sont restitués d'après les passages similaires des autres fragments.

L.1.   Aucune restitution possible.

L.2–4. Cf. l. 9. La course est ordinairement à *Yi-tcheou*.

L.5–6. Cf. l. 7–8.

L.8.   [正 月] 二 日. La ligne précédente a pour date le 24ᵉ jour du 12ᵉ mois, il n'y a donc plus aucun jour se terminant par un 2 dans le 12ᵉ mois et il est certain qu'il s'agit du premier mois. En ce qui concerne l'année à laquelle il faut attribuer ce fragment, la mention du premier mois oblige à le placer à la deuxième année *tsong-tchang* (669) et non à la première année *hien-heng* (670) puisque l'ensemble du document, allant du 4ᵉ mois de la 2ᵉ année *tsong-tchang* au 12ᵉ mois de la première année *hien-heng* (juin 669–janvier 671), ne contient qu'un seul premier mois, celui de la première année *hien-heng*.

2.—02. C.

「一疋〇〇」   「正月〇日 ⋯⋯ 磧內死皮肉棄却不收」
            剝印將來撿覆字分明毀訖
     一疋者白敦   正月四日從伊州使廻磧內死皮肉棄却不收剝印將
            來撿分明毀訖

3   一疋瓜敦   正月五日柳中縣東十里死肉賣得錢參文送司倉

[Un cheval . . . Le 1ᵉʳ mois, le (2ᵉ, 3ᵉ, ou 4ᵉ) jour (27–30 janvier 670) . . . est mort dans le désert; la peau et la viande ont été abandonnées et n'ont pas été reçues;] la marque a été enlevée et rapportée; en l'examinant, les caractères (de la marque) étaient complètement détruits.

Un cheval hongre blanc. Le 1ᵉʳ mois, le 4ᵉ jour (30 janvier 670), au retour d'une course à *Yi-tcheou*, est mort dans le désert; la peau et la viande ont été abandonnées et n'ont pas été reçues; la marque a été enlevée et rapportée; en l'examinant, (les caractères de la marque) étaient complètement détruits.

Un cheval hongre jaune à museau noir. (3) Le 1ᵉʳ mois, le 5ᵉ jour (31 janvier 670), est mort à 5 *li* à l'est de la sous-préfecture de *Lieou-tchong*; la viande a été vendue moyennant 3 pièces de monnaie qui ont été remises au garde-magasin.

L.3.   柳中縣. La sous-préfecture de *Lieou-tchong*, aujourd'hui Lukchun, voir ci-dessus, p. 84.

3.—03. c.

「一疋○○」「二月○日 …… 死肉賣與○○○得錢○文」送司倉
一疋赤敦　二月「○日從○○使廻磧內死肉棄不收剝皮將來」納庫訖
一疋瓜敦　二月十「○日從○○使廻磧內死肉棄不收剝皮將來」納庫訖
一疋留敦　二月十七日「從○○使廻磧內死皮肉棄」剝印將來撿 ˣ分 ˣ明 ˣ毀 ˣ訖
5　一疋驪駿敦　二月十七日 ˣ從「○○使廻磧內死肉棄不收剝皮將」來納庫訖
「一疋」留敦　二月十七日從伊「州使廻磧內死肉棄」不收剝皮將來納庫訖
「一疋」留敦　二月廿四日在槽死肉賣與質子文得錢貳文送司倉皮納「庫」
「一疋○」敦　三月一日從伊州使廻磧內死肉棄不收剝皮將來納庫訖
「一疋○○」　三月」二日從伊州使廻磧內死肉棄不收剝皮將來納庫訖
10　「一疋○○」　三月○日」在槽死肉賣與翟歡○得錢「○文送司倉」

[Un cheval . . . Le 2ᵉ mois, le . . . jour, mort à . . . ; la viande a été vendue à . . . moyennant . . . pièces de monnaie] qui ont été remises au garde-magasin.

Un cheval hongre bai. Le 2ᵉ mois, [le . . . jour, au retour d'une course à . . . , est mort dans le désert; la viande a été abandonnée et n'a pas été reçue; la peau a été enlevée, rapportée et] versée au trésor.

Un cheval hongre jaune à museau noir. Le 2ᵉ mois, le dix [- . . . ième jour, au retour d'une course à . . . , est mort dans le désert; la viande a été abandonnée; la peau a été enlevée, rapportée et] versée au trésor.

Un cheval hongre roux à crinière noire. Le 2ᵉ mois, le 17ᵉ jour, (13 mars 670), [au retour d'une course à . . . , est mort dans le désert; la peau et la viande ont été abandonnées]; la marque a été enlevée, rapportée; après examen, (les caractères de la marque) sont entièrement détruits.

5　Un cheval hongre tacheté de noir au front blanc. Le 2ᵉ mois, le 17ᵉ jour (13 mars 670), au [retour d'une course à . . . , est mort dans le désert; la viande a été abandonnée et n'a pas été reçue; la peau a été enlevée, rapportée et versée au trésor.

[Un] cheval hongre roux à crinière noire. Le 2ᵉ mois, le 17ᵉ jour (13 mars 670), au retour d'une course à *Yi*[-*tcheou*, est mort dans le désert; la viande a été abandonnée et] n'a pas été reçue; la peau a été enlevée, rapportée et versée au trésor.

[Un] cheval hongre roux à crinière noire. Le 2ᵉ mois, le 24ᵉ jour (20 mars 670), est mort à l'écurie; la viande a été vendue à *Tche Tseu-wen* moyennant 2 pièces de monnaie qui ont été remises au garde-magasin. La peau a été versée au trésor.

[Un] cheval hongre . . . Le 3ᵉ mois, le 1ᵉʳ jour (27 mars 670), au retour d'une course à *Yi-tcheou* est mort dans le désert; la viande a été abandonnée et n'a pas été reçue; la peau a été enlevée, rapportée et versée au trésor.

[Un cheval. . . Le 3ᵉ mois], le 2ᵉ jour (28 mars 670), au retour d'une course à *Yi-tcheou*, est mort dans le désert; la viande a été abandonnée et n'a pas été reçue; la peau a été enlevée, rapportée et versée au trésor.

10　[Un cheval. . . Le 3ᵉ mois, le . . . jour,] est mort à l'écurie; la viande a été vendue à *Tchai Houan-* . . . moyennant [. . . pièces de monnaie qui ont été remises au garde-magasin].

L.3.　Le 10ᵉ jour ou un jour entre le 10ᵉ et le 17ᵉ; l'écriture est trop irrégulière pour qu'on puisse déterminer en comptant le nombre de caractères s'il faut restituer 十日 ou 十○日.

L.4.　分明毀, cf. nᵒ 2 (02.c), l. 1–2.

4.—02. d.

「一疋」白敦　三月十二日從伊州使廻蕤蓉死肉棄不收剝皮將 ˣ來「納庫訖」
　　　　　　　‘死微後三日’
一疋留敦　三月十五日送使伊州磧內死棄皮肉不收
「一疋○○」　三月十五日從伊州使廻磧內死皮「肉
5　「一」疋驪駿　三月十五日送伊州死皮肉得銅錢○文

[Un] cheval hongre blanc. Le 3ᵉ mois, le 12ᵉ jour (7 avril 670), au retour d'une course à *Yi-tcheou*, est mort d'un ulcère en forme de *ts'ong-yong*; la viande a été abandonnée et n'a pas été reçue; la peau a été enlevée, rapportée et versée au trésor.

Mort d'un ulcère à la jambe trois jours après.

Un cheval hongre roux à crinière noire. Le 3ᵉ mois, le 15ᵉ jour (10 avril 670), envoyé en course à *Yi-tcheou* est mort dans le désert; on a abandonné la peau et la viande qui n'ont pas été reçues.

[Un cheval . . .] Le 3ᵉ mois, le 15ᵉ jour (10 avril 670), pendant le retour d'une course à *Yi-tcheou* est mort dans le désert; la peau [et la viande] . . .

[Un] cheval bai tacheté de blanc à crinière noire. Le 3ᵉ mois, le 15ᵉ jour (10 avril 670), envoyé en course à *Yi-tcheou*, est mort dans le désert; la peau et la viande (ont été vendues) moyennant . . . pièces de cuivre.

L.1. 蓯蓉 *ts'ong-yong*: c'est au propre une orchidée, l'orobranche ammophile, voir ci-dessus, p. 119, l. 8 note; ici il s'agit d'un ulcère, voir l. 2.

L.2. 微＝癜 *wei*, ulcère à la jambe. Cette ligne à l'encre rouge est une note ajoutée après coup.

L.1–2. Le rapprochement de ces deux lignes montre clairement que l'expression *ts'ong-yong* est dans ces documents le nom d'une espèce d'ulcère. En effet, pour désigner le mal dont est mort ce cheval, le scribe a écrit *ts'ong-yong* à la l. 1 et *wei* à la l. 2; et le sens de ce dernier mot n'est pas douteux. C'est probablement à cause de leur forme ou de leur couleur que certains ulcères sont comparés au *ts'ong-yong* et en reçoivent le nom.

L.3. 送使伊州 . . . 死 c'est au cours du voyage à *Yi-tcheou* qu'il est mort, en opposition à 從伊州使廻 . . . 死, qui indique qu'il est mort au cours du voyage de retour.

L.5. 銅錢 monnaie de cuivre. Cf. ci-dessus 03.d. l.6, 銀錢 monnaie d'argent.

5.—03. b.

˟一˟疋˟騮˟敦 「四月〇日 …… 死 ……」〇〇送〇〇〇

二疋 一疋念敦 一疋單敦 「四月〇日從〇〇使廻磧內死肉棄不收剝皮」將來納庫訖

二疋 一疋騧驑 一疋赤敦 「四月〇日從〇〇使廻磧內死肉棄」不收剝皮將來納庫訖

一疋騧敦 四月廿「〇日從〇〇使廻磧內死肉棄不」收剝皮將來納庫訖

5 一疋赤敦 五月廿七˟日「從〇〇使廻磧內死皮肉」棄不收剝印將來撿「分明毀

「一疋」馬敦 五月廿七日從˟伊˟州使廻磧內死肉棄不收剝皮將來納「庫訖」

「一疋〇」敦 五月廿七日從伊州使廻磧內死皮肉棄不收剝印將來撿「分明毀」

「二疋 一疋〇」敦 一疋〇」敦 五月廿七日從伊州使廻磧內死皮肉並棄不收剝印將來「撿分明毀」

「〇疋〇〇 五月」廿八日送使伊州死皮肉賣得銅錢陸文「送司倉」

Un cheval hongre roux à crinière noire. [Le 4ᵉ mois, le . . . jour, est mort . . .] . . . a été remis . . .

Deux chevaux {un cheval hongre pommelé / un cheval hongre gris pommelé} [Le 4ᵉ mois, le . . . jour, pendant le retour d'une course à . . . , sont morts dans le désert; la viande a été abandonnée et n'a pas été reçue; la peau a été enlevée,] rapportée et versée au trésor.

Deux bêtes {un âne jaune à museau noir / un cheval hongre bai} [Le 4ᵉ mois, le . . . jour, pendant le retour d'une course à . . . , sont morts dans le désert; la viande a été abandonnée et] n'a pas été reçue; la peau a été enlevée, rapportée et versée au trésor.

Un cheval hongre jaune à museau noir. Le 4ᵉ mois, le vingt-[. . . ième jour, pendant le retour d'une course à . . . est mort dans le désert; la viande a été abandonnée et n'a pas été] reçue; la peau a été enlevée, rapportée et versée au trésor.

5 Un cheval hongre bai. Le 5ᵉ mois, le 27ᵉ jour, [pendant le retour d'une course à . . . est mort dans le désert; la peau et la viande] ont été abandonnées et n'ont pas été reçues; la marque a été enlevée et rapportée; après examen, [(les caractères en) étaient entièrement détruits].

Un] cheval hongre . . . Le 5ᵉ mois, le 27ᵉ jour, pendant le retour d'une course à *Yi-tcheou*, est mort dans le désert; la viande a été abandonnée et n'a pas été reçue; la peau a été enlevée, rapportée et versée [au trésor].

[Un] cheval hongre . . . Le 5ᵉ mois, le 27ᵉ jour (20 juin 670), pendant le retour d'une course à *Yi-tcheou*, est mort dans le désert; la peau et la viande ont été abandonnées et n'ont pas été reçues; la marque a été enlevée et rapportée; après examen, [(les caractères en) sont entièrement détruits].

[Deux chevaux {un cheval] . . . / un cheval] . . .} Le 5ᵉ mois, le 27ᵉ jour (20 juin 670), pendant le retour d'une course à *Yi-tcheou*, sont morts dans le désert; la peau et la viande ont été abandonnées et n'ont pas été reçues; les marques ont été enlevées et rapportées; après examen, elles sont entièrement détruites.

[Un cheval . . . Le 5ᵉ mois,] le 28ᵉ jour (21 juin 670), envoyé en course à *Yi-tcheou*, (y) est mort, la peau et la viande ont été vendues moyennant 6 pièces de cuivre [qui ont été remises au garde-magasin].

L.5.   Le rouleau contenait à la fois le 4ᵉ et le 5ᵉ mois de la deuxième année *tsong-tchang* et de la première année *hien-heng*: le fragment ci-dessus pourrait par conséquent appartenir aussi bien à l'une qu'à l'autre année et se placer entre le mois de juin 669 et le mois de janvier 671.

   Je le considère comme appartenant à la première année *hien-heng* parce que c'est à elle qu'appartiennent tous les fragments de date certaine et qu'ils se suivent à peu d'intervalle. Il semble que la personne qui a fait une paire de souliers avec ce rouleau n'en a utilisé que la seconde moitié: il l'a d'abord divisée en carrés ou en rectangles presque carrés, qu'il a ensuite découpés chacun suivant le modèle.

L.5-7, 8. 撿 分 明 cf. ci-dessus 2 (02.c) l. 1–2 et 3 (03.c), l. 4.

L.9.   銅 錢 monnaie de cuivre, cf. ci-dessus 4 (02.d), p. 132, note l. 5.

6.—02. b.

「一 疋」瓜 敦 　 五 月 廿 八 日 送「使 ○ ○ 磧 內 死」皮 肉 棄 不 收
一 疋 赤 敦 　 五 月 廿「八 日」從 伊 州 使 廻 磧 內 死 皮 肉 棄 不 收 剝 印 將 使 撿 明 毀 訖
「一 疋 ○ ○」　 五 月 廿 九 日 從 伊 州 使 廻 磧 內 死 皮 肉 棄 不 收 剝 印 將 來 撿 明 毀 訖

[Un] cheval hongre jaune à museau noir. Le 5ᵉ mois, le 28ᵉ jour (21 juin 670), envoyé en course à [. . . est mort dans le désert]; la peau et la viande ont été abandonnées . . .

Un cheval hongre bai. Le 5ᵉ mois, le 2[8 ou 9]ᵉ jour (21 ou 22 juin 670), pendant le retour d'une course à *Yi-tcheou*, est mort dans le désert; la peau et la viande ont été abandonnées et n'ont pas été reçues; la marque a été enlevée et rapportée; après examen, elle est entièrement détruite.

[Un cheval . . .] Le 5ᵉ mois, le 29ᵉ jour (22 juin 670), pendant le retour d'une course à *Yi-tcheou*, est mort dans le désert; la peau et la viande ont été abandonnées et n'ont pas été reçues; la marque a été enlevée et rapportée; après examen, elle est détruite.

Ce fragment fait suite au précédent, probablement sans lacune, bien qu'il ne se rajuste pas à lui.

7.—03. e.

「一」疋 者 白 敦 　 九 月 廿「○ 日 …… 死 ……」納 庫 訖
「一」疋 瓜 敦 　 閏 九 月 四「日 在 槽 死 肉 賣 與 ○ ○ ○ 得 錢 ○」文 送 司 倉 訖
「一 疋 ○」敦 　 閏 九 月 六 日「在 槽 死 肉 賣 與 ○ ○ ○ 得 錢 伍 文 送 司 倉 訖
一 疋」騮 敦 　 閏 九 月 十 四 日「在 槽 死 肉 賣 與 ○ ○ ○ 得」錢 肆 文 送 司 倉 訖
「一 疋」ˣ赤 敦 （閏）九 月 十 五 日 在 槽 死 肉 无 人 ˣ賣 棄 不 收 皮 納 庫 　 '在 槽'
　 　 '合 ○'
「一 疋 ○」ˣ敦 　 十 月 四 日 在 槽 死 肉 賣 與 都 買 奴 得 錢 貳 文 送 司 倉 皮 納 庫
「一 疋 ○ ○」　 十 月 五 日 在 槽 死 肉 賣 與 郭 朱 多 得 錢 貳 文 送 司 倉「訖」
一 疋 ○ ○ 　 十 月」六 日 在 槽 死 肉 賣 與 曹 憻 相 得 錢 ○ 文 送「司 倉 訖」
「一 疋 ○ ○ 　 十 月 ○ 日 在 槽」死 肉 賣 與 ○「○ ○ 得 錢 ○ 文 送 司 倉「訖」

[Un] cheval hongre blanc. Le 9ᵉ mois, le vingt[. . . ième jour, mort . . . la peau a été] versée au trésor.

[Un] cheval hongre jaune à museau noir. Le 9ᵉ mois intercalaire, le 4ᵉ [jour (23 octobre 670), est mort à l'écurie; la viande a été vendue à . . . moyennant . . .] pièces de monnaie qui ont été remises au garde-magasin.

[Un cheval] hongre . . . Le 9ᵉ mois intercalaire, le 6ᵉ jour (25 octobre 670), [est mort à l'écurie; la viande a été vendue à . . . moyennant] 5 pièces de monnaie qui ont été remises au garde-magasin.

[Un] cheval hongre gris tacheté de blanc. Le 9ᵉ mois intercalaire, le 14ᵉ jour (2 novembre 670) [est mort à l'écurie; la viande a été achetée par . . . moyennant 4 pièces de monnaie; la peau a été versée au trésor.

5   [Un] cheval hongre bai. Le 9ᵉ mois intercalaire, le 15ᵉ jour (3 novembre 670), est mort à l'écurie; [la viande n'ayant pas trouvé] d'acheteur a été abandonnée et n'a pas été reçue; la peau a été versée au trésor. (*à l'encre rouge:*) [Morts] à l'écurie ensemble . . .

[Un cheval hongre.] Le 10ᵉ mois, le 4ᵉ jour (21 novembre 670), est mort à l'écurie; la viande a été achetée par *Chan Mai-nou*(?) moyennant 2 pièces de monnaie qui ont été remises au garde-magasin; la peau a été versée au trésor.

[Un cheval . . .] Le 10ᵉ mois, le 5ᵉ jour (22 novembre 670), est mort à l'écurie; la viande a été achetée par *Kouo Tchou-touo* moyennant 2 pièces de monnaie qui ont été remises au garde-magasin . . .

[Un cheval . . . Le 10ᵉmois,] le 6ᵉ jour (23 novembre 670), est mort à l'écurie; la viande a été achetée par *Ts'ao T'an-siang* moyennant . . . pièces de monnaie qui ont été remises [au garde-magasin . . .]

[Un cheval . . . Le 10ᵉ mois, le . . . jour, est mort à l'écurie]; la viande a été achetée par . . . moyennant . . . pièces de monnaie qui ont été remises au garde-magasin . . .

L.1.   Le mot illisible après la lacune est 皮 ou 來: dans le premier cas, le cheval est mort à l'écurie, la viande a été vendue et la peau a été versée au magasin, cf. l. 4; dans le deuxième cas, l'animal est mort en course, à l'aller ou au retour, dans le désert, la viande a été abandonnée, la peau a été rapportée et versée au magasin, cf. 5 (03.b), l. 3.

L.5.   (閏) caractère oublié par le scribe et ajouté par lui après coup en haut à droite de 九, en une encre plus claire, probablement en relisant.

    A la fin de la ligne, à l'encre rouge, récapitulation des chevaux morts à l'écurie dans le mois.

8.—02. e.

一疋留敦   十月十日在槽死肉賣與楊武隆得錢貳文送「司倉訖」

Un cheval hongre bai à crinière noire. Le 10ᵉ mois, le 10ᵉ jour (27 novembre 670), est mort à l'écurie; la viande a été achetée par *Yang Wou-long* moyennant 2 pièces de monnaie qui ont été remises [au garde-magasin . . .]

9.—02. a.

一疋瓜敦   十月廿八日從伊州使廻磧內死肉棄不收剝皮「將來納庫訖」
一疋騟敦   十一月十三日送使伊州死肉賣得銅錢伍拾文付……皮納後徵未納
一疋瓜敦   十一月十三日從伊州使廻磧內死肉棄不收剝皮將來「納庫訖」

Un cheval hongre jaune à museau noir. Le 10ᵉ mois, le 28ᵉ jour (15 décembre 670), pendant le retour d'une course à *Yi-tcheou*, est mort dans le désert; la viande a été abandonnée et n'a pas été reçue; la peau a été enlevée, [rapportée et versée au trésor].

Un cheval hongre alezan. Le 11ᵉ mois, le 13ᵉ jour (30 décembre 670) envoyé en course à *Yi-tcheou*, (y) est mort; la viande a été vendue moyennant 50 pièces de monnaie de cuivre . . . la peau a été versée . . .   . . . n'a pas encore été versée. . .

Un cheval hongre jaune à museau noir. Le 11ᵉ mois, le 13ᵉ jour (30 décembre 670), pendant le retour d'une course à *Yi-tcheou*, est mort dans le désert; la viande a été abandonnée et n'a pas été reçue; la peau a été enlevée, rapportée [et versée au magasin . . .]

L.2.   銅錢伍拾文. La somme est beaucoup plus élevée que le prix ordinaire de la viande des chevaux morts.

10.—03. a.

一疋駱敦「十〇月　日……磧內死肉棄不」收剝皮將來納庫
一疋留敦　十「〇月　日　磧內死肉棄不收剝」皮將來付蕤蓉〇
一疋赤敦「十二月　日　磧內死肉棄不」收剝皮將來納「庫」
一疋駱白敦　十二月「〇〇日在槽死肉賣與〇〇〇」得錢貳文送司倉

5　一疋駐敦　十二月「〇〇日……」
前從總章二年四月一日至咸亨元ˣ年「十二月廿九日」
已前死馬〇及皮價〇總壹阡玖「伯伍拾陸文」

送司倉　　十九文得報
　　　　　一千八百二文未得報
　　　ˣ百卅五文　銀　錢

Un cheval hongre blanc à crinière noire. [Le (11e ou 12e) mois, le . . . jour, . . . est mort dans le désert; la viande a été abandonnée et n'a pas] été reçue; la peau a été enlevée, rapportée et versée au trésor.

Un cheval hongre à crinière noire. Le (11e ou 12e) [mois, le . . . jour, . . . est mort dans le désert; la viande a été abandonnée et n'a pas été reçue;] la peau a été enlevée, rapportée et remise . . .

Un cheval hongre bai. [Le 12e mois, le . . . jour, . . . est mort dans le désert; la viande a été abandonnée et n'a pas été] reçue; la peau a été enlevée, rapportée et versée au [trésor].

Un cheval hongre blanc à crinière noire. Le 12e mois, [le . . . jour, est mort à l'écurie; la viande a été achetée par . . .] moyennant 2 pièces de monnaie qui ont été remises au garde-magasin.

Un cheval hongre tacheté de noir. Le 12e mois, [le . . . jour . . . est mort . . .]

Ci-dessus, du premier jour du 4e mois de la 2e année *tsong-tchang* (5 mai 669) au [29e jour du 12e mois] de la 1e année *hien-heng* (14 février 671).

Prix des peaux des chevaux morts ci-dessus, au total, 19 [56 pièces de monnaie] qui ont été versées au garde-magasin.

19 pièces de monnaie	reçu la quittance
1802 pièces de monnaie	pas encore reçu la quittance
135 pièces	monnaie d'argent.

Registre du Magasin de l'Administration des Chevaux
pour la 10e annee *k'ai-yuan* (722)

Nº 299.—Ast. III. 3. 036. 299

Fragment d'un rouleau; complet en haut à gauche avec la marge supérieure, déchiré en haut à droite; déchiré en bas, ainsi qu'à droite et à gauche. Hauteur: 286 mm.

………………〇時撿勘丨………………… 如前〇
「開元」十年閏五月　日典張從收
週奕押〇

5　　　　　　　　　　　　　　廿六日

長行坊
合閏五月廿五日長行死馳馬驢牛騍羊皮駿尾筋腦羊丨〇緊膜應在
及見在惣貳阡伍伯壹拾伍〇張羊丨……碩貳㪷〇〇黃礬〇〇〇〇

10　〇〇子牛丨……疋小練伍「阡」參伯陸拾〇柒伯丨……拾」玖張牸馬皮
…………………丨…………壹伯貳拾玖張驢皮丨玖拾肆張小羊皮〇

15　〇〇張」牛皮壹阡「〇伯〇拾」壹張驢皮　　〇拾玖張緊膜……丨貳
伯捌拾行駿尾　　　　貳伯玖拾……丨壹碩肆㪷肆勝牸　　壹
伯柒…………丨壹㪷柒勝地揄　　　貳勝伍合茝…………丨壹㪷
柒勝油　　貳拾伍疋大練……丨參伯陸拾　柒伯玖拾捌文錢……

20　…………丨壹阡伍伯貳拾參行張肆兩錢…………

. . . .

10e année *k'ai-yuan*, 5e mois intercalaire, . . . jour (juin–juillet 722), le magasinier *Tchang Tsong* a reçu.

Signé . . .

26e jour (14 juillet 722).

Pacage (d'animaux) de longs parcours.

Ensemble, au 5e mois intercalaire, 25e jour (13 juillet 722), peaux des animaux de longs parcours morts, chameaux, chevaux, ânes, bœufs, mulets, moutons; queues de cheval, tendons, crânes, laine pressée(?) de mouton qui doivent se trouver et se trouvent actuellement (en magasin): en tout, 2515 peaux $\frac{1}{2}$ . . . *che* 2 boisseaux; . . . alun . . . ; pièces de satin; 3560 . . . , 700 . . . [peaux de chameaux?] . . . [1]9$\frac{1}{2}$; peaux de chevaux, . . . 129; peaux d'ânes, 94; peaux de moutons . . . ; peaux de bœufs, 1000; peaux de mulets . . . 19; . . . 280; queues de cheval, 29[0 . . .]

1 *che* 4 boisseaux 4 *cheng* de riz	17 . . .
1 boisseau 7 *cheng* de *ti-yu*	2 *cheng* 5 *ko* de haricots . . .
1 boisseau 7 dixièmes d'huile	15 rouleaux de satin . . .
360 ; 798 sapèques . . .	
1523 peaux, 4 onces.	

Débris d'un registre de magasin, contenant d'une part les peaux d'animaux morts, de l'autre quelques denrées, grains, huile, étoffes, etc., conservées dans ce magasin pour l'Administration des Chevaux *ma-tcheng* ou pour le relais postal du chef-lieu du Gouvernement-Général.

N° 300.—Ast. III. 3. 041.   300

Nombreux petits débris d'un rouleau de papier, la plupart non inscrits; sept portent quelques caractères.

I.   …… ○ 在馲馬 …… | …… ○ 頭驢卅九頭……
II.   …… ○ 疋兩 | …… 將軍妻及男 | …… 敦十二歲
III.   …… 行長……
IV.   …… 父緊膜駿尾八觔胐 …… | …… 桼 …… | …… 油麻子米
V.   ……˟馲馬牛˟驢 | …… ○ 在婁貝牛……
VI.   …… 玖拾……
VII.   …… 會地揄 …… | …… ○ ○ 拾 ○ ……

Registre des Enquêtes sur les chevaux morts
pour la 1e année *chen-long* (705)
SECOND MOIS

N° 301.—Ast. III. 4. 095.   301

Portion d'un rouleau de papier, complet en haut et en bas, coupé régulièrement à droite et à gauche. Hauteur: 287 mm.; longueur: 1 m. 40.

任將狀上鎮任爲公驗者馬旣不在鎮死錄右言狀牒縣任爲

公驗者丞判長行官馬送使北庭廻至金娑便稱致死

懸信鎮牒未可依從以狀錄申聽裁者謹依狀申

  令 ˟在˟州

5   丞 ○楷

  兵曹件狀如前 謹 錄 依 申 請 裁 謹上

       神龍元年二月廿九日 尉 使

  充足不病之馬送使豈得稱 }
  殂只應馬子奔馳所以得茲 } en gros caractères

10 　　　　錄事張德行
死損下縣追馬子幷勒賠馬 } en gros caractères
連×譽
　　　　佐王智咸
　　　　　　　　使
15 　　　　　史
三月九日　　錄事　○　受
參軍攝錄事參軍　　思　付
連×譽
　　　　十三日
天山縣　　　　為申州槽送使長行馬在路致死所由具上事
20 　州槽長行馬　一疋赤敦
右得馬夫令狐嘉寶辞稱被差逐上件馬送使主何思敬乘往焉者却 廻
其馬瘦弱乏困行至縣西卅里頭磧內轉困幸不前進遂即致死即
是長行不敢緘默請撿驗處分者付坊差主與馬子同往撿不有他
故狀言者得槽頭許文節狀稱准判差槽頭許文節往撿前件馬縣西
25 卅里頭乏困致死撿無他故有實狀上者今以狀申
州槽長行馬壹疋青念敦
右同前得馬夫令狐弘寶辞稱被差逐上件馬送使主何思敬往焉者廻
至銀山西卅里乏困瘦弱致死謹連銀山鎮公驗如前請申州者依○
30 銀山鎮狀得馬子令狐弘寶辞稱從州逐上件馬送使主往焉者今
廻至此鎮西卅里頭前件馬遂即急黃致死即是官馬不敢緘默
請撿驗處分者付健兒主師董節就撿不有他故以不狀言者准
判就撿馬急黃致死有實又無他故遠主箱腿上長行字印者
馬即致死不虛其肉任自出賣得真言者今得馬子令狐弘寶狀稱
35 其馬在鎮西卅里頭死磧內無主可買只能剝皮將來其肉不能勝
致遂即弃擲今將皮到者准狀牒馬子任為公驗者仍勒馬子自將
皮往州呈驗者今以狀申
以前件狀如前者以狀錄申仍勒馬子自賣馬皮赴州輸納
者縣已准狀勒馬子領馬皮赴州輸納訖今以狀申
40 令闕　　　　　　　　　丞向州
都督府兵曹件狀如前謹依錄申請裁　　　　謹上
　　　　神龍元年三月二日　主簿判尉　常思獻
○撿皮兩張到典　　　張從
准前譽
45 　　　　錄事　粟仁禮
　　　　佐范立爽
　　　　史　向州

. . . fera une requête adressée au fort demandant une enquête publique (pour déterminer) si le cheval n'était pas dans le fort quand il est mort. Nous avons enregistré la requête ci-dessus et l'avons transmise à la sous-préfecture pour que soit faite l'enquête publique. L'adjoint (du sous-préfet) a décidé que le cheval public de longs trajets qui avait été envoyé à *Pei-t'ing*, au retour en arrivant à *Kin-so*, a été déclaré mort. Si on en croit la lettre du fort, on ne peut ajouter foi (à la décision de la sous-préfecture). Je transmets cette requête pour obtenir une décision de votre part. Requête respectueusement adressée.

5　　　Le sous-préfet, (absent) est à la préfecture
　　　L'adjoint (au sous-préfet)　[*Yuan*]-*kiai*

La requête ci-dessus du Bureau Militaire est transmise pour obtenir une décision de votre part. Respectueusement présenté.

1ᵉ année *chen-long*, 2ᵉ mois, 29ᵉ jour (6 avril 705). Le *wei* . . .

Un cheval solide et qui n'est pas malade, quand il est envoyé en course, comment pourrait-il être déclaré mort? Ce doit être que le palefrenier l'a fait courir; c'est pourquoi maintenant il est mort causant une perte (à l'administration). Ordre à la sous-préfecture de poursuivre le palefrenier et de l'obliger à payer le prix du cheval.

(Signé:) *Lien-yu*
Le Sous-chef de bureau, *tso, Wang Tche-hien*

(Entre la 2ᵉ et la 3ᵉ ligne): Le greffier: *Tchang Tö-hing.* . . .

10   3ᵉ mois, 9ᵉ jour (15 avril). Le greffier a reçu.

Le chef du bureau chargé des fonctions de chef du bureau du greffe, *Sseu* a remis.

Lien-yu

13ᵉ jour (19 avril 705).

Sous-préfecture de *T'ien-chan*.

Aux fins de faire connaître les causes de la mort en route d'un cheval de longs trajets de l'écurie de la préfecture envoyé en course. Cheval de longs trajets des écuries de la préfecture, un cheval hongre bai.

(Au sujet du cheval) ci-dessus, nous avons reçu la déposition du palefrenier *Ling-hou Kia-pao*
20   disant qu'il a été envoyé avec le cheval ci-dessus désigné pour accompagner Monsieur *Ho Sseu-king* qui se rendait en voiture à *Yen-k'i*. Au retour, son cheval était amaigri et affaibli par la fatigue. En arrivant à 30 *li* à l'ouest de la sous-préfecture (de *T'ien-chan*), dans le désert, il a roulé d'épuisement; en le tirant, (le palefrenier) ne pouvait le faire avancer; à la suite de quoi il mourut. Comme c'est un cheval de longs trajets, il n'ose garder le silence et prie qu'on fasse une enquête pour des sanctions. Nous avons chargé le chef par délégation du haras, *fang tch'a-tchou*, et un palefrenier de faire ensemble une enquête; (après enquête,) il n'y a pas d'autre cause (de mort) que celle dont il est parlé dans la requête.

Nous avons reçu une requête du chef d'écurie *Hiu Wen-tsie* déclarant que conformément à la décision, on a envoyé le chef d'écurie *Hiu Wen-tsie* faire une enquête sur la mort par suite de fatigue du cheval ci-dessus désigné à 30 *li* à l'ouest de la sous-préfecture. Après enquête, (il déclare qu')il n'y a pas d'autre cause, c'est la vérité. Telle est sa requête. Maintenant nous vous transmettons sa requête.

Écurie de la préfecture. Cheval de longs trajets, un cheval hongre gris et pommelé.

Au sujet du cheval ci-dessus, nous avons reçu la déposition du palefrenier *Ling-hou Hong-pao* déclarant qu'il a été envoyé avec le cheval ci-dessus désigné pour accompagner Monsieur *Ho Sseu-king* qui se rendait à *Yen-k'i*. Au retour en arrivant à 30 *li* à l'ouest du fort de *Yin-chan*, (le cheval) affaibli et amaigri par la fatigue est mort. Il s'est adressé respectueusement au fort de *Yin-chan* pour une enquête publique. Prière de transmettre à la préfecture la déposition ci-dessus.

D'après la requête du fort de *Yin-chan*: "nous avons reçu la déposition du palefrenier *Ling-hou*
30 *Hong-pao* déclarant qu'il était venu de la préfecture avec le cheval ci-dessus désigné pour accompagner un Monsieur qui se rendait à *Yen-k'i*. Maintenant au retour, en arrivant à 30 *li* à l'ouest de ce fort, le cheval ci-dessus désigné a été pris subitement d'un anthrax dont il est mort. Comme c'est un cheval de l'administration, il n'ose pas garder le silence et prie qu'il soit fait une enquête publique aux fins de sanctions. Nous avons chargé le chef de détachement des Braves, *kien-eul tchou-chouai, Tong Lang* d'aller faire une enquête (pour déterminer) s'il n'y a pas d'autre cause (de mort) dont il n'a pas été parlé dans la requête. Conformément à cette décision, il est allé faire une enquête (et déclare que) le cheval est mort subitement d'un anthrax. C'est la vérité et il n'y a pas d'autre cause; sur la cuisse du côté éloigné, (se trouve) la marque (faite) des caractères *tch'ang-hing* (longs trajets). C'est ce qui a été cause de sa mort; ce n'est pas un mensonge. La viande aurait dû être mise en vente pour obtenir

35 un prix. Maintenant nous avons reçu la requête du palefrenier *Ling-hou Hong-pao* déclarant que son cheval étant mort à 30 *li* à l'ouest du fort, dans le désert, il n'y avait personne pour acheter; tout ce qu'il a pu faire a été d'enlever la peau et de la rapporter; la viande ne pouvait être rapportée et par suite il l'a laissée. Maintenant il est arrivé rapportant la peau. Conformément à la requête, le palefrenier a été l'objet d'une enquête publique. Il a été donné ordre au palefrenier d'aller avec la peau à la préfecture pour faire connaître (l'accident) et subir l'enquête. Maintenant nous faisons connaître (l'affaire) par cette requête.

La requête au sujet de l'affaire précédente ayant été transmise, il a été ordonné au palefrenier de se charger de la peau du cheval et de se rendre à la préfecture pour la verser (au magasin). La sous-préfecture a donné ordre au palefrenier de porter la peau à la préfecture et de la verser. Maintenant nous faisons connaître l'affaire par cette requête.

Le sous-préfet: manquant. L'adjoint (au sous-préfet) est allé à la préfecture.

La requête ci-dessus du Bureau Militaire du Gouvernement Général est respectueusement présentée, avec prière de prendre une décision.

1e année *chen-long*, 3e mois, 2e jour (8 avril 705). Le comptable *Tch'ang Sseu-hien*.

Reçu et vérifié deux peaux: l'archiviste, *Tchang Tsong*.

45

Le greffier, *Sou Jen-li*

Le sous-chef du bureau, *tso*, *Fan Li-chouang*

Le scribe, *che*, parti pour la préfecture.

Un des fragments du registre où étaient copiées in extenso, à leur date d'arrivée, toutes les pièces, rapports, enquêtes, dépositions de témoins, etc., relatives aux circonstances de la mort de chevaux de poste en cours de route; les autorités ont ajouté de leur main des notes additionnelles, décisions, etc., après coup dans les vides, généralement au-dessus des dates et des signatures des copistes.

Le fragment se rapporte à deux enquêtes:

I. L.1–18. Enquête sur la mort d'un cheval survenue sur la route de *Si-tcheou* (Kharakhōja) à *Pei-t'ing* (près Guchen); le début manque. C'est l'itinéraire décrit dans le *Sin T'ang chou*, k. 40, 10b, voir trad. CHAVANNES, *Documents sur les Tou-kiue (Turcs) Occidentaux*, p. 11: "En partant de la sous-préfecture de *Kiao-ho* 交河 (Yār-khoto), et en se dirigeant vers le nord pendant 80 *li*, on trouve l'hôtellerie de *Long-ts'iuan* 龍泉館; puis au nord on entre dans une gorge montagneuse et au bout de 130 *li* on passe par *Lieou-kou* 柳谷 et on franchit les monts *Kin-cha* 金沙嶺; au bout de 160 *li* on passe par le poste chinois de *Che-houei* 石會漢戍 et on arrive à la ville du Protectorat-Général de *Pei-t'ing*". Le *Si-tcheou t'ou-king* 西州圖經 (*Ming-cha che-che yi-chou* 鳴沙石室佚書, fasc. 3, 38b) donne à cette route le nom de Route de *T'o-ti, T'o-ti tao* 他地道.

II. Enquête sur la mort d'un cheval survenue sur la route de *Si-tcheou* à *Yen-k'i* (Kharashahr): c'est l'itinéraire décrit dans le *Sin T'ang chou*, k. 40, 8b, trad. CHAVANNES, *op. cit.*, p. 6: "En partant de la sous-préfecture de *Kiao-ho* vers le sud-ouest, on trouve les deux villes de *Nan-p'ing* 南平 et *Ngan-tch'ang* 安昌; à 120 *li* de là, on arrive à la ville de *T'ien-chan* 天山; de là au sud-ouest, on entre dans une gorge montagneuse et on trouve le désert de *Lei-che* 礌石 et, au bout de 220 *li*, on arrive au désert de *Yin-chan* 銀山 (montagne d'argent); 40 *li* plus loin on arrive à l'hôtellerie de *Lu Kouang* 呂光 qui est à la frontière du royaume de *Yen-k'i*", etc. Le *Si-tcheou t'ou-king*, 39a, donne à cette route le nom de Route des Monts d'Argent, *Yin-chan tao* 銀山道.

L.1. 鎮 "le fort" et 縣 "la sous-préfecture". Les noms ne sont pas donnés dans le fragment subsistant; mais comme la mort est survenue pendant le voyage de retour à *Kin-so* 金娑 (=*Kin-cha*), montagne située juste au nord de *Lieou-kou*, c'est certainement du fort de *Lieou-kou* 柳谷鎮 qu'il s'agit ici; le *T'ang chou* ne qualifie pas *Lieou-kou* de fort, *tchen*, mais cette désignation se trouve dans un autre fragment du Registre, cf. ci-dessous, n° 302, l. 5, 8. Quant à la sous-préfecture, c'est, je pense, *Kiao-ho*, dont dépendait le fort de *Lieou-kou*.

L.2. 金娑 *Kin-so* est le Kin-cha ling 金沙嶺 du *Sin T'ang chou*, k. 40, 10b.

L.6. 兵曹: C'est du Bureau Militaire que dépendait le service postal dans les départements et dans les Gouvernements-Généraux, voir ci-dessus, p. 89.

L.8–12. Décision au sujet de la responsabilité du palefrenier: il devra rembourser le prix du cheval. Sur cette responsabilité, voir *T'ang-lu chou-yi*, k. 15, 2a, et ci-dessus, p. 90; cf. p. 91.

L.12. 連譽 *Lien-yu* (?) La personne qui prend la décision et qui signe (ici et ailleurs) peu lisiblement de son nom personnel, sans nom de famille et sans titre, est le chef du Bureau Militaire *Tch'eng Lien-yu* 程連譽, voir ci-dessous, n° 302, l. 42.

L.13. 佐 *tso* "le sous-chef de bureau". Puisque (*Tch'eng*) *Lien-yu* est le chef du Bureau Militaire, ce fonctionnaire est l'un des sous-chefs du même bureau.

L.19. 天山縣 la sous-préfecture de *T'ien-chan* est aujourd'hui Toksun, voir ci-dessus, p. 84. Le premier caractère est écrit avec la graphie inventée par l'impératrice *Wou-heou* 武后.

L.21. 焉耆 *Yen-k'i*, aujourd'hui Kharashahr, alors siège du Protectorat-Général de Pacification de l'Occident, *Ngan-si tou-hou fou* 西安都護府.

L.28. 銀山 *Yin-chan*, "monts d'argent", aujourd'hui Kumush-tāgh, montagnes dans le désert à 220 *li* de *T'ien-chan*, voir CHAVANNES, *op. cit.*, 6–7.

L.29. 銀山鎮 "le fort de *Yin-chan*", n'est pas cité dans le *T'ang-chou*.

L.32. 健兒主帥 "le chef de détachement des Braves". Sur les Braves, *kien-eul*, voir ci-dessus, n° 297, p. 128. J'ai traduit le titre par "chef de détachement" parce que c'est le nom qu'il me paraît avoir dans le seul texte où je l'aie rencontré, le *Tang lieou-tien*, k. 25, 13b; mais je n'en suis pas certain. On trouve les deux formes *tchou-chouai* 主帥 et *tchou-che* 主師: j'ai adopté régulièrement la première qui est celle du *Tang lieou-t'ien*; mais je ne suis pas sûr que ce soit la forme correcte.

L.33. 黃＝癀 *houang*, anthrax; le *Kouang yun* 廣韻, s.v. 癀, donne comme explication 疽病 *ts'iu-ping*, et le *Tcheng-tseu t'ong* 正字通 distingue le furoncle large et superficiel appelé *yong* 癰 de l'anthrax profond appelé *ts'iu* 疽.

遠主箱腿上長行字印者. L'enquêteur vérifie la marque pour identifier le cheval: il faut être sûr que le palefrenier n'a pas vendu ou échangé le cheval qui lui avait été remis et ne présente pas le cadavre d'un cheval de même poil qu'il a trouvé mort ou mourant. L'examen des marques prouve que le cheval mort appartient bien au service postal. D'ordinaire, on exige que le palefrenier rapporte à *Kao-tch'ang* la peau de l'animal mort pour la vérification des marques.

L.41. 主簿判尉. Je prends *p'an-wei* 判尉 comme ayant le même sens que *p'an-kouan* 判官: ceux-ci étaient chargés du contrôle des employés de bureaux d'un haut fonctionnaire; je suppose que les *p'an-wei* avaient un rôle analogue auprès des bureaux de fonctionnaires locaux; mais je ne connais pas ce titre dans l'administration locale des *T'ang*.

TROISIÈME MOIS

N° 302.—Ast. III. 4. 094.   302

Portion d'un rouleau; morceau complet en haut et en bas, déchiré à gauche et à droite. Le rouleau est formé de documents divers collés les uns à la suite des autres: il y a trois collages, 1° entre les lignes 4–5; 2° entre les lignes 21–22; 3° entre les lignes 32–33. Au dos, signature à cheval sur chaque endroit collé. Hauteur: 283 mm.; longueur: 1335 mm.

```
                              「三」月○日        「錄事○○」
                              參軍攝錄事參軍○○○
                                       ○○○
                                              十三日

  5        柳谷鎮                  狀上州
           西州長行迴馬壹疋        赤驃敦拾歲
           右撿案內得馬子高懷辭稱先從西州領得前件馬送
           使往至北庭今月廿八日却迴至柳谷鎮停經三日飼
           餧漸發白酸來其馬行至鎮南五里忽即急黃致死
  10       即是長行請乞撿驗者右奉判馬即致死宜差典孫
           俊高廣等就撿其馬不有他故以不狀言者其上件馬
           行至鎮南五里急黃致死有實亦無他故者其馬致死撿
           即無他故仍勒馬子自錄皮肉收掌仍具錄申州今以狀上聽裁
           「兵曹」件狀如前      件牒
  15       ○撿皮壹張到典      神龍元年三月一日      典孫懷俊          牒
           ×德×義                                攝兵曹參軍  張才義
         ┌皮雖撿                付司沼應
en gros  ┤到肉價不來牒所由
caractères└徵○      三月九日錄事    ○    受
  20               參軍攝錄事參軍  思 ○
                   週×譽          十三日
```

馬坊
　長行馬一疋念草　　　　　　　　　一疋赤敦
　　右件馬伊州使患瘵醫療不〇今　‘閏　五　月　敬’
25　　既致死請處分
　牒前狀　　如前　　謹牒
　　　　神龍元年三月　　日　典　魏　及　牒
　　　　　　　主師胡元慶
　　　　　　　押官果毅范元興

30　　　撿　何　故　　　沼應　　　〇
　　　　　　　　　　九　日
　兵曹　　　‘買人曹小奴　　　　　　買人〇×其’
　　長行馬　一疋念草　　　　　一疋赤敦　‘達’
　　　右件判令撿上件馬咨狀依撿
35　　前件馬撿無他故患瘵致死有
　　實
　牒件撿如前　　　　謹牒
　　　　神龍元年三月　　日×典×竹　應　牒
　怗槽出賣訖具上　　　　主師　　　胡元廣
40　　　　　　　　　　槽頭　　　翟德義
　　　　　　　　　　獸醫　　　曹智堅
　　　　　　　　　　兵曹參軍　程×連譽

　　　付　司　沼　應

Le chef de bureau chargé provisoirement des fonctions de chef de bureau du greffe . . .

. . . .

13e jour.

5　Fort de *Lieou-kou*.

Requête présentée à la préfecture (de *Si*).

Cheval de longs parcours du département de *Si*: un cheval hongre bai et jaune, 10 ans.

Au sujet du (cheval) ci-dessus, après examen du dossier. Nous avons reçu la déposition du pale-frenier *Kao Houai*, disant que précédemment il est parti du département de *Si* avec le cheval susdit, pour l'accompagner à *Pei-t'ing*. Le 28e jour de ce mois, au retour, en arrivant au fort de *Lieou-kou*, il s'y est arrêté pendant trois jours; quand il nourrissait (le cheval), celui-ci produisait un liquide acide blanc. En repartant, quand son cheval fut arrivé à 5 *li* au sud du fort (de *Lieou-kou*), soudainement
10 il fut atteint subitement d'un anthrax dont il mourut. Comme c'est un cheval de longs parcours, il prie qu'il y ait une enquête. A ce sujet, nous avons reçu l'ordre d'enquêter sur les causes de la mort de ce cheval; il convient d'envoyer les archivistes *Souen Tsiun*, *Kao Kouang*, etc., pour faire une enquête (et constater) s'il n'y a pas, (de la mort) de ce cheval, une autre cause dont il n'ait pas été parlé dans la requête. (Ils ont déclaré après leur enquête que) le cheval ci-dessus désigné étant arrivé à 5 *li* au sud du fort a été atteint subitement d'un anthrax dont il est mort; c'est la vérité et il n'y a pas d'autre cause. Après qu'il a été constaté que la mort de ce cheval n'avait pas d'autre cause, nous avons donné l'ordre au palefrenier d'enlever la peau et la viande pour les verser (au magasin). Puis nous avons copié (le dossier) pour le transmettre à la préfecture. Maintenant nous vous adressons cette requête pour obtenir une décision de votre part.

La requête ci-dessus [du Bureau Militaire].

15 Une peau (de cheval) à examiner est arrivée et a été enregistrée (Signé: le chef d'écurie, *Tchai*) *Tö-yi*.

1e année *chen-long*, 3e mois, 1er jour (29 mars 705).

L'archiviste *Souen Houai-tsiun*.

Le chef du bureau militaire par intérim *Tchang Ts'ai-yi*.

Remis . . . *Sseu Tchao-ying*.

Bien que la peau soit arrivée pour vérification, le prix de la viande n'est pas parvenu. Faire connaître les raisons et le toucher.   *Lien-yu*.

20   3ᵉ mois, 9ᵉ jour (6 avril 705) . . .

Le greffier . . . et a reçu.

Le chef du bureau chargé provisoirement des fonctions de chef de bureau du greffe . . .

Lien-yu 13ᵉ jour (10 avril 705).

Écurie.

Chevaux de longs parcours: une jument pommelée, un cheval hongre bai.

Les chevaux ci-dessus ayant été envoyés à la préfecture de *Yi* ont été atteints d'asthme; le vété-

25 rinaire n'a pu les (guérir); maintenant[1] ils en sont morts. Nous vous prions d'appliquer les sanctions.

1) In margin, the words 'intercalary fifth month, respectfully . . .'

Notifier la requête ci-dessus. Requête notifiée respectueusement.

1ᵉ année *chen-long*, 3ᵉ mois,   jour

L'archiviste *Wei Ki* a notifié.

Le chef de détachement *Hou Yuan-k'ing*.

Le commandant de cinq-cents hommes *Fan Yuan-hing*.

30 Faire une enquête sur la cause (de la mort)   *Sseu Tchao-ying*.

9ᵉ jour (5 avril).

Bureau militaire.

Chevaux de long parcours: une jument pommelée

Acheteur: *Ts'ao Siao-nou*

un cheval hongre bai

Acheteur: . . . *K'i*

(Signé:) *Ta*.

35   Nous avons reçu la décision ci-dessus, ordonnant de faire une enquête sur (la mort des) chevaux ci-dessus. Requête en réponse. Conformément (à la décision), nous avons fait une enquête sur (la mort des) chevaux ci-dessus; après enquête, il n'y a pas d'autre cause; ils ont été atteints d'asthme dont ils sont morts; c'est la vérité.

Notifier l'enquête ci-dessus.   Notification faite respectueusement.

1ᵉ année *chen-long*, 3ᵉ mois . . . jour, l'archiviste *Tchou Ying*   a notifié

a été mis en vente, demander

Le chef de détachement   *Hou Yuan-kouang*

Le chef d'écurie   *Tchai Tö-yi*

40   Le vétérinaire   *Ts'ao Tche-kien*

Le chef du bureau militaire   *Tch'eng Lien-yu*.

Remis   *Sseu Tchao-ying*.

Même registre que le précédent. Deux enquêtes:

III. Enquête sur la mort d'un cheval survenue pendant le trajet de *Si-tcheou* à *Pei-t'ing*, au retour; c'est le même trajet que dans l'enquête I (n° 301), et la mort est survenue à peu près au même endroit.

IV. Enquête sur la mort de deux chevaux survenue au cours du trajet de *Si-tcheou* à *Yi-wou* 伊吾 (Hāmi); sur cette route, voir ci-dessus, p. 86 sq.

L.5. 柳谷鎮 Fort de *Lieou-kou*, voir n° 301.

L.16. 德義 *Tö-yi* (?), pour le nom de famille et le titre, voir l. 40.

L.17–19. Note en gros caractères de la main du chef du bureau militaire *Tch'eng Lien-yu* pour réclamer des précisions au sujet du prix de la viande de l'animal mort.

L.22–25. 馬坊: Pacage. Les chevaux sont morts non pas en cours de route, mais au pâturage au repos entre deux courses, des fatigues de la course à *Yi-tcheou*. Le vétérinaire et les employés responsables demandent qu'on leur applique les peines prévues (voir ci-dessus, p. 90).

L.30. Autre note en gros caractères, qui me paraît être de la même main.

L.32. 買人曹小奴. 買人 ○ˣ其: les neuf caractères, écrits à l'encre rouge, ont été ajoutés après coup à droite de la l. 33, à côté de la description des deux chevaux auxquels ils se rapportent. Ce sont les personnes qui ont acheté la viande des chevaux morts.

L.40. Note en gros caractères.

L.44. 付司沼應. Quatre gros caractères cursifs. Je ne sais qui est ce personnage, quelle est sa fonction, ni même quel est son nom. Je prends *sseu* 司 comme son nom de famille, bien que ce soit un nom assez rare, parce que ce mot n'est pas un titre de l'administration provinciale; il se rencontre, il est vrai, dans celle des départements, *tchen*, mais même là il ne peut être employé tout seul. D'autre part, le rôle du personnage diffère suivant qu'on comprend "remis à *Sseu Tchao-ying*" ou "remis: (signé) *Sseu Tchao-ying*": dans le premier cas, c'est un garde-magasin, dans le second, c'est un fonctionnaire qui contrôle la remise d'une chose qui n'est pas spécifiée et qui peut être soit la peau du cheval, soit la requête relative à l'affaire. Comme les personnes qui signent elles-mêmes sur ce registre sont ordinairement, à ce qu'il me semble, des fonctionnaires assez élevés, je pense que c'est le fonctionnaire du service postal, peut-être le chef du relais postal, *yi-tchang* 驛長, qui a remis au bureau militaire la requête annonçant la mort des deux chevaux et demandant des sanctions et ensuite celle qui contient les résultats de l'enquête sur la mort des chevaux; mais ce n'est là qu'une simple hypothèse.

N° 303.—Ast. III. 4. 083 et 084 et 089.   303

Trois fragments d'un rouleau se rajustant: 083=lignes 1–9, partie supérieure; 084=lignes 5–18, partie inférieure; 089= lignes 10–17, partie supérieure.

(083)   (084)

```
    主師就撿ˣ不ˣ有「他故」……
    憖就撿其馬「急黃」致死……
    印將來其肉磧內無「主可賣放棄」
    不收聽裁者又得馬子「辞稱被差遂上件馬遂使主○」
5   賢至伊州迴至赤亭東卅五ˣ里其馬先蕩乏困死行不
    前遂即致死有實其肉不ˣ能勝致磧內無主可賣遂即
    棄擲不收者鎮將判馬即致死ˣ撿無他故其皮分付馬子將向州
    輸納其肉任自向前分雪以狀牒知任ˣ爲公驗故牒
     '○州應勾錄事李文惠○ˣ○'
10                          神龍元ˣ年三月廿四日史郭斌牒
     '令向州應○錄事李文惠○○'
              (089)              ˣ鎮將黎昌
    神龍元年四月        日  高昌縣人賈才敏陰運道等領
       長行馬一疋赤草ˣ            一疋留敦
15  府司才敏被差遂長ˣ行馬六疋遂使往伊
    州迴至赤亭戌東卅ˣ里頭前件馬忽患急
    黃致死爲在枯磧ˣ肉無人買皮見領來
    ……………… ○有公ˣ驗自餘五疋安全到
    ………………… ○ˣ …… 請裁 ○
```

le chef de détachement, est allé examiner: il n'y a pas [d'autre cause (de la mort du cheval)] . . . *tchö* est allé examiner: son cheval [a été atteint subitement d'un anthrax] dont il est mort . . . la marque a été enlevée et rapportée; quant à la viande, comme c'était dans le désert et qu'il n'y avait [personne pour l'acheter, elle a été abandonnée . . .] . . . n'a pas été reçue . . . De plus, nous avons reçu [le rapport] du palefrenier [disant qu'il] a été envoyé avec le susdit cheval accompagner . . . *Hien* jusqu'à
5 *Yi-tcheou*. Au retour à 35 *li* à l'est de *Tch'e-t'ing*, son cheval mourut de fatigue, il ne put plus avancer . . . c'est de cela qu'il mourut. C'est la vérité. La viande n'a pas pu être rapportée et comme c'était dans le désert et qu'il n'y avait personne pour l'acheter, elle a été abandonnée et n'a pas été reçue. Le chef du poste a rendu son jugement sur la cause de la mort du cheval: après examen, il n'y a pas

d'autre cause; pour la peau, il a ordonné au palefrenier de la rapporter à la préfecture et de la remettre (au magasin); pour la viande, il l'a chargé d'aller faire sa déclaration. Cette requête est destinée à vous faire connaître (l'affaire) afin qu'il y ait une enquête publique.

10 1e année *chen-long*, 3e mois, 24e jour (21 avril 705),

lettre du scribe *Kouo Pin*

Li Wen-houei . . .

le chef de poste *Li Tch'ang*.

La 1e année *chen-long*, le 4e mois, le . . . jour, *Kia Ts'ai-min, Yin Yun-tao*, etc., originaires de la sous-préfecture de *Kao-tch'ang* ont reçu:

chevaux de long parcours,   une jument baie   un cheval hongre roux

15 à crinière noire. L'employé (*Kia*) *Ts'ai-min* a été chargé d'accompagner 6 chevaux de long parcours et de les conduire à la préfecture de *Yi*. Au retour en arrivant à 30 *li* à l'est du poste de *Tch'e-t'ing*, le cheval susdit fut soudainement atteint d'un anthrax, dont il mourut. Comme c'était dans le désert, il n'y eut personne pour acheter la viande; la peau présentement a été rapportée . . . (pour qu') il y ait une enquête publique. . . Les 5 autres chevaux sont tous arrivés en bon état . . . je vous prie de prononcer le jugement. . .

Même registre. Une enquête incomplète.

V. Enquête sur la mort d'un cheval survenue au cours du trajet de *Si-tcheou* à *Yi-tcheou*

L.2. [急黃致死] est restitué d'après les lignes 15–16. Deux gros caractères 二 印 à l'encre rouge ajoutés après coup.

L.5. 赤亭 *Tch'e-t'ing* est un poste fortifié qui n'est connu que par ces documents. Il se trouvait évidemment à l'endroit où la route directe de Hāmi à Turfān sortait du désert, puisque le cheval dont il est question ici est mort dans le désert à l'est de ce poste; il devait être du côté de Chiktam. Il est appelé tantôt *tchen* 鎮 (l.7), tantôt *chou* 戍 (l. 16): or, en théorie au moins, un *tchen* est un poste fortifié plus important qu'un *chou*, puisque le rang du chef du premier, *tchen-tsiang* 鎮將, va suivant sa classe, de la classe inférieure du 6e degré principal 正六品上 à la classe inférieure du 7e degré principal 正七品上, tandis que le rang du second, *chou-tchou* 戍主, va de la classe inférieure du 8e degré principal 正八品下 à la classe inférieure du 9e degré principal 正九品下 (*T'ang lieou-tien*, k. 30, 18b–19a). *Tch'e-t'ing* devait être en réalité un *tchen*, car son chef est qualifié officiellement de *tchen-tsiang* dans la signature (l.12).

L.6. Deux gros caractères 二 印 à l'encre rouge ajoutés après coup.

L.9. Gros caractères à l'encre rouge ajoutés après coup d'une autre main.

N° 304.—Ast. III. 4. 085.

Fragment de rouleau; coupé aux ciseaux en haut et à droite; complet en bas. Le côté gauche est une fin de feuille et présente au dos des traces du collage original. Hauteur: 145 mm.; longueur: 305 mm.

```
……○里頭逐即急黃致死當即到戍陳｜「辭……戍司判撿公驗如前請
乞申州處分者  ……有實又問立應曹列等得疑遞使却迴｜「急黃」致
死當已於戍陳辭戍司差主帥安珎｜「就撿」○見在其肉醜爛不堪收者
以○｜「剝得」皮予輸納者今以狀申
    錄申請裁謹上
「神龍」ˣ元年三月廿九日主簿判尉常思獻    上
        錄事向州
```

étant arrivé] à . . . *li* [de . . .] il fut atteint subitement d'un anthrax dont il mourut. Alors, je me rendis au poste pour faire ma déposition. Le chef de poste ayant fait une enquête et une vérification publique, comme dit précédemment, prie de transmettre (sa requête) à la préfecture pour les sanctions . . . C'est la vérité.

De plus, ayant interrogé . . . *Ts'ao Lie*, etc., nous avons reçu leur déposition: Ayant été chargés de l'accompagner, au retour, [il fut atteint subitement d'un anthrax] dont il mourut; alors, nous allâmes au poste faire notre déposition. Le chef de poste donna ordre au chef de détachement *tchou-chouai*

Ngan Tchen   [d'aller faire une enquête; il déclara qu']actuellement la viande est pourrie et ne peut être emportée; il enleva la peau et la versa (au magasin). Maintenant, je présente cette requête.

Copié la requête avec prière de donner suite. Présenté respectueusement.

1e année [*chen-long*], 3e mois, 29e jour (25 avril 705). Le contrôleur (dépendant) du comptable, *Tch'ang Sseu-hien.*

Le greffier, *lou-che*, (absent) est allé à la préfecture.

Même registre; une seule enquête, incomplète.

VI. Enquête sur la mort d'un cheval, survenue au cours d'un trajet qui n'est pas spécifié dans les lignes qui subsistent, mais qui est peut-être le trajet de *Yi-tcheou*, l.1, 2.

L.1–2. 戍 (et encore l.5). Le mot *chou* "poste fortifié" suggère que le poste de *Tch'e-t'ing* 赤亭戍 était sur la route de *Si-tcheou* à *Yi-tcheou*, voir ci-dessus, n° 303; mais il y avait d'autres postes fortifiés sur d'autres routes.

L.2. 戍司: Le chef d'un poste fortifié est appelé *chou-tchou* 戍主 et non *chou-sseu* 戍司 dans le *T'ang lieou-tien*, k. 30, 19a, le *Sin T'ang chou*, k. 49B, 7b, et le *Kieou T'ang chou*, k. 44, 32a.

QUATRIÈME MOIS

N° 305.—Ast. III. 4. 086.   305

Fragment d'un rouleau; coupé aux ciseaux en haut, à droite et à gauche; complet en bas. Hauteur: 135 mm.; longueur: 400 mm.

```
…… 草死        一疋駱敦脇上方｜…… 上破抖瘦
…… 廿一日送張嘉義往北庭｜…… 脊破依問馬子董德々｜…… 嘉義
往北庭其駱馬｜…… ○升麥飯三升怱草｜…… 被俇更駅醬胡｜
…… 爲此駅重極馬死○｜…… 馬死及脊破即都護｜……
即  將去不悉｜…… 者謹連辯狀如前｜…… 過聽裁
              前如狀
        元年四月  日 典 張 及 ○
```

N° 306.—Ast. III. 4. 088.   306

Fragment d'un rouleau. Coupé aux ciseaux en haut, complet en bas; coupé à droite et à gauche. Hauteur: 135 mm.; longueur: 390 mm.

```
董德々年卅六……｜…… 怱草死    一疋駱敦瘦脇｜…… ○ˣ及脊破
月廿一日送張嘉義｜…… 得死及脊破旣｜…… 被差送張嘉義｜
…… 駅烏豆一石五升    麥｜…… ○駅爲豆一石被俇｜…… 一升半重
爲此駅○｜…… ○至北庭馬死脊破｜…… 嘉義旣○○將去｜
…… 外被問依實謹辯
…… 元年四月        日……
```

Les deux fragments sont le brouillon (086) et la copie (088) d'un même document qui semble pouvoir être reconstitué ainsi:

```
…… 馬子｜董德々    年卅六    「長行馬 一疋」怱草死    一疋駱敦
脇上方「破」…… 上破抖瘦
神龍元年三（?）月廿一日送張嘉義往北庭其怱草得死及脊破即依問
馬子董德々被差送張嘉義往北庭其駱馬駅烏豆一石五斗麥飯三升怱
草駅豆一石被俇更駅醬胡一斗半重爲此駅重極馬死ˣ脊「破」至北庭馬
死及脊破即都護○「張」嘉義即○○將去不悉外被問依實者謹連辯狀
如前…… 過聽裁
        前謹狀
神龍元年四月    日 典 龍 及 ○
```

. . . le palefrenier] *Tong Tö-tö*, 36 ans. Une jument pommelée. Morte. Un cheval hongre noir à crinière blanche. A sur le flanc une écorchure carrée, sur . . . une écorchure et est efflanqué.

La 1e année *chen-long*, le 21e jour du 3e(?) mois (18 avril 705), comme (*Tong Tö-tö*) accompagnait *Tchang Kia-yi* qui se rendait à *Pei-t'ing*, la jument pommelée mourut d'avoir l'échine écorchée.

D'après l'enquête, le palefrenier *Tong Tö-tö* fut chargé d'accompagner *Tchang Kia-yi* à *Pei-t'ing*. Le cheval noir à crinière blanche portait 15 boisseaux de haricots noirs et 3 *cheng* de farine de blé; la jument pommelée portait 10 boisseaux de haricots; de plus, elle portait 1 boisseau et demi de saumure. C'est à cause du poids extrêmement lourd de cette charge que la jument mourut et eut l'échine écorchée. En arrivant à *Pei-t'ing* la jument mourut, ayant l'échine écorchée. Alors, le Protecteur-Général . . . *Tchang Kia-yi*.

Après enquête extérieure, c'est conforme à la vérité.

1ᵉ année *chen-long*, 4ᵉ mois . . . jour.

Le comptable *Long Ki* (ou les comptables *Long* et . . .)

Même registre que les précédents; une seule enquête, incomplète.

　　VII.—Enquête sur la mort de deux chevaux survenue au cours du trajet de *Si-tcheou* à *Pei-t'ing*.

　　Les poids à faire porter par les chevaux du service postal, soit attelés, soit montés, étaient fixés par des règlements, voir ci-dessus, p. 91.

SANS DATE

Nᵒ 307.—Ast. III. 4. 074.　　　　　　　　　　　　307

Fragment d'un rouleau. Morceau coupé aux ciseaux en haut, complet en bas, déchiré à droite et à gauche. Au verso, restes de soie violette collée. Hauteur: 132 mm.; longueur: 192 mm.

```
　「右得馬子○○」達辞「稱被差逐上件馬」送
　「使主○○○乘」往伊州「迴至」赤亭鎮
　「東○里頭其馬」行不前乏困逐即致死
　「有實○○○○」馬一疋驅來至鎮即是官
5　「馬不致鍼獸」請鎮將判馬即致死營內差
　「○○○○往撿」狀言者依判差主師白文
　「就撿其馬致死」更無他故准能剝得皮
　「其肉至磧內無主」可賣運達不能勝致棄擲
　「今將皮到者　　　　　　　」長行使倉
```

[(Au sujet du cheval) ci-dessus,] reçu la déclaration [du palefrenier . . . disant qu'il a été envoyé avec le cheval ci-dessus désigné] pour conduire [maître . . . à cheval] à *Yi-tcheou*, et qu'[au retour, en arrivant à . . . *li* à l'est] du fort de *Tch'e-t'ing*, [ce cheval] n'a plus pu avancer et est mort de fatigue; [c'est la vérité . . .] un cheval, il l'a pressé du fouet pour aller au fort; comme c'est un cheval de l'administration, [il n'ose pas garder le silence et prie] le chef du fort de rendre son jugement sur les causes de la mort du cheval survenue sur le territoire du poste et d'envoyer [. . . vérifier sa déclaration]. Conformément, (le chef du poste) envoya le vétérinaire *Po Wen* [enquêter sur la cause de la mort du cheval]; comme il n'y avait pas d'autre cause (que celle indiquée par le palefrenier), il permit de l'écorcher et d'en apporter la peau; [quant à la viande, comme c'était dans le désert, qu'il n'y avait personne] pour l'acheter et que le transport était impossible, il l'a fait abandonner. [Maintenant, (le palefrenier) a apporté la peau qui a été versée] au magasin des chevaux de longs parcours.

Même registre; une enquête incomplète.

　　VIII.—Enquête sur la mort d'un cheval survenue au cours du trajet de *Si-tcheou* à *Yi-tcheou*.

Nᵒ 308.—Ast. 001.　　　　　　　　　　　　308

Ms. Bande de papier coupée aux ciseaux en haut, en bas et à droite, déchirée à gauche, pliée vers le milieu de façon à ce que le haut soit rabattu sur le bas, les caractères à l'extérieur, et collée; traces de soie collée sur la face externe à la pliure, à la hauteur des caractères 元 (première ligne) et 十 (7ᵉ ligne) ainsi que sur le bord de droite.

```
……押官　張元興　|……○○　|……所由牒　十四日|
……十四日　錄事○　|……○請徵到送報臂　|
……參軍付　|……「連」ˣ臂十五日|
```

. . . le *ya-kouan Tchang Yuan-hing*.

. . . les motifs de la requête.   14ᵉ jour

. . . le 14ᵉ jour, le greffier, *lou-che* . . . ; prière de faire parvenir et de nous informer. [*Lien*]-*yu*(?)
le *ts'an-kiun* . . . a remis.

[*Lien*]-*yu*.   15ᵉ jour.

Même registre; il ne reste que les signatures.

L.1. 押官 *ya-kouan* commandant de 500 hommes dans un fort, *tchen* 鎭 (*T'ang lieou-tien*, k. 5, 9a).

L.5 et 7. 「連」譽. C'est le chef du bureau militaire *Tch'eng Lien-yu*, *cf*. ci-dessus, n° 302.

Pièces diverses de l'Administration des Chevaux

Nº 309.—Ast. III. 3. 06.   **309**

Feuille coupée régulièrement à droite et à gauche, complète en haut et en bas. Hauteur: 285 mm.; longueur: 415 mm.

蒲昌長行馬壹伯肆拾陸疋
右撿案內去閏五月廿日得槽頭梁遠狀 ǀ 通上件馬見在蒲昌群
5   後曾六月三日 ǀ 得蒲昌解申參疋死六月十七日更得蒲昌 ǀ 解
申兩疋死除死外計在群有馬壹伯 ǀ 肆拾壹疋見在未經點閱所
由撿牧 ǀ 人麴威見在州請處分
牒件撿如前謹
月　　　　日　典　張　從
10   麴威〇〇 ......

Troupeau de *P'ou-tch'ang* 蒲昌, chevaux de poste pour longs trajets, 146.

Au sujet (des chevaux) ci-dessus, en examinant les archives, le 20ᵉ jour du 5ᵉ mois intercalaire (8 juillet 722), il a été reçu une communication du chef d'écurie, *ts'ao-t'eou, Leang Yuan*: "les chevaux ci-dessus désignés sont actuellement dans le troupeau de *P'ou-tch'ang*". Ensuite, le 3ᵉ jour du 6ᵉ mois (20 juillet 722), il a été reçu une lettre de *P'ou-tch'ang*: "trois chevaux sont morts"; le 17ᵉ jour du 6ᵉ mois (3 août 722), il a été encore reçu une lettre de *P'ou-tch'ang*: "deux chevaux sont morts". Soustraction faite des chevaux morts, le total du troupeau est de 141 chevaux. Actuellement, il n'y a pas encore eu d'enquête sur les causes de ces morts. Le garçon de pâture, *mou-jen, K'iu Wei*, est actuellement à la préfecture et demande à subir son châtiment.

Pièce: une vérification conforme à la copie ci-dessus . . . mois   jour   L'archiviste: *Tchang Tsong*.

K'iu Wei . . .

Rapport sur des morts de chevaux survenues au 6ᵉ mois d'une année qui n'est pas indiquée, mais qui est la 10ᵉ année *k'ai-yuan* (722); voir ci-dessus, n° 297.

L.1. *P'ou-tch'ang*, arrondissement *hien* 縣, situé au bord du lac Barköl, dépendant d'abord de *Pei-t'ing* 北庭, puis rattaché à Si-tcheou, voir ci-dessus, p. 84 sq.

    Un troupeau, *k'iun* 群, de chevaux se composait normalement de 120 bêtes, voir ci-dessus, p. 88.

L.2. *ts'ao-t'eou* 槽頭: *ts'ao* désigne au propre l'auge dans laquelle mangent trois chevaux ensemble. Comme *Leang Yuan* qui fait un rapport sur les 146 chevaux de *P'ou-tch'ang* est évidemment chargé de la direction du troupeau entier, l'expression *ts'ao-t'eou* a un sens plus large et c'est pourquoi j'ai traduit "chef d'écurie". Il est probable que ce titre est l'équivalent de celui de chef de pâture *mou-tchang* 牧長 du *T'ang chou* et du *T'ang-lu chou-yi*, comme *mou-jen* (l. 6) répond au *mou-tseu* 牧子 de ces ouvrages; voir ci-dessus, p. 88.

L.8. Je rappelle que les fonctionnaires du Service des Chevaux sont responsables des pertes exagérées qui se produisent dans les troupeaux, écuries, etc., confiés à leurs soins et sont punis de bastonnade pour les morts survenues; voir ci-dessus, p. 89. Le garçon de pâture, à la suite de ces cinq morts en quelques jours, est considéré comme coupable: il se dénonce lui-même pour éviter la peine, conformément au Code: "Quiconque ayant commis un crime se dénonce lui-même avant que le crime ait été découvert, a sa peine remise" (*T'ang-lu chou-yi*, k. 5, 1a).

Nᵒ 310.—Ast. III. 3. 034. 310

Grande feuille découpée régulièrement dans un rouleau, probablement le même que nᵒ 299 (036). Hauteur: 290 mm.; longueur: 270 mm.

馬皮玖拾捌張驢皮肆拾玖張　　張從○
撿蒲昌馬數○○○
廿一日

Peaux de chevaux: 98. Peaux d'ânes: 49. (Signé:) *Tchang Tsong*.
Vérifié le nombre des chevaux de *P'ou-tch'ang*.
(Signé:) . . .
21ᵉ jour.

Deux écritures différentes: la 1ᵉ ligne en caractères moyens est toute de la même main; les 2ᵉ et 3ᵉ lignes en gros caractères cursifs.

L.1.　*Tchang Tsong* est le comptable 典 de nᵒ 299 (036).

L.2.　Le personnage dont le nom est illisible qui signe la vérification se retrouve dans nᵒ 299 (036).

L.3.　21ᵉ jour sans mois ni année. Si, comme je le pense, cette feuille appartient au même rouleau que nᵒ 299 (036), c'est le 21ᵉ jour du 5ᵉ mois intercalaire de la 10ᵉ année *k'ai-yuan*=9 juillet 722. Même si on n'accepte pas cette hypothèse, le document est à placer à peu près à cette date puisque les deux signataires sont aussi les signataires de nᵒ 299 (036).

Nᵒ 311.—Ast. 002–003. 311

Deux fragments de la partie supérieure, avec sa marge, d'un même rouleau; déchirés en bas et à gauche. Le bord droit de 002 est le bord originel du document, donc le commencement d'une feuille; comme il n'y a pas trace de collage, c'est probablement le début du rouleau. 003 est déchiré à droite comme à gauche; les deux fragments ne se rajustent pas. Cachet à l'encre rouge complet sur 002, lignes 2–3, traces seulement sur 003, ligne 1.

(002)
柳中縣　　　　　爲申
七級寺十六疋　　　　……
一疋者白草十八歲　　……
(003)
一疋紫玉面草二歲　　　一疋
一疋烏草二歲　　　　　一疋×赤
一疋烏草二歲　　　　　一疋×者
西塔寺七疋
一疋白草六歲　　　　　一疋○……
一疋草烏九歲　　　　　一疋……
「一疋○○○」歲

Cachet de 002 en caractères sigillaires: 柳中/縣印.

[002] Sous-préfecture de *Lieou-tchong*.　　　Rapport.
Monastère (du *stūpa* à) 7 étages, 16 chevaux
une jument blanche, dix-huit ans.
[Sceau:] Sceau de la sous-préfecture de *Lieou-tchong*

. . . .

[003]
Une jument brune à face (couleur) de jade, deux ans　　　Un(e?) . . .
Une jument noire, deux ans　　　Un . . . bai
Une jument noire, deux ans　　　Un . . .
Monastère du *stūpa* Occidental, 7 chevaux
Une jument blanche, six ans　　　Un . . .
Une jument noire, neuf ans　　　Un . . .
Un(e jument?) . . . ans　　　. . . . . .

État des chevaux se trouvant dans les monastères bouddhiques de la sous-préfecture de *Lieou-tchong*; ce sont probablement des chevaux appartenant aux temples, recensés comme l'étaient tous les chevaux de l'empire. La date n'est pas mentionnée.

N° 312.—Ast. III. 4. 076. 312

Feuille découpée dans un rouleau, complète en haut et en bas, coupée aux ciseaux à droite et à gauche. Hauteur: 275 mm.; longueur: 160 mm.

神龍元年五月　　　日高昌縣人白神感等辞
　公私馬兩疋　一疋父赤主白神感壹疋留父主×張師子
府司神感等先被本縣令備上件馬然神感｜等寄往高寧城通神
5　感等帳頭｜上件馬過司馬遣送州處分旣是戸備｜望請討所由
准例放免謹辞

Le . . . jour du 5ᵉ mois de la 1ᵉ année *chen-long* (27 mai–25 juin 705).

Requête de *Po Chen-kan*, etc., originaires de la sous-préfecture de *Kao-tch'ang*.

(Au sujet de la propriété) publique ou privée de deux chevaux, (savoir):

un étalon bai. Propriétaire: *Po Chen-kan*.

un étalon roux à crinière noire. Propriétaire: *Tchang*(?) *Che-tseu*.

Aux employés de l'administration (du Protectorat-Général).

Précédemment, les chevaux ci-dessus désignés ont été remis à [*Po*]*Chen-kan*, etc., par le sous-préfet de leur propre sous-préfecture à titre de compensation. Or *Chen-kan*, etc., résidant temporairement à *Kao-ning*, ils ont été informés par (les autorités du fort de *Kao-ning*) que dans le registre (des chevaux), les chevaux ci-dessus désignés sont versés à l'administration; les chevaux sont envoyés à la préfecture pour recevoir leur destination. Comme ce sont des chevaux remis à la population à titre de compensation, nous vous prions de faire une enquête sur les causes et de les relâcher conformément au règlement.

Requête respectueuse.

L.1. Le jour laissé en blanc, comme dans beaucoup de documents, cf. n°ˢ 302, 305, 306, 309, etc.

高昌縣 sous-préfecture de *Kao-tch'ang*, siège du Gouvernement-Général, aujourd'hui Kharakhōja.

L.2. 公私: Le sens de cette expression est donné dans l'"Explication" du Code des *T'ang* et se rapporte exactement au cas visé dans la requête: 凡是公私論競割斷財物 "ce sont les choses dont le caractère de propriété publique ou privée a fait l'objet d'une discussion qui a été tranchée par jugement" (*T'ang-lu chou-yi* 唐律疏義, k. 15, 27b). Mais cette expression ne se trouve pas dans le texte même du Code qui emploie toujours 官私, par exemple: 官私馬牛 "chevaux et bœufs appartenant soit à l'administration soit à des particuliers". Le sens est le même.

Le Code des *T'ang* (loc. cit.) prévoit dans ce cas la restitution des objets:

"Objets qui doivent revenir à l'administration ou à des particuliers. Tous les objets qui, devant revenir à l'administration ou à des particuliers, ne leur sont pas revenus, doivent être restitués après jugement.

"*Explication.* Ce sont des objets dont le caractère de propriété a fait l'objet d'une discussion qui a été tranchée par jugement; s'ils devaient revenir à l'administration et sont revenus à des particuliers, ou bien s'ils devaient revenir à des particuliers et sont revenus à l'administration, ou encore s'ils devaient revenir à A et sont revenus à B, dans chaque cas, la partie à qui est revenu ce qui ne devait pas lui revenir, est condamnée à le restituer."

張師子 *Tchang Che-tseu*: cf. n° 263 (Ast. III. 4. 018) qui mentionne sa libération.

L.3. 備 dans la langue juridique des *T'ang* signifie "compenser", voir *T'ang-lu chou-yi* 唐律疏義, k. 15, 17b, etc.; en ce sens on écrit aujourd'hui 賠, mais ce caractère est moderne, voir *K'ang-hi tseu-tien*, s.v. 賠.

La requête n'explique pas en compensation de quoi *Po Chen-kan* et *Tchang Che-tseu* avaient reçu chacun un cheval; mais ce devait être un fait banal puisqu'il y avait un règlement à ce sujet et qu'il suffisait de rappeler que les deux chevaux sont de la catégorie "remis à la population à titre de compensation", *hou pei* 戸備, sans avoir besoin de donner d'autre explication, pour que leur qualité de chevaux privés 私馬 fût établie.

L.4. 高寧縣: la sous-préfecture de *Kao-ning*.

II. Documents privés

CONTRATS

N° 313.—Ast. III. 4. 081 et 079 b.   **313**

MS. Deux fragments de papier se rajustant, tous les deux complets en bas, déchirés des autres côtés; l'un des deux (079b) de plus légèrement brûlé en haut. Recto inscrit, verso couvert d'un enduit blanc et noir en larges bandes parallèles. 7 lignes (081) + 5 lignes (079); en tout 12 lignes; 18 à 19 caractères à la ligne, dans la partie droite. Hauteur: (081) 220 mm.; (079b) 200 mm.; largeur: 160 mm. (081) +185 mm. (079) = 345 mm.

「○○○年」二月五日順義鄉人嚴禿子幷妻男行｜「師於○」城鄉張
君利邊僦取大麥參拾卧其｜「於本月」卅日還了若過月不了一月壹
卧上生利麥壹｜「勝○○」不還任聽搜家賃雜物平爲麥直其｜「本取
人不」在歸妻兒收後代還兩和立契書執｜○○○挑田藉帳了日禿
子此契合破更不合還麥｜
　　　　　　　○　　　張
　　　「本取人」嚴禿子
　　　「同取人」妻˟趙
　　　同取人男行師
　　　證人˟趙申君
　　　證人˟趙大達

Le 5ᵉ jour du 2ᵉ mois de [la . . . année . . . ,] *Yen T'ou-tseu*, originaire du canton de *Chouen-yi*, ainsi que sa femme et son fils *Hing-[che]* ont emprunté à *Tchang Kiun-li* originaire du canton de . . . *-tch'eng* 30 boisseaux (*teou*) d'avoine qui seront remboursés le 30ᵉ jour [du dit mois]. Si, le mois écoulé, ils n'ont pas été rendus, il sera perçu un intérêt d'un dixième de boisseau (*cheng*) d'avoine par mois et par boisseau. Si [. . . mois écoulé], ils n'ont pas été rendus, *Yen* permettra (à *Tchang*) d'emporter les objets de toute sorte lui appartenant jusqu'à concurrence du prix de l'avoine. Si [le principal emprunteur] est absent, sa femme et son fils, après avoir reçu (le prêt), le rembourseront à sa place. Les deux parties étant d'accord ont dressé par écrit un contrat . . . transfert de la propriété des terres. Le jour du règlement de compte, le contrat de *Yen T'ou-tseu* devra être déchiré, et il n'aura plus à rembourser d'avoine.

         [Le prêteur] *Tchang*
         [Le principal emprunteur] *Yen T'ou-tseu*
         [La co-emprunteuse] sa femme *Tchao*
         Le co-emprunteur son fils *Hing-che*
         Le garant   *Tchao Chen-kiun*
         Le garant   *Tchao Ta-ta.*

Contrat de prêt de grain, l'intérêt est de 10% par mois en cas de retard dans le remboursement; il n'est pas prévu d'intérêt, si le remboursement est fait à l'échéance; mais il est clair que ce remboursement est impossible: l'avoine empruntée au début du 2ᵉ mois est destinée aux semailles et ce n'est qu'après la récolte que le remboursement pourra être effectué, de sorte que le prêteur est sûr de ne pas prêter sans intérêt. Le délai, après lequel le prêteur pourra saisir les meubles du débiteur s'il n'est pas remboursé, doit être un peu après la récolte. Je ne sais si la clause faisant intervenir la femme et le fils en cas d'absence de l'emprunteur est particulière à ce contrat, ou si c'était à l'époque une clause de style, destinée à garantir l'emprunteur contre la fuite du débiteur à l'échéance; elle est renforcée par le fait que les deux garants 證人 ont le même nom de famille que la femme et sont sans doute ses parents. Il y avait (l. 6) une clause relative aux champs de l'emprunteur: étant donné l'effort fait par le prêteur pour étendre sa garantie à la famille de la femme, je suppose que c'était une clause en faveur de l'emprunteur, interdisant au prêteur de saisir son champ. Si en effet c'était une clause permettant au prêteur de saisir le champ du débiteur en cas d'insuffisance des meubles, elle serait placée à la suite de la clause de saisie mobilière qu'elle compléterait. On remarquera que la clause finale elle aussi protège l'emprunteur: il devait arriver en effet que le prêteur profitât de ce que l'emprunteur était illettré pour garder son contrat après remboursement et, armé de son titre, réclamât un nouveau règlement. Les emprunteurs et les garants étant illettrés n'ont pu signer: ils ont certifié leur signature en plaçant au-dessous trois traits horizontaux.

La date manque; ce contrat n'est pas contemporain du suivant, car il ne contient pas un seul des caractères particuliers inventés par l'impératrice *Wou*. Il doit être un peu postérieur.

L.1.   Il manque le *nien-hao* et le chiffre de l'année.

L.2.   「師」. Le nom du fils est *Hing-che* 行師, cf. l. 10.

L.11–12. 證人. Ces deux caractères écrits en cursive très abrégée sont réunis en un seul. Cf, n° 314 (III. 4. 090), l. 11.

N° 314.—Ast. III. 4. 090.   314

MS. Feuille complète à droite et à gauche, un peu déchirée en haut, où il ne manque guère que la marge supérieure; coupée aux ciseaux dans le bas. 12 lignes, 16 à 18 caractères à la ligne dans la partie de droite. Hauteur: 240 mm.; largeur: 410 mm.

天授元年壹月拾捌日武成鄉人張文信「○於康」┃海多邊租取棗樹
渠部田畝「直價一畝」┃麥小壹斛就中交付參畝價訖○……┃○價到
六月內分付便了到六月「不分付」┃者壹斛貳入康若到種田之日不得
田「者」　壹斗斛貳斟入張文兩和立契書執「契」┃兩本各執一本　　┃
　　　　田主康海多
　　　　租田人張信
　　　　證人翟寅武
　　　　證人白六○
　　　　證人趙胡單

Le 18ᵉ jour du mois un de la première année *t'ien-cheou* (2 février 690 p.C.), *Tchang Wen-sin*, originaire du canton de *Wou-tch'eng*, prend à bail de *K'ang Hai-touo* 5 *meou* de terrain sis dans la section du canal de *Tsao-chou* au prix d'un boisseau de blé par *meou*. Il a livré le prix de 3 *meou*, c'est fini. Pour ce qui est du prix des 2 autres *meou*, le prix sera versé avant le 6ᵉ mois; si, au 6ᵉ mois, le prix n'a pas été versé, pour un (boisseau) il paiera 2 (boisseaux) à *K'ang* (*Hai-touo*). Si, au temps des semailles, (le locataire *Tchang*) n'obtient pas les terrains, pour un boisseau il sera payé 2 *cheng* à *Tchang Wen*. Les deux parties étant d'accord ont dressé par écrit un contrat en 2 exemplaires dont chacun garde un exemplaire.

> Le propriétaire du champ   *K'ang Hai-touo*
> Le locataire du champ   *Tchang Sin*
> Le garant   *Tchai Yin-wou*
> Le garant   *Po Lieou-* . . .
> Le garant   *Tchao Hou-tan*

Contrat d'affermage d'un champ: le fermier a payé immédiatement le prix de location de 3 *meou* sur 5 et s'engage à payer le reste avant le milieu de juin (donc avant la récolte); indemnités prévues en faveur du propriétaire en cas de retard dans le paiement, en faveur du locataire en cas de non livraison en temps utile. Locataires et garants étant illettrés ont certifié leur signature en traçant au-dessous de leur nom de petits traits horizontaux.

L.1.   天授, 年, 月, 日: caractères de l'impératrice *Wou*.

   壹月 "mois un". Le calendrier inauguré à la fin de la première année *t'ien-cheou*, en décembre 690, faisait remonter de deux mois le début de l'année; et les mois étaient appelés *tcheng-yue* 正月 "premier mois" (novembre–décembre), correspondant au onzième mois du calendrier ordinaire; *la-yue* 臘月 "mois hivernal" (décembre–janvier), correspondant au 12ᵉ mois du calendrier ordinaire; *yi-yue* 一月, "unième mois" (janvier–février) correspondant au premier mois *tcheng-yue* ordinaire; la numérotation des mois suivants n'avait pas été modifiée, mais le 10ᵉ mois était le dernier de l'année.

L.2–3. Le prix de location d'un boisseau par *meou* paraît faible, mais l. 3 壹斗 est sûr et l. 2 je ne vois pas qu'on puisse combler la lacune autrement que je le fais; il est évident par le contexte que c'est là qu'était indiqué le prix et, le *meou* étant la mesure de superficie normale, ce n'est que par *meou* que ce prix pouvait être exprimé.

L.3.   麥小 corriger 小麥.

L.6.   張文 il manque le caractère 信.

L.9.   張信 il manque le caractère 文.

L.11.   Le dernier caractère de ce nom est rendu illisible par les deux traits de la signature qui le recouvrent **entièrement**.

Nᵒ 315.—Ast. 005.

Morceau de papier déchiré de tous les côtés; caractères très effacés et presque illisibles. Fin du VIIIᵉ siècle.

〇〇〇 …… Ⅰ …… 書〇爲記　　　Ⅰ
　　　　　　　　　〇〇 ……
　　　　　　　　　證人 ……

. . . les deux parties étant d'accord ont dressé par écrit un contrat pour servir de document.

. . . .

Le garant . . .

Formule finale d'un contrat.

DOCUMENTS PRIVÉS DIVERS

Nᵒ 316.—Ast. VI. 4. 029.

Fragment de gaze de soie blanche fine; il y a deux coutures faisant deux plis qui forment une bande en triple épaisseur; côté extérieur très déchiré, les deux autres mieux conservés.

馬寶安絹一「疋」

Une pièce de soie appartenant à *Ma Pao-ngan*.

Nᵒ 317.—Ast. VI. 4. 030.

Fragment de papier déchiré de tous les côtés. Hauteur: 130 mm.; longueur 170 mm.

〇昨下〇 …… Ⅰ …… 左夫今ˣ所〇 …… Ⅰ …… 通酷五情〇 …… Ⅰ …… 志
親覲顏 …… Ⅰ …… 情：不自〇 …… Ⅰ …… 最〇懷歸息 ……

Probablement un débris de lettre privée.

PAPIERS D'UN MONASTÈRE BOUDDHIQUE:
Registres de comptes

Nᵒ 318.—Ast. IX. 3. 07.

Débris d'un rouleau, déchiré en haut, à droite et à gauche; en bas, découpé avec des ciseaux suivant une forme particulière, avec pointe étroite qui paraît atteindre le bord inférieur original. Traces de couteau le long du bord ainsi coupé; 4 traces d'aiguille, 2 à droite, 2 à gauche sur chaque bord de la pointe, juste au milieu; puis les traces d'aiguille quittent le bord et forment un triangle à l'intérieur à la base de la pointe: les deux côtés symétriques de ce triangle et les deux séries de points de la base de la pointe paraissent avoir été rabattus et cousus l'un sur l'autre. Le papier a sans doute servi à doubler un vêtement et a été cousu entre des étoffes, mais malgré sa forme caractéristique, je n'ai pu reconnaître à quel vêtement il appartenait. Hauteur maxima: 190 mm.; largeur: 240 mm. Hauteur de la pointe: 70 mm.; largeur de la pointe à la base: 40 mm.

…… 「作一人大客兒一人」ˣ三日食粟七升使〇 …… Ⅰ …… 一粟五升合
麥五石二斗半 …… Ⅰ …… ˣ石供正月食次大麥九石供大牛三頭 …… Ⅰ
…… 〇兒價次錢一文麥一石酒一石供雜用 …… Ⅰ …… 「合麥十五石
二升半粟廿二石三升ˣ示荣卅三石錢貳拾參文酒貳䤽
上坐寺主知　　　中坐道信　　　下坐「琦」
起二月一日至廿九日僧三人三日食麥五升粟一升半作人一人大客
兒一人三「日食」Ⅰ「粟」五升小兒一人食粟三升公荀一日粟五升寺
荀五一日粟五升合「次大」ˣ麥八石七斗佳ˣ大「牛三」頭用作麨大麥
十一石小麥七十九石供「二月食」Ⅰ …… ˣ伯一石供 …… ˣ示九石供作
脯時食口酒十三石五升 …… Ⅰ …… 〇〇〇ˣ荣ˣ貳〇 ……

. . . [un manœuvre et un hôte], pour les trois repas journaliers riz non décortiqué 7 *cheng*; . . . riz non décortiqué 5 *cheng*. Total: blé 5 *che* 2 *teou* ½; [riz,] . . .

. . . pour servir à la nourriture du premier mois. Avoine 9 *che* pour servir à la nourriture de trois bœufs adultes; . . . , prix de . . . ; monnaie 1 pièce, blé 1 *che*, vin 1 *che*, pour servir à divers usages;

. . . Total: blé et avoine 15 *che*, 2 *cheng* ½; riz 2 *che* 3 *cheng*; légumes . . . , 43 *che*; monnaie 23 pièces; vin 2 *cheng*.

Le siège supérieur (*sthavira*) maître du temple, *Tche*

Le siège moyen   *Tao-sin*

Le siège inférieur   *K'i.*

Du premier au 29e jour du 2e mois, trois religieux à trois repas par jour: blé 5 *cheng*, riz non décortiqué 1½ *cheng*; un manœuvre et un hôte, à 3 [repas par jour] riz non décortiqué 5 *cheng*; nourriture d'un enfant, riz non décortiqué 3 *cheng*; . . .

. . .   par jour, riz 5 *cheng*; . . . du temple (au nombre de) cinq, (chacun) par jour riz 5 *cheng*; en tout . . .

De plus, avoine 8 *che* 7 *teou* pour servir à la nourriture de 3 bœufs adultes; employé à la fabrication des farines: avoine 11 *che*; blé 79 *che* pour servir à . . . 101 *che* pour servir . . . 9 *che* pour servir à faire le repas du soir, vin 13 *che* 5 *teou* . . . légumes 2 . . .

L.1.   ˣ三 il ne reste que les deux traits inférieurs, ce qui lui donne l'apparence de 二 mais le caractère ainsi tronqué serait trop petit et c'est certainement 三.

Cette expression peut signifier: "nourriture du 3e jour", ou "nourriture de 3 jours", ou enfin "3 repas journaliers". Comme aucune mention d'un jour particulier ne se rencontre ni dans n° 318 ni dans n° 319 et que certainement ces comptes ne sont pas faits par jour (à la différence de ceux de CHAVANNES, *Documents*, n° 969), il faut écarter le premier sens. Le deuxième est également impossible; en effet, cette formule se retrouve toutes les fois qu'il est question de nourriture pour des personnes; dans le texte n° 319 (08), il y a un hôte adulte 大客 qui reçoit 11 *cheng* de riz pour "三日食" et deux hôtes enfants 小客 qui reçoivent une quantité de riz dont l'énoncé manque, également pour 三日食; on pourrait admettre qu'il s'agit d'un homme avec deux enfants ce qui expliquerait que tous trois restent également trois jours; mais quelques lignes plus loin, il y a un enfant 小兒 qui reçoit 3 *cheng* de riz pour 三日食; dans ces deux documents, nᵒˢ 318 et 319, il y a au commencement de chaque mois trois bonzes qui reçoivent dans l'un et l'autre cas exactement la même quantité de blé et de riz pour 三日食; il serait bien extraordinaire que tous les hôtes du monastère quels qu'ils fussent restassent toujours trois jours. D'ailleurs, les quantités énoncées sont toujours trop faibles pour trois jours, qu'il s'agisse de l'hôte qui reçoit 12 *cheng* ou des trois religieux qui reçoivent 5 *cheng* de blé et 1½ *cheng* de riz (ce qui ferait 1½ *cheng* de blé et ½ *cheng* de riz non décortiqué seulement par jour); la ration journalière normale d'un homme est de 5 *cheng*. C'est donc le troisième sens "trois repas journaliers" qu'il convient d'adopter. Mais dans ce cas, puisqu'on retrouve cette même formule en tête des dépenses du 2e mois (n° 318) et du 10e mois (n° 319), c'est qu'elle note une dépense normale du temple et non une dépense occasionnelle causée par le passage de trois religieux étrangers. Or, il n'y a dans les deux documents aucune sortie, en dehors de celle-ci, qui puisse se rapporter à la nourriture des moines du temple; c'est donc certainement d'elle qu'il s'agit ici et les "trois religieux" en question sont les trois moines du temple, *Tche*, *Tao-sin* et *K'i*, dont les noms sont à la ligne précédente; le comptable inscrit au début de chaque mois la dépense journalière de leur nourriture. Mais si cette explication ne fait aucune difficulté pour les hôtes du couvent qui sont des laïques, puisque les Chinois font en effet trois repas, le matin, à midi et le soir, elle n'est pas sans en présenter en ce qui concerne les religieux, puisque la règle leur interdit plus d'un repas par jour. On pourrait admettre que "trois repas journaliers" signifie un repas journalier pour chacun des trois bonzes, mais les autres emplois de la formule obligent à écarter cette solution. La règle n'est plus appliquée aujourd'hui dans aucun temple en Chine où les religieux prennent, comme les laïques, outre le repas de midi, un "petit déjeuner" 小食 le matin et un "riz du soir" 晚粥 dans l'après-midi. Je ne sais pas au juste quand cette dérogation a commencé à être courante, mais elle est ancienne; déjà au milieu du XVIIe siècle[1] le bonze japonais *Kokan* 虎關和尙 déclarait qu'elle était répandue au Japon depuis 200 ans et l'appelait "l'habitude de faire cuire le riz du soir en dehors des heures (régulières des repas) à la manière chinoise" 唐檬非時羹粥.

L.5.   Les chiffres de cette ligne sont la totalisation des dépenses du mois par catégorie; le nombre terminé par ½ qui précède le total du riz doit donc être celui de *mai* 麥 (blé et avoine) qui en effet comporte un nombre terminé par ½ à la somme de la ligne 1.

L.6.   琦 est restitué d'après n° 319.

Les noms propres sont écrits chacun d'une main différente: ce sont les trois religieux qui ont chacun signé leur nom.

1) [The only well-known Kokan died in 1346.]

L.9. La restitution de la lacune entre les caractères 7 et 10: ˣ大「牛三」頭 est certaine en comparant avec la l. 3; le caractère 頭 implique un nom d'animal autre qu'un cheval pour lequel la numérale est 匹; or, les trois bœufs de la l. 3 mangent 9 *che* (90 *teou*) en un mois qui est sûrement de 30 jours puisqu'il précède un mois de 29 jours; ils mangent donc un *teou* par jour et par tête; par conséquent, en un mois de 29 jours, comme est le deuxième mois dont le compte est donné ici, ils mangent 3×29=87 *teou*, ou, comme dit le document, 8 *che* 7 *teou*; c'est donc bien d'eux qu'il s'agit. Dans ces conditions, le dernier caractère de la lacune qui précède 麥 est 大, puisque c'est l'avoine 大麥 qu'on donne à manger aux bœufs, d'après la ligne 3.

Nº 319.—Ast. IX. 3. 08.   319

Fragment du même rouleau que 07, découpé de la même façon. Face externe noircie. Les 6 premières lignes et les 9 premiers caractères de la 7ᵉ ligne sont écrits d'une encre pâle presque illisible, sauf quelques caractères de la ligne 3. Hauteur maxima: 190 mm.; largeur: 190 mm.; hauteur de la pointe: 70 mm.; largeur de la pointe à la base: 40 mm.

......○拾○○......丨......壹斗......丨

「上坐知」　　　中坐道信　　　下坐琦

「起」十月一日至廿九日僧三人三日食麥五升粟一升沙彌一人日「食

麥○升」丨「作人一人大客兒一人三日食麥粟一斗一升小客兒二人

三日食粟「三升」......丨......粟五升小兒三日食粟三升公苟一日食粟

五升「寺苟五一丨日食粟五升」......粟廿一石五斗六升半粟十四石

六斗用輸租ˣ次ˣ錢......丨......外絮人了次錢一文麥一石酒一石供雜

用次錢卅五文買馬一匹丨......斗柒升半粟叄拾陸斗壹兜陸升錢○

「上坐」知　　　　中坐道信　　　　下坐琦

... 10 ... 1 boisseau (*teou*)

     Le siège supérieur, maître du temple   *Tche*
     Le siège moyen   *Tao-sin*
     Le siège inférieur   *K'i.*

Du premier au 29ᵉ jour du 10ᵉ mois, 3 religieux, pour les 3 repas journaliers (chacun) blé 5 *cheng*, riz non décortiqué 1 *cheng*; un novice (*çrāmaṇera*), nourriture journalière blé ... *cheng*; un ouvrier, un hôte adulte, pour les 3 repas journaliers, blé et riz non décortiqué, 1 boisseau et 1 *cheng*; 2 hôtes enfants, pour les 3 repas journaliers, riz non décortiqué ... *cheng*, ... riz non décortiqué 5 *cheng*; un enfant, pour les 3 repas journaliers riz non décortiqué 3 *cheng*, un ... par jour 5 *cheng*; cinq ... du temple, par jour 5 *cheng*, total: riz non décortiqué 21 *che* 5 boisseaux 6½ *cheng*. Riz non décortiqué 14 *che* 6 *teou*: employé à payer les impôts. De plus monnaie ... De plus monnaie 1 pièce, blé 1 *che*, vin 1 *che* pour usages divers. De plus monnaie 35 pièces, acheté un cheval ... boisseau(x) 7½ *cheng*, riz non décortiqué 36 *teou*, 1 ... , 6 *cheng*, ...

     Le siège supérieur, maître du temple   *Tche*
     Le siège moyen   *Tao-sin*
     Le siège inférieur   *K'i.*

L.4. ˣ十月. Il reste juste le point du trait vertical du caractère 十 mais il n'est pas douteux, puisqu'il est le seul des caractères des nombres qui puisse laisser cette trace.

L.7. La limite de paiement des impôts était le dernier jour du 10ᵉ mois.

Les deux documents ci-dessus sont deux morceaux d'un même rouleau contenant des comptes d'un temple bouddhique. Ils sont probablement de la même année; on pourrait supposer *a priori* que le nº 319 ait été au début d'un rouleau et le nº 318 à la fin et qu'il s'agisse du 10ᵉ mois d'une année et du 2ᵉ de la suivante; mais je ne le pense pas, car on ne s'expliquerait pas la disposition sexagénaire d'une année à l'autre. La date est incertaine: il y a presque une année sur deux, où le deuxième et le dixième mois sont l'un et l'autre de 29 jours.

Le temple était fort peu important, puisqu'il n'est prévu chaque mois que la nourriture de trois religieux seulement, auquel s'ajoute plus tard un novice, et que le reste du compte s'applique à des laïques logés dans le temple, dont l'un, "l'ouvrier" de nº 319 (08), l. 4 doit avoir été employé à quelque travail dans le temple.

Nº 320.—Ast. IX. 3. 09.

Deux fragments de papier cousus par un bord; le morceau inférieur non inscrit. Les faces extérieures des deux morceaux portent des restes de noircissage, plus complet sur le morceau supérieur.

> ....×用輸租酒......｜......酒拾肆斗伍兜錢○......｜
> ......趙太......
> ....日食粟一斗一升......

. . . employés à payer l'impôt. Vin, . . . ; vin, 14 *teou* 5   ; monnaie . . .

Tchao-t'ai

. . . pour les 3 repas journaliers, riz non décortiqué 1 *teou* 1 *cheng*.

Nº 321.—Ast. IX. 3. 010.

Petit fragment coupé régulièrement en bas, déchiré en biais à droite depuis le haut; verso noirci.

> ......「粟一升」半沙彌一人日食麥二升......

. . . et demi; nourriture journalière d'un *çrāmaṇera*: blé 2 *cheng* . . .

Ces deux documents sont de petits débris de nᵒˢ 318–19 (07–08) ou d'un compte analogue; si c'est le même temple, un des bonzes a changé.

Nº 322.—Ast. IX. 3. 011.

Petit fragment découpé pour faire une semelle de soulier; traces de points d'aiguille.

> ......○田捌畝......｜......常田究畝......｜
> ......壹斗得醬......｜......陸拾文×示菜......

. . . 8 *meou* de terres . . . ; . . . 9 (?) *meou* de terres ordinaires, . . . 1 *teou* de . . . pour faire de la sauce . . . ; monnaie 60 pièces; légumes . . .

Débris d'un compte de temple. *Tch'ang t'ien* 常田 est peut-être pour *tch'ang-tchou t'ien* 常住田, "terres inaliénables".

Témoignages en faveur des morts

Nº 323.—Ast. IX. 3. 06.

Fragment de papier brûlé en haut, coupé aux ciseaux à gauche, complet en bas et à droite. Hauteur: 182 mm.; largeur: 285 mm.

> ....鷄鳴枕一具　王朏一雙　｜......小綾楮一具　錦被辱一具　金
> 刀帶一｜......返　雜綾各五百疋　石灰三石
> 　右上所條是本生所｜......果願×信弟子王伯瑜專脩十善持｜「佛五戒」
> ......大神今於此月廿日禹患殞喪宜｜......昊天不弔奄喪盛年逕涉惡
> 道｜......張堅固淸書　李定度若欲求｜......不得奄曷急々如「律令」

. . . . . .

un oreiller chant de coq (?), une paire de souliers, un   de satin, une couverture de soie brochée, 500 pièces de chaque sorte de satins variés, 3 *che* de chaux vive.

Les objets ci-dessus énumérés ont été [distribués en aumône?] de son vivant. [Le religieux . . .] fait des vœux pour que le disciple fidèle *Wang Po-yu* s'applique à pratiquer les 10 actions excellentes, tienne ferme [les défenses,] . . . extraordinaires. Maintenant le 20 de ce mois, il est malheureusement mort. . . Le ciel n'a pas eu pitié, il est mort à la fleur de l'âge, il a pris la mauvaise route, . . . l'écrit pur de *Tchang Kien-kou*; *Li Ting-tou* . . . (ces Immortels) ne doivent pas s'attarder! qu'ils aillent vite vite conformément [aux ordres]!

Témoignage en faveur de *Wang Po-yu*, fidèle bouddhiste, brûlé à son enterrement; les traces de brûlure que porte le papier montrent qu'il a été présenté plié à la flamme d'une lampe ou d'un cierge, puis on l'a laissé brûler après l'avoir retiré et il s'est éteint de lui-même avant d'avoir été consumé en entier. Ces témoignages étaient et sont encore appelés *tcheng* 証, cf. nº 325; Doré, *Recherches sur les Superstitions en Chine*, t. I, nº 1, fig. 31.

L.4.   La lacune devait contenir une expression analogue au 大德比丘 de n° 327 (012).

L.9-10.   La phrase finale est une formule d'amulette: *Tchang Kien-kou* 張堅固 et *Li Ting-tou* 李定度 sont deux Immortels ou deux divinités, dont les noms apparaissent, à côté de celui du Seigneur Roi de l'Orient *Tong-wang-kong* 東王公 et de la Dame Reine de l'Occident *Si-wang-mou* 西王母, comme garants divins dans les contrats de vente de terrains pour des tombeaux à l'époque des *Han* et des Six Dynasties, voir Lo Tchen-yu 羅振玉, *Ti-k'iuan tcheng-ts'ouen* 地券徵存; cf. NIIDA, *Forschung über die Urkunden des Knechtskaufes und der Geiseln im Ming und Ts'ing Zeitalter*, ap. *Shigaku-zasshi*, XLV (1935), 613 (en japonais). Les deux dieux reçoivent l'ordre de s'occuper du défunt sans tarder.

N° 324.—Ast. IX. 3. 012.   324

Partie supérieure d'un document analogue à o6 mais ne se raccordant pas avec celui-ci.

> ······ 具金銀錢······│五穀具　舉天系一······│月之捌也　大德
> 比丘······「持」│佛五戒敬移五······│○延齡永保難······│ˣ任意
> 聽果······│海○······

. . . de l'or, de l'argent et de la monnaie . . . les cinq céréales . . . le 8ᵉ jour du . . . mois. Le *bhikṣu* de grande vertu . . . tienne ferme les cinq défenses bouddhiques, respectueusement déplace les 5 . . . prolonger la vie, la conserver éternellement est impossible . . . se laisser faire et obéir au destin.

Témoignage en faveur d'un défunt dont le nom est perdu, destiné à être brûlé à son enterrement, analogue au précédent. L'énumération de la première ligne doit désigner les aumônes faites par le défunt; le 8ᵉ jour du . . . mois est je pense le jour de sa mort. Le *bhikṣu* de grande vertu est le religieux qui fait la cérémonie funéraire.

Ces deux documents sont des restes de formules destinées à être emportées par les morts dans l'autre monde (c'est pourquoi on les brûlait) afin de rendre témoignage de leurs bonnes actions en cette vie et de leur faciliter une bonne renaissance dans l'existence prochaine: des pièces analogues sont encore aujourd'hui employées aux funérailles.

N° 325.—Ast. IX. 2. 053.   325

Feuille complète en haut, à droite et à gauche, déchirée avec traces de brûlure en bas. Les 7 premières lignes sont à l'encre rouge en gros caractères espacés; les 8 dernières sont à l'encre noire en petits caractères serrés.

> 維大唐乾封二年歲次丁「卯十一月」│丁丑朔十八日甲戌西州高昌「縣
> 人前」│官大吏汜ˣ延仕妻董氏「眞英持佛」│五戒不違五行卡艹○○○
> ○│計與生死之道不同ˣ伏○○○○│各本歸属伍爲○○○○│朱書
> 爲証
> 爲正信佛弟子清女眞英痾病······│心講法華經一部寫法華一部灌頂
> 「經一部」│金剛般若廣略兩卷消伏觀音各一卷及「灌」│頂經百廿五遍
> 法華一百廿五遍湼般經一「遍」│七度總布施三伯餘僧誦觀「音」│經一
> 千遍至十一月十八日未「死」所作福業是注如前

La 2ᵉ année *k'ien-fong* des *T'ang*, année *ting-mao*, le 11ᵉ mois dont le premier jour est *ting-tch'eou* (corriger en *sseu*), le 18ᵉ jour *kia-siu* (18 décembre 667), Madame *Tong*, originaire de la sous-préfecture de *Kao-tch'ang*, dépendant du département de *Si*, femme de *Fan Yen-che* lequel a eu précédemment une charge de haut-dignitaire, a tenu ferme les cinq défenses bouddhiques, n'a pas contrevenu aux cinq règles de conduite; le temps de sa vie . . . La voie des vivants et celle des morts ne sont pas les mêmes . . . ; chacun retourne à ce à quoi il appartient . . .

Écrit à l'encre vermillon pour servir de témoignage.

A l'intention de la disciple du Bouddha de foi orthodoxe, de la disciple de foi ferme *Tchen-ying* 眞英, qui était malade . . . , nous avons récité par cœur le *Saddharma-puṇḍarīka-sūtra* 法華經 en entier, nous avons copié le *Saddharma-puṇḍarīka-sūtra* en entier, le *Kouan-ting king* . . . , le *Kin-kang pan-jo kouang-lio* en deux chapitres, le *Siao-fou (tou-hai) king* et le *Kouan-yin king* chacun en un chapitre, enfin le *Kouan-ting king* 125 fois, le *Saddharma-puṇḍarīka-sūtra* 125 fois, le *Nirvāṇa-sūtra* 1 fois . . . 7 fois; elle a fait les aumônes complètes à plus de 300 bonzes, elle a récité le *Kouan-yin king* 1000 fois. Le 18ᵉ jour du 11ᵉ mois, à l'heure *wei* [elle est morte]. . . . Les actes méritoires qu'elle a accomplis sont énumérés ci-dessus.

Témoignage, *tcheng* 証, de bonnes œuvres donné à la défunte pour lui servir devant les juges infernaux; il était destiné à être brûlé pour l'accompagner dans l'autre monde et il a été en effet présenté à la flamme d'une lampe ou d'un cierge, mais ne s'est pas consumé entièrement; cf. n° 323.

La défunte, Madame *Tong*, et son mari *Fan Yen-che* sont connus par leurs inscriptions funéraires qui ont été publiées et traduites par M. Lionel GILES, *Chinese Inscriptions and Records*, n° VIII (inscr. funéraire de Mme *Tong*) et n° XII (inscr. funéraire de *Fan Yen-che*), dans STEIN, *Innermost Asia*, Appendice I, pp. 1036–7 et 1042. Elle avait probablement 61 ans lors de sa mort (le chiffre des dizaines manque dans l'inscription) ou peut-être 51 ans, comme propose M. L. Giles pour avoir une différence d'âge avec son mari qui avait alors 61 ans, mais une différence de dix ans entre mari et femme me paraît trop forte pour la Chine.

L.2. 丁丑 corriger 丁巳 *ting-sseu*, le premier jour du 11ᵉ mois de la 2ᵉ année *k'ien-fong* étant un jour *ting-sseu* et non *ting-tch'eou*. Le scribe savait les signes cycliques du jour où il se trouvait (le 18ᵉ jour du 11ᵉ mois est bien un jour *kia-siu*), mais s'est trompé d'une dizaine en remontant pour calculer d'après ce jour les signes du premier jour du mois. Il y a une erreur absolument pareille dans la date de l'inscription funéraire de *Fan Yen-che* (Ast. IX.2, STEIN, *Innermost Asia*, t. II, p. 1042).

Pour la lacune de la fin de la ligne 縣人 va de soi. Quant à 前, je le restitue d'après le titre de l'inscription funéraire de la dame *Tong*「西州高昌縣人」前官「氾延」仕「妻」董氏「之表」. Comme on le voit "témoignage" et inscription se complètent mutuellement.

L.3. 太吏 *Fan Yen-che* avait été *t'ai-li* sous les rois de *Kao-tch'ang*. Ce n'a jamais été, à ma connaissance, un titre précis de fonctionnaire chinois, mais une expression désignant en général les hauts dignitaires, et je pense qu'il en était de même dans la hiérarchie locale. Dans son inscription funéraire (GILES, *loc. cit.*, n° XII), les fonctions de *Fan Yen-che* ne sont pas rappelées; comme il mourut 28 ans plus tard (689), il est probable que cette absence n'est pas due à un oubli, mais marque le progrès de l'influence chinoise à *Kao-tch'ang* pendant cette période; en 667, les anciens fonctionnaires locaux rappellent encore avec orgueil leurs anciens titres à côté de ceux qu'ils ont reçus des empereurs chinois; en 689, 50 ans après la conquête, un des derniers survivants de la cour locale n'ose plus faire mention de ces titres, devenus, je pense, démodés et un peu ridicules.

眞英: restitué d'après l. 8.

「持佛」五戒: cf. n° 324 (Ast. IX. 3. 012). L'écriture est trop irrégulière pour qu'on puisse calculer exactement le nombre de caractères manquants; mais il faut pour le rythme une phrase de quatre mots.

L.7. 証＝證 *tcheng*; mais ce caractère est encore aujourd'hui employé spécialement pour désigner ces sortes de témoignages destinés à être emportés dans l'autre monde par les âmes des morts. On en trouvera un bon exemple moderne dans Doré, *Recherches sur les Superstitions en Chine*, t.I, p. 71, fig. 31: il est destiné à obtenir pour le mort l'entrée au Paradis d'*Amitābha*.

L.9–14. Cette liste de livres copiés comme œuvres pies est intéressante parce qu'elle montre quels sont les livres bouddhiques les plus courants au VIIᵉ siècle:

1° *Fa-houa king* 法華經, *Saddharma-puṇḍarīka-sūtra*. Il y avait deux traductions principales, l'une du Vᵉ siècle, par *Kumārajīva*, le *Miao fa lien-houa king* 妙法蓮華經, en 7 (ou 8) chapitres (*Taishō issaikyō*, t. 9, n° 262), l'autre alors plus récente datant de la fin du VIᵉ siècle, par *Jñānagupta* et *Dharmagupta*, en 7 chapitres.

2° *Kouan-ting king* 灌頂經 en 12 chapitres, traduction par *Çrīmitra* de Kuchā, à Nanking entre 317 et 322 (*Taishō issaikyō*, t. 21, n° 1331).

3° *Kin-kang pan-jo kouang-lio* 金剛般若廣略 ＝ *Kin-kang pan-jo-po-lo-mi king lio-chou* 金剛般若波羅密經略疏, en 2 chap., par *Tche-yen* 智儼, qui vécut de 602 à 668 (*Taishō issaikyō*, t. 33, n° 1704). C'était alors un ouvrage récent.

4° *Siao-fou king* 消伏經 *Ṣaḍakṣaravidyāmantra* ＝ *Ts'ing Kouan-che-yin p'ou-sa siao-fou tou-hai t'o-lo-ni king* 請觀世音菩薩消伏毒害陀羅尼經, trad. *Nandi* vers 419 (*Taishō issaikyō*, t. 20, n° 1043).

5° *Kouan-yin king* 觀音經, traduction séparée de la 25ᵉ section du *Saddharmapuṇḍarīka-sūtra* (k. 8) intitulée *Kouan-yin p'ou-sa p'ou-men p'in* 觀音菩薩普門品, faite par *Kumārajīva* en 406 (*Taishō issaikyō*, t. 9, n° 262).

6° *Nie-p'an king* 追槃經 ＝ *Mahāparinirvāṇa-sūtra* (le copiste a écrit par erreur 般 *pan* au lieu de 槃 *p'an*). Il y avait un grand nombre de traductions des deux recensions (*hīnayāniste* et *mahāyāniste*) de ce livre et même, en laissant de côté celles où *nirvāṇa* est transcrit 追洹, il est impossible de savoir laquelle avait été copiée.

L.14. 未「死」 "elle mourut à l'heure *wei*" (1 h. - 3 h. après-midi), cf. Inscription funéraire, l.5 以十一月十八日丑辰卒 "elle mourut le 18ᵉ jour du 11ᵉ mois à l'heure *tch'eou* (1 h. à 3 h. du matin)". Mais bien que 辰 signifie "l'heure", le mot ordinairement employé en ce sens est 時, et je ne crois pas que 辰 se place jamais derrière un signe cyclique. D'autre part, comme aucune autre inscription funéraire ne mentionne l'heure de la mort et qu'il est invraisemblable qu'un des deux scribes, celui de l'inscription ou celui du "témoignage" se soit trompé d'une demi-journée pour l'heure de la mort, je crois que les caractères 丑辰 de l'inscription sont dûs à une fausse copie d'un texte analogue à celui du témoignage et que 丑 est tout ce qui reste de 丁丑朔.

LIVRES BOUDDHIQUES

Nᵒˢ 326 et 327 manquant.

Nᵒ 328.*—Ast. I. 4. 014.   328

MS. Partie inférieure d'un fragment de rouleau, avec marge inférieure, non délimitée par un trait. Écriture moins soignée mais moins impersonnelle que celle des copies ordinaires des livres bouddhiques; nombreuses abréviations.

Douze fins de ligne d'un texte non identifié en vers de sept mots.

Nᵒ 329.—Ast. I. 4. 015.   329

MS. Fragment de rouleau complet en haut et en bas, déchiré à droite et à gauche; pas de marge en haut, petite marge en bas. Même écriture que nᵒ 328 (014).

Onze vers de 7 mots du même texte non identifié.

Nᵒ 330.—Ast. I. 4. 016–017.   330

Imprimé. Deux fragments d'un même rouleau ne se faisant pas suite. 017, feuille entière avec marge supérieure, petite marge inférieure, pas de trait ni entre les lignes ni pour délimiter les marges; 016, milieu de feuille seulement.

Texte non identifié en vers de 7 mots.

TEXTE LITTÉRAIRE

Nᵒ 331.—Ast. III. 3. 011–013.   331

Trois fragments de papier se rajustant exactement et provenant d'un rouleau. Manuscrit soigné avec marge supérieure (012) et inférieure (011) égales, ayant chacune 32 mm.; chaque marge est délimitée par un trait; il y a également un trait séparant les lignes; intervalle entre les lignes 32 mm. Les passages ou caractères entre crochets ⌐⌐ manquent dans le manuscrit; les traits pointillés marquent la séparation des trois fragments: 011, ligne 1–4, bas; 013, ligne 5–8, haut. VIIᵉ ou VIIIᵉ siècle.

「夫河洛摛寶神道之功〇傳〇華吐」秘仙靈之跡可
「覩蓋事詳於玉牒理煥於金」符雖冥默難源顯晦異
「軌測」心觀古可得「而」言焉是以字晉笙歌馭鳳於天海
王喬雲舉控鶴於玄都亦有羽蛻蟬化解影遁形神
蟲帝宮跡留劔扶遊瑤池而不反宴玄圃「以望歸用」
嘉惡道者窮地之險也欵寶遏日祈「石横波飛浪」
突雲奔×湍「急箭先生舉途躋阻宿柵涉析而衝飆夜鼓」
山洪暴激忽「乃崩舟墜壑一倒千仞飄地淪高翻透」

Début de la stèle funéraire de *Tch'ou Po-yu* par *K'ong Tche-kouei* 孔稚珪褚先生百玉碑. *K'ong* qui mourut en 501 (*Nan-ts'i chou* 南齊書, k. 48; *Nan che* 南史, k. 49) avait laissé une collection littéraire en 10 *kiuan*, qui est perdue aujourd'hui. Cette pièce est citée dans le *Yi wen lei tsiu* 藝文類聚, k. 37, 2a, d'après lequel j'ai complété les lacunes du manuscrit. Celui-ci n'apporte rien de nouveau, les variantes sont insignifiantes ou fautives; il manque malheureusement la première ligne qui aurait permis de compléter les deux caractères qui manquent dans le *Yi wen lei tsiu*.

L.4.   *Yi wen lei tsiu*: . . . 玄都有羽在化蟬蛻觸影遁 . . . (le reste de la ligne avant et après ne présente pas de variante).

L.5.   跡 Var.: 迹.

L.6.   祈 Var.: 折.

III. Documents provenant de *Kao-tch'ang*

DOCUMENTS OFFICIELS

Registre cadastral

N° 332.—Kao. 076.

332

MS. Morceau découpé en dents en haut, déchiré en bas, à droite et à gauche; complet à droite en bas jusqu'à la ligne 4. Les lignes 3 et 5 sont en gros caractères noirs; à la ligne 2, 4 gros caractères rouges. Hauteur maximum: 170 mm.; largeur: 187 mm.

············ 縣 南 ○

············ ×天

············ 琮 ○

············ 部 田　城 北 五 里　東 吳 仁　西 賈 第　南　荒　北 官 田

　　　　○ 琮 ○

············ 壹 畝　常 田　城 東 三 里 石 室 渠 東 趙 龍 德

. . . au sud de la sous-préfecture.

(Signé?) . . . *Tsong*.

. . . sis à cinq *li* au nord de la muraille (de la ville), (limité) à l'est par (la propriété de) *Wou Jen*, à l'ouest par la maison de *Kia*, au sud par des terres incultes, au nord par des terres appartenant à l'administration.

(Signé) . . . *Tsong*.

1 *meou* (terres ordinaires), sis à 3 *li* à l'est de la muraille, sur le canal de la Maison de Pierre, *Che-che k'iu*, (limité) à l'est par (la propriété de) *Tchao Long-tö*.

N° 333.—Kao. 078.

333

Petit morceau de papier tout déchiré. Hauteur 138 mm.; largeur 75 mm.

············ 段 壹 畝 ············ ○ ○

parcelle (de . . .), 1 *meou*.

(signé:) . . .

N° 334.—Kao. 079.

334

Petit morceau de papier tout déchiré. L.1: gros caractères cursifs à l'encre rouge, l. 2–3: petits caractères à l'encre noire.

············ ○ 寺 維 ×那　下 ○

············ ×業　　常 田　城 東　×貳〔里〕············

············ ×業　　部 田 ······························...

. . . propriété (terrain ordinaire), sise à 2 *li* à l'est des murs . . .

. . . propriété (terrain . . .), sise à . . .

N° 335.—Kao. 084.

335

MS. Morceau de papier déchiré en haut à gauche, complet en bas, découpé en dents à droite. Hauteur 138 mm.; largeur: 85 mm.

············ 東 至 ··· ········ 南 荒　北 高 ············

············ 西 至 荒　　南 麴 泜　北 高 規 田

[propriété sise . . .] à l'est va jusqu'à . . . , au sud jusqu'aux terres incultes, au nord jusqu'à (la propriété de) *Kao* . . .

[propriété sise . . .] à l'ouest va jusqu'aux terres incultes, au sud jusqu'à la propriété de *K'iu* . . . , au nord jusqu'aux terres de *Kao Kouei* . . .

Nº 336.—Kao. 086. 336

MS. Haut de feuille avec marge supérieure déchirée en bas, à droite et à gauche; à la ligne 2, un point rouge à droite du
2ᵉ caractère; aux lignes 1 et 3 au dessus du premier caractère un gros caractère cursif. Hauteur: 81 mm.; largeur: 105 mm.

城 ○

一 段 叁 畝 ○ .....

城 ○

. . . une parcelle, 3 *meou* . . .

Nº 337.—Kao. 095. 337

MS. Morceau de papier, déchiré en haut, à droite et à gauche, complet en bas. Hauteur: 185 mm.; largeur: 112 mm.

......「東至」傅漢ˣ女 西至荒 南「至」...... ｜ ...... 東ˣ至安昌ˣ城　荒西至荒

南至荒 北官田 ｜......「東至」○ 師　西至渠......

[propriété . . . à l'est] (limitée par la propriété de) *Fou Han-*. . . , à l'ouest va jusqu'aux terrains
incultes, au sud jusqu'à . . .

[propriété . . . à l'est] va jusqu'aux terrains incultes (le long) des murs de *Ngan-tch'ang*, à l'ouest
va jusqu'aux terrains incultes, au sud va jusqu'aux terrains incultes, au nord jusqu'aux terrains
appartenant à l'administration.

[. . . à l'est va jusqu'à la propriété de . . .] *Che*, à l'ouest va jusqu'au canal . . .

L.2. 安昌城. La ville forte de *Ngan-tch'ang* est citée dans le *Sin T'ang chou*, k.40, 10, comme étant à environ 120 *li*
au sud-ouest de la préfecture de *Si* 西州, sur la route de *Yen-k'i* 焉耆 (Kharashahr).

Nº 338.—Kao. 096. 338

MS. Morceau de papier déchiré en haut, à droite et à gauche, complet en bas. Hauteur: 125 mm.

...... 東至渠　西至渠　南至道　北索儞子 ｜

...... 可憙

propriété . . . à l'est va jusqu'au canal, à l'ouest jusqu'au canal, au sud jusqu'à la route, au nord
jusqu'à (la propriété de) *So Lieou-tseu*.

. . . jusqu'à (la propriété de) . . . *K'o-hi*.

Les sept fragments ci-dessus sont tous les débris d'un même registre, probablement le registre cadastral de la sous-
préfecture.

Autres documents officiels

Nº 339.—Kao. 075. 339

MS. Fragment coupé en haut en forme arrondie (pour un vêtement de papier) avec une dent au milieu; complet en bas
et à gauche, déchiré à droite. Le découpage du haut laisse la partie inscrite entière, sauf le premier caractère de la ligne 3
enlevé par la dent.

○貼料粟每舘壹拾貳碩

右件貼料粟先具狀申請至今未蒙○｜○今向終在舘交闕謹錄狀

上請處分

狀如前謹牒

. . . les 12 *che* de riz complémentaire par relais de poste. Au sujet du dit riz de complément, il a
été précédemment présenté une requête; jusqu'à maintenant nous n'avons pas reçu (de réponse).
Maintenant, (les stocks) approchent de leur fin, les relais en manquent; (c'est pourquoi) nous vous
adressons respectueusement cette requête en vous priant de prendre une décision.

La requête respectueuse ci-dessus.

Requête demandant la fourniture de 12 *che* de riz supplémentaires à tous les relais postaux, *kouan* 舘, chargés d'assurer
le ravitaillement des personnes qui usent de la poste et de leurs montures, ces établissements commençant à manquer

de grain. Le grenier public du Gouvernement-Général du département de *Si*, établi au chef-lieu, *Kao-tch'ang*, fournissait de grain les relais postaux, cf. nᵒˢ 266–7.

Nᵒ 340.—Kao. 082.

340

MS. Petit morceau de papier, coupé en pointe en haut pour un vêtement (?). Hauteur: 56 mm.; largeur: 35 mm.

...... 疋一丈八「尺」

(?) . . . rouleaux 18 pieds.

Fragment d'un compte, peut-être officiel, puisque la soie servait véritablement de monnaie à l'époque des *T'ang*.

Nᵒ 341.—Kao. 083.

341

MS. Petit morceau de papier.

...... 闞 ○ ...... ｜ ...... 孝 行 ...... ｜ ...... 員 ......

Nᵒ 342.—Kao. 087.

342

MS. Petit débris de papier.

...... 公廨 ○

L'expression *kong-kiai* pour désigner l'ensemble des bureaux administratifs s'emploie surtout dans l'expression 公廨田 qui désigne les terres publiques attribuées à un chef de service pour les dépenses de son service.

Nᵒ 343.—Kao. 080 a.

343

MS. Morceau de papier collé au dos de 080, complet en haut avec une grande marge supérieure, déchiré en bas sauf dans l'angle gauche après la ligne 2, où le bord inférieur de la feuille subsiste en un point; déchiré à droite et à gauche. Hauteur: 255 mm.; largeur en haut: 70 mm.; largeur en bas: 23 mm.

花戶令狐ˣ孝 ○ ......
永和坊百姓張山 ○ ......　　妻史什 ○

Ling-hou Hiao(?) . . . de *Houa-hou* . . .
Tchang Chan- . . . , homme du peuple, originaire du quartier *Yong-ho* [âgé de ans?]; sa femme *Che Che-* . . .

Fragment de recensement. Les noms propres de famille 張 et 史 marqués d'un point à l'encre rouge dans l'interligne à droite; un troisième point rouge dans l'interligne à gauche marque un nom de famille dans la colonne perdue à gauche du document.

Nᵒ 344.—Kao. 088.

344

MS. Petit débris de papier.

...... ○「載」廿六　｜ ...... 大方載卅八　｜ ...... ○孝利載廿四

. . . 26 ans; . . . *Ta-fang*, 38 ans; . . . *Hiao-li*, 24 ans.

Fragment d'une liste de personnes (soldats, employés, esclaves publics ou privés?). Ce n'est probablement pas un recensement, ceux-ci se faisant par famille, voir nᵒ 343.
L.2. *Ta-fang* est probablement le *K'an Ta-fang* 闞大方 du nᵒ 347.

Nᵒ 345.—Kao. 094.

345

Fragment déchiqueté; au dos traces d'enduit vert clair.

a　...... 貝命 ...... ｜開殯 ...... ｜ ...... 此張 ......
b　...... 兩京春去 ...... ｜ ...... 草可恰 ......

Nᵒ 346.—Kao. 091.

346

MS. Bas de feuille avec marge inférieure, déchirée en haut et à gauche; à droite traces de collage. Hauteur maxima: 90 mm.; largeur: 135 mm.

...... ○奉行 ｜ ...... ○日 ｜ ...... ○記

Nº 347.—Kao. 093.   **347**

MS. Morceau de papier complet en haut, déchiré en bas, à droite et à gauche. Hauteur: 265 mm.; largeur: 150 mm.

…… 文…… ∣德澤水〇〇……∣更付廿九年閏月後加積拾叄文〇……∣

月廿日剝頭〇行〇〇   ∣〇陽付剝頭闖大方修赤亭鎭夫價錢伍拾

. . . livré encore; au mois intercalaire de la 29ᵉ année (mai–juin 741), ajouté 13 sapèques . . . ; le 20ᵉ jour du mois, . . . ; . . . remis à *K'an Ta-fang* de *Ts'eu-t'eou* 50 sapèques prix des ouvriers réparant le fort de *Tch'e-t'ing* . . .

Débris d'un compte, probablement du trésorier de la préfecture de *Si* puisqu'il s'agit de travaux à un fort. Il n'y a sous les *T'ang* qu'une seule période qui atteigne 29 ans, c'est la période *k'ai-yuan* et la 29ᵉ année de cette période contient en effet un mois intercalaire. La date de 741 est donc sûre. Le fort de *Tch'e-t'ing* est souvent mentionné dans les documents du *ma-tcheng* 馬政, voir nᵒˢ 303, 307, et Introduction, p. 87.

DOCUMENTS PRIVÉS
Comptes, probablement d'un couvent

Nº 348.—Kao 061 (1).   **348**

MS. Petit morceau de papier coupé au milieu d'une feuille et collé sur le suivant.

(1)   …… 都尉那僧   ∣…… 拾柒碩肆拾柒……∣禿女等二人

. . . le *Karmadāna* général *Seng* . . . 17 *che*, 47 . . . deux femmes . . .

Débris des comptes(?) d'un couvent.
L.1. 都尉那, le *tou wei-na* ou *Karmadāna* général est l'économe du couvent.
L.2.   Les denrées comptées ne sont pas désignées. C'est probablement du grain, riz, avoine ou blé. Les deux femmes mentionnées à la fin de la ligne sont peut-être des redevables.

Nº 349.—Kao. 061 (2).   **349**

MS. Petit morceau de papier découpé et collé sur le précédent.

…… 禾張永……   …… 尼組……

Débris du précédent(?): il semble qu'il soit question de grains (l.1).

Nº 350.—Kao. 097.   **350**

MS. Bas de feuille coupé à droite, déchiré en biais du haut à droite au bas à gauche.

…… 束更拾束更四束

（欠四伯六十四文）

……… 束 次貳下〇
              〇

計錢貳伯叄拾文

……………………………………… 滿上等叄束

……（二文）
…… 文 （入一百九十文）

fagots, plus 10 fagots, plus 4 fagots. . . . manque 464 sapèques.
fagots. 2ᵉ rang de la 2ᵉ qualité . . . inférieure . . . ce qui fait 230 sapèques.
. . . pour compléter les 3 fagots ci-dessus 2 sapèques.
        . . . ce qui fait . . . sapèques.   Entré 190 sapèques.

Débris d'un compte.
    Les objets vendus sont décrits en gros caractères à l'encre noire à la partie supérieure; en dessous, en caractères plus petits, le prix; à droite des interlignes, à l'encre rouge, la somme versée et la somme restant due. Le détail de la traduction est très incertain, dans l'état fragmentaire du document.

N° 351.—Kao. 090.   **351**

MS. Petit morceau de papier déchiré de tous les côtés.

……「束次貳」下 ○

（入冊）　貳　文

……「束次貳」下 ○　　　計錢壹伯(柒拾肆文)

（入二百冊文　欠一百一十八文）

………………下參　　計錢參伯伍拾捌文

... x fagots, 2ᵉ rang de la 2ᵉ qualité . . . inférieure . . . entré 40.

. . .　ce qui fait 174 (corrigé en 102) sapèques.

　　　entré 240 sapèques; manque 118 sapèques.

　　ce qui fait 358 sapèques.

Suite du compte précédent.

N° 352.—Kao. 089.   **352**

MS. Bas de feuille, déchiré à droite, découpée en dents à gauche; écrit à l'encre noire avec surcharge à l'encre rouge
dans les interlignes.

（入七十欠一百四文）

計錢壹伯柒拾肆文

叄

「束」次叄下貳　　　計錢(貳)伯(陸拾)捌文

（入一百八十欠一百廿八文）

（入一百欠七十四文）

……貳下靑　　　　計錢壹伯柒拾肆文

（入壹伯欠七十四文）

……貳下靑　　　　計錢壹伯柒拾肆文

（入一百欠冊六文）

……次貳下靑　　　計錢壹伯肆拾陸文

叄伯壹拾肆文

……次○○靑　　　計錢(壹伯柒拾肆文)

壹

計錢貳「伯」○拾(陸)文

……○○○參

……○○○貳

　　　entré 70; manque 104 sapèques.

　　　ce qui fait 174 sapèques.

Item, 3 de 2ᵉ qualité inférieure ce qui fait 268 (corrigé en 368 sapèques).

　　　entré 180; manque 128 sapèques.

　　　entré 174 sapèques.

2 de qualité inférieure . . . ce qui 174 sapèques.

　　　entré 100; manque 74 sapèques.

2 de qualité inférieure . . . ce qui fait 174 sapèques.

　　　entré 100; manque 46 sapèques.

. . . 2ᵉ rang de la 2ᵉ qualité inférieure . . . ce qui fait 146 sapèques.

. . . 2ᵉ rang de la 2ᵉ qualité . . . inférieure ce qui fait 174 (corrigé en 314) sapèques.

. . . 2ᵉ rang de la 2ᵉ qualité . . . inférieure ce qui fait 2.6 (corrigé 2.1) sapèques.

Autre portion du compte précédent.

Clef des songes

Nº 353.—Kao. 077.

MS. Petite bande de papier.

「夢見」×病人歌大凶	「夢見」 ......
「夢見」○上歌大吉	「夢見」 ......
「夢見」......鏡大富貴	夢見 ......
「夢見著」新衣得財	夢「見」......
「夢見」文書有喜事	「夢見」......

[Voir en rêve] un malade qui chante: très néfaste; [voir en rêve . . .]

[Voir en rêve] . . . qui chante: très faste; [voir en rêve . . .]

[Voir en rêve] un miroir . . . : grande richesse; voir en rêve . . .

[Se voir en rêve revêtu] d'un habit heuf: on deviendra riche; [voir en rêve . . .]

[Voir en rêve] un écrit: il y aura une affaire heureuse; [voir en rêve . . .]

Fragment d'une Clef des songes, disposée en deux registres.

L.5. 喜事 "une affaire heureuse" = un mariage.

Nº 354.—Kao. 081.

MS. Petite bande de papier appartenant au même rouleau que le nº 352, mais ne se rajustant pas avec lui.

「夢見」○○×肆○富貴...... | 夢見羅×細憂官事

[Voir en rêve] . . . quatre . . . ; richesse.

Voir en rêve un filet . . . : ennuis dans les affaires officielles.

Autre fragment de la même clef des songes.

IV. Documents provenant de *Yutōgh*

DOCUMENTS OFFICIELS

Nº 355.—Yut. 06.

MS. Petite bande de papier. Hauteur: 120 mm.; largeur: 40 mm.

...... ○ 僧法超
...... ○ 嘉禾女 ○ 一   已上各壹拾玖疋

. . . le bonze *Fa-tch'ao*
. . . *-yi*, fille de . . . *Kia-ho* } les personnes ci-dessus, chacune 19 pièces d'étoffe.

On pourrait comprendre "chacune 19 chevaux" le caractère 疋 servant de numérale à la fois pour les chevaux et les pièces d'étoffe. J'ai adopté ce dernier sens parce que d'une part le bonze *Fa-tch'ao* reparaît à propos d'étoffe (nº 357 = Yut-09), et que de l'autre je ne vois pas trop ce qu'un bonze et une fille non mariée feraient de 19 chevaux: si c'était pour le temple, c'est au nom du temple et non à celui du bonze que les chevaux seraient portés; et quant à la jeune fille, c'est au nom de son père que les chevaux seraient portés. Au contraire, s'il s'agit soit de versements d'étoffe au magasin (pour les impôts), soit de prises d'étoffes au magasin analogues à celles qui sont notées pour l'époque des *Tsin*, dans nº 198 (LA. IV. v. 041), on comprend que le magasinier inscrive le nom de la personne même qui verse ou qui prend, et qui signe. Un certain nombre de fonctionnaires avaient droit, en plus de leur solde, à une certaine quantité de riz, de sel, d'étoffes, etc., voir ci-dessus, p. 72.

Nº 356.—Yut. 08.

MS. Petite bande de papier; écrite à l'encre noire. Hauteur: 125 mm.; largeur: 50 mm.

......×造×布×疋 訖 申者具拾×段...... | ......五日内×分×付
○ 准使○○...... | ......○○ 書中......

N° 357.—Yut. 09.

357

MS. Petite bande de papier; écrite à l'encre noire. Hauteur: 105 mm.; largeur: 45 mm.

…… 造租布疋○僧法超　|……○○造布疋……

N° 358.—Yut. 012.

358

MS. Petite bande de papier. Hauteur: 133 mm.; largeur: 30 mm.

…… ○○縣租布ˣ疋　拾段　訖|……故時|……○月廿二日○

Au début de la première ligne les deux caractères qui forment le nom de la sous-préfecture sont complets, mais écrits en une cursive très abrégée que je n'ai pu arriver à déchiffrer. Le seul élément clair est la partie inférieure du deuxième caractère du nom de la sous-préfecture 田; ce n'est donc aucune des sous-préfectures du département de *Si*, ni des départements voisins de *Yi* et de *T'ing*.

Les quatre petites bandes ci-dessus, découpées dans un rouleau formant un registre, et écrites à l'encre noire, portent toutes des traces de cachet officiel à l'encre rouge. Le seul lisible est sur le n° 357: 蒲昌|「縣」印 "Sceau de la sous-préfecture de *P'ou-tch'ang*". Il ne reste du premier caractère de la première ligne que la moitié inférieure 冉, mais cela suffit pour faire reconnaître le nom de la sous-préfecture de *P'ou-tch'ang* qui dépendait de *Si-tcheou*. Sur cette sous-préfecture, voir ci-dessus, p. 84 sq.

Probablement versements en étoffes faits au magasin (pour les impôts?) ou au contraire paiements en étoffes effectués par le magasin.

N° 359.—Yut. 07.

359

MS. Petite bande de papier déchirée de tous les côtés. Écrite à l'encre rouge. Hauteur: 100 mm.; largeur: 45 mm.

…… 陸趺○肆石……|……石付善〈又壹石……|……○貳……

N° 360.—Yut. 010.

360

MS. Petite bande de papier toute déchirée; écrite à l'encre rouge. Hauteur: 130 mm.; largeur: 50 mm.

…… ○壹石○……|……堂內粟卓與對○○……

N° 361.—Yut. 011.

361

MS. Petite bande de papier toute déchirée; écrite à l'encre rouge. Hauteur: 96 mm.; largeur: 58 mm.

…… 壹石貳斗　　　　楊ˣ源師下ˣ接……|……「貨」用又肆

ˣ石……|……○ˣ主訖

N° 362.—Yut. 013.

362

MS. Petite bande de papier toute déchirée; écrite à l'encre rouge. Hauteur: 102 mm.; largeur: 45 mm.

…… 言十一|……○○○○ˣ文　　一|……又壹石「法」超

貨用……|……○○……

Les quatre petites bandes de papier ci-dessus, écrites à l'encre rouge, sont découpées dans un registre.

Versements en grains faits au magasin (pour les impôts?) ou paiements en grains effectués par le magasin.

N° 363.—Yut. 015.

363

MS. Petit morceau de papier complet en haut et en bas, déchiré à droite et à gauche. Hauteur: 290 mm.; longueur: 270 mm.

…… ○○○ˣ興年七月十○「日」……|　　等抄……|安德〈 油天寶

二年○○　|壹碩天寶○年二月一日　○|倉督茂○○○○　ˣ抄

○天寶ˣ貳年……

5

Peut-être un fragment de registre(?) Les deux seules mentions claires sont la date répétée deux fois (l. 3 et 6) et peut-être une troisième fois (l. 4) de la 2ᵉ année *t'ien-pao* (743), qui est celle d'une affaire mentionnée dans le document, mais n'est pas nécessairement la date du document lui-même, et le titre du directeur du grenier, *ts'ang-tou* 倉督; il est question d'un *che* de quelque denrée. Mais le texte est trop fragmentaire pour être traduit et donner un sens suivi.

L.5.　倉督. Sur les *ts'ang-tou*, petits fonctionnaires (9ᵉ rang inférieur) chargés d'administrer les greniers, voir ci-dessus, p. 86. C'est de ce personnage et de son magasin qu'émanent tous les documents trouvés à Yutōgh.

Nº 364.—Yut. 014.　　　　　　　　　　　　　　　　　　　364

MS. Petite bande de papier.

……捌年三「月○日……」直○於……|「邊儽取」小麥壹碩其○請限六

月「還了」……

Le . . . jour du 3ᵉ mois de la 8ᵉ année　　　　, . . . *Tche-* . . . [a emprunté à . . .] 1 *che* de blé, il [le remboursera] à la fin du 6ᵉ mois . . .

Début d'un contrat de prêt de grain: il manque à la première ligne le nom de famille de l'emprunteur juste après la date, et le nom personnel est tronqué, puis à la fin de la même ligne, le nom du prêteur; à la fin de la deuxième ligne et après, il manque les conditions de remboursement, les intérêts et les signatures. Les caractères mis entre crochets sont restitués d'après la formule ordinaire des contrats de prêt. Il va sans dire que dans l'état fragmentaire du document, cette interprétation est hypothétique et que restitution et traduction dépendant largement de l'interprétation ne sont données que sous réserves.

L.1.　ˣ捌. Il ne reste que la partie inférieure de la moitié droite du caractère, mais il n'y a que ce caractère parmi les noms de nombre qui puisse laisser ces traces. Ce caractère donne la date dans des limites assez précises: étant donné les dates ordinaires des documents de la région, il ne peut guère s'agir que de la 8ᵉ année *k'ai-yuan* (720) ou de la 8ᵉ année *t'ien-pao* (749).

v.　Documents provenant de *Toyukh*

Introduction

Les documents provenant de Toyukh émanent tous d'un temple bouddhique dont les ruines ont été explorées et décrites. A côté de pièces de l'administration des temples, ainsi que de débris de lettres et autres documents privés, il y a quelques feuilles d'exemplaires des Classiques et naturellement aussi de nombreux fragments de rouleaux de livres bouddhiques. Ces pièces vont du milieu du VIᵉ siècle à la fin du VIIIᵉ siècle, c'est-à-dire que, si la plupart d'entre elles datent des *T'ang*, les plus anciennes remontent aux rois de *Kao-tch'ang* de la fin du VIᵉ siècle. C'est parmi celles-ci que se trouvent les deux pièces les plus intéressantes de la série de Toyukh: un petit débris imprimé, de l'année 594 p.C., l'un des plus anciens imprimés existants, et un manuscrit bouddhique qui donne au complet la titulature des rois de *Kao-tch'ang* que nous n'avions encore que fragmentairement. Je ne les ai pas mises à part dans une section spéciale, d'abord pour ne pas multiplier inutilement les subdivisions, mais surtout parce que leur classement avec les autres montre bien la continuité de la vie et de l'histoire du temple avant et après la conquête chinoise: monastère bouddhique de langue chinoise dès le VIᵉ siècle, alors que les rois de la famille *K'iu* le protégeaient, il dut être de tout temps un centre de culture chinoise dans la région, culture assez poussée de religieux instruits, si l'on en juge par les fragments des Classiques retrouvés. Ces menus fragments n'exigent pas pour être compris la connaissance de l'histoire de *Kao-tch'ang* sous la dynastie *K'iu* 麴 au VIᵉ siècle: on en trouvera les grandes lignes dans CHAVANNES, *Documents sur les Tou-kiue Occidentaux*, pp. 107–112; pour les institutions fortement influencées par la Chine de cette petite cour, voir H. MASPERO dans *Innermost Asia*, Appendice A, p. 983, n.1; on trouvera dans le même Appendice une liste chronologique des rois de cette dynastie qui n'est pas tout à fait complète, mais à laquelle je ne peux actuellement encore rien ajouter de nouveau.

DOCUMENTS PRIVÉS
Affiche imprimée

N° 365.—Toy. 046. **365**

Imprimé. Papier déchiré en forme de bande, complet en haut et en bas, déchiré à droite et à gauche. Gros caractères de 20 mm. environ de haut. Hauteur: 275 mm.; largeur: 46 mm. VIᵉ siècle.

......○ 自官私延昌卅四年甲寅家有惡狗行人愼之○○

... 34ᵉ année *yen-tch'ang* (594 p.C.), année *kia-yin*. Il y a un chien méchant dans la maison; que les passants prennent garde ...

Un des plus anciens textes imprimés connus. C'était probablement une affiche servant d'amulette[1] et destinée à être collée sur la porte d'entrée.

La période *yen-tch'ang* est un *nien-hao* des rois de *Kao-tch'ang*, voir *Innermost Asia*, App. A, *Chronologie*, pp. 986, 987.

Pièces relatives à l'administration d'un temple bouddhique

N° 366.—Toy. 047. **366**

Bande de papier, déchirée en haut, à droite et à gauche, complète en bas.

[à ... *li* du côté de la ville]. (Limites:) à l'est, (la terre de) *P'ei Tchö*; à l'ouest, (la terre de) *P'ei Kia*; au sud, atteint les sables; au nord, (la terre de) *T'ien Yuan-piao*

à 6 *li* au sud de la ville. (Limites:) à l'est, (la terre de) *Li* ... ; à l'ouest, (la terre de) *Tchang (Siun?)*; au sud, (la terre de) *Fan* ... ; au nord, (la terre de) *Kao* ...

Fragment d'un registre de terrains appartenant au monastère. Ce n'est probablement pas le même registre, en tout cas pas la même année que n° 367 (=Toy.II. ii. 02(h)), car l'ordre dans lequel les voisins des 4 côtés sont énumérés est différent.

L.2. Gros caractères cursifs très effacés.

L.3. En surcharge à l'encre rouge, 6 gros caractères presque illisibles.

1) There seems to be no reason to suppose that the document was a charm, or served anything but a purely practical purpose. A legal case (see *Wên Yüan Ying Hua*, 547, 10) probably dating from Sui or T'ang times, throws light on this "affiche". A's dog bites B. B claims compensation. A's defence is that there was a *p'ai-chi*, 牌記, *i.e.* a warning notice, which the plaintiff ignored. We know (*Sui Shu*, 83, 6b) that the institutions of Kao-ch'ang were closely modelled on those of China. Expert opinion seems now to be unanimous that the document is not printed.

Nº 367.—Toy. II. ii. 02. (h). 367

Fragment recoupé régulièrement en haut et en bas, déchiré à droite et à gauche; inscrit sur les deux faces. *T'ang.*

RECTO:

城東三里　東○○西汜靜南田海北路佃人汜……

一段五畝城南五里　東宗龍西路南安渚北錄事佃人……

畝城西三里　東○○西○至南康定北康賓佃人……

「畝城○○里　東○○」西○○○南○○○「北○○義佃人康……

… [une pièce de terre de …] *meou*, (située) à 3 *li* à l'est de la ville. (Limites:) à l'est, (terre de …); à l'ouest, (terre de) *Fan Tsing*; au sud, (terre de) *T'ien-hai*; au nord, la route. Locataire: *Fan* …

… une pièce [de terre] de 5 *meou*, (située) à 5 *li* au sud de la ville. (Limites:) à l'est, (terre de) *Tsong Long*: à l'ouest, la route; au sud, (terre de) *Ngan Tchou*; au nord, (terre du) *lou-che*. Locataire: …

… [une pièce de terre de …] *meou*, (située) à 3 *li* à l'ouest de la ville. (Limites:) à l'est, (terre de …); à l'ouest, (terre de) … *Tseu(?) Tche*; au sud, (terre de) *K'ang Ting*; au nord, (terre de) *K'ang Pin*. Locataire …

… [une pièce de terre de …] *meou*, située à … *li* du côté (nord?) de la ville. (Limites:) à l'est, (terre de …); à l'ouest, (terre de) … ; au sud, (terre de) … ; au nord, (terre de) … *Yi*. Locataire: *K'ang* …

Fragment d'un registre des terres appartenant au temple et affermées. La ville murée 城 ne peut être que *Si tcheou* 西州 qui n'est pas très éloignée de TOYUKH; la route de l. 1 et celle de l. 2 sont certainement différentes. La première qui borne le premier terrain au nord se dirige vers l'est; c'est la route qui sort de la porte est de la ville. La seconde qui borne le second terrain à l'ouest se dirige vers le sud: c'est la route qui sort de la porte sud de la ville.

VERSO:

中漸熱惟　×弟　○

憂汝彼懃事和　○

（退還官收戶除籍訖諸事間不須）

（未得行文）

惠　淨自在　丁谷坐

（錢物盡被破除及其共論即道皆）

他　○　孝事孝養

（即如此努力○好事和）

○○說○○

Deux documents distincts entremêlés, le premier (A) écrit en caractères plus gros, est formé des lignes 1-2, 4, 6, 8, ces deux dernières barrées; le second (B) en caractères plus petits est formé des lignes 3, 5, 7. Pour les distinguer, j'ai placé des parenthèses en haut et en bas de chacune des lignes appartenant au document B. Les lacunes sont telles que la plus grande partie des deux documents n'est pas traduisible et même ce qu'on peut en traduire n'est pas très sûr.

(A) . . . il fait de plus en plus chaud, . . . *Houei-tsing* maintenant est à *Ting-kou* . . .

(B) . . . Restitué à l'administration . . . pas reçu d'ordre. . . Il a été radié des registres, et dans toutes les affaires il ne convient pas de . . . l'argent et les objets ont été entièrement dépensés . . . de pareils efforts . . .

A.

L.2. 懃 est dans l'interligne de droite; le scribe avait écrit un caractère illisible qu'il a barré.

L.4. 惠淨 paraît être un nom de religieux bouddhique. 且: caractère illisible corrigé en 且 qui est une faute pour 見.

L.6. Un gros trait d'encre barre toute la ligne.

B.

L.3. ○ caractère illisible effacé par un point noir.

L.7. ○ caractère 能 effacé par un point noir.

Nº 368.—Toy. 048. (a et b).   368

MS. Deux petits fragments de papier déchirés de tous les côtés, collés l'un à l'autre et accompagnés de débris de ficelles. VIIᵉ–VIIIᵉ siècles.

> (a) Hauteur: 185 mm.; largeur 140 mm.
>
> ...... ○ ○ 紬綾伍拾疋　蘇方紬綾 ......｜...... 「紬」綾叄拾疋　碧紬綾貳
> 拾「疋」......｜...... 小碧「紬綾」○ 伯伍拾疋　×僈×加五千 ......｜...... 二
> 伯疋 ......
>
> (b) Hauteur: 130 mm.; largeur: 120 mm.
>
> ...... ○ 檯各伍拾 ......｜...... ○ ○ ...... ×德槃 ......｜...... 等爲×供 ......

(a) . . . satin, 50 pièces; satin de . . . ; . . . satin 30 pièces, satin, . . . 20 [pièces] . . . ; . . . satin [1]50 pièces; . . . 5000 . . . ; . . . 200 pièces . . .

(b) . . . chacun 50 . . .

Fragment d'inventaire ou bien du registre du magasin d'étoffes du temple (?)

Nº 369.—Toy. 043.   369

MS. Petit fragment déchiré de tous les côtés, inscrit au recto et au verso. VIIᵉ–VIIIᵉ siècle.
Hauteur: 150 mm.; largeur: 93 mm.

RECTO:

...... 廿千五百六十○「文」......｜...... 一十千文納使庫○ ......｜...... 五
百文燒麻子五升 ......｜...... 一千九百廿文雜市買 ......

VERSO:

...... 玖阡陸伯文四月內 ......｜...... 壹拾壹仟伍伯伍拾「文」......

RECTO:

. . . 20 milliers et 560 [. . . sapèques] . . .

. . . 10 milliers de sapèques remises au magasin . . .

. . . 500 sapèques, brûler cinq *cheng* (d'huile) de chénevis . . .

. . . 1 millier 920 sapèques, achats divers . . .

VERSO:

. . . 9600 sapèques au cours du 4ᵉ mois . . . 11 milliers, 550 [. . . sapèques].

Petit fragment du registre des comptes de l'économe du temple. Le compte par milliers (20 milliers, 10 milliers, 11 milliers) est insolite: le compte normal se fait par myriades 萬. Je pense plutôt que les "milliers" désignent des ligatures de 1000 sapèques servant d'unité.

Nº 370.—Toy. VI. 088. 370

MS. Complet en haut et en bas avec marges supérieure et inférieure; déchiré à droite et à gauche. Hauteur: 288 mm.; largeur: 70 mm.

……○將○…… ｜右承租上件人去三月一日就門索×綵布｜○○○○
如前件綵布……

… pour le loyer ci-dessus, le dit homme est venu le premier jour du troisième mois dernier demander si des étoffes de couleur … Les dites étoffes de couleur ci-dessus désignées …

Rapport au sujet du paiement d'un loyer en étoffes. On sait que les étoffes étaient acceptées comme une sorte de monnaie même pour les impôts. Il semble que le locataire soit venu demander si certaines étoffes déterminées seraient acceptées au lieu des satins 絹 ordinaires, et qu'à son tour le receveur demande l'avis des autorités du temple.
L.2. 門 lire 問.

Nº 371.—Toy. II. i. 02. 371

(*a*) Petit fragment déchiré de tous les côtés; inscrit sur les deux faces. Hauteur: 120 mm.; largeur 50 mm.

RECTO: …… 十月卅日 ○○○ ……

VERSO: 2 lignes, l'une de caractères 和 répétés (il reste 5 caractères), et l'autre de caractères 疲 répétés (il reste 6 caractères): exercice d'écriture.

(b) Toy. I. i. 01.

Deux petits fragments déchirés de tous les côtés, inscrits sur les deux faces.

(*a*) RECTO: …… 渠黎那○○孝 ……

VERSO: le caractère 動 répété cinq fois (la ligne est incomplète): exercice d'écriture.

(*b*) RECTO: …… ○粟五○ ……

VERSO: le caractère 志 répété cinq fois (la ligne est incomplète).

Le verso des documents déchirés a servi à faire des exercices d'écriture; les documents du recto ne peuvent être identifiés.

Correspondance privée

Nº 372.—Toy. 045. 372

Fragment de feuille, déchiré de tous les côtés; mais le texte est complet en haut où la déchirure ne dépasse pas la marge, et à gauche où il y a un grand espace blanc après la dernière ligne. Hauteur: 260 mm.; largeur: 195 mm.

不○○重×記○○×師不相見……｜照顧望○聞稍×有時氣數……｜
旬寂無信「息」○奉不少今故……｜遣恭謁拜×將法相鞋一「對」○……｜
六付渚海將○×催鼓……

… [étant depuis …] dizaines de jours sans lettre, je pense beaucoup à vous. Maintenant … une paire de souliers …

Petit fragment d'une lettre privée.

Nº 373.—Toy. III. ii. 02. f. 373

Fragment de feuille, complet en haut, déchiré en bas, coupé à droite et à gauche. *T'ang.*

辭奉已久馳仰×恭「……阿」｜闍梨尊體動止萬「福」……｜○×境不寧道
路隔「絶」……｜……○憶慰……

… cette lettre; je pense à vous depuis longtemps; respectueusement [je souhaite? que] la vénérable personne de l'*ācārya* ait tous les bonheurs. … le pays n'est pas tranquille, les routes sont coupées …

Fragment d'une lettre adressée à un des religieux du monastère bouddhique de Toyukh.
L.1. 阿闍梨 est la transcription courante de *ācārya* et est une des appellations honorifiques ordinaires des religieux bouddhiques.

Nº 374.—Toy. III. 032. (a, b, c, d). 374

Quatre petits fragments déchirés de tous les côtés.

(*a*): …… 途即免貧苦飢餓 ……｜…… 張維緞收自刾已來 ……｜…… ○○
請至 ……

… [je souhaite qu'] en route vous soyez à l'abri de la pauvreté, de la souffrance, de la soif et de la faim … [j'adresse à] *Tchang Wei-touan* [une lettre?] pour qu'il la reçoive; depuis notre séparation …

Fragment d'un brouillon de lettre adressée, à ce qu'il me semble, par un religieux à un certain *Tchang Wei-touan* qui part en voyage et qui est peut-être l'auteur du fragment de lettre nº 373 (= Toy. III. ii. 02 (f)) où l'allusion à l'insécurité des routes pourrait indiquer que l'auteur part en voyage (fonctionnaire rentrant en Chine?).

(*b*): ...... ◯ ◯ ...... │ ...... 說 ...... │ ...... 諸 法 ......

(*c*): ...... 乃 悔 當 復 ......

Deux petits fragments de manuscrit bouddhique.

(*d*): Petit fragment ouigour.

Nº 375.—Toy. III. ii. 02 (j).   375

Petit fragment déchiré de tous les côtés.

...... ◯ 堪 深 眷 仰 之 ×情 ...... │ ...... ◯ ×處 惶 不 審   │

...... ◯ 如 何 但 ×車 ×達 及 ...... │ ...... ◯ ...... 緒 海 賣 ◯ ......

Fragment de lettre privée. L.4 緒 海 賣 doit être un nom propre.

Livres

Nº 376.—Toy. 044.   376

Quatre petits fragments se rajustant formant le bas d'une feuille, avec marge inférieure. En très mauvais état: déchirés en haut, à droite et à gauche, complets en bas seulement avec la marge. Pas de traits pour délimiter la marge ni pour séparer les lignes. Onze à treize caractères (de texte) à la ligne, chacun d'eux ayant environ 10 mm. de haut. A cause de sa disposition compliquée, ce fragment de manuscrit est transcrit ici verticalement, de façon que chaque ligne, tant du texte en gros caractères que des divers commentaires corresponde à une ligne de l'original. Hauteur: 162 mm.; largeur: 215 mm.; hauteur de la marge: 55 mm. *T'ang.*

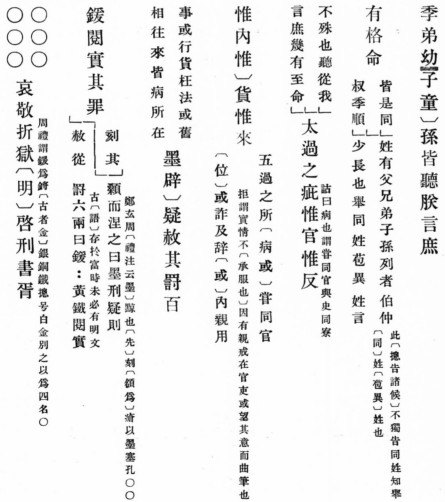

Extraits du *Chou king*, k.19, 27b (l.19)–29 a, *Lu hing* 呂刑, avec Commentaire de *K'ong Ngan-kouo* 孔安國; l'explication interlinéaire est tirée du *chou* 疏 de *K'ong Ying-ta* 孔應達, elle est d'une autre écriture et a été ajoutée après coup. Les phrases appartiennent toutes à ce texte, mais ne se suivent pas: il manque 121 caractères de texte, sans compter le commentaire, entre la première et la deuxième phrase; 39 entre la deuxième et la troisième; 152 entre la troisième et la quatrième.

L.3. (Texte) 太過 corr. 五過 (le caractère 太 est incomplet, mais sûr, car il n'y a pas trace de trait horizontal inférieur).
(Commentaire interlinéaire): 史 corr. 吏.

L.4. (Commentaire de *K'ong Ngan-kouo*): après 反, il manque le caractère 四.

L.6. (Commentaire de *Tcheng Hiuan*): entre 先 et 刻 ajouter: 刻其面窒之言: le copiste a sauté du premier caractère 刻 au deuxième. De plus, les deux derniers caractères ne répondent à rien du texte actuel; peut-être: 孔令變色.
(Commentaire de *K'ong Ngan-kouo*): après 鐵 l'édition des Song a 也.
(Commentaire interlinéaire): au-dessus de 古語, l'édition des *Song* a le caractère 鍰; à la fin de la phrase, elle ajoute 也.

Nº 377.—Toy. III. ii. 03 (f). 377

Fragment de rouleau, déchiré en haut, à droite et à gauche, complet en bas avec marge inférieure; il n'y a pas de traits ni entre les lignes ni pour délimiter la marge. Transcrit suivant le même principe que le précédent. Hauteur: 155 mm.; longueur: 130 mm.; hauteur de la marge inférieure: 55 mm. *T'ang*.

Extrait du *Chou king* avec commentaire de *K'ong Ngan-kouo* 孔安國, section *Wen heou tche-ming* 文侯之命 (éd. YUAN Yuan 阮元, *Song-pen che-san king tchou chou* 宋本十三經注疏, k.20, 31a, l. 5–8). Il y a dans le *Chou king* 25 caractères de texte et 67 caractères de commentaire non reproduits dans ce manuscrit, au-dessous des deux derniers caractères de la ligne 4.

L.4. (Commentaire) 於: éd. SONG 鳴 qui est d'ailleurs la leçon du texte (l. 2) même dans le manuscrit.
能有功 éd. SONG 能有成功.
諸候也 éd. SONG, le 也 final a disparu.

L.4-5. (Texte) 女 éd. SONG 汝.

Nº 378.—Toy. III. 032 (i). 378

Fragment de rouleau, déchiré en haut, à droite et à gauche, complet en bas avec une petite marge inférieure. Petits caractères irréguliers allant de 5 mm. (l. 2) à 9 mm. (l. 1) de hauteur pour le texte, environ 4 mm. pour le commentaire; environ 21 à 23 caractères de texte à la ligne. Hauteur: 61 mm.; longueur: 100 mm. VIIᵉ–VIIIᵉ siècle.

防武仲故邑爲後立後也魯襄公二十三年武」仲爲孟氏所譖出|
奔邾自邾如防使爲以大蔡納請曰訖能　　」宮智不足非敢|

「私請苟守先祀無癈二勳敢不辟邑乃　子曰晉文公譎而」不正齊桓公|
「立臧爲訖致防而奔齊此所謂要君

「正而不譎……　　　　　天王」狩于河陽諸候|
「　　　　朝之……伐楚以公義責」苞茅之貢不入|

「……子路曰桓公殺公子糾」召忽死之|
「……

Louen yu, section XIV, *Hien wen* 憲文 (éd. *Song pen che-san king*, k.14, 2a, 15b, 18). Petits caractères, commentaire sur double colonne. Texte sans variante.

　　Commentaire

L.2. Inconnu: il n'y a pas de commentaire à ce passage dans les éditions actuelles.

L.4. Commentaire de *K'ong Ngan-kouo.*

L.6. La 1ᵉ colonne est une citation du *Chou king* qui se retrouve dans le Commentaire de *Tcheng Hiuan*, mais n'y est pas suivie des 2 caractères 諸候 et par suite n'en est pas tirée. La 2ᵉ colonne est tirée du Commentaire de *Ma Jong* 馬融.

　　Au verso, quelques caractères, fragment d'un compte d'impôts sur les maisons et les jardins (?), mais il ne subsiste que: (l.1) . . . 受 (l.2) . . . 園　宅 (l.3) . . . 未受.

Manuel astrologique

Nº 379.—Toy. I. ii. 07 (e).　　　　　　　　　　　**379**

Petit fragment déchiré de tous côtés, écrit horizontalement de droite à gauche, comme la transcription ci-dessus.

「氐尾斗虛」　「亢心」　「角房箕牛危」　　　
　婁畢參　　女室」奎昴觜　房房箕牛危」壁胃　「井星軫」
「柳翼」　　「鬼張」　　　　　　　　　　　　

[(Constellations orientales:) *Kio, K'ang, Ti, -Fang, Sin, Wei, -Ki.* (Constellations boréales:) *Teou, -Nieou, Niu, Hiu, -Wei, Che,*]*-Pi.* (Constellations occidentales:) *K'ouei, Leou, -Wei, Mao, Pi, -Tsouei,*[1] *Chen.* -[(Constellations méridionales:) *Tsing, Kouei, Lieou, -Sing, Tchang, Yi, -Tchen*].

Débris d'un calendrier ou d'un manuel astrologique, contenant un fragment de liste des 28 mansions, *sieou* 宿, du milieu des constellations boréales à la fin des constellations occidentales; il faut lire horizontalement, de droite à gauche. Il n'est pas difficile de restituer le début et la fin de la liste, les *sieou* étant énumérés dans leur ordre normal, qui est celui des passages successifs du soleil au cours de l'année. Il faut remarquer qu'il y avait certainement un espace vide (ligne 4) au-dessous de *Wei* 胃, car il n'y a aucune mansion entre *Pi* 畢 et *Tsouei* 觜; mais ce blanc entre la 5ᵉ et la 6ᵉ mansion occidentale ne répond à rien. De même il y avait certainement un espace vide entre *Che* 室 et *Pi* 壁 puisque ce sont deux mansions consécutives, mais ici encore le blanc entre la 6ᵉ et la 7ᵉ mansion boréale ne répond à rien. On pourrait supposer que la mansion *Che* était désignée par le nom double qui lui est aussi donné 營室; ce ne serait pas absolument invraisemblable (bien que la mansion *Pi* 壁 ne reçoive pas son nom double de *Tong-pi* 東壁) parce que le *Ts'ien Han chou*, k. 21, 24b présente un cas analogue, *Yong-che* y étant la seule mansion désignée par son nom de deux caractères. Mais cette explication ne vaudrait pas pour le blanc de la ligne 4, puisque, si *Tsouei* a aussi un nom de deux caractères, ce nom double *Tsouei-houei* 觜觿 ne peut avoir été mis ici, étant donné la place qu'occupe le caractère *Tsouei*. Je crois plus probable qu'il y avait dans le tableau original un espace d'un caractère à la fin de chaque groupe de 7 mansions, pour les séparer, mais que le copiste, qui ne comprenait pas grand'chose à ce qu'il copiait, a mal placé ces blancs.

1) Tseu?

Livres bouddhiques

Il y a un nombre énorme de fragments de rouleaux de livres bouddhiques. Je n'ai donné ci-dessous que ce qui se rapporte aux plus longs, que j'ai indentifiés et pour lesquels je renvoie à la plus récente édition japonaise du *Tripiṭaka* chinois, le *Taishō issaikyō*, sans donner le texte, mais en indiquant les variantes et toutes les particularités intéressantes; je remercie à ce propos M. Demiéville, professeur à l'Ecole des Langues Orientales Vivantes et rédacteur du *Hōbōgirin*, qui a identifié pour moi certains fragments difficiles que je n'avais pas reconnus. Les autres fragments qui sont pour la plupart des débris portant quelques caractères seulement ont été transcrits, mais laissés en-dehors de la publication qu'ils auraient grossie démesurément sans aucun intérêt.

La plupart de ces manuscrits datent de la dynastie *T'ang*. Quelques-uns cependant sont plus anciens: deux portent des dates des rois de la dynastie *K'iu* de *Kao-tch'ang*, et ont été écrits par ordre de ces princes; il doit y en avoir quelques autres de la même origine parmi ceux qui ne sont pas datés.

FRAGMENTS DU *Saddharmapuṇḍarīkasūtra*

Miao fa lien-houa king 妙法蓮華經, trad. de KUMĀRAJĪVA (*Taishō issaikyō*, t.9, n° 262)

N° 380.—Toy. I. ii. 04 (d).   380

MS. Partie inférieure d'un rouleau, déchiré en haut, à droite et à gauche, complet en bas avec marge inférieure; traits fins délimitant la marge et séparant les colonnes. 11 lignes; 16 à 17 caractères à la ligne. Hauteur: 106 mm.; longueur: 215 mm.

k. 1, p. 4b, lignes 2–13. Aucune variante.

N° 381.—Toy. IV. v. 04.   381

MS. Partie inférieure d'un rouleau, contenant la marge supérieure et les deux premiers caractères de chaque ligne à droite, 6 à 7 à gauche; 45 lignes suivies d'un espace vide et du titre; 20 caractères à la ligne forment 4 vers de 5 mots séparés par un espace vide.

k. 1, p. 9b, l. 18; p. 10b, l. 21. Fin du k. 1 avec titre final: 妙法連 (*sic.*) 華經卷弟 (*sic.*) [一]. Aucune variante.

N° 382.—Toy. I. ii. 09 d (2), d (1), e.   382

MS. 3 petits fragments se rajustant; déchirés en haut, à droite et à gauche; complets en bas avec marge inférieure (d¹, e), sans marge (d²). 17 lignes: d²: l.1–4; d¹: l.4–11; e: l.10–17, ces derniers chevauchant l'un sur l'autre; 20 caractères (4 vers de 5 mots) à la ligne.

k. 2, p. 14c, l. 21; 15a, l. 6. Aucune variante.

N° 383.—Toy. 042. i.   383

MS. Portion d'un rouleau, complet en haut, déchiré en bas, à droite et à gauche, formant le haut d'une feuille avec marge supérieure; traits fins délimitant la marge et séparant les colonnes. Hauteur: 220 mm.; largeur: 238 mm.; hauteur de la marge supérieure: 30 mm.

k. 2, p. 15a, l. 10; p. 16a, l. 13.

Var.: L.2, 5 啞 = éd. Corée et Song 瘂; l. 5 壮 = 莊; l. 6 消 (comme le MS. *T'ang* du Musée Impérial de Tōkyō) = 痟; 癱 = 癲.

N° 383a.—Toy. II. ii. 01 (7).   383a

MS. Fragment de rouleau, déchiré de tous les côtés; milieu de feuille. 12 lignes; 16–18 caractères à la ligne.

k. 2, p. 16b, l. 19; p. 16c, l. 3. Aucune variante.

N° 384.—Toy. III. 032 (c). XXV.   384

MS. Deux fragments d'un rouleau se rajustant, déchirés de tous côtés; milieu de feuille. 11 lignes; 17 caractères à la ligne dans la partie en prose, 20 dans la partie en vers.

k. 3, t. 9, n° 262, p. 23 b, l. 19–c, l. 4. Aucune variante.

N° 385.—Toy. 042 (c). **385**

MS. Portion de rouleau complète en haut et en bas avec marges, déchiré à droite et à gauche; traits fins délimitant les marges et séparant les colonnes. 8 lignes; 17 caractères à la ligne dans la partie en prose; 20 dans la partie en vers. Hauteur: 274 mm.; largeur: 190 mm.; hauteur de la marge supérieure: 30 mm.; hauteur de la marge inférieure: 35 mm.

k. 3, p. 24 a, l. 29–b, l. 9. Aucune variante.

N° 386.—Toy. I. ii. 04 (a). **386**

MS. Portion de rouleau, complet en haut et en bas, sauf le bord de la marge supérieure; à droite début d'une feuille, traces de collage; déchiré à gauche; traits fins délimitant les marges et séparant les lignes. 15 lignes; 17 caractères à la ligne dans la partie en prose, 20 caractères dans la partie en vers. Hauteur: 240 mm.; largeur: 265 mm.; hauteur de la marge supérieure incomplète: 10 mm.; hauteur de la marge inférieure: 33 mm.

k. 4, p. 28 b, l. 16–c, l. 3. Aucune variante.

N° 387.—Toy. 042 (d). **387**

MS. Portion de rouleau complète en haut et en bas avec les deux marges, déchirée à droite et à gauche; traits fins délimitant les marges et séparant les lignes. 24 lignes, 17 caractères à la ligne. Hauteur: 260 mm.; longueur: 428 mm.; hauteur de la marge supérieure: 30 mm.; de la marge inférieure: 25 mm.

k. 4, p. 28 c, l. 14–29 a, l. 18.
Variante: l.19 五慾 = 五欲; l. 22 貨 = 貿.

N° 388.—Toy. 042 (h). **388**

MS. Portion de rouleau, complète en haut et en bas avec marges, déchirée à droite et gauche; traits délimitant les marges et séparant les colonnes. 12 lignes; 17 caractères à la ligne. Hauteur: 265 mm.; longueur: 210 mm.; hauteur des marges, chacune: 36 mm.

k. 4, p. 30 b, l. 26–c, l. 10. Dernière ligne de la section 9; l. 2 titre de la section 10: [妙法蓮華] 經法師品第十. Aucune variante.

N° 389.—Toy. III. 032 (XV). **389**

MS. Petit fragment déchiré de tous côtés; milieu de page: il ne reste que les deux caractères du milieu de chaque ligne. 3 lignes; 17 caractères à la ligne.

k. 4, p. 33 a, ll. 27–29. Aucune variante.

N° 390.—Toy. IV. v. 05 (k). **390**

MS. Bas de feuille d'un rouleau, déchiré en haut, à droite et gauche; complet en bas avec marge inférieure; traits fins délimitant les marges et séparant les colonnes; 7 lignes; 20 caractères à la ligne (4 vers de 5 mots).

Aucune variante.

N° 391.—Toy. I. ii. 08 (XIX). **391**

MS. Milieu de feuille d'un rouleau, déchiré de tous les côtés; 7 lignes; 16 à 18 caractères à la ligne dans la partie en prose; 16 caractères (4 vers de 4 mots) dans la partie en vers.

k. 5, p. 39a, l. 15–22. Aucune variante.

N° 392.—Toy. III. 032 (XIX). **392**

MS. 6 petits fragments se faisant suite dont 4 se rajustent exactement, formant une portion de rouleau, complète en haut avec une partie de la marge supérieure, déchirés en bas, à droite et à gauche.

k. 6, p. 50c, l. 19; p. 51a, l. 4. Aucune variante.

N° 393.—Toy. III. 032 (IV). **393**

MS. Partie supérieure d'un rouleau avec marge supérieure; déchirée en bas, à droite et gauche; traits délimitant les marges et séparant les colonnes. 6 lignes; 17 caractères à la ligne.

k. 7, p. 56b. Aucune variante.

N° 394.—Toy. IV. v. 05 (m).   394

MS. Haut de page avec marge supérieure d'un rouleau, déchiré en bas, coupé à droite et à gauche; traits délimitant les marges et séparant les colonnes; 5 lignes, 17 caractères à la ligne. Hauteur: 70 mm.; longueur: 145 mm.; hauteur de la marge supérieure: 29 mm.

k. 7, p. 56 b; c, l. 1. 4 dernières lignes de la section 24 avec titre.

N° 395.—Toy. 042 (o).   395

MS. Petit fragment de haut de feuille avec marge supérieure. 4 lignes. Hauteur: 85 mm.; largeur: 80 mm.; hauteur de la marge: 8 mm.

k. 7, p. 57b.

N° 396.—Toy. IV. v. 05 (h).   396

Nombreux petits fragments se faisant suite formant le milieu de page d'un rouleau. 45 lignes; 17 caractères à la ligne.
k. 7.

N° 397.—Toy. IV. v. 05 (d).   397

MS. 24 petits fragments se faisant suite, constituant un milieu de page. 27 lignes; 16 à 20 caractères à la ligne (4 vers de 4 puis de 5 mots). Hauteur: 100 mm.; longueur: 395 mm.

Taishō vol. 9. N° 264, p. 174 sq. Aucune variante.

FRAGMENTS DU *Mahāparinirvāṇa-sūtra*

1. *Ta pan-nie-p'an king* 大般涅槃經, trad. T'AN-WOU-TCH'AN 曇無讖 (*Taishō issaikyō*, t.12, n° 374)

N° 398.—Toy. IV. viii. 01.   398

MS. 3 fragments d'un rouleau se faisant suite, les deux derniers se rajustant exactement, le premier séparé du second par une lacune de deux lignes; il manque le bas de la feuille dans les trois, et le haut dans les deux premiers; le dernier seul partiellement complet en haut avec marge supérieure; 28 lignes; (a, l. 1-6; lacune l. 7-8; b, l. 9-16; c, l. 17-28); 17 caractères à la ligne.

k. 7, p. 404 a, l. 23-b, l. 22. Aucune variante.

N° 399.—Toy. III. ii. 01 (d).   399

MS. Portion de rouleau déchiré de tous côtés. 8 lignes, 16 à 18 caractères à la ligne.

k. 27, p. 522 c, l. 21-29. Aucune variante.

2. FRAGMENTS DU *Ta pan-nie-p'an king* de HOUEI-YEN 慧嚴 (*Taishō issaikyō*, t.12, n° 375)

N° 400.—Toy. II. ii. 02 (k).   400

MS. Portion de rouleau déchirée en haut, à droite et gauche, complète en bas avec une marge inférieure; traits délimitant la marge et séparant les colonnes; 11 lignes; 17 caractères à la ligne. Hauteur: 186 mm.; longueur: 235 mm.; hauteur de la marge inférieure: 33 mm.

k. 5, p. 636 b, l. 4-16. Aucune variante.

N° 401.—Toy. IV. vi. 02 (c).   401

MS. Petit fragment déchiré de tous les côtés; milieu de feuille. 3 lignes; 17 caractères à la ligne.

k. 25, p. 703 b, l. 15-18, sans alinéa. Aucune variante.

N° 402.—Toy. IV. vi. 02 (b).   402

MS. Petits débris d'un bas de feuille avec portion de marge inférieure. 4 lignes; 17 caractères à la ligne.

k. 25, p. 767 a, l. 12-16. À la fin de la ligne 2, 4 caractères sautés par le copiste ont été rajoutés à droite.
Variante: L.1 於 = MS. SHŌSOIN et éd. Corée, Song, etc.: 于.

L.3 抓 est aussi la leçon du MS. SHŌSOIN; éd. Corée, Song, etc.: 爪.

Nº 403.—Toy. II. ii. 02 (b).   **403**

MS. Petit morceau d'un bas de feuille avec portion de marge inférieure; traits délimitant la marge et séparant les colonnes. 3 lignes; 17 caractères à la ligne.

k. 26, p. 772 c, l. 20–22.

Variantes: L.2 耶 = 也 MS. SHŌSOIN, éd. Corée, Song, Yuan, Ming.

L.3 爲爲 est la leçon du MS. SHŌSOIN et éd. Song, Yuan, Ming; éd. Corée supprime le 2ᵉ caractère 爲.

Nº 404.—Toy. II. ii. 02 (l).   **404**

MS. Bas de feuille avec marge inférieure; déchiré des autres côtés; traits délimitant et séparant les colonnes. 12 lignes, 17 caractères à la ligne. Hauteur: 102 mm.; longueur: 250 mm.; hauteur de la marge inférieure: 8 mm.

k. 33, p. 825 a, l. 22–b, l. 6.

Variante: l. 3 菩提 (qui est aussi la leçon du MS. SHŌSOIN) = 菩薩 éd. Corée, Song, Yuan, Ming.

FRAGMENTS DE DIVERSES TRADUCTIONS DE LA *Mahāprajñāpāramitā*

1. *Ta pan-jo-po-lo-mi king* 大般若波羅密經, trad. KUMĀRAJĪVA (*Taishō issaikyō*, t. 8, nº 223)

Nº 405.—Toy. 042 (a).   **405**

MS. Fragment de rouleau, déchiré à droite et dans le coin à droite en bas, complet en haut, à gauche et dans la partie gauche du bas, avec marges supérieure et inférieure non délimitées par des traits. Dans la partie droite (texte du sūtra) lignes bien espacées de 17 caractères chacune (exceptionnellement 18); caractères réguliers. Dans la partie gauche (colophon final) lignes serrées, aux petits caractères irréguliers: la première ligne a 40 caractères, les suivantes 34 ou 35. Entre le texte et le colophon, titre en gros caractères. Hauteur: 265 mm.; longueur: 400 mm. Marge supérieure: 30 mm.; marge inférieure: 30 mm. Interligne: 20 mm. Daté de l'année 599 p.C.

Les 13 premières lignes = *Taishō issaikyō*, t. VIII, nº 222, p. 341a, l. 10 b, l. 6.

```
        大品經卷第十八              馬抄
15  延昌卅九年，己未歲，五月廿三日，使持節大將軍，大都督瓜州
    諸軍事，瓜州刺史，西平郡開國公，希近時多丨浮跋彌礠伊離地
    都蘆悌陁豆阿跋摩○希利發，高昌王，麴乹固，稽首歸命，常住
    三寶，盖聞丨眞源˟寂漠，一諦希夷，非有非无，體絕名想，然則
    道藉形宣，理由言發，是以如來假相好之形，敷丨六度之化，使
    含識之類，望樹趣嚮，弟子仰惟斯宗，內懷感属，遂馨丹誠，敬
    寫八時般若波羅丨密經八部，以此功德，願佛法興隆，魔事壞滅，
20  兵革消除，疫癘奄息，雲雷順時，風雨應節，七丨祖旣靈，內外
    眷属，恒蒙休慶，面會聖容，又願現身○○……
```

Ta-p'in king 大品經, chap. 18

La 39ᵉ année *yen-tch'ang*, année *ki-wei*, le 23ᵉ jour du 5ᵉ mois (21 juin 599), le maréchal porteur d'insigne *tch'e-tsie ta tsiang-kiun*, grand gouverneur-général des affaires militaires du département de KOUA, *ta tou-tou Koua-tcheou tchou-kiun-che*, gouverneur du département de KOUA, *Koua-tcheou ts'eu-che*, duc, ayant le titre de Fondateur de la Dynastie, de la Commanderie de l'Occident-Pacifié, *Si-p'ing kiun k'ai-kouo kong*, *Hi-kin che touo-feou-pa-mi-wei yi-li-ti tou-lou-ti t'o-teou ngo-po-mo . . . hi-li-fa*, roi de *Kao-tch'ang*, *K'iu K'ien-kou*, se prosternant prend refuge dans les Trois Joyaux éternels. Or ayant appris que la Source Transcendante est inaudible, que la Vérité Unique est ineffable, que (les Phénomènes) ne sont ni existants ni non-existants, que la Substance est par-delà les Noms et les Concepts, que par suite la Réalité se manifeste par la Forme (apparente que prennent les Buddhas), que la Vérité se révèle par la Parole (des Buddhas) et que c'est pour cela que le *Tathāgata* prend un corps fictif pourvu des marques distinctives pour répandre la Transformation par les six *Pāramitā*, et faire que les êtres conscients prennent pour but et pour direction (la Vérité), le (roi,) disciple (du Buddha), s'inclinant respectueusement devant cette Doctrine, ému dans son cœur, pour faire résonner sa sincérité parfaite, a respectueusement copié 8 fois le *Prajñāpāramitā-sūtra*, (ce qui fait) 8 volumes. Par ce mérite il souhaite que la Loi du BUDDHA fleurisse, que les affaires de *Māra* soient anéanties, que les armes offensives et défensives peu à peu soient supprimées, que les calamités cessent partout, que les nuages et le tonnerre viennent exactement en leur temps, que le vent et la pluie tombent juste en leur saison, que ses 7 générations d'ancêtres déjà devenus transcendants soient dans la béatitude, que sa parenté paternelle et maternelle pour toujours soient gratifiées de bonheur, qu'ils se rencontrent face à face avec la Sainte Personne (*Maitreya*). Et il fait encore ce vœu que dans cette existence présente . . .

Fragment final du k. 18 du *Mahāprajñāpāramitā-sūtra* (traduction de KUMĀRAJĪVA) copié en 8 exemplaires par ordre du roi de *Kao-tch'ang K'iu K'ien-kou* (561–601): la copie des écritures bouddhiques est en effet une œuvre pie bien connue. Le fragment final du k. 20 du même ouvrage, avec le même colophon, mais daté de la 40ᵉ année *yen-tch'ang* (600) a été retrouvé par la mission Ōtani.

Le titre complet de l'ouvrage est *Mo-ho-pan-jo-po-lo-mi king* 摩訶般若波羅密經; c'est la traduction du *Mahāprajñāpāramitā-sūtra* par KUMĀRAJĪVA. Mais KUMĀRAJĪVA ayant publié la traduction de deux recensions de ce sūtra, l'une longue et l'autre courte, elles sont connues communément sous les noms de "grand sūtra" et "petit sūtra": *Ta-p'in king* 大品經 et *Siao-p'in king* 小品經; de là le titre donné ici. La division en chapitres (*kiuan*) de ce manuscrit est conforme à celle de l'édition des Song du XIIᵉ siècle conservée au *Tōshoryō*, de l'édition des Song de 1289 (et des éditions plus modernes, Yuan et Ming) qui sont divisées en 30 chapitres: dans toutes ces éditions, le passage contenu dans le fragment ci-dessus forme la fin du chapitre 18. Elle diffère de l'édition de Corée (et par suite des éditions japonaises modernes qui suivent cette édition) en 27 chapitres, où le passage forme la fin du k. 16; et du manuscrit des T'ang conservé au *Shōsōin*, qui est divisé en 40 chapitres, et où le passage se trouve compris dans le chapitre 25, mais sans en être la fin (il est encore suivi d'une section complète).

VARIANTES:

L.4. Texte conforme à l'édition de Corée.

L.7. 淫欲瞋恚愚癡相: pour le premier caractère, lire 婬 texte de toutes les éditions.

L.9. 以是故名爲不退轉菩薩: Aucune édition n'a 故; mais c'est sûrement le texte correct, cf. les passages similaires des lignes qui suivent.

L.11. 菩薩位乃至少許法不可得. Il manque dans le MS. 15 caractères entre 位 et 乃.

COLOPHON. Chaque phrase du colophon est une allusion à un passage des livres bouddhiques, en particulier de la *Mahāprajñāpāramitā*, et doit être comprise en relation avec les doctrines des textes dont elle est tirée. Je me contente d'indiquer le fait, sans mettre ici l'énorme commentaire qu'exigerait une explication complète. Je noterai seulement: l. 6 寂漠＝寂寞; 希夷 allusion au *Tao-tö king* 道德經 qui montre la vogue de ce livre même dans les milieux bouddhistes d'Asie Centrale à cette époque. L. 20 面會聖容 est le vœu de renaître au ciel *Tuṣita* pour y retrouver *Maitreya* et attendre auprès de lui le temps où il descendra en ce monde comme Buddha.

Le roi de Kao-tch'ang K'iu K'ien-kou 麴乾固, qui a fait exécuter la copie en 8 exemplaires de ce sūtra dont le fragment Stein ci-dessus et le fragment Ōtani sont les restes, a régné de 561 à 601. La date exprimée en ère locale n'offre rien d'absolument neuf. Voir ci-dessus Introduction, p. 166. C'est la titulature du roi qui fait l'intérêt principal de ce colophon, car, bien que connue partiellement, c'est la première fois qu'elle apparaît absolument complète. Elle se compose de deux parties, une chinoise et une non chinoise. Les titres chinois sont presque les mêmes que ceux des prédécesseurs de *K'iu K'ien-kou*, mais un peu plus élevés: le titre de général porteur d'insigne et celui de gouverneur du département de *Koua* avaient été donnés au fondateur de la dynastie, *K'iu Kia* 麴嘉 quand il envoya une ambassade à la cour de Chine et ils furent donnés par la suite à *K'iu Kien* 堅[1]; ils semblent bien avoir été adoptés une fois pour toutes par la cour de Chine pour les rois de *Kao-tch'ang* (le titre de gouverneur de *Leang* 梁 apparaît seulement à titre posthume pour *K'iu Kia*). Le titre de grand Gouverneur-général *ta tou-tou* apparaît pour la première fois parmi les titres des rois de *Kao-tch'ang*; mais nous ne connaissons que ceux qui furent décernés aux deux premiers rois, et il est normal que la cour ait accordé des titres supplémentaires aux princes suivants pour les encourager à continuer à envoyer des ambassades: c'est pour la même raison sans doute que le titre de comte d'un arrondissement est remplacé par celui de duc d'une commanderie.

La titulature qui vient à la suite des titres chinois, et qui se compose d'une suite de 22 caractères transcrivant des mots étrangers, est déjà connue partiellement tant par l'inscription de 575 du *Ning-cho tsiang-kiun* 寧朔將軍, du royaume de KAO-TCH'ANG, *K'iu Pin* 麴斌, qui en donnait les six premiers caractères (dont 4 sont effacés) et les trois derniers et dans l'intervalle deux caractères qu'on ne retrouve pas dans les colophons: 希○○多浮趺无亥希利發 *hi . . . touo-feou tie wou-hai hi-li-fa*, que par le colophon du k. 20 du MS. du *Ta-p'in king* de la Mission Ōtani où 12 caractères ont

___

1) Cf. *Innermost Asia*, App. A, p. 987.

disparu.[1] C'est donc la première fois qu'elle se trouve complète. J'en ai donné ci-dessus la transcription en prononciation moderne; au VIIe siècle, ces caractères se prononçaient χ'*i-g'iən ši ta b'iặu baδ m'i nuâi 'i-l'i-diei tuo-luo-diei dâ-dou 'â-pâ-mâ χ'i-l'i-p'uiv*δ. On retrouve là des titres bien connus en Asie Centrale: *ergin . . . ildi turdi tardu apama*, le dernier nom étant celui que M. Müller considère comme la transcription de *ätläbir*. On trouve donc ici une titulature qui se rencontre également chez les Turcs, mais elle se présente sous une forme linguistique non turque qui rappelle celle que M. Pelliot relève dans "les nombreux titres que les T'ou-kiue avaient empruntés aux Avar".[2] K'iu K'ien-kou, qui prend cette série de titres non chinois était monté sur le trône quelques années après la ruine de l'empire des Avares; ces titres ont donc chance d'avoir été donnés (comme les titres chinois) à ses prédécesseurs. En tous cas, dans cette double titulation des rois de *Kao-tch'ang*, on voit clairement leur effort, non pas toujours couronné de succès, pour maintenir une sorte d'équilibre entre l'influence des voisins du nord (quels qu'ils fussent, d'abord Avares, puis Turcs) et celle des voisins de l'est.

No 406.—Toy. II. ii. 01 (a) (1 et 2).   **406**

MS. Deux fragments se rajustant d'un même rouleau, déchirés de tous côtés. 12 lignes; 17 à 18 caractères à la ligne. Hauteur: 61 mm.; longueur: 217 mm.

k. 10, p. 297b, l. 3–14. Aucune variante.

Colophon daté dans a², l. 11–12: ○ ○ 麴世積經 | 「甲」午歲七月十五日 . . . "*Sūtra* rassemblés par la famille *K'iu*. Copie achevée le 15e jour du 7e mois de l'année *kia-wou*".

La famille *K'iu* 麴 est celle des rois de *Kao-tch'ang* qui durent céder leur royaume en 646 aux Chinois qui en firent une préfecture 州. La forme particulière du caractère 世 (l. 11) est une des formes usuelles destinées à éviter le nom personnel de l'empereur *T'ai-tsong* des *T'ang* (623–649). Elle n'est employée que dans le colophon, texte profane, mais non dans le texte du livre saint (cf. l. 9 et 10) où le caractère garde sa forme correcte. Le MS. doit donc avoir été écrit entre 623 et 646; dans cette période la seule année marquée de caractères cycliques dont le second est 午 est 634, année *kia-wou*; c'est pourquoi la restitution du caractère 甲 en tête de la ligne 12 me paraît certaine.

No 407.—Toy. 042 (f).   **407**

k. 18, p. 341 a, l. 20–b, l. 6.

No 408.—Toy. I. ii. 06.   **408**

MS. 6 morceaux formant une portion d'un rouleau coupé en bas, mais complet en haut, avec marge supérieure. La partie extérieure est très détériorée et divisée en cinq petits morceaux ne se rajustant pas exactement (il manque une ligne entre la 2e et la 3e, et entre la 3e et la 4e, et deux lignes entre la 4e et la 5e) mais se rajustant exactement au sixième morceau qui est très long. 194 lignes en tout; 17 caractères à la ligne. Hauteur: 135 mm.; longueur: 3200 mm. (grand fragment) + 325 mm. (5 fragments séparés) = 3 mètres 525.

k. 27, p. 417 a, l. 26–419 c, l. 4. Aucune variante.

2. Trad. HIUAN-TSANG 玄奘 (*Taishō issaikyō*, t.5–7)

No 409.—Toy. I. ii. 06 (a, b, c).   **409**

MS. Trois grands fragments d'un rouleau accompagnés de débris; milieu de feuille déchiré de tous les côtés; b et c se rajustent exactement, mais il manque deux lignes entre a et b. 38 lignes, 17 caractères à la ligne. Hauteur: a, 185 mm.; b et c, 175 mm.; longueur: a, 208 mm.; b et c, 250 mm.

k. 434 (t.VII), p. 182 b, l. 26–c, l. 17. Aucune variante.

No 410.—Toy. 030 (a, b, c).   **410**

MS. Trois fragments d'un rouleau se rajustant exactement; partiellement complets en haut et en bas, déchirés à droite et à gauche; haut de feuille (a–b) et bas de feuille (c) avec marges respectives; traits délimitant les marges et séparant les colonnes. 28 lignes; 17 caractères à la ligne. Hauteur: a, 125 mm.; b, 140 mm.; c, 140 mm.; longueur: 740 mm.

k. 600 (t.VII), p. 1105 c, l. 20–p. 1106 a, l. 18.

---

1) Lo Tchen-yu, *Siue-t'ang kin-che wen-tseu pa-wei* 雪堂金石文字跋尾, k.3, 15a. Monsieur Lo lit le 6e caractère du titre 跌 *tie* (anc. *diet, died*) dans l'inscription et 跋 *pa* dans le MS. Ōtani; le MS. Stein porte nettement 跋 *pa*, qu'il faut probablement lire aussi dans l'inscription.

2) PELLIOT, *Neuf notes sur des questions d'Asie Centrale* (*T'oung-pao*, 1929, p. 228, note). Je renvoie en général à cet article pour tout ce qui est dit ici des transcriptions de titres non chinois d'Asie Centrale.

N° 411.—Toy. 042 (e).   **411**

MS. Morceau d'un rouleau complet en haut et en bas avec marges, déchiré à droite et à gauche. 13 lignes; 17 caractères à la ligne. Hauteur: 268 mm.; longueur: 230 mm.; hauteur de la marge supérieure: 25 mm.; hauteur de la marge inférieure: 33 mm.

Appartient sûrement à la *Mahāprajñāpāramitā*, trad. HIUAN-TSANG, mais je n'ai pas retrouvé le passage dans les 1000 chapitres de cet ouvrage.

3. *Ta tche-tou louen* 大智度論
Commentaire de NĀGĀRJUNA, trad. KUMĀRAJĪVA, *Taishō issaikyō*, t.25, n° 1509

N° 412.—Toy. II. ii. 01 (f). (1).   **412**

MS. Fragment de haut de feuille d'un rouleau, complet en haut avec une marge supérieure, déchiré en bas, à droite et à gauche; traits délimitant les marges et séparant les colonnes. 7 lignes; 17 caractères à la ligne.

k. 98, p. 743 a, l. 26–b, l. 4. Aucune variante.

FRAGMENTS DE LA *Vajracchedikā*
Kin-kang pan-jo-po-lo-mi king 金剛般若波羅密經, trad. de KUMĀRAJĪVA (*Taishō issaikyō*, t.8, n° 235)

N° 413.—Toy. II. ii. 02 (a).   **413**

MS. Portion de rouleau coupée en haut, déchirée en bas, à droite et à gauche; milieu de feuille. 7 lignes; 16 à 18 caractères à la ligne.

p. 748 c, l.24–p. 749 a, l.2. Aucune variante.

N° 414.—Toy. I. ii. 09 (b). (6).   **414**

MS. Portion d'un rouleau déchiré de tous les côtés; milieu de feuille; traits séparant les colonnes. 12 lignes; 16 à 17 caractères à la ligne.

p. 749 b, l. 21–c, l. 4. Aucune variante; toutefois l. 10, pour faire tenir tout le texte actuel dans la lacune, il faudrait 19 caractères, ce qui est trop; aussi est-il probable qu'il manquait dans le manuscrit quelques caractères, soit faute de copiste, soit plutôt variante du texte, probablement absence des trois mots 須菩提 qui manquent souvent dans des répliques analogues d'autres passages du livre.

N° 415.—Toy. I. ii. 04 (b).   **415**

MS. Portion d'un rouleau complet en haut et en bas avec marges, déchiré à droite et à gauche; traits fins délimitant les marges et séparant les colonnes. 19 lignes; 15 à 17 caractères à la ligne. Hauteur: 240 mm.; longueur: 205 mm.; hauteur de la marge supérieure: 20 mm.; hauteur de la marge inférieure: 24 mm.

p. 749 a, l. 28–p. 750 a, l.19. Aucune variante.

N° 416.—Toy. I. ii. 04 (e).   **416**

MS. Portion d'un rouleau, complet en haut, déchiré en bas, à droite et à gauche; haut de feuille avec marge supérieure; traits fins délimitant la marge et séparant les colonnes. 11 lignes; 17 caractères à la ligne. Hauteur: 103 mm.; longueur: 185 mm.; hauteur de la marge supérieure: 35 mm.

p. 740 b, l. 2–12. Aucune variante.

N° 417.—Toy. I. ii. 05 (b).   **417**

MS. Portion de rouleau déchiré de tous les côtés; milieu de page. 7 lignes; 17 caractères à la ligne.

p. 751 b, l. 22–29. Aucune variante.

N° 418.—Toy. II. ii. 01 (j).   **418**

MS. Portion de rouleau, complète en bas, déchirée en haut, à droite et à gauche; bas de feuille avec marge inférieure. 5 lignes; 16 à 17 caractères à la ligne.

p. 751 b, l. 29–c, l. 4. Aucune variante.

N° 419.—Toy. I. ii. 05 (d). (3).   **419**

MS. Portion de rouleau, complète en haut avec marge supérieure; déchirée en bas, à droite et à gauche. 6 lignes; 17 caractères à la ligne.

p. 752 b, l. 3–10.

Variante: l. 6 caractère 5 數 = 衆.

Tous ces manuscrits se présentent sans division, comme les éditions de Corée, Song, etc.; aucun d'eux ne montre la division, en chapitres avec titres, des éditions imprimées des Yuan.

Kouan-ting king 灌頂經, trad. ÇRĪMITRA
(Taishō issaikyō, t.21, n° 1331)

N° 420.—Toy. I. ii. 05 (i). (5).   **420**

MS. Petit morceau de rouleau, déchiré de tous les côtés; haut de feuille avec portion de la marge supérieure au-dessus des lignes 4–5. 5 lignes; 17 caractères à la ligne.

k. 12, p. 532 c, l. 10–15. Aucune variante.

N° 421.—Toy. I. ii. 08 (i).   **421**

MS. Portion finale d'un rouleau, avec titre et partie non inscrite à gauche; bas de feuille avec une marge inférieure; presque entier en haut où il ne manque qu'un caractère et la marge supérieure; déchiré en haut, à droite et à gauche; traits délimitant la marge et séparant les colonnes; 3 lignes, 17 caractères à la ligne. Hauteur: 218 mm.; longueur: 285 mm.; hauteur de la marge inférieure: 37 mm.

k. 12, p. 536 a, l. 28–b, l. 5. Aucune variante. L. 8, titre final: 「佛說」藥師流離光佛本願經; d'après ce titre, probablement édition séparée du k. 12, mais le texte est exactement celui du n° 1331.

FRAGMENTS DES *Vinaya*

1. *Vinaya* des *Mahīśāsaka   Mi-cha-sö pou ho-hi wou-fen lu* 彌沙塞部和醯五分律
trad. BUDDHAJĪVA et TCHOU TAO-CHENG 竺道生 (*Taishō issaikyō*, t.22, n° 1421)

N° 422.—Toy. 042 (b).   **422**

Portion d'un rouleau, complète en haut et en bas avec marges, coupée à droite et à gauche; traits fins délimitant les marges et séparant les lignes. 16 lignes, 17 caractères à la ligne. Hauteur: 255 mm.; longueur: 272 mm.; hauteur de la marge supérieure: 35 mm.; hauteur de la marge inférieure: 30 mm.

k. 1, p. 5 c, l. 23–p. 6 a, l. 10.

Variantes: L.1 中國 corriger 國中.

L.5 眥 qui est aussi la leçon de l'éd. Corée = 眥 éd. Song, autre éd. Song (1104–1148) du *Tōshoryō*, éd. Yuan et Ming.

2. *Vinaya* des *Sthavira: Pratimokṣa* des *bhikṣuṇī, Sseu-fen pi-k'ieou-ni kiai-pen* 四分比丘尼戒本
trad. BUDDHAYAÇAS, (*Taishō issaikyō*, t.22, n° 1431)

N° 423.—Toy. I. ii. 07 (d).   **423**

MS. Milieu de feuille de papier déchirée de tous côtés, sauf l. 2–3 complètes en haut. 13 lignes, 19 à 21 caractères à la ligne.

p. 1036 b, l. 13–27.

Variantes: L.2 至 = 宿 éd. Corée, Song, Yuan, Ming.

L.3. Les éditions imprimées ne mettent pas à la ligne et ne font pas de cette phrase un article spécial, mais la réunissent à l'article précédent.

L.6 作僧繩牀 = toutes les éditions imprimées n'ont pas le caractère 僧.

L.10. à la fin de l'article, le manuscrit ajoute cette note que n'ont pas les éditions imprimées: 從初至此與 大戒 ○ ...

L.12 二指 = 兩指, éd. Corée, Song, Yuan, Ming.

L.13 戲 au-dessus de 波逸提 a disparu des éditions imprimées.

FRAGMENTS DE LIVRES BOUDDHIQUES DIVERS

N° 424.—Toy. 042 (g).   **424**

MS. Haut de feuille avec une marge supérieure, déchirée en bas et à droite, coupée aux ciseaux à gauche; traits délimitant la marge et séparant les colonnes. 7 lignes (les caractères de la dernière sont coupés au milieu); 17 caractères à la ligne. Hauteur: 124 mm.; longueur: 215 mm.; hauteur de la marge supérieure: 31 mm.

Abhidharmakośaśāstra de VASUBANDHU, *A-p'i-ta-mo kiu-chö louen* 阿毘達摩具舍論, trad. HIUAN-TSANG, k. 12 (*Taishō issaikyō*, t. 29, n° 1558), p. 63 a, l. 22–29. Aucune variante.

N° 425.—Toy. I. ii. 05 (i). (1). 425

MS. Petit débris de rouleau déchiré de tous les côtés; milieu de feuille. 4 lignes; 17 à 18 caractères à la ligne. *Wei-mo-kie so chouo king* 維摩詰所說經.

k. 1 (*Taishō issaikyō*, t. 14, n° 475), p. 542 b, l. 1–4. Aucune variante.

N° 426.—Toy. III. 032 (iii). 426

MS. Bas de feuille avec marge inférieure d'un rouleau déchiré en haut, à droite et à gauche. 5 lignes; 17 caractères à la ligne. Hauteur: 140 mm.; longueur: 90 mm.; hauteur de la marge inférieure: 34 mm.

Jen-wang king 仁王經, trad. KUMĀRAJĪVA, k. 2 (*Taishō issaikyō*, t. 8, n° 245), p. 831 a, l. 23–28. Aucune variante.

N° 427.—Toy. I. ii. 04 (c). 427

MS. Débris d'un rouleau, complet en haut (sauf aux trois premières et aux cinq dernières lignes) avec petite marge supérieure; déchiré en bas sauf aux quatre dernières lignes complètes avec marge inférieure; déchiré à droite et à gauche; traits fins délimitant les marges et séparant les colonnes. 17 lignes; 22 à 25 caractères à la ligne. Hauteur: 230 mm.; longueur: 276 mm.; hauteur des marges: 9 mm.

Pei houa king 悲華經, k. 8 (*Taishō issaikyō*, t. 3, n° 157), p. 218 c, l. 11–p. 219 a, l. 7. Le caractère 世 est déformé pour éviter le nom personnel de l'empereur *T'ai-tsong* des *T'ang*, ce qui indique un manuscrit du début des *T'ang*; à la ligne 4, le scribe a sauté puis rajouté dans l'interligne à droite les deux caractères 持使, à la ligne 14, le caractère 无; l. 5 il a interverti les deux caractères 檀大 et a indiqué par un crochet dans l'interligne à droite qu'il fallait lire dans l'ordre inverse de l'écriture; l. 7 le caractère 正, l. 10 le caractère 哉, l. 12 le caractère 曰 étaient écrits par erreur, il les a effacés en plaçant trois points dans l'interligne à droite.

Variantes: L.10 汝將成佛: éd. imprimées n'ont pas le caractère 將.
L.11 見足 = 善見足 MS. *Shōsoin* (VIIIe siècle) et éd. Corée.

N° 428.—Toy. III. i. 01. 428

MS. Portion d'un rouleau complet en haut (sauf deux déchirures, l. 11–21 et 38–45) et en bas; déchiré à droite et à gauche. 45 lignes; 17 à 18 caractères à la ligne.

Tsa-pao-tsang king 雜寶藏經, k. 1 (*Taishō issaikyō*, t. 4, n° 203), p. 451 c, l. 25–p. 452 b, l. 16. Histoire de la reine Lien-houa, cf. trad. abrégée CHAVANNES, *Cinq cents contes et apologues, traduits du Tripiṭaka chinois*, t. III, 11–12.

Variantes: L.19 念 = 言今 éd. Corée, Song, Yuan, Ming.
L.20 陵 = 敹 éd. Corée; 淩 éd. Song, Yuan, Ming.
L.25 思惟 qui est aussi la leçon éd. Corée = 惟思 éd. Song, Yuan, Ming.
L.26 仙人之 = 仙人者 éd. Corée, Song, Yuan, Ming.
L.33 恢 = 嫉 éd. Corée, Song, Yuan, Ming.
L.37 柔 = 乘 éd. Corée, Song, Yuan, Ming.

VI. Documents provenant de *Yār khoto*

LIVRES BOUDDHIQUES

FRAGMENTS DU *Saddharmapuṇḍarīka-sūtra*

1. *Miao fa lien-houa king*, trad. KUMĀRAJĪVA (=*Taishō issaikyō*, t.9, n° 262)

N° 429.—Yar. 029. [manquant] 429

MS. Petit morceau d'un haut de feuille, avec marge supérieure; traits délimitant la marge et séparant les colonnes. 7 lignes; 17 caractères à la ligne.

k. 7, p. 56 c, l. 2–7. Aucune variante. La première ligne contient la moitié gauche des deux premiers caractères du titre de la 25e section. ×妙×法「蓮華經觀世音菩薩普門第二十五」.

N° 430.—Yar. I. i. 01. 430

MS. Petit morceau d'un haut de feuille, avec marge supérieure; traits délimitant la marge et séparant les lignes. 7 lignes; 16 à 17 caractères à la ligne.

k. 7, p. 59 a, l. 14–21. Aucune variante.

N° 431.—Yar. 012.

431

MS. Petit morceau du haut d'un rouleau, avec marge supérieure; pas de traits délimitant la marge ni séparant les colonnes. 6 lignes; 17 caractères à la ligne.

k. 3, p. 168 c, l. 20–26.

N° 432.—Yar. 04.

432

Portion d'un rouleau, complet en bas, avec marge inférieure et complet à gauche, déchiré des autres côtés; traits fins délimitant la marge et séparant les colonnes; 14 lignes; 16 caractères à la ligne à droite et 20 à gauche (vers de 4 mots et 5 mots). Hauteur: 220 mm.; longueur: 362 mm.[1]

1) Les espaces entre les lignes du texte et l'espace libre contiennent vingt lignes en Ouigour; le verso, vingt-deux lignes (W. Baruch).

k. 5, p. 173 c, l. 26–p. 174 a, l. 18. Aucune variante. Titre final, l. 14: 「妙」法蓮華經卷第六; la lacune ne peut être de plus d'un caractère et par conséquent les deux caractères 添品 ne se trouvaient pas au-dessus du caractère 妙. Le passage fait partie du k. 5 de l'édition de Corée au lieu du k. 6 du MS.; les éditions des Song, Yuan, Ming ont une autre division des *kiuan*, différente à la fois de l'édition de Corée et du fragment MS. Yar. 012, mais pour elles aussi ce passage fait partie du k. 5.

N° 433.—Yar. 013.

433

MS. Petit morceau de papier formant le bas d'un rouleau avec marge inférieure. 10 lignes; 17 caractères à la ligne à gauche de la partie en prose; 20 caractères à la ligne à droite (l. 1–6) dans la partie versifiée.

k. 7, p. 193 a, l. 17–29. Aucune variante.

FRAGMENTS DU *Vajracchedikā-sūtra*
Kin-kang pan-jo-po-lo-mi king, trad. KUMĀRAJĪVA (=*Taishō issaikyō*, t.8, n° 225)

N° 434.—Yar. 018.

434

MS. Fragment d'un rouleau formant le haut de la feuille avec marge supérieure; traits délimitant la marge et séparant les lignes. 11 lignes; 17 caractères à la ligne.

p. 749 a, l. 17–27. Aucune variante.

N° 435.—Yar. 031.

435

MS. Fragment d'un rouleau, incomplet en haut, à gauche et à droite. 5 lignes, 19 caractères à la ligne.

p. 749 c, l. 17–22. Aucune variante. Débris d'un autre exemplaire que le précédent; les deux fragments contiennent le même passage.

N° 436.—Yar. 06.

436

MS. Débris minuscule de papier. 2 lignes, chacune 1 caractère.

Ce fragment contient les caractères 「世」尊 ...... | 須「菩 提」 formule qui revient constamment dans la *Vajracchedikā*, et il n'est guère douteux que ce ne soit un fragment d'un exemplaire de ce livre.

FRAGMENTS DU *Mahāparinirvāṇa-sūtra*
Ta pan-nie-p'an king, trad. T'AN-WOU-TCH'AN (=*Taishō issaikyō*, t.12, n° 374)

N° 437.—Yar. 033–034.

437

MS. Deux fragments se rajustant exactement; complets en haut et en bas, avec marge; déchiré à droite, complet à gauche. A gauche, 034, dernière ligne, titre final: 大般涅槃經卷第十七.

k. 18, p. 471 c, l.28–p. 472 a, l.4. Aucune variante. Dans les éditions Corée, Song, Yuan, Ming ce passage est au milieu du k. 18, alors que dans le MS. Yar, il forme la fin du k.17. Les divisions en *kiuan* n'ont aucune importance dans les livres bouddhiques ni même dans la plupart des livres chinois avant que le développement de l'imprimerie ne les ait fixées:

c'est simplement la division matérielle en rouleaux: le même ouvrage a dans les éditions anciennes deux divisions en *kiuan* distinctes, les imprimeurs ayant reproduit les divisions des deux MSS. différents: par exemple le k. 18 commence pour l'édition de Corée p. 468 a, l. 12 et pour l'édition des Song suivie par les éditions Yuan et Ming, p. 468 c, l. 26; le fragment MS. Yar. donne une troisième division, différente des deux autres. La coupure qu'il a adoptée n'est pas même marquée par une fin de paragraphe dans l'édition de Corée, non plus que dans les trois autres éditions.

N° 438.—Yar. 014.

438

MS. Portion d'un rouleau formant un haut de feuille, complet en haut, avec marge supérieure, déchiré des autres côtés; traits fins délimitant la marge et séparant les colonnes. 22 lignes; 17 caractères à la ligne.

k. 33, p. 561 c, l. 19–p. 562 a, l. 13.

Variantes: L. 20 斯 (qui est aussi la leçon éd. Song, XIIᵉ siècle, du *Tōshoiyō* et éd. Song, XIIIᵉ siècle) = 廝 éd. Corée.
L. 24 清 = 圖 éd. Corée, Song, etc.

Fang-kouang ta tchouang-yen king 方廣大莊嚴經 (= *Taishō issaikyō*, t.3, n° 187)

N° 439.—Yar. 016.

439

MS. Petit morceau de papier, déchiré de tous les côtés; 5 lignes; 17 caractères à la ligne.

k. 11, p. 608 a, l. 18–21.

Wei-mo-kie-king 維摩詰經, trad. KUMĀRAJĪVA (= *Taishō issaikyō*, t.14, n° 475)

N° 440.—Yar. 038.

440

MS. Petit morceau de papier déchiré en haut et en bas, coupé à droite et à gauche; 8 lignes.

k. 上, p. 540 b, l. 19–28. Il ne reste que la moitié droite des caractères de la ligne 8, coupée par le milieu.

Documents provenant de Murtuk

LIVRES BOUDDHIQUES

1. *Saddharmapuṇḍarīka-sūtra*, trad. KUMĀRAJĪVA (= *Taishō issaikyō*, t.9, n° 262)

N° 441.—M.B. xii. 013, 013 (a), 013 (b). 016. 017.

441

Imprimés. Cinq petits morceaux s'ajustant et formant une portion d'une page complète en haut et en bas, avec partie de marges supérieure et inférieure, déchirée à droite et à gauche. 6 lignes; 15 caractères (3 vers de 5 mots) à la ligne. Les caractères de 10 mm. de haut. Hauteur: 267 mm.; hauteur de la marge inférieure: 20 mm.; il ne reste de la marge supérieure que 8 mm.

= k. 2, p. 10 a, l. 24–b, l. 3. Aucune variante.

N° 442.—M.B. iv. 01–02.

442

Imprimés. Deux petits fragments se rajustant et formant un bas de page avec partie de la marge inférieure. 6 lignes, 15 caractères (3 vers de 5 mots) à la ligne. Gros caractères environ 10 mm. de haut.

= k. 2, p. 11 c, l. 23–p. 12 a, l. 1. Aucune variante.

2. Non identifiés

N° 443.—M.B. 011 et 014.

443

(a) Imprimés. Quatre petits fragments dont deux (013–014) seulement se rajustent. Gros caractères mais impression différente de celle des précédents.

(b) M.B. xii. 011, 012–014 (s'ajustant l'un à l'autre), 015, 021, 021a, 021b.
Imprimés. Sept petits fragments.

QUATRIÈME PARTIE

Documents provenant du Bassin du Tārīm

INTRODUCTION

Sous ce titre ont été réunies trois petites séries de documents de l'époque des *T'ang*, trouvées les deux premières dans la partie nord-est du Bassin du Tārīm, à *Ying-p'an* sur la route de Turfān au Lop-nōr et, non loin de là, à Balawaste dans l'oasis de Domoko, la troisième dans la partie sud-ouest de ce bassin, à Mazār-tāgh dans la région de Khotan. Toutes trois contiennent des documents officiels, malheureusement peu nombreux et très détériorés; leur principal intérêt est de nous montrer l'expansion de l'administration chinoise dans toute l'Asie Centrale aux VIIᵉ et VIIIᵉ siècles. Les manuscrits de *Ying-p'an* et ceux de Mazār-tāgh viennent du relais postal; ceux de Balawaste du grenier; il y avait de plus à Mazār-tāgh un temple bouddhique de langue chinoise qui a fourni, à côté de fragments de livres bouddhiques, quelques débris des registres de comptes de l'économe analogues au long fragment que Chavannes a publié, mais bien plus courts.

I. Documents provenant de *Ying-P'an*

Nᵒ 444.—Y. III. 03.   444

MS. Feuille de papier complète en haut.

右相第二隊　　　狀上｜合當隊應請官牛○ˣ犍○五頭……｜三　　頭
雜｜梨伯犍壹頭四歲特進下　　　｜　　梨犍壹頭……｜沙犍壹八歲
西州換得青父「壹」七歲

Requête du 2ᵉ peloton du pavillon de droite.
Le dit peloton demande que 5 bœufs ou taureaux de l'administration . . . 1 bœuf pour la charrue, 4 ans, envoyé spécialement . . . 1 bœuf pour la charrue [. . . ans . . .] 1 bœuf de trait(?) 8 ans, échangé à *Si-tcheou* contre un étalon gris, 7 ans . . .

Le mot *touei* 隊 semble indiquer que la requête émane de militaires. Les bœufs de l'administration dépendaient du Service des Chevaux 馬政, c'est pourquoi l'échange d'un bœuf contre un cheval (l. 6) se fait sans difficulté.

Nᵒ 445.—Y. I. 030.   445

MS. Petite bande de papier.

……魏珓ˣ納請來撿捌……｜廿九……

. . . reçu pour *Wei Ni*; prière de venir examiner; 8 . . . ; 29 . . .

Traduction très peu sûre.

N° 446.—Y. I. 028.   446

MS. Bande étroite de papier.

.... 立春猶寒伏維 ......

. . . maintenant c'est le début du printemps et il fait encore froid; j'espère que . . .

Fragment de lettre privée(?)

N° 447.—Y. I. 029 et 031.   447

MS. Deux petits morceaux de papier, le premier anépigraphe, le second illisible.

II. Documents provenant de *Balawaste*

N° 448.—Balaw. 0163.   448

Fragment de papier, déchiré en haut et en bas, à droite et gauche. Hauteur: 263 mm.; largeur: 210 mm.

```
...... ○ 住在質 ○ ...... | ...... 質還条上 ...... | ...... 人油 ...... ○ 當未付錢
此間 ...... | ...... 踈勒行迴 ...... 錢五百文訖今 ○ 引 ...... | ...... 躓打母速
吉黎自違期限今與 ○ 錢 ...... | ...... 來人不還牛彼處艱難 ...... | ...... 兵
馬使伏望 ○ 重 ○ ......
        貞元五年五月     日     百姓 ...... | ...... ○○○
```

. . . [le bœuf?] restera en gage . . . , (après restitution de la somme prêtée) le gage sera rendu. . . . il n'a pas encore versé l'argent . . . ayant reçu l'ordre de revenir . . . 500 sapèques; jusqu'aujourd'hui, . . . *Tche-ta-mou-sou-ki-li* a laissé passer le délai; maintenant avec l'argent . . . ne rend pas le bœuf. Dans cet endroit-là, il est très difficile. . . (C'est pourquoi je présente respectueusement cette requête) au Commissaire chargé des Chevaux Militaires, espérant qu'il . . .

5e année *tchen-yuan*, 5e mois,   jour (juin 790), (l'homme du) peuple . . .

L'affaire paraît être la suivante: Un "homme du peuple", *po-sing*, a mis un bœuf en gage contre un prêt de 500 sapèques; le prêteur, un indigène appelé *Tche-ta-mou-sou-ki-li* après s'être fait livrer le bœuf, n'a pas versé l'argent dans le délai prévu au contrat, puis l'a apporté plus tard et a refusé de rendre le bœuf; l'emprunteur demande que le bœuf lui soit restitué puisque le prêt n'a pas été fait dans les délais prévus.

N° 449.—Balaw. 0160.   449

Fragment d'un rouleau de papier entièrement détruit: il ne subsiste que le raccord de deux feuilles collées ensemble et quelques centimètres à droite et à gauche. La ligne 1 paraît complète en haut et en bas, mais il manque un petit morceau de la marge supérieure. Hauteur: 265 mm.; largeur: 85 mm.

```
×渇×擊師「大」×曆七年十月廿八日油花 ○ 布壹拾「疋」倉典趙俊史 ○ ×釋
支尉 ○
        ○○○○
```

Ho Ki-che, 7e année [*ta*]-*li*, 10e mois, 28e jour (25 novembre 775): toile brodée 10 [pièces]. — (Signé:) Le comptable du grenier, *Tchao Tsiun*. Le scribe . . . *Che* . . .

L.1. 「大」曆七年. Il ne subsiste que la partie inférieure gauche du deuxième caractère du *nien-hao*, correspondant, il me semble, à une partie du 禾 gauche et au 日 inférieur avec peut-être l'extrême pointe en bas à gauche du 厂; comme aucun autre des 9 *nien-hao* des T'ang ayant duré 7 ans ou plus ne contient un second caractère dont le bas concorde avec les débris de traits que la lacune a laissés subsister ici, la date est presque certaine. Au verso et au recto, écriture *brāhmī*.

N° 450.—Balaw. 0162.   450

Petit fragment de papier collé avec 0161 et 0164.

.... 拘伽瑟拱支油 ○ ...... | ...... 年十月 ○ ......

Nº 451.—Balaw. 0161.

451

Petit fragment de papier, avec écriture *brāhmī*.

...... ○ 兩 ...... | ...... 十 月 ......

Nº 452.—Balaw. 0164.

452

Probablement bas de feuille avec grande marge inférieure.

...... 事 ......

III. Documents provenant de *Mazār-Tāgh*

Nº 453.—Mr. tagh. 0478.

453

MS. Morceau de papier grossier complet en bas, déchiré en haut, à droite et à gauche; d'un côté exercices d'écriture en *brāhmī*, de l'autre en chinois. Hauteur: 55 mm.; largeur: 80 mm.

...... 馬 遂 眩 頭 | ...... 剝 脫 衣 裳 | ...... 玉 奴 解 手 玉 奴 | ...... ○ 支 馬 將 ○ ......

. . . cheval. A la suite de cela il eut un vertige, . . . je lui ôte ses vêtements, . . . *Yu-nou* alla à la selle; *Yu-nou* . . . ; le cheval . . .

Débris d'un rapport sur un accident arrivé pendant un parcours à cheval à un nommé *Yu-nou*, probablement le palefrenier, étant donné son nom, l'auteur du rapport étant le voyageur qu'il accompagnait. Le palefrenier se sentant mal descendit (?) du cheval [下(?)] 馬 et eut un vertige; le voyageur qu'il était chargé d'accompagner le déshabilla pour lui faire reprendre connaissance; l'homme revint à lui et eut une colique; les derniers mots semblent indiquer qu'il mourut et que le voyageur ramena le cheval lui-même.

Nº 454.—Mr. tagh. 0632.

454

MS. Petit fragment coupé aux ciseaux en haut et en bas, déchiré à droite et à gauche.

RECTO: 張 日 興 牒

Requête de *Tchang Je-hing*.

VERSO: partie inférieure d'un cachet à l'encre rouge, illisible.

Nº 455.—Mr. tagh. 0628.

455

MS. Petit morceau de papier complet en bas, déchiré en haut, à droite et à gauche.

RECTO: ...... 謀 常 監 館 二 人 粮 | 「米 ○ 勝」 ...... 監 館 二 人 粮 米 四 勝 | ......「監 舘」 二 人 粮 米 四 勝 | ...... 勝 ......

. . . 2 inspecteurs des relais postaux, [riz] pour vivres, [4?] *cheng*; . . . 2 inspecteurs des relais postaux, riz pour vivres, 4 *cheng*; . . . 2 [inspecteurs des relais postaux(?)] riz pour vivres, 4 *cheng*; . . . *cheng*.

Relevé des vivres en nature à fournir par jour aux inspecteurs des relais postaux, *kouan* 館; les caractères manquants au haut des lignes (et à la première ligne, également les deux premiers caractères) étaient soit le nom des fonctionnaires, soit le nom des *kouan*. Mais il est possible aussi que ces caractères répétés soient une sorte d'exercice d'écriture en préparation d'une requête pour le paiement des vivres en retard ou quelque autre question de ce genre.

VERSO: ...... 自 別 己 久 早 經 ...... | ...... 丈 母 尊 體 種 止 萬 福 ......

. . . depuis notre séparation, il s'est déjà écoulé longtemps . . . ; je souhaite dix mille bonheurs et santé à l'honorable personne de ma belle-mère . . .

Débris d'une lettre privée.

Nº 456.—Mr. tagh. 0634.

456

MS. Morceau de papier très déchiré, complet en haut seulement; la première et la troisième lignes sont barrées d'un trait noir très épais.

善 政 坊 羅 ○ ˣ 常 等 抽 山 ○ ○ 䄷 青 麥 ○ ○ ...... | 瓼 貞 元 六 年 十 月 四 日 舘 子 王 仵 ○ 抄 ...... | ○ 貨 坊 楊 師 抽 山 ○ ○ 「䄷」青 麥 壹 ○ ......

Lo . . . -tch'ang, du quartier *Chan-tcheng*, et autres ont retiré *x* boisseaux (*teou*) de . . . de montagne;
. . . de blé vert . . . *cheng*. 4ᵉ jour du 10ᵉ mois de la 6ᵉ année *tchen-yuan* (21 novembre 632), inscrit
par l'employé du *kouan*, *Wang Wou-* . . .

Yang Che, du quartier . . . *-houo*, a retiré *x* boisseaux de . . . de montagne, 1 . . . de blé vert . . .

Débris d'un registre; il s'agit probablement de ces suppléments de solde en nature accordés aux employés des *kouan*
dont il est question dans n° 455; cf. ci-dessus note du n° 216.

N° 457.—Mr. tagh. 0631.

457

MS. Petit morceau de papier incomplet des quatre côtés.

四 石 三 斗 粟 四 石 七 斗 ...... | ...... ○ 卅 元 ○ ○ ○ ......

. . . 43 boisseaux; riz 47 boisseaux . . . 30 . . .

Débris d'un compte en grains.

N° 458.—Mr. tagh. 0634 (2).

458

MS. Petit morceau de papier très déchiré.

...... 「畫」夜 懸 念 情 何 ...... | ...... 常 聞 汝 等 ...... | ...... 如 念 慎 夏 ...... |
...... 及 月 ......

. . . nuit et jour je pense à vous . . . ; . . . j'entends toujours dire que vous tous . . .

Fragment de lettre privée.

N° 459.—Mr. tagh. 0623.

459

MS. Trois ou quatre petits fragments de papier divers coupés et collés les uns sur les autres; celui de dessus à droite est
seul inscrit; il est coupé aux ciseaux en haut et en bas, déchiré à droite et à gauche.

...... 南 城 西 州 家 渠 ...... | ...... 據 史 德 去 否 ○ ○ ......

Peut-être fragment de requête au sujet d'un terrain vacant, analogue à nᵒˢ 332–8; dans cette hypothèse, la ligne 1 donnerait
la situation topographique du terrain: "[un terrain sis] sur le canal de la famille *Tcheou*, à l'ouest de la
muraille de . . . *-nan*" (?), et dans la deuxième ligne il s'agirait d'une enquête au sujet du propriétaire: "[on a fait
une enquête pour savoir si] conformément à la déposition de *Che Tö*, (le propriétaire du terrain) est
parti . . ." On pourrait être tenté d'y chercher une allusion à *Si-tcheou* 西 州, malgré l'éloignement; mais aucune
construction joignant ces deux mots ne me paraît possible.
L. 2. Le caractère 去 sauté par le copiste a été rajouté par lui dans l'interligne de droite.

N° 460.—Mr. tagh. 0629.

460

MS. Petit fragment de papier conservé autour de l'étroite bande de papier double au collage de deux feuilles pour former
un rouleau; déchiré de tous les côtés.

...... 十 五 日 冬 至 衆 ○ ...... | ...... 五 勝 直 歲 都 尉 ˣ那 ...... | ...... 十 六 日
小 食 用 麵 ......

Le 15ᵉ jour, solstice d'hiver . . . 5 *cheng*; l'économe pour l'année le *Karmadāna* général (du monastère)
. . . Le 16ᵉ jour, pour le petit déjeuner du matin employé nouilles . . .

Fragment du compte du temple publié par CHAVANNES, Documents, nᵒˢ 969–74, (ou d'un compte analogue). Le mois
n'est pas indiqué, mais c'est le 12ᵉ mois, le seul où le solstice d'hiver puisse se trouver le 15ᵉ jour, à l'époque des *T'ang*.
Cette indication donne une date: il n'y a aux VIIᵉ et VIIIᵉ siècles que les années 655, 720, 769 et 788 où le solstice
d'hiver soit tombé le 15ᵉ jour du 12ᵉ mois; la première est antérieure à la moyenne de nos documents de l'époque des
T'ang; les quatre autres sont à la rigueur possibles, puisque le seul document chinois trouvé à Mazār-tāgh est de 786
(CHAVANNES, *Documents*, n° 974); mais en 788 et même déjà en 769 les colonies chinoises d'Asie Centrale étaient complètement séparées de l'empire. Or le compte du temple de CHAVANNES, *Documents* 969–73, dont le fragment ci-dessus fait
certainement partie, bien qu'il soit d'une autre année, mentionne des prières pour une armée expéditionnaire en Asie
Centrale (n° 969, l. 1): la rupture à cette époque n'était donc pas complète. A mon avis, c'est à une des deux années 720
ou 723 qu'appartient ce fragment et les morceaux plus longs publiés par Chavannes appartiennent aux années voisines.

Nº 461.—Mr. tagh. 0624.   461

MS. Petit morceau de papier coupé aux ciseaux en haut, déchiré des autres côtés.

...... 四年一 ...... |...... 二日將進○ ...... |...... 又續須五趼 ......

La 4ᵉ année . . . , . . . le 2ᵉ jour. . . De plus, . . . 5 *cheng* de nouilles . . .

Probablement débris du même compte, pour une autre année. Les seuls seconds caractères d'un *nien-hao* du VIIIᵉ siècle qui puissent s'accorder avec le reste de la partie inférieure gauche du caractère qui subsiste sont 天 de la période *sien-t'ien*, mais cette période n'a duré qu'un an, et 元 qui entre dans plusieurs noms de période dont deux ont une quatrième année, *k'ai-yuan* 開元 dont la quatrième année est 716, et *tcheng-yuan* 貞元 dont la 4ᵉ année est 788; mais à ce moment, les colons de la région de Khotan séparés de l'empire n'étaient pas au courant des changements d'ères et dataient encore leurs pièces de la période *kien-tchong*, comme le montre un document de Mazār-tāgh daté de la 7ᵉ année *kien-tchong* (786), voir CHAVANNES, *Documents*, nº 974, p. 217. Je pense qu'il faut lire 「開」 ˣ元四年 "4ᵉ année *k'ai-yuan*" (716).

Nº 462.—Mr. tagh. 0634 (1) et (4).   462

MS. Deux petits fragments de papier collés l'un sur l'autre.

1º (4)   ...... 十二月廿八日信 ...... |...... 卌貫文正月十二「日」......
2º (1)   ...... 貫八十四文 ......

28ᵉ jour du 12ᵉ mois, le disciple de foi pure . . . ; . . . 40 ligatures de sapèques. Le 12ᵉ jour du 1ᵉʳ mois . . . ligatures et 84 sapèques . . .

Fragment d'un compte en monnaie, qui paraît différent du compte général du temple de CHAVANNES, *Documents*, 969–72, car dans celui-ci la monnaie n'est jamais comptée en ligatures *kouan* 貫, même quand la somme dépasse 1000 sapèques (voir par exemple nº 969, l. 6: 1120 sapèques; l. 12: 1730 sapèques; l. 19: 3910 sapèques; l. 20: 1000 sapèques; nº 970, l. 6: 1800 sapèques; nº 971, l. 3: 2484 sapèques, etc.)

Nº 463.—Mr. tagh. 0622.   463

MS. Petit morceau de papier complet en haut avec marge supérieure, déchiré des autres côtés.

家人胡子等貳 ...... |ˣ貫白米貳 ...... |麵五斗 ......

. . . les domestiques, les indigènes, etc., 2 . . . ; . . . riz blanc 2 . . . ; nouilles 5 *teou* . . .

Fragment d'un compte. 胡子 est peut-être un nom propre: "les domestiques, *Hou-tseu* et autres."

Nº 464.—Mr. tagh. 0469.   464

MS. Haut de feuille avec marge supérieure. Les caractères de la ligne 1 sont plus gros que ceux des lignes suivantes. Au verso, *brahmī*.

給在 ...... |人各和麵伍 ...... |白米貳 ...... |典馬 ......

Donné à . . . x personnes, dont chacune a reçu 5 . . . de nouilles . . . 2 . . . de riz blanc. Le magasinier *Ma*.

Compte de versement de denrées par le magasinier du temple.

Nº 465.—Mr. tagh. 0634 (3).   465

MS. Petit morceau de papier déchiré de tous les côtés.

...... ˣ全身在於 ...... |...... 多」寶如來塔 |...... 十二月廿八日信「弟子」......

. . . le corps entier est dans . . . le *stūpa* de *Prabhūtaratna tathāgata*.

Le 28ᵉ jour du 12ᵉ mois de la . . . année . . . , le disciple de foi pure . . .

Probablement fragment d'une déclaration en faveur d'un mort, analogue à nᵒˢ 323–5. Le "corps entier" est celui du Buddha *Prabhūtaratna*, TO-PAO JOU-LAI, qui après son *nirvāṇa* n'a pas été incinéré, mais a été déposé intact dans son *stūpa* des sept joyaux et qui y subsiste pour apparaître chaque fois que dans un monde quelconque un Buddha expose aux êtres vivants le Lotus de la Bonne Loi, *Saddharmapuṇḍarīka* (*Miao fa lien-houa king*). Je ne connais pas de pratiques de dévotion au Buddha *To-pao* à propos de la mort des fidèles, mais il est compréhensible que ce Buddha non incinéré ait pu devenir une sorte de patron des fidèles qui, conformément aux habitudes chinoises, voulaient être enterrés et non brûlés après leur mort.

Nº 466.—Mr. tagh. 0621. 466

MS. Petit morceau de papier complet en haut et en bas avec marges; déchiré à droite et à gauche. Hauteur: 280 mm.; largeur: 115 mm.

胡桃貳阡顆　　　石榴貳......丨蔺勃貳拾顆　　　杏仁叄蚪伍勝丨拾
顆　　丨家人執璧○鑑壹貝　　　豐財......丨......金○......

2000 noix; 2 [. . .] grenades; 20 grappes de raisin(?); 3 *teou* 5 *cheng* d'amandes de noyaux d'abricots, 10 pièces.

Un anneau de jade porté par un domestique; un miroir en . . .

Liste des aumônes faites au couvent par un ou une "disciple de foi pure" défunt(e), faisant partie de la déclaration en sa faveur brûlée à son enterrement.

L.2. 蔺勃 Je suppose qu'il faut lire 勃蔺 et que c'est une transcription vulgaire du nom du raisin.

L.3. Je ne sais pas à quoi se rapportent les deux caractères 拾顆 (l. 3): ce ne sont pas les amandes de noyaux d'abricots, car il est évident que 10 noyaux d'abricot ne peuvent remplir 3 boisseaux ½.

Nº 467.—Mr. tagh. 0630. 467

MS. Haut de feuille avec marge supérieure; traits délimitant la marge et séparant les lignes.

......................丨婦人鷄鳴「枕」......丨兩枚以骨石......丨
............須......丨不用　　　　　　　　　鷄子手......丨

楯一枚削○......丨五穀米梳刷......
　　　　長............丨粟之屬

. . . (. . . les femmes . . . inutile) [Oreiller] Chant de coq . . . deux pièces (avec . . . avec des œufs . . .) Bouclier, une pièce, (. . . longueur . . .); . . . (du genre des cinq céréales et du riz). Peigne, brosse . . .

Inventaire d'objets divers; probablement liste d'objets légués au temple par un fidèle bouddhiste: le document serait le début d'une déclaration en faveur d'un mort, analogue à nº 323.

L.2. 鷄鳴 *ki-ming* est le nom usuel de la hallebarde à l'époque des *Han* (*Tcheng Hiuan* 鄭玄, Commentaire du *Tcheou li* k. 78, f. 71) et ce sens irait bien avec le "bouclier" 楯 de la ligne 4, mais je ne crois pas que ce nom ait survécu à l'époque des *Han*. Il est plus probable qu'il faut compléter 鷄鳴「枕○枚」 "oreiller réveil-matin, une pièce . . ." cf. ci-dessus, nº 323.

Nº 468.—Mr. tagh. 0620 (1–5). 468

MS. Petits débris de papier portant quelques caractères.

(1)　　　......ˣ納......丨......以自納......
(2)　　　......蔡ˣ堂光納......
(3)　　　......麵餘不肯還......
(4)　　　......先封一僧......
(5)　　　......達^睡......丨......祀......

(1) ligne 1: 納: il ne reste que la moitié gauche 糸.

(3) 4ᵉ caractère 肯: il ne reste que la moitié inférieure 月.

Nº 469.—Mr. tagh. 0633. 469

MS. Morceau de papier probablement coupé aux ciseaux en carré (il subsiste encore l'angle gauche en haut) mais déchiré de tous les côtés.

......豆二乘......丨......塞多毀謗ˣ挑......丨......對竟眞如了○......丨
......看人不......

N° 470.—Mr. tagh. 0627. 470

MS. Morceau de papier déchiré de tous les côtés.

...... 悉 ○ ○ ○ ˣ到 ○ 捺 ○ ...... ┃ ...... 烹 拱 野 村 羯 陵 捺 冊 ...... ┃ ...... 悉 蘭
ᶺ若 ○ 師 ......

N° 471.—Mr. tagh. 0626. 471

MS. Fragment de rouleau portant des traces de brûlures en haut, complet en bas, déchiré à droite et à gauche.

...... 千 ○ ○ ...... ┃ ...... 日 計 會 ○ ...... ┃ ...... 中 ○ 何 女 婦 勿 悉 必 破 ...... ┃
...... ○ ○ ...... ┃ ...... 盧 功 直　　┃ ...... 寸 即 速　　┃　　廿 五 日

L.4. Caractères illisibles formant une signature.
L.5–6. Très gros caractères d'une main différente de ce qui précède; les deux lignes sont complètes en bas, la partie inférieure de la feuille restant en blanc.

N° 472.—Mr. tagh. 0625. 472

MS. Morceau de papier complet en haut, formant haut de page avec marge supérieure, déchiré des autres côtés; traits fins délimitant la marge, mais pas de trait séparant les lignes. Hauteur: 117 mm.; longueur: 135 mm.; hauteur de la marge supérieure: 23 mm.

ˣ蘇 之 國 越 接 ...... ┃ 之 覇 武 王 强 盛 ...... ┃ 駢 出 奔 以 爲 禍 ...... ┃ 以 類 推
昔 宋 人 有 ...... ┃ 北 有 胡 馬 之 利 以 至 ...... ┃ 修 善 即 復 爲 祥 見 ...... ┃ 丁 之
時 毫 有 災 ˣ幸 ......

Texte littéraire que je n'ai pas identifié.

CINQUIÈME PARTIE

Documents provenant de *Khara-khoto*

Époque Si-hia et époque mongole

INTRODUCTION

Kharakhoto, près de l'Etsingol, à l'exception d'un unique document des *T'ang*, a donné surtout une ample moisson de documents d'époque *Si-hia* et d'époque mongole. Les premiers sont presque tous en écriture *Si-hia*; ceux qui sont en chinois sont des documents privés, fragments d'un registre de prêteur sur gages. Les documents d'époque mongole forment la série la plus importante.

L'oasis de Khara-khoto, qui s'appelait alors d'un nom que Marco Polo a noté *Etzina* et les Chinois *Yi-tsi-nai* 亦集乃, après avoir été sous la domination *Si-hia* le siège d'une circonscription militaire, le *Wei-fou kiun* 威福軍, devint à la conquête mongole un *lou* 路 en 1225, puis à partir de 1286 une préfecture-générale, *tsong-kouan-fou* 總管府, dépendant de la province *hing chang-chou cheng* 行尙書省 de *Kan-sou* (*Yuan che*, k. 60, 26a).

A la tête d'une préfecture générale de 2ᵉ classe (comme *Yi-tsi-nai*) était un *darughači* auquel était adjoint un préfet général *tsong-kouan* de même rang; ils étaient chargés ensemble des affaires civiles (surtout de l'agriculture) et des affaires militaires; sous leurs ordres un adjoint appelé *t'ong-tche* 同知 et un contrôleur *p'an-kouan* 判官 chargé de vérifier les comptes et en général l'administration des fonctionnaires subordonnés, un juge criminel, *t'ouei-kouan* 推官, créé en 1296 et chargé des châtiments et des prisons: c'est lui qui devait être à la tête du Bureau des Peines, *hing-fang* 刑房, dont plusieurs documents ont été retrouvés. Une série de bureaux que je ne donne pas en détail parce que leurs noms ne sont pas cités dans les documents ci-dessous complétaient cette organisation (*Yuan che*, k. 91, 14a and b). Une colonie militaire, *touen-t'ien* 屯田, avait été créée à *Yi-tsi-nai* en 1286; elle était peu importante, on avait donné 900 *meou* seulement (*Ibid.*, k. 100, 18b.). On trouve ci-dessous quelques pièces qui proviennent de cette institution.

Dans les documents ci-dessous, le gouverneur de *Yi-tsi-nai* n'apparaît pas avec ce titre; mais les affaires sont rapportées plusieurs fois à des princes de la famille impériale qui doivent avoir occupé cette position; ces princes sans doute peu importants et assez éloignés de la branche principale ne se retrouvent pas dans la généalogie du *Yuan che*.

1. DOCUMENTS DE L'ÉPOQUE DES *T'ANG*

Je mets ici l'unique document des *T'ang* trouvé sur le site de Khara-khoto.

Nº 473.—KK. VI. 02 (a).

牒
永泰二年六月　　日蘇潤國牒

Lettre officielle de *Sou Jouen-kouo*, du . . . jour du 6ᵉ mois de la 2ᵉ année *yong-t'ai* (766).

Suscription d'une lettre officielle, avec le nom de l'expéditeur. La date est correcte, le *nien-hao* n'ayant été changé qu'au 11ᵉ mois; mais la présence d'un document des *T'ang* est insolite en cet endroit, aucun des documents tant numismatiques que manuscrits ne remontant plus haut que le début du XIᵉ siècle (si on laisse de côté les inévitables pièces *k'ai-yuan* qui ne signifient jamais rien à elles seules).

2. DOCUMENTS DE L'ÉPOQUE KHITAI (*LEAO*)

Nº 474.—KK. II. 0253 (a). (i–vi).   474

Un petit lot de manuscrits, provenant tous de KK.II et tous débris d'un même registre, sont datés en périodes des *Leao*. Ils sont isolés dans la série chinoise de KK. qui est presque entièrement d'époque mongole; peut-être faudrait-il y joindre quelques-uns des imprimés bouddhiques de KK.II, que j'ai tous rangés à l'époque des *Yuan* faute de pouvoir les distinguer sûrement et pour ne pas séparer les livres bouddhiques les uns des autres.

REGISTRE D'UN PRÊTEUR SUR GAGES

MS. Six morceaux de papier collés les uns sur les autres, celui de dessus (i) imprégné de teinture rouge, celui de dessous (vi) de teinture bleue; tous très déchirés. Comme ce sont des fragments d'un même registre ils sont classés ici dans l'ordre chronologique, qui était celui du registre, sans tenir compte des numéros i–vi qui suivent l'ordre dans lequel ils ont été collés lorsqu'ils ont été coupés, réemployés et teints. Hauteur: i, iii, iv et vi: 200 mm.; ii et v: 195 mm.; largeur, i, ii et iii: 175 mm.; iv et v: 172 mm.; vi: 170 mm.

a. iv

知見人李善○
「天慶十一年五月」初三日立文人兀ˣ女浪粟今「將自丨己○○○○」ˣ絲
襖子裘一領於裴處「典到大麥○」丨斗加三利小麥五斗加四利共本利
大麥「○石○」丨斗五升其典不充限至來八月「二十九日不贖來時一」丨
任出賣不詞
　　　立文人兀ˣ女「浪粟押」
　　　知見人訛靜……

a. vi

「天慶十一年」五月初四日立文人「劉折兀埋今將丨自己○○」○易毯
一條於裴處「典到小麥丨五斗加四利共本利」小麥七斗其典不充限
「至來三丨月初三日不贖來時一任」出賣不詞
　　　立文人劉折兀埋　　　押
　　　同典人ˣ來兀哩嵬　　　押
　　　知見人馬能嵬

a. ii

天慶十一年五月五日立文人康「吃○今將自」丨己舊皮毯一領於裴　處
典到「大麥○斗加三利」共本利大麥九斗○升其典不充限「至來○月○
○○日」丨不贖來時一任出賣不詞
　　　立文人康吃
　　　同典人篤屈哆遏
「天慶十一年五月五日」立文人夜利那征「布今將自己」……

a. v

天慶十一年五月初六日立文人吃「○○○今」丨將自己舊皮毯一領於
裴　處「典到大麥三斗五升」丨加四利共本利大麥四斗二升其典不「充
限至來十」丨月初一日不贖來時一任出賣「不詞」
　　　立文人吃○○○
　　　知見人ˣ武緒○
「天慶十一年五月初六」日立文人梁折兀埋「今將丨自己○○○○○一
條於」裴　處「典到」……

a. iii

天慶十一年五月初七日立文人夜賀尼「今將自己」丨舊皮毯一領苦皮

四ˣ張於裴　處典「到大麥一石三斗加」丨三利共本利大麥一石七（六）

斗二（九）升其典不ˣ充「限至來三月初」丨四日不贖來時一任出賣不詞

立文人夜賀尼

知見人武屈粟

「天慶十一年五月初七日」立文人武屈粟今將「自己丨……於裴　」處典

到……

a. i

「天慶十」一年五月初九日立文人「夜利那征布將自己」丨○○○白帳氈

一領皮毯一領於裴　處典到大麥一石五斗丨加ˣ三利共本利大麥一石

九斗五升其典「不充限至來三丨月初八」日不贖來時一任出賣不詞

立文人夜ˣ利那征布○

同典人兀㗲女○○

· · · · · · · · · · · · · · ·

Le témoin: *Li Chan-* . . .

Le 3ᵉ jour du 5ᵉ mois de la 11ᵉ année *t'ien-k'ing* (20 mai 1121), le contractant *Wou-niu(?)-leang-sou* a apporté un vêtement fourré lui appartenant chez *P'ei* (*Song*) et l'a mis en gage contre (un prêt de) . . . boisseaux d'avoine moyennant un intérêt de 3% (par mois) et de 5 boisseaux de blé moyennant un intérêt de 4% (par mois) en tout intérêt et capital . . . boisseaux $\frac{5}{10}$ d'avoine. Si le gage n'est pas racheté avant le terme qui est le . . . jour du 8ᵉ mois de cette année, il sera permis (au prêteur) de le vendre sans opposition.

Le contractant: *Wou-niu-leang-sou* a signé.

Le témoin: *Ngo-tsing* . . .

a. vi

Le 4ᵉ jour du 5ᵉ mois [de la 11ᵉ année *t'ien-k'ing*] (21 mai 1121), le contractant [*Lieou Tchö-wou-mai* a apporté] une couverture de cheval [lui appartenant] chez *P'ei* (*Song*) et [l'a mise en gage contre un prêt de 5 boisseaux de blé, au taux de 4% (par mois); principal et intérêt font en tout] 7 boisseaux de blé. Si le gage n'est pas racheté avant l'échéance [qui est le 3ᵉ jour du 3ᵉ mois (de l'an) prochain, il sera permis (au prêteur)] de le vendre sans opposition.

Le contractant: *Lieou Tchö-wou-mai.*

Le co-engageur: *Lai-wou-li-wei* . . .

Le témoin: *Ma Neng-wei* . . .

a. ii

Le 5ᵉ jour du 5ᵉ mois de la 11ᵉ année *t'ien-k'ing* (22 mai 1121), le contractant *K'ang* [*K'i* . . . a apporté] une vieille fourrure lui appartenant chez *P'ei* (*Song*) et l'a mise en gage contre (un prêt de) [. . . boisseaux d'avoine, au taux de 3% (par mois)]; principal et intérêt font en tout 9 boisseaux . . . *cheng* d'avoine. Si le gage n'est pas racheté avant l'échéance, [qui est le . . . jour du . . . mois de cette année], il sera permis (au prêteur) de le vendre, sans opposition.

Le contractant: *K'ang K'i* . . .

Le co-engageur: *Tou-k'iu-yi-ho.*

[Le 5ᵉ jour du 5ᵉ mois de la 11ᵉ année *t'ien-k'ing* (22 mai 1121)], le contractant *Ye-li-na-tcheng-pou* [a apporté]. . . .

a. v

Le 6ᵉ jour du 5ᵉ mois de la 11ᵉ année *t'ien-k'ing* (23 mai 1121), le contractant *K'i* . . . a apporté une vieille fourrure lui appartenant chez *P'ei* (*Song*) [et l'a mise en gage contre (un prêt de) 1 boisseau $\frac{5}{10}$ d'avoine] au taux de 4% (par mois); principal et intérêt font 4 boisseaux $\frac{2}{10}$. Si le gage n'est pas [racheté avant l'échéance qui est le 1ᵉʳ jour du 10ᵉ mois de cette année], il sera permis au prêteur de le vendre [sans opposition].

Le contractant: *K'i* . . .

Le témoin: *Wou Tchou* . . .

[Le 6ᵉ jour du 5ᵉ mois de la 11ᵉ année *t'ien-k'ing* (23 mai 1121)], le contractant *Leang* [*Tchö-wou-mai* a apporté . . . lui appartenant chez] *P'ei* (*Song*) [et l'a mis en gage contre (un prêt de)] . . .

a. iii

Le 7ᵉ jour du 5ᵉ mois de la 11ᵉ année *t'ien-k'ing* (24 mai 1121) le contractant *Ye-houo-ni* [a apporté] une vieille fourrure [lui appartenant][1] chez *P'ei* (*Song*) et l'a mise en gage [contre un prêt de 13 boisseaux d'avoine, au taux de] 3% (par mois); principal et intérêt font 172 (corrigé en 169) *cheng*. Si le gage n'est pas racheté avant l'échéance [qui est le 4ᵉ jour du 3ᵉ mois (de l'an) prochain], il sera permis (au prêteur) de le vendre, sans opposition.

Le contractant: *Ye-houo-ni*.

Le témoin: *Wou K'iu-sou*.

[Le 7ᵉ jour du 5ᵉ mois de la 11ᵉ année *t'ien-k'ing* (24 mai 1121),] le contractant *Wou K'iu-sou* a apporté . . . [lui appartenant] chez *P'ei* (*Song*) et l'a mis en gage contre (un prêt de) . . .

a. i

Le 9ᵉ jour du 5ᵉ mois de la 11ᵉ année [*t'ien-k'ing*] (26 mai 1121), le contractant [*Ye-li-na-tcheng-pou* a apporté] un   [2] et une fourrure lui appartenant chez *P'ei* (*Song*) et les a mis en gage contre un prêt de 15 boisseaux d'avoine au taux de 3% (par mois); principal et intérêt font 19 boisseaux $\frac{5}{10}$ d'avoine. Si le gage [n'est pas racheté avant l'échéance qui est le 8ᵉ jour du 3ᵉ mois (de l'an) prochain], il sera permis (au prêteur) de le vendre sans opposition.

Le contractant: *Ye-li-na-tcheng-pou*.

Le co-engageur: *Wou-yi-niu*. . . .

Registre des contrats de nantissement de *P'ei Song*, prêteur sur gages, pour les premiers jours du 5ᵉ mois de l'année 1121. Aucun contrat n'est complet, mais il était facile de les compléter les uns par les autres et même de trouver les chiffres des prêts quand le texte donnait à la fois l'intérêt et le total du principal avec l'intérêt, malgré la perte de la date de l'échéance. Je l'ai fait pour permettre de les comparer aux contrats de l'époque des *T'ang* ci-dessus.

La période *t'ien-k'ing* est une période des *Leao* qui n'a que dix ans; mais comme les *Kin* s'étaient emparés de la capitale des *Leao* à la fin de l'année 1120 et que l'empereur des *Leao* était en fuite, il n'est pas étonnant que la nouvelle du changement de période ne soit pas parvenue jusqu'à Khara-khoto, même au début du 5ᵉ mois. La difficulté est autre: Khara-khoto dépendait des *Si-hia* et non des *Leao*, et les *Si-hia* avaient leurs propres *nien-hao*: il est difficile de comprendre pourquoi les actes sont datés en période des *Leao* et non des *Si-hia*.[3]

Le nom personnel du prêteur, *Song*, est laissé en blanc dans ces documents; il n'apparaît qu'une seule fois dans des fragments de 0270 (=n° 475).

---

1) Add, 'and four lengths of dried (苦 for 枯?) hide'.

2) A gap in the MS. Supply 'white tent-felt'.

3) But Si-hia also had a T'ien-ch'ing period (see Tchang, *Synchronismes*, p. 385) of which the eleventh year corresponds to 1204, which is presumably the date of this document.

Nᵒ 475.—KK. II. 0270. xx. i.   **475**

MS. Dix petits fragments de papier tous incomplets.

I. 「天慶十一年五月」ˣ二日ˣ立文「人」......丨......○一條ˣ舊皮毬一領於
「裴　處」......丨......本利二石七斗其ˣ典「不充」......丨......日不ˣ贖......
立文「字人」......
ˣ書契......

II. ......時○樂一任出賣「不詞」
立文字人夜......
同典人夜......
同典人......
書契智

III. 天慶十一年ˣ五「月立文人」......「今將自己」丨馬毬「一條」......「裴　處
典到○」丨麥五斗......「共本利○」丨石其典「不充限至來」......

IV. 天慶十一年五月......

V. 「天慶十一年五月」二日立文「人」......丨......皮毬一舊......丨......典到
大麥四石......丨......月一日將本利○......丨......ˣ時一任出賣不詞
立文字人......
書契智......

VI. 天慶十一年五月......丨皮毬一領於裴 「處典到」......「共本利」丨大麥
一石三斗七「升其典不充」......丨...... 出賣不「詞」[1]

VIII. 天慶十一年五月」立文人」......「今將」丨自己「舊」皮毬一「領」......

IX. 「天慶十一年五月......立文」人祿折......丨......於裴松ˣ處「典到」......丨
......「其典不」充限當年......丨......贖之時......
立文字人祿折......

X. ......如限日不ˆ贖......

Débris du même registre que le précédent (0253a) et lui faisant suite dans la même année et le même mois; les formules sont à peu près identiques à celles de 0253 et il serait possible de compléter ces fragments eux aussi, mais il en reste si peu de chose que les quelques lignes subsistantes seraient noyées dans les parties restituées. La seule différence dans le formulaire est la manière d'indiquer la date de l'échéance dans X: "si au jour de l'échéance le gage n'a pas été racheté . . .": la date de l'échéance devait avoir été indiquée avant, puisqu'elle n'est pas donnée ici comme dans 0253; et cela devait modifier la rédaction de la fin du contrat.

Nᵒ 476.—KK. I. 0232 ww.   **476**

MS. Petits fragments feutrés dont quelques-uns seuls sont lisibles.

(i)	......○人孫福......	Le . . . *Souen Fou-* . . .
(ii)	......○ˣ證人○......	le témoin . . .
(iii)	......ˣ蘇遠々○	. . . *Sou Yuan-yuan* . . .
(iv)	......○各々......	. . . *-ko-ko-* . . .

Suite du même registre. Signatures d'un ou plusieurs contrats.

MÉDECINE

Nᵒ 477.—KK. II. 0265 (n).   **477**

MS. Morceau de papier déchiré portant des traces de grands caractères à l'encre noire et de sceaux à l'encre rouge, les uns et les autres illisibles; à gauche, une ligne de petits caractères écrits en sens inverse des grands et sans rapport avec eux.

......○人○○ˣ赤ˣ丹麻

---

1) VII. fait défaut; ce fragment était-il copié sur f. 531, manquant dans le MS. Maspero? Il se trouve sur la feuille KK. II, 0270, xx, i (W. Baruch).

Nom d'un médicament(?): ce fragment serait un débris d'une copie d'une recette médicale extraite d'un des nombreux formulaires médicaux chinois.

N° 478.—KK. II. 0285 (b). iv.   478

Imprimé. Bas d'une feuille complète à droite et en bas avec marges, sauf le coin droit, déchirée et coupée en haut et à droite. Hauteur: 90 mm.; largeur: 70 mm.

> ......○弦即冐痺而痛所○○○丨......冐痺心痛者以其○○○丨......○
> 冐痺喘息之病欬唾背ˣ痛丨......蔖湯主之
> ......牛生薑肆枳殼貳丨......服一升日三......
> ......斤　　兩　　兩丨
> ......噎寒習人如痒喉中澀燥丨......參○○○○牛......

. . . souffre de crampes à la poitrine. . . Si on a une crampe à la poitrine et une douleur au cœur, . . . des crampes à la poitrine, une maladie de la respiration, de la toux, des douleurs dans le dos . . . le sirop d'armoise en guérit. . . . Gingembre crû 4 onces, *citrus trifoliata* 2 onces, . . . en avaler un *cheng* 3 fois par jour . . . si on a le hoquet par suite du froid, si on a   le gosier sec

Fragment d'un livre de médecine.

3. DOCUMENTS DE L'ÉPOQUE DES *YUAN*

1. Documents officiels

CORRESPONDANCE DU GOUVERNEMENT PROVINCIAL AVEC LA PRÉFECTURE GÉNÉRALE

N° 479.—KK. 0152 (t).   479

MS. Morceau de papier découpé en bande; complet en haut, déchiré en bas, coupé à droite et à gauche.

> 謹　　封......丨○左丞拜書亦集「乃路總管府」丨ˣ達魯化赤

Respectueusement. . . . L'assistant de gauche (du Gouvernement Provincial de *Kan, Sou* et autres lieux) présente ses salutations et écrit à Son Excellence le *darughači* [de la Préfecture générale du cercle de] *Yi-tsi-nai* . . .

Début d'une lettre officielle.

L.2. 左丞. Les gouvernements provinciaux, *hing tchong-chou-cheng* 行中書省, étaient présidés par un ministre, *tch'eng-siang* 丞相, fonctionnaire du premier rang secondaire 從一品, ayant à ses côtés deux assistants, l'assistant de droite, *yeou-tch'eng* 右丞, et l'assistant de gauche, *tso-tch'eng* 左丞, tous deux fonctionnaires du deuxième rang principal 正二品 (*Yuan che*, k.91, 1a); contrairement à l'usage chinois la droite prime la gauche.

L.2-3. 亦集「乃路總管府」ˣ達魯化赤. Le *darughači* de la Préfecture Générale, 諸路總管府, fonctionnaire de troisième rang principal, voir ci-dessus, p. 192.

N° 480.—KK. 0117 (a).   480

MS. Grand morceau de papier carré, percé de nombreux trous; de plus traversé par deux larges bandes qui rendent impossible la lecture de certaines parties. Hauteur: 250 mm.; largeur: 250 mm.

> 　　案呈
> 　　一○......當府......今下丨收......將○發○○○○○名給丨ˣ散○散
> 　○○○......如丨○○狀○統希　　　丨......　　　丨......當府......今下○丨
> ......　　丨○ˣ拜爲將......丨給散務......　　　丨○○官○初○除外合行
> 將丨○○○○將見在○完當即唱名給丨......行
> 　　一申正○○......承奉

(lignes 5, 10)

15 甘肅「等處行」中書省劄付發復（和糴）復（料數）四百丨……首領官一
除○○出帳彼中丨……西平和糴米乾圓潔淨丨……穀數唱名給散勿
致丨中……運×銷具應付還料數○○丨站戶○名誠運的本列首領發印
20 信文丨解開申銷用不盡狀言回解還官○○丨具○○收管申來仍將○
○未交丨……合行……統申爲丨……此除將上項料○申○○四百定○
當府　　　合行具申伏乞
25 　　　○○○○

Brouillon d'une lettre officielle d'époque mongole; le titre de *hing tchong-chou-cheng* de *Kan-sou* et autres lieux (l. 14) fut créé en 1261 (*Yuan che*, k. 91, 3 a), supprimé au bout de 10 ans, rétabli en 1281, supprimé pour la deuxième fois en 1285 et rétabli l'année suivante; en 1287 et en 1309 il dut comme tous les *hing tchong-chou-cheng* être changé en *chang-chou-cheng*, mais on revint presque immédiatement à l'ancien titre; il fut supprimé définitivement au début des *Ming*, en 1369, le *Kan-sou* étant rattaché au *Chen-si* (*Ming che*, k. 42, 11 a, 24 b). La résidence était d'abord à *Tchong-hing* 中興, c'est-à-dire *Ning-hia*; en 1286 elle fut transférée à *Kan-tcheou*. C'est de la province de *Kan-sou* que dépendait le *lou* de *Yi-tsi-nai* 亦集乃路 (*Yuan-che*, k. 60, 26a). L'expression 當府 (l. 2 et l. 7, l. 25) désigne *Yi-tsi-nai* qui était un *tsong-kouan fou* 總管府 depuis 1286 (*Ibid.*).

L.14. 甘肅「等處行」中書省: J'emploie constamment l'expression "province de *Kan-sou*" pour être compris. On sait que cette traduction n'est pas absolument correcte pour l'époque mongole où le sens est "Secrétariat d'État itinérant pour *Kan* (-*tcheou*), *Sou* (-*tcheou*) et autres lieux".

Le texte contient trop de lacunes pour permettre une traduction.

PIÈCES ÉMANANT DU BUREAU DES FLEUVES ET DES CANAUX

Nº 481.—KK. 0120 (a).   481
MS. Feuille bien conservée.

RECTO:

河渠司
謹呈覆奉　　　丨總府指揮備奉　　　丨甘肅等處行中書省劄付准　　　丨
中書省咨　　　丨奏奉聖旨爲拘收蒙古子女內除已爲良人爲妻妾的難
擬離異將乞養過房典買放良幷年幼被賣丨不知是何色目收聚差人獲
送赴都欽此仰欽依拘收見數開坐呈府承此　　　丨欽依於檠官渠道人
戶內拘收得別無乞養過房典買蒙古子女中間並無隱藏丨靈捐告不實
如後再行躰問發露到官但有隱藏不行從實拘解情願依例當丨亦集乃
路總管府伏乞　　　丨照驗施行須至呈者

"Le Bureau des Fleuves et Canaux adresse respectueusement cette réponse. Nous avons reçu respectueusement la lettre de la Préfecture-générale disant: Nous avons reçu respectueusement la lettre du Gouvernement provincial de *Kan-sou* et autres lieux (disant) qu'il a reçu une dépêche du Secrétariat impérial déclarant qu'après avoir présenté un rapport à l'empereur sur ce sujet, il a reçu respectueusement cette ordonnance impériale: 'Les filles mongoles détenues, à l'exception de celles qui sont femmes ou concubines de personnes honnêtes et qui ne doivent pas être séparées de ceux-ci, à savoir filles élevées dans une maison étrangère, filles mises en gage chez des gens honnêtes, et les filles toutes jeunes qui ont été vendues, ainsi que toutes les autres catégories quelles qu'elles soient même non indiquées ci-dessus, doivent être arrêtées et rassemblées afin d'être conduites sous escorte à la capitale. Respect à ceci.' Nous comptons que conformément (à l'ordonnance impériale) vous arrêterez (ces personnes) et en ferez une liste que vous enverrez à la Préfecture."

Au reçu de cette lettre, conformément à l'ordonnance impériale, nous avons cherché ces personnes pour les arrêter parmi les familles de la circonscription du canal *Kai-kouan*; mais il n'y a aucune fille mongole ni élevée dans une maison étrangère ni mise en gage chez des gens honnêtes; de plus, il n'y en a aucune (dans cette situation) qu'on cache secrètement; il n'y a aucune fausse déclaration. Si par la suite au cours d'une nouvelle enquête, ou pour une dénonciation faite aux autorités, on découvre des (filles) cachées secrètement et que nous n'avons pas réussi à arrêter et remettre (aux autorités), nous voulons être traités conformément aux règlements.

Nous prions humblement la Préfecture Générale du cercle de *Yi-tsi-nai* de faire une enquête sur l'exécution (de son ordre). Requête qu'il est nécessaire d'envoyer.

Rapport sur l'exécution d'une ordonnance impériale. L'ordonnance enjoint de retirer des familles où elles se trouvent toutes les filles mongoles qui sont sorties de leur propre famille autrement que par mariage ou concubinage réguliers, et qui par suite sont dans des positions irrégulières dans des familles étrangères. Le Bureau des Fleuves et des Canaux expose ce qui a été fait, en exécution de cette ordonance, dans la circonscription du canal *Kai-kouan* 槩官渠道 qui dépend de lui. Je n'ai retrouvé aucune ordonnance sur cette question ni dans le *Yuan che*, ni dans le *Ta Yuan cheng-tcheng kouo-tch'ao tien-tchang*. Les titres administratifs montrent que le document est d'époque mongole, mais je ne peux le dater exactement.

VERSO:

東至○○小渠南至也火完隣渠西至○○Ⅰ×力地北至官渠手羅○

聚　祖業元○○Ⅰ……子木○五石……

A l'est va jusqu'au petit canal de . . . ; au sud jusqu'au canal limitant le (champ de) *Ye-houo-wan*; à l'ouest jusqu'au champ de . . . ; au nord jusqu'au village de *Cheou-lo* . . . sur le canal officiel. Héritage ancestral. *Yuan*. . . .

Fragment de registre cadastral. A la ligne 2 元 *Yuan* est le début du nom du propriétaire.

Nº 482.—KK. I. 0232 (cc).　　　　482

MS. Feuille de papier complète en haut et en bas, coupée à droite et à gauche en forme de bande.

強行閘去○○地內○○乞施行Ⅰ不知台親詣所指地內相視得元閘

水Ⅰ……外○水

. . . a violemment manœuvré l'écluse; les eaux (se sont répandues?) à l'intérieur des terres. Je ne sais si en vous rendant vous-même sur le terrain indiqué vous pourrez trouver l'écluse originelle. Les eaux . . . extérieurement les eaux. . . .

Rapport sur un accident survenu par suite d'une fausse manœuvre d'une écluse.

PIÈCES ÉMANANT DU BUREAU PÉNAL

Nº 483.—KK. 0150 (a).　　　　483

MS. Feuille de papier complète en haut, en bas et à droite, coupée à gauche. Hauteur: 250 mm.; largeur: 230 mm.

刑房

呈稟奉　　　Ⅰ甘肅等處行中書省劄付該爲娥赤屋Ⅰ等被捉×事奉此

合行具呈者

右謹具　　至元四年二月廿四日　　　○

呈　　　　至元四年五月　　　日吏龍世英呈

Bureau pénal.

Requête. Nous avons reçu l'ordre du Gouvernement Provincial de *Kan-sou* et autres lieux au sujet de l'arrestation de *Ngo-tch'e-wou* et autres. Au reçu de cet (ordre), nous l'avons exécuté. Requête nécessaire.

(La requête) ci-dessus est respectueusement transmise.

24ᵉ jour du 2ᵉ mois de la 4ᵉ année *tche-yuan* (21 mars 1267 ou 15 mars 1338) . . . (signature illisible).

Requête.

Le   jour du 5ᵉ mois de la 4ᵉ année *tche-yuan* (juin 1267 ou 1338), l'officier *Long Che-ying* présente une requête. . . .

Recueil de requêtes, probablement registre particulier de *Long Che-ying* où il copiait celles qu'il rédigeait: il est difficile d'y voir un registre officiel de correspondance, car il serait inadmissible qu'il n'y ait eu aucune pièce expédiée par ce bureau pendant environ trois mois; il est plus facile d'admettre que pour quelque raison *Long Che-ying* n'a été chargé de la rédaction d'aucune pièce pendant ce temps. Pour la date on peut hésiter entre 1267 et 1338, car les *Yuan* ont eu deux périodes *tche-yuan* et le texte ne donne aucun moyen de déterminer de laquelle des deux il s'agit.

Nᵒ 484.—KK. 0150 (m). Hauteur: 245 mm.; longueur: 45 mm.   **484**

MS. Bande de papier déchirée.

……○○○人等蘇當盜馲賊人朶剌禩等三名｜……作過○拱……

. . . les voleurs de chameaux *Touo-la-yi* et autres au nombre de trois, . . .

Débris d'une pièce officielle relative au vol d'un ou plusieurs chameaux, *t'o* 馲 = 駱駝 *lo-t'o*.

Nᵒ 485.—KK. 0150 (s). Hauteur: 145 mm.; longueur 45 mm.   **485**

MS. Bande de papier déchirée.

……ˣ結ˣ赤八隻＜馲○○去＞……｜……＜○＞不實＜但此＞又＜○＞得
從……｜……＜至元三年七月吏高……＞

. . . le courrier; huit chameaux . . . pas vrai . . . 7ᵉ mois de la 3ᵉ année *tche-yuan* (1266 ou 1337) L'officier *Kao*. . . .

Débris d'un brouillon d'un rapport sur une affaire de chameaux, peut-être la même que nᵒ 484 (=*m*). La date a été effacée ainsi que divers caractères (mis entre < >) des lignes précédentes.

Nᵒ 486.—KK. 0150 (n). Hauteur: 200 mm.; longueur: 50 mm.   **486**

MS. Bande de papier déchirée, la première ligne entièrement effacée d'un trait ainsi que la moitié de la dernière ligne, qui de plus a été coupée par le milieu de sorte qu'il ne subsiste que la moitié droite des caractères.

○其余一切輕重亦非不合重傷○○○｜○答｜「至」ˣ元四年五ˣ月……

. . . Pour le reste il y a accord complet au sujet du plus ou moins de gravité des blessures; les blessures graves. . . . Réponse.

. . . jour du 5ᵉ mois de la 4ᵉ année *tche-yuan* (1267 ou 1338).

Rapport au sujet d'une rixe. La moitié droite du premier caractère de la dernière ligne n'est pas claire; mais il n'y a parmi les caractères formant le deuxième élément d'un *nien-hao* des *Yuan* que le caractère 元 qui puisse prendre cet aspect en cursive; de plus, le tracé en ressemble à la partie correspondante du caractère 元 de nᵒ 485 (=0150 *s*) ci-dessus.

Nᵒ 487.—KK. 0117 (o).   **487**

MS. Quatre petits morceaux de papier: (i) est un haut de feuille avec marge. Hauteur: 70 mm.; largeur: 85 mm. Les autres morceaux sont déchirés de tous les côtés.

(i)   丙寅爲……｜至元三年……｜○○○……

Année *ping-yin* (1266), au sujet du . . .
3ᵉ année *tche-yuan* (1266) . . .

(ii)   ……○○己○……｜……前往……｜……迴上……

(iii)   ……姜……

(iv)   ……税課

N° 488.—KK. 0117 (p).

MS. Bas de feuille. Hauteur: 110 mm.; largeur: 65 mm.

    …… 等山破裏 ｜ …… 每除即告報百戶 ｜ …… ○魯口子裏去子俺

. . . ils font rapport au chef de cent familles . . .

L.2. 每 est, comme dans le texte suivant, la marque du pluriel.

N° 489.—KK. 0117 (s).

MS. Bas de feuille. Hauteur: 142 mm.; largeur: 67 mm.

  …… 前 …… ｜   ｜ …… 日半夜 ｜ ○○○○ˣ與○○ …… ｜ …… 居兀

吉隘口內高哠呼叫你每開門交我 ｜ …… 那裏來的使臣有甚麼印信文

字言 ｜ ……ˣ覰得各賊係西番達達

. . . jour, à minuit, . . . dans la passe de . . . *kiu-wou-ki* s'élevèrent de grands cris: "Vous autres, ouvrez-moi la porte pour me donner . . ." Je répondis: D'où venez-vous? Quel document officiel a le Commissaire et en quelle langue est-il écrit? . . . on peut voir que les brigands étaient tous des *Si-fan* et des Tartares.

Rapport sur une arrestation de pirates. Même papier et même écriture que *p*: les deux fragments proviennent certainement du même document, mais ils ne se raccordent pas l'un à l'autre.

L.2. Espace vide; il est possible qu'il y ait eu une ligne inachevée dans le haut de la feuille.

L.4. …… 居兀吉隘 la passe de . . . *kiu-wou-ki*; je ne sais si le nom est complet en trois caractères ou si le début s'en trouve perdu dans la lacune et je n'ai pas retrouvé le nom ailleurs.

 Le caractère 每 est la marque du pluriel dans la langue officielle des Yuan, cf. CHAVANNES, *Inscriptions et pièces de chancellerie chinoises de l'époque mongole*, ap. *T'oung-pao*, II, v (1904), p. 369, note 1.

N° 490.—KK. 0150 (f). (i).

MS. Morceau de papier complet en haut, coupé en forme de bande déchirée en bas. Hauteur: 185 mm.; largeur: 161 mm.; hauteur de la marge supérieure: 20 mm.

   刑房 試筆

 呈見行追問賊人忽「幸○」 …… ｜ ○賊人忽幸○狀謂 …… ｜ 阿里班令大

王位下○○ …… ｜ 東街ˣ阿兄厶同居見在亦「集乃路」 …… ｜ 承在住除

高曾祖父母不記名 ……

Bureau pénal. Brouillon.

 Requête. Nous avons vu l'enquête au sujet du voleur *Hou-sin*- . . . Le voleur *Hou-sin*- . . . a déclaré . . . Son Altesse *A-li-pan* . . . le quartier de l'est; les frères habitent ensemble et sont actuellement à *Yi*[-*tsi-nai*] . . . à l'exception de ses arrière-grands-parents dont nous n'avons pas noté les noms . . .

Brouillon d'une lettre officielle au sujet d'une enquête sur un vol. Les deux caractères 試筆 qui signifient au propre "essayer un pinceau neuf" ont été ajoutés après coup; ils sont plus gros et pas tout à fait dans la ligne 3, 阿里班令 大王位下. Je n'ai pas trouvé le nom de *A-li-pan* dans le tableau des princes de la maison impériale du *Yuan-che*, k. 107.

N° 491.—KK. 0150 (f). (ii).

MS. Bande de papier complète en bas, déchirée des autres côtés. Hauteur: 108 mm.; largeur: 200 mm.

   …… ○眞○○ ｜ …… 熊天○ ｜ …… 所承○寶 ｜ …… 首領智布 ｜ …… 祇候

 蠻子 ｜ …… 右附入 ｜ …… 廿四日

L.2. 能 en surcharge à gauche de 天 paraît être simplement une répétition incomplète de 熊 ajoutée après coup.

N° 492.—KK. I. 0231 (c).   **492**

MS. Feuille complète en haut, en bas et à droite, déchirée à gauche. Hauteur: 275 mm.; largeur: 142 mm.

刑房

呈見行追問亦連等被盜駞馬公事 ＜除外＞｜來歸賊人

＜阿里怗木立＞ 敎化 ＜等＞狀 *(sic)* 招不合與從｜賊哈葉耳從賊

乞列迷失亦連荅立巴〇｜……

Bureau pénal.

Requête au sujet de l'enquête sur l'affaire du vol de chameaux et de chevaux dont *Yi-lien* etc. ont été victimes; la déposition des voleurs mendiants ＜Ali, Timur et autres＞ qui se sont remis aux autorités n'est pas conforme à (celle des) complices *Ha-ye-eul* et *P'ie(k'i?)-lie-mi-che*; *Yi-lien* . . . . .

Pièce d'une enquête au sujet d'un vol. Aucun des personnages cités n'est chinois.

L.1. 除外. Ces deux caractères 除外 sont entourés d'un trait qui marque qu'ils sont barrés.

L.2. 阿里怗木立. Ces cinq caractères et un peu plus loin 等 sont barrés; l'accolade qui est placée à côté d'eux et des quatre suivants paraît avoir été destinée à changer de place les noms propres avant de les supprimer.

敎化 je donne à cette expression le sens de l'expression populaire moderne *kiao-houa-tseu* 叫化子, mendiant.

L.3. 乞. Une tache d'encre recouvre ce caractère dont la lecture est incertaine; je suppose qu'il est barré et que le nom est *P'ie-lie-mi-che*=Bilmiš.

N° 493.—KK. I. 0232 (g, i, j, o).   **493**

MS. Bandes de papier déchirées; *o* seul est partiellement complet en haut avec marge supérieure; plus de 30 caractères à la ligne *g*. hauteur: 75 . . . ; largeur: 85 mm.; *j*. hauteur: 115 mm.; largeur: 50 mm.; *o*. hauteur: 322 mm.; largeur: 56 mm.; marge supérieure: 35 mm.

g.　　……印烙駞隻板堤鎭……｜……舌……

i.　　亦作的不〇……｜……恩ˣ你恩布等思忖前項敢〇……｜……不應私下

　　喫飲……

j.　　……〇魯卽莎眞布蒲也坡立鬼麥……｜……〇王也失〇……

o.　　……瓶薹造到黃羊肉一腔對沙立渠社長〇……｜……將官給駞隻相

　　ˣ機馬疋宰殺食用怎生看我ˣ母面情体交經官｜……四隻係是官司給

　　價……

Les quatre fragments sont de la même écriture. *g, i, o* semblent faire partie du même document et être les débris d'une dénonciation; ils sont trop incomplets pour pouvoir être traduits en entier, mais on voit qu'un ou plusieurs individus dont les noms manquent "dénoncent à l'administration" des gens qui "ont tué et mangé des chameaux et des chevaux de l'administration" (*o*, ligne 2; la ligne 3 précise qu'il y avait quatre bêtes); il est question aussi d'un chef de village 社長, celui de *Cha-li-k'iu* 沙立渠, qui a reçu un quartier de mouton, évidemment pour se taire; je pense que les "chameaux marqués au fer" de *g* sont encore les mêmes animaux, mais les déchirures de ce fragment ne permettent pas de voir à propos de quoi il est question du fort de *Pan-ti* 板堤鎭; dans *i*, les dénonciateurs déclarent vertueusement qu' "il ne faut pas manger et boire secrètement"; c'est peut-être une partie du nom de l'un d'entre eux qui apparaît à la ligne 2 de *i*: ". . . *ngen-ni-ngen-pou* et autres ont pensé que les faits précédents [devraient être portés à la connaissance de l'administration(?)]". Si *j*, qui paraît être une liste de noms propres, fait bien partie de la même pièce, il contient probablement les noms des gens que les dénonciateurs accusent.

N° 494.—KK. II. 0232 (h).   **494**

MS. Petit fragment de papier très déchiré.

……你每根前說知來了听此……

. . . on vous a fait savoir. Obéissez à cet . . .

N° 495.—KK. I. 0231 (d).   495

MS. Bande de papier complète en haut seulement. Hauteur: 247 mm.; largeur: 58 mm.; marge supérieure: 23 mm.

提倒將×頭○○……｜＜○皮不○×戶弟子×駭○誰的手……＞｜門牙打
折一齒當○○隻怗木○不○……｜……×棉×花被頭酒○向齒……

. . . a été renversé de façon que la tête a porté sur . . . ; une incisive a été cassée . . . Timur . . . du coton trempé dans du vin a été appliqué sur la dent . . .

Brouillon d'une requête ou d'un rapport de police au sujet d'une rixe(?) où une personne a eu une dent cassée.

L.2.   Caractères cursifs écrits d'une autre main, avec une encre très pâle, ajoutés après coup dans l'interligne et ne se rapportant pas semble-t-il à cette affaire.

L.3.   門牙 *men-ya*: ce sont les deux dents de devant, au milieu, à chaque mâchoire.

N° 496.—KK. I. 0232 (c).   496

MS. Fragment complet en haut et à droite, déchiré en bas et à gauche. Hauteur: 190 mm.; largeur: 95 mm.

至正廿六年○○○人梁×撒南白狀｜……○……建○人高×曾狗

La 26ᵉ année *tche-tcheng* (1366), *Leang Sa-nan* originaire de . . . présente cette requête . . . *Kao Hiong-keou*, originaire de *Kien-* . . .

Début d'un brouillon de requête.

L.1.   La 26ᵉ année *tche-tcheng* (1366) est l'avant-dernière de la dynastie *Yuan* qui finit en 1367.

Les caractères qui suivent 年, surchargés et en partie déchirés, sont illisibles: le nom du lieu d'origine paraît avoir été écrit après coup par-dessus la date du mois et du jour.

N° 497.—KK. I. 0232 (d).   497

MS. Morceau de papier déchiré de tous les côtés.

……○都怗木等……｜……加等請於本府住人玉也失荷○……｜
……等把○告……

N° 498.—KK. I. 0232 (f).   498

MS. Morceau de papier déchiré en haut, à droite et à gauche.

……的賽因怗木兒等   ｜……｜「聖旨」……責任本路自實韃   ｜
……等赴官收問者○今○

. . . *Ti Sai-yin*, *Timur* et autres. [. . . Conformément au décret impérial] chargeant notre circonscription d'assumer elle-même la responsabilité de . . . , ils se rendront devant le magistrat pour être détenus et interrogés . . .

Pièce judiciaire.

L. 1-3.   Les lignes 1 et 2, étant toutes deux interrompues en bas par respect les lacunes de la partie supérieure des lignes 2 et 3 devaient mentionner l'une et l'autre des personnages de la famille impériale: je ne vois qu'une seule possibilité pour deux lignes, ainsi interrompues par respect, en succession, c'est que la deuxième mentionne un prince de la famille impériale, gouverneur de la région, et la troisième un décret impérial.

N° 499.—KK. I. 0231 (e).   499

MS. Morceau de papier déchiré de tous les côtés. Hauteur: 180 mm.; largeur: 71 mm.; marge supérieure: 50 mm.

……○○丁差寶兒長事荅里巴失等……｜   甘肅行省起遣逃
軍……｜   九日起程塩池去訖｜正二人   ｜   ○○……

. . . le satellite *Pao-eul*, le *tchang-che Ta-li-pa-che*, etc. . . . [sont envoyés] à la province de *Kan-sou* pour emmener les déserteurs.

Le 9ᵉ jour, ils sont partis pour *Yen-tch'e*.

Juste deux hommes.

L.2.   La province de *Kan-sou* des *Yuan* correspondait à peu près à celle d'aujourd'hui.

PIÈCES ÉMANANT DU GRENIER PUBLIC

Nº 500.—KK. IV. 04 (a). (ii).   **500**

MS. Incomplet des quatre côtés; il reste le bas de la marge supérieure. Hauteur: 165 mm.; largeur: 270 mm.

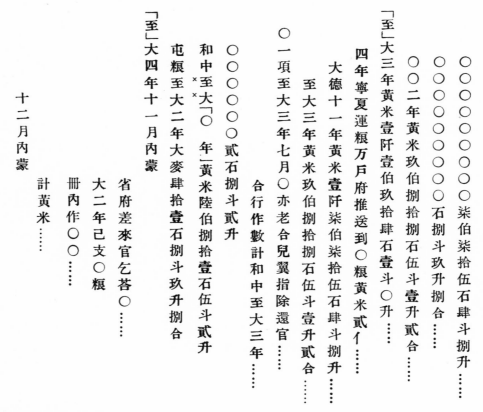

. . . 775 *che* 4 boisseaux 8 *cheng* . . .

. . . *che* 8 boisseaux 9 *cheng* 8 *ko.*

2ᵉ année [*tche-ta*, 1309?]: millet paniculé, 988 *che* 5 boisseaux 1 *cheng* 2 *ko.*

3ᵉ année *tche-ta* (1310): millet paniculé, 1194 *che* 1 boisseau . . . *cheng* . . .

La 4ᵉ année, le commissariat au transport des vivres de *Ning-hia* a envoyé ici comme vivres: 2 . . . *che* . . .

11ᵉ année *ta-tö* (1307): millet paniculé, 1775 *che* 4 boisseaux 8 *cheng* . . .

3ᵉ année *tche-ta* (1310): millet paniculé, 988 *che* 5 boisseaux 1 *cheng* 2 *ko.*

. . . item. Le 7ᵉ mois de la 3ᵉ année *tche-ta* (1310) . . . *yi-lao-ho-eul Yi-tche-tch'ou* a renvoyé le . . . officiel . . . en comptant le tout ensemble, la 3ᵉ année *tche-ta* (1310), . . . 2 *che* 8 boisseaux 2 *cheng.*

En tout, . . . année *tche-ta*: millet paniculé, 681 *che* 5 boisseaux 2 *cheng.*

Vivres . . . , 2ᵉ année *tche-ta* (1309): seigle, 41 *che* 8 boisseaux 9 *cheng* 8 *ko.*

Au 11ᵉ mois de la 4ᵉ année *tche-ta* (1311), reçu (cette lettre): Le délégué officiel de l'administration provinciale a l'honneur de répondre . . . la 2ᵉ année *tche-ta* . . .   compte: millet paniculé . . .

4ᵉ année *tche-ta* (1311), 12ᵉ mois reçu (cette lettre): . . .

Compte officiel des vivres de la garnison de Khara-khoto en 1309–11; les lacunes rendent la traduction incertaine par endroits (l. 8–9; l. 14–15).

L.5. Les *wan-hou fou* étaient à l'époque mongole les bureaux locaux chargés dans chaque *lou* 路 du transport des vivres; ils furent supprimés par les *Ming.*

Ning-hia au *Kan-sou* porte encore le même nom.

Nᵒ 501.—KK. 0150 (b).   **501**

MS. Grande feuille complète en haut et en bas (sauf un endroit déchiré en bas), coupée à droite et à gauche. Hauteur: 265 mm.; largeur: 185 mm.

呈ˣ禀○○○○亦集乃路廣積倉照得至正十九年正月至三月終春季
三个月（季報現）粮斛已行｜　　呈了當外據四月至六月終夏季三个月
報（現）粮＜斛＞未曾具申……｜　　　實有見在「粮」斛「取八只○」保結
坐令行具申伏乞　　　｜　　　舊營粮壹阡陸伯壹拾石令貳斗柒合玖
勺叁抄　　｜　　（令＜陸＞(corrigé en)五升＜九 (corrigé en)＞二合柒勺
（六）抄）　小麥玖伯肆拾石壹斗叁升捌合陸勺貳抄｜　　已支陸伯六拾
　　　大麥陸伯柒拾石令陸升玖合叁勺壹抄｜
柒石五斗一升七合（六）勺一抄ˣ陸作　　　｜　　　大麥　　｜（三勺）
一帖寒字陸拾伍号放支朵甘思○ˣ莫軍人春季三个月雜色大｜　　麥
柒拾石玖斗捌升陸合陸勺陸抄伍作　　｜　　一帖寒字柒拾壹号
放支蒙古元帥府軍人春季三个月雜色大｜　　麥四拾柒石令壹升
叁合

Requête. Nous vous faisons savoir que le Grenier *Kouang-tsi* de *Yi-tsi-nai* nous informe que le rapport trimestriel du printemps se rapportant aux trois premiers mois de la 19ᵉ année *tche-tcheng* (1359) au sujet du nombre de boisseaux de grains se trouvant actuellement dans le Grenier a été présenté. Mais pour ce qui est du rapport trimestriel d'été se rapportant aux trois mois qui vont du quatrième au sixième inclus (de la même année) au sujet de la quantité de grains se trouvant dans le Grenier, il n'a pas été présenté.

Les quantités de grains se trouvant réellement et actuellement dans le dit Grenier sont présentées conformément au règlement dans un rapport attesté par huit témoins, ayant apposé leur sceau. Nous vous l'adressons en vous priant humblement (de le recevoir).

Ancien stock de grains: 16.102 boisseaux, 0793; en haut de la ligne suivante: (693) corrigé en: (527); savoir: Blé: 9401 boisseaux, 3862.

Avoine: 6700 boisseaux, 6931.

Dépensé: 6675 boisseaux, 17616.   Avoine:

Une pièce, classée sous le dossier marqué du caractère *han* 寒, numéro 65: versé aux soldats de la division de *Touo-kan-sseu . . . -mo*   pour les trois mois du printemps, 709 boisseaux, 86665 d'avoine mélangée.

Une pièce, classée sous le dossier marqué du caractère *han*, numéro 71: versé aux soldats de la division de Mongolie, pour les trois mois du printemps, 470 boisseaux, 13.

État donnant la situation du grenier *Kouang-tsi*, grenier officiel de *Yi-tsi-nai*, à la fin du printemps 1282. Le document écrit d'une petite écriture de scribe a été corrigé en gros caractères qui sont d'une autre main: l. 1 (季報現), l. 2 (現), l. 5 (令 jusqu'à 抄), l. 8 (三勺). Les caractères que j'ai mis entre parenthèses dans la transcription sont rajoutés à droite dans l'interligne avec un trait de rappel pour marquer leur place dans la ligne.

L.2. 斛 caractère qu'on a barré en le marquant d'un gros point.

L.5. 陸 et 九 barrés et corrigés à droite, dans l'interligne, en 五 et 二; (六) rajouté dans l'interligne.

L'addition des quantités de blé et d'avoine (l. 4–5) est exacte: 9401, 3862+6700, 6931=16.102,0793; je ne sais pas à quoi répondent les corrections de la l. 5: 0,693, puis 0,527.

Il doit manquer plusieurs lignes à la fin du document, celles-ci contenaient: 1ᵒ le détail d'autres dépenses faites en plus des deux qui sont données; celles-ci ne font au total que 709, 86665+470,13=1179 boisseaux 99665, et le total général des sorties est de 6675,17616; 2ᵒ le chiffre actuel du stock déduction faite des livraisons, et peut-être aussi addition faite des rentrées survenues pendant le trimestre.

L.9. 朵ˣ甘ˣ思○莫軍. Je ne sais si les deux derniers caractères font partie du nom de lieu ou d'un titre militaire; il y a un *yuan-chouai fou* que le *Yuan che*, k. 91, 5b, cf. k. 87, 14a, appelle *Touo-kan-sseu* tout court; mais la lecture des caractères ci-dessus est trop incertaine pour qu'on puisse les rapprocher.

L.11. 蒙古軍元帥府. Le *Yuan che*, k. 91, 5b, donne à cette circonscription militaire le titre de *tou-yuan-chouai fou* 都元帥府, voir ci-dessous, p. 212, nᵒ 523.

N° 502.—KK. 0119 (k). 502

MS. Feuille de papier incomplète, déchirée de tous les côtés, mais en haut et en bas il ne manque que des portions des marges. Hauteur: 247 mm.; largeur: 115 mm.

「小麥」伍拾碩　　｜大麥伍拾碩　　｜一帖元字廿一 (barré et corrigé en
二十一) 号　〈放支〉　　至正廿七年正月十九日｜放支　　　｜濟運嶺
北行省打造軍器……

[Blé] 50 *che*
Avoine 50 *che*
Une pièce classée sous le caractère *yuan* 元, n° 21.
　< Versements effectués > 19ᵉ jour du premier mois de la 27ᵉ année *tche-tcheng* (18 février 1367).
　Versements effectués.
　Transporté dans la province de *Ling-pei* pour fabriquer des armes . . .

Livre d'enregistrement de la correspondance officielle du grenier de *Yi-tsi-nai*, indiquant les dossiers où les pièces sont classées, le numéro sous lequel elles sont rangées dans chaque dossier et leur date.

L.4.　Les deux caractères 廿一 ont été barrés et corrigés en 二十一 dans l'interligne de droite.
　　〈放支〉 2 caractères barrés.

L.5.　嶺北 *Ling-pei*, province de Karakorum. Quand Khubilai transporta la capitale de Karakorum à Pékin, il fit de l'ancienne capitale le siège d'un *siuan-wei-sseu tou-yuan-chouai fou* 宣尉司都元帥府; en 1307 celui-ci devint le Gouvernement Provincial *hing tchong-chou-cheng* de *Ho-lin* 和林 et autres lieux; et en 1312 on changea le nom de *Ho-lin* en *Ling-pei* (*Yuan che*, k. 91, 2a), voir ci-dessous, p. 212, n° 523.

N° 503.—KK. 0119 (l). 503

MS. Petite bande de papier portant la partie gauche d'un grand cachet à l'encre rouge illisible. Hauteur: 160 mm.; longueur: 90 mm.

至正廿八年九月十二日　　　　○○

12ᵉ jour du 9ᵉ mois de la 28ᵉ année *tche-tcheng* (23 octobre 1368) . . . (signature illisible).

Fragment du registre précédent pour l'année suivante. Pour la date de la dynastie *Yuan*, postérieure au début officiel de la période *hong-wou* des *Ming*: cf. ci-dessous, p. 209, n° 513.

N° 504.—KK. 0119 (x). 504

MS. Partie inférieure d'une bande de papier. Hauteur: 150 mm.; largeur: 77 mm.

…… 小麥一石自「領」｜…… 小麥一石八斗｜……「麥」壹碩一斗｜…… 麥
七斗……

. . . Blé, 1 *che*. Reçu par moi-même; . . . Blé: 1 *che* 8 *teou*.
. . . Blé(?): 1 *che* 1 *teou* . . . Blé(?) 7 *teou* . . .

Fragment du même registre que les précédents.

N° 505.—KK. 0119 (o). 505

MS. Partie supérieure d'une bande de papier découpée dans un document de façon qu'il ne reste que la moitié gauche des caractères de la première ligne et la moitié droite de ceux de la deuxième ligne. Complète en haut avec marge supérieure, coupée à droite et à gauche, déchirée en bas. Hauteur: 120 mm.; longueur: 30 mm.

ˣ一ˣ帖○○ˣ字○○｜ˣ六ˣ十ˣ号……

Une pièce classée sous le caractère . . . , n° 60 . . .
　Fragment du même registre que les précédents.

QUITTANCE D'IMPÔT IMPRIMÉE

N° 506.—KK. 0117 (d). (i).   **506**

Imprimé et MS.: les six premières lignes et les deux caractères de la ligne sept sont imprimés; le reste est manuscrit. Traces d'un grand cachet à l'encre rouge sur le milieu des lignes 7–12. Hauteur: 250 mm.; largeur: 165 mm.

…… ○○○ …… | ……「不以」是何諸色人等 | …… 戲納稅欽此 ○ | 照

依上年言 …… 石 …… | ○○○○○ 非 …… 合將 | …… 實有順 ○ 稅粮開

立于后

一戶 (à partir d'ici, écrit à la main) 勒俺布地壹頃貳「拾」肆畝分玖毫 |

陸 ○ 粮叁石捌斗玖合捌勺貳抄 | 小麥貳石伍斗叁升玖合捌勺捌抄 |

大麥壹石貳斗陸升玖合玖勺陸抄

右給付

　　　　至元六年九月　　　日　　˟抄

(IMPRIMÉ:) . . . les hommes de toute condition . . . payer l'impôt foncier. Respect à ceci.

D'après . . . de l'an dernier . . . *che* . . . (Le détail) de l'impôt foncier est ci-dessous:

Une famille. (MANUSCRIT:) *Lo-ngan-pou*. Terres, 124 *meou*, 99 . . . 6 . . . Montant de l'impôt: 38 boisseaux, 0982; (savoir) Blé: 25 boisseaux, 3988. Avoine: 12 boisseaux, 6996.

Le montant ci-dessus a été payé.

. . . jour du 9e mois de la 6e année *tche-yuan* (1269).

Feuille d'impôt avec reçu. Le début imprimé est la formule générale indiquant la nature de l'impôt; la fin écrite à la main est le relevé particulier de l'impôt dû et payé par une famille déterminée, donnant le nom du chef de famille, la nature et l'étendue des terrains soumis à l'impôt, le total du montant de l'impôt et la part de l'impôt en blé et en avoine (l'addition n'est pas absolument exacte: 25,3988+12,6996=38,0984 et non 38,0982), l'indication que le paiement a été effectué, et la date. Je ne sais si c'est un reçu délivré au contribuable ou une pièce de comptabilité adressée aux autorités supérieures. Il y a deux périodes *tche-yuan* sous la dynastie *Yuan* et toutes deux ont une 6e année: on pourrait donc hésiter entre les années 1269 et 1340 pour la date de ce document; mais on remarque que les quantités de grains versées sont marquées exactement jusqu'au *tch'ao* 抄 qui est le $\frac{1}{10.000}$ du boisseau; or un règlement de 1310 ordonne pour simplifier les comptes d'arrêter les mesures au *ko* 合 ($\frac{1}{100}$ de boisseau) en arrondissant au *ko* inférieur les quantités inférieures à 5 *yo* et au *ko* supérieur les quantités supérieures à 5 *ko* (*Ta Yuan cheng-tcheng kouo-tch'ao tien-tchang* 大元聖政國朝典章, k. 21, 16b–17a). Le document ci-dessus n'appliquant pas cette règle doit être antérieur à 1310 et appartenir à la première période *tche-yuan*: il est donc à dater de 1269.

L.1. 「不以」是何諸色人等 est une formule courante de l'administration des *Yuan*.

REGISTRE DE L'IMPÔT FONCIER

N° 507.—KK. 0118 (aa). (i–iv). [manquant]   **507**

MS. Cinq petites bandes de papier toutes les cinq complètes en haut avec marge supérieure, trois (i, ii et v) déchirées en bas; les autres complètes en bas avec marge inférieure. Hauteur: 200 mm. (i); 195 mm. (ii et iii); 180 mm. (iv); 175 mm. (v). Largeur: 37 mm. (i); 47 mm. (ii, iv et v); 49 mm. (iii). Hauteur de la marge supérieure: 28 mm. (i); 26 mm. (ii); 52 mm. (iii); 46 mm. (iv et v). Hauteur de la marge inférieure: 10 mm. (iii); 20 mm. (iv).

(i)　　　一戶　楊　十月狗地貳拾伍畝粮壹「石二斗五升」

(ii)　　　汲立渠

　　　　　一戶吾即完者地柒畝陸分粮叁斗「八升」

(iii)　　…… 令 …… 小麥貳石令 …… | 大麥壹石令壹升叁合叁勺

(iv)　　…… 石 …… | 小麥陸石陸升陸合柒勺　　　| 大麥叁斗叁合叁勺

(v)　　　小麥入壹石　　大麥叁石 …… | 至正廿三年九月

Une famille *Yang Che-yue-keou*. Terres: 25 *meou*. Impôt en grains: 12 boisseaux . . . (jusqu'au) canal *Fan-li*.

Une famille. *Wou-tsi-wan-tchö*. Terres: 7 *meou*, $\frac{6}{10}$. Redevance en grains: 3 boisseaux [8 *cheng*]
Blé: 2 *che*, et . . . Avoine 10 boisseaux, 133.
. . . *che* . . . Blé 60 boisseaux, 667　　　Avoine: 33 boisseaux, 033.
Blé: entré 1 *che*　　　Avoine: 3 *che*.
23e année *tche-tcheng*, 9e mois (1363).

Débris de registres d'impôt foncier: d'après les dimensions des marges, il semblerait y avoir deux registres, l'un (i et ii) avec une petite marge supérieure de 26–28 mm. de haut; l'autre (iii–iv–v) avec une marge supérieure double de celle de i–ii (46–52 mm.); dans ce cas la date de 1363 ne se rapporterait qu'au second registre. Mais quelle que soit la raison pour laquelle ces registres furent découpés ultérieurement en bandes et l'usage auquel servirent ces bandes, il est peu probable qu'on se soit donné la peine de les emprunter à plusieurs rouleaux différents, et il ne doit y avoir là qu'un changement de disposition destiné à ménager le papier.

D'après un règlement de la 8e année *tche-yuan* (1271) les terres dans les pays de l'ancien empire *Si-hia*, de *Tchong-hing lou* 中興路 (*Ning-hia*), de *Si-ning tcheou* et de *Wou-leang-hai* payaient un impôt foncier égal aux terres des monastères bouddhiques et taoïstes, c'est-à-dire 3 *cheng* par *meou* pour les terres incultes 白地 et cinq *cheng* par *meou* pour les terres irriguées 水地 (*Yuan che*, k. 93, 8b). Les chiffres de (i) et (ii) bien qu'incomplets montrent qu'à *Yi-tsi-nai* l'impôt était aussi de 5 *cheng* par *meou* et que par conséquent les règlements de 1280 A.D. qui changèrent l'assiette de l'impôt foncier de tout l'empire ne s'appliquèrent pas à ces régions lointaines.

No 508.—KK. I. 0232 (a).　　　　　　　　　　　　　　　　508

MS. Morceau de papier complet en bas et à gauche, déchiré en haut et à droite. Hauteur: 173 mm.; largeur: 150 mm.

小麥 ˣ貳ˣ斗　　大麥壹斗┃‥‥‥地壹畝　粆　叄斗　　┃小麥貳斗　　大
麥壹斗　　┃○ˣ魯奴地伍拾伍畝粆壹石陸斗伍升┃　　小麥壹石壹斗
大麥伍斗伍升┃○同壽地肆拾畝　粆壹斗貳斗　　┃小麥捌斗　　大麥
肆斗┃「○」大○地肆拾畝　粆壹石貳斗　┃小麥捌斗　　大麥肆斗

[Champ de . . . 10 *meou*. 3 boisseaux]: blé, 2 boisseaux; orge, 1 boisseau.
 Champ de . . . 1¹ *meou*　　3 boisseaux: blé, 2 boisseaux; orge, 1 boisseau.
 Champ de . . . *Lou-nou*, 55 *meou*　　16,5 boisseaux: blé, 11 boisseaux; orge, 5½ boisseaux.
 Champ de . . . *T'ong-cheou*, 40 *meou*　　12 boisseaux: blé, 9 boisseaux; orge, 4 boisseaux.
 Champ de . . . *Ta-* . . . 40 *meou*　　12 boisseaux: blé, 8 boisseaux; orge, 4 boisseaux.

Fragment du registre des impôts fonciers ou d'un registre de fermage: les quantités, exactement les mêmes dans chaque céréale pour la même étendue de terrains (l. 6 et 7) et proportionnelles à l'étendue montrent qu'il ne s'agit pas de compte de récoltes, ce que d'ailleurs la faiblesse des chiffres suffit à écarter: ce sont des paiements à exécuter. Les noms propres incomplets des lignes 2, 4, 6 et 8 sont les noms des propriétaires ou fermiers. Chacun doit verser par *meou* de terrain 0,3 boisseau ($\frac{3}{10}$e) en 0,2 boisseau de blé et 0,1 boisseau d'orge.

No 509.—KK. I. 0232 (b).　　　　　　　　　　　　　　　　509

MS. Débris de papier complet en bas et à gauche, déchiré en haut et à droite. Hauteur: 65 mm.; largeur: 205 mm.

‥‥‥相君┃‥‥‥座　┃‥‥‥　┃‥‥‥鈞座┃‥‥‥章┃‥‥‥　┃‥‥‥叄相君

Fragment d'une lettre privée ou d'une liste de formules de politesse épistolaires.

No 510.—KK. 0118 (qq).　　　　　　　　　　　　　　　　510

MS. Bande de papier déchirée en haut et en bas.

‥‥‥ˣ師粮叄石‥‥‥

. . . -*che*. Impôt en grains; 3 *che* . . .

Débris de registre de l'impôt foncier.

1) ? 10

N° 511.—KK. 0118 (ww).   **511**

MS. 5 fragments de bandes de papier portant chacun seulement 2 à 4 caractères. Je ne transcris que les trois suivantes (les deux premières sont pareilles) parce qu'elles se rapportent au même sujet que les précédentes.

(i et ii) …… 實徵 ……

… perçu réellement …

(iii)   一戶魯 ……

Une famille. *Lou-* …

Débris de registre d'impôt (foncier?).

N° 512.—KK. 0152 (h, k).   **512**

MS. Deux petites bandes de papier.

h.   …… ×眞布小麥兩石五 ……

k.   …… ×眞布小麥 …… ǀ …… ×玉倫伯小×麥 ……

… *tchen-pou*: blé 2 *che*, 5 …

… *tchen-pou*: blé … - … *yu-louen-po*: blé …

Débris de registre d'impôt foncier.

N° 513.—KK. 0118 (g).   **513**

MS. Deux petites bandes de papier.

(i)   至正廿三年○月   ǀ   放粮薄簿

23e année *tche-tcheng*, … mois (1363). Registre des paiements en grains.

Titre d'un registre. Il s'agit du *k'eou leang* 口粮 (ou 糧), grains payés aux soldats: d'après un règlement d'août-septembre 1295, les soldats recevaient 4 *teou* par mois quand ils étaient à la caserne, et 6 *teou* par mois en campagne. (*Ta Yuan cheng-tcheng kouo-tch'ao tien-tchang* 大元聖政國朝典章, k. 34, 52a.)

(ii)   奉   ǀ至正三十年四月   收麥領人麥 ……

Nous avons reçu (l'état(?) du blé versé (au magasin) et des hommes ayant reçu (du blé) pour le 4e mois de la 30e année *tche-tcheng* (avril 1370). Blé …

Traduction hypothétique: Je ne suis pas sûr du sens des cinq derniers caractères de la l. 2. Il n'y a pas à être surpris de trouver une date des *Yuan* trois ans après l'avènement des *Ming*: ceux-ci s'emparèrent du *Chen-si* et du *Kan-sou* en 1369; mais leurs armées ne s'aventurèrent pas dans le désert vers Hāmi ni vers Khara-khoto qui continuèrent de dépendre des Mongols. L'empereur *Chouen* 順帝 qui s'était enfui d'abord à *Chang-tou* 上都 (1367), puis, en 1369, à Karakorum ne mourut qu'au 4e mois de la 30e année *tche-tcheng* (avril 1370).

N° 514.—KK. 0117 (z). (i).   **514**

MS. Seize bandes ou fragments de bandes de papier dont les trois plus longues (1, 2 et 3) ont, la première 130 mm. de hauteur sur 12 mm. de largeur; la seconde 110 mm. sur 15 mm.; la troisième 103 mm. sur 15 mm.

1.   一戶也火鬼力○○只○車板   一戶火弥 ……
2.   …… 麥足○立耳平
3.   一戶　吾○帛耳帝車板   一戶 ……
4.   一戶　吉七×宏○ ……
5.   一戶　卜耳立吉你耳立又車板   一戶×五 ……
6.   一戶　○嗊撒×中車×板
7.   一戶　魯客○ ……
8.   一戶　○○
9.   …… 眞寶三人   一戶 ……
10.   …… 麥○○勺立○ ……

11.　　……ˣ合ˣ二ˣ車板 …… | …… ○○○○○
12.　　…… 世大耳玉○ ……
13.　　…… 玉伯 ……
14.　　…… ˣ取蘭伯張 ……
15.　　…… 郎噉 ……
16.　　…… ○眞 …… | …… ○ ……
17.　　…… ˣ召 ……

Débris d'un registre de noms de personnes classées par familles; les nᵒˢ 12–17 sont certainement des noms propres incomplets et probablement 2 et 10 aussi.

Nᵒ 515.—KK. v–vi. 01 (a).　　　　　　515

MS. Partie supérieure d'une page, complète en haut, coupée à droite et à gauche, déchirée en bas; ligne verticale entre les lignes 3 et 4 séparant le document en deux parties.

同日收阿魯小麥 …… |　　同日收○ …… | 廿四日收馬哈○ …… | 同
日收薛非小「麥」…… | ˣ廿六日收小麥壹石ˣ貳「斗」……

Le même jour, reçu: *A-lou*, blé . . .
Le même jour, reçu: . . .
Le 24ᵉ jour, reçu: *Ma-ha-* . . .
Le même jour, reçu: *Sie-fei*, blé . . .
Le 26ᵉ jour, reçu: blé 1 *che* 2 [boisseaux] . . .

Registre des entrées de grain au grenier.

Nᵒ 516.—KK. v–vi. 01 (b–n).　　　　　　516

MS. Petits fragments de bandes déchirées.

b.　traces de dessins à l'encre.
c.　夜相○用言達ˣ奉 …… | 爲橋也 ……
d.　non inscrit.
e.　…… 十年八月 …… | …… ○○ ……
f.　traces de dessins à l'encre.
g.　…… 得了也有疒○ ……
h.　…… 戌酉說 ……
i.　…… 亦乃集ˣ路 …… (corriger 亦集乃)
k.　…… 章 …… | …… ○○○ ……
l.　…… 二月初六日 ……
m.　deux petits fragments de papier portant des traces noires qui ne forment pas de caractères, traces de dessins mal imprimés et très détériorés ou simples taches.
n.　安康○○○ ……

Tous ces fragments sont trop courts pour être traduisibles. Le document étant d'époque mongole, la 10ᵉ année (*d–e*) est soit 1273 (10ᵉ année *tche-yuan*), soit 1306 (10ᵉ année *tche-ta*), soit enfin 1350 (10ᵉ année *tche-tcheng*), seules périodes des *Yuan* comptant une dixième année. Le fragment *i* mentionne *Yi-tsi-nai*.

REGISTRE DES IMPÔTS PAYÉS EN MONNAIE

Nᵒ 517.—KK. iv. 04 (h, j, k).　　　　　　517

MS. Trois fragments d'un même document.

h.　……　　○伍兩正 | …… ○○○　　○歲課程 | …… ○○　　 | …… ○ˣ兒
○○　　 | …… ○○每年課程 |　　申○ˣ錢ˣ陸疋○押 | ○○○　　 ˣ匠錢
二○收到二月分課程 | …… 申陸拾壹定　　 |　　程○○ | …… 月分 ……
j.　…… 月分 ……

k. 六月初一日亦蘇認...... ┃祕便司課程錢○...... ┃伍拾兩   ┃至正九年六
月初ˣ四日ˣ認課程┃   ○○○

h. ... 5 onces juste ... Impôts de l'année(?) ... Impôts de chaque année, reçu ... sapèques(?)
6(?) *ting*   Signé:
... sapèques 2 ... reçu les impôts jusqu'au 2ᵉ mois ... Reçu 61 *ting* ...

j. ... mois ...

k. ... le 1ᵉʳ jour du 6ᵉ mois, *Yi-sou* ... impôts, sapèques ... 50 onces.
9ᵉ année *tche-tcheng*, 4ᵉ jour du 6ᵉ mois (19 juin 1349) ... impôts...

Probablement fragments du registre d'entrée des impôts en monnaie (?) pour l'année 1349, mais trop détériorés pour
être intelligibles. Dans le fragment *o* je ne lis que les caractères 月分 deux fois, un à la ligne 2, l'autre à la ligne 5. (Ce
fragment très déchiré se compose de plusieurs épaisseurs de papier collées l'une sur l'autre.)
(*h*) L. 6 et 8. 定＝錠 lingot d'argent. Le *ting* n'avait pas de poids fixé: il y en avait de 5 onces, 10 onces et davantage.

Pièces diverses

Nᵒ 518.—KK. I. 0231 (f).   518
MS. Morceau de papier complet en haut et en bas, déchiré à droite et à gauche. Hauteur: 280 mm.; largeur: 60 mm.;
marge supérieure: 17 mm. (mais les caractères de la ligne 3 surélevés par respect occupent la marge).

......○迷失苔海苔○┃...... 等三人前赴   ┃撒昔寧肅王位下   ┃
開讀   ┃聖旨本路住至十五......

... *mi-che-ta-hai-ta* ... ; ces trois hommes s'étant rendus auprès de Son Altesse *Sa-si*, roi de
Ning-sou, ont lu le Décret Impérial: "Ceux qui résident dans votre province, quand viendra le 15ᵉ
[jour?] ..."

Débris d'une requête ou d'un rapport(?)
L.1.   Portion d'un ou plusieurs noms propres étrangers.
L.3.   Il y a un *T'o-t'o* 脫脫 roi de *Ning-sou* en 1308 (*Yuan-che*, k. 108, 5a) et dont le fils *K'ouan-tche* 寬徹 fut roi de
Sou 肅王 en 1329.

Nᵒ 519.—KK. I. 0232 (q, r, s, t, u, v, x).   519
MS. Morceaux de papier très déchirés.

q. 夅行務使日積月增文......┃...... 繁○○弊......○○顯○○......

r. ......○也見○事件開具于○○......

s. ...... 來窻下看○......┃...... 天下平人不○......┃...... 者力當......

t. ......○不○○......┃不苔明力肅王位下王付沒下此會收管的......┃你罕吉
迷失金印事內所指人據○太子......

u. ......○省○櫃......

v. ...... 叁月貳拾壹日○○○......

x. ...... 新年己......

Aucun de ces fragments n'est traduisible. *t.* l. 2, commence par le titre d'un prince, Son Altesse le roi de *Sou Pou-ta-
ming-li*, que je n'ai pas retrouvé dans le tableau des princes de la famille impériale du *Yuan che*, k. 107–8.

Nᵒ 520.—KK. I. 0232 (e).   520
MS. Fragment de papier complet en haut, déchiré en bas, à droite et à gauche. Hauteur: 85 mm.; largeur: 100 mm.

...... 怗「木」......┃...... ○ ......┃   也孫......┃聖旨   ┃亦失丹回
信郡王殿下拜......┃聖旨   ┃薗王   ┃聖旨帶同童三人   ┃
○○四○......

... Timur ...
... *Ye-souen* ...

Décret impérial, (adressé à) *Yi-che-tan*, roi de commanderie de *Houei-sin*.

Décret impérial, (adressé au) roi de *Pin*.

Décret impérial (adressé aux) trois . . .

Liste de décrets impériaux, du XIVe siècle.

L.7. 豳王 le roi de *Pin, Tch'ou-po* 出伯, fils de *Ha-eul-pan-ta* 哈兒班荅, roi de *Kouang-p'ing* 廣平, qui était l'arrière-petit-fils de *Hiu-lie-wou* 旭列兀, lui-même fils de l'empereur *Jouei-tsong* 睿宗, fut nommé roi de *Wei-wou-si-ning* 威武西寧 en 1304 (*Yuan-che*, k. 108, 4b) puis fut promu au rang de roi de *Pin* en 1307 (*Ibid.*, 3a); son fils *Nan-hou-li* 南忽里 lui succéda en 1310 (*Yuan-che*, k. 107, 9a; k. 108, 3a). C'est l'un de ces deux princes dont le nom est mentionné ici.

N° 521.—KK. I. 0232 (p).   521

MS. Bande de papier déchirée, écrite en caractères cursifs.

…… ○○狀○ …… ｜ …… ×四日蒙   ｜ …… ○府責○×所理○○ ……

Débris d'une requête(?). La deuxième ligne étant interrompue par respect, la lacune du début de la troisième ligne devait contenir le titre du prince administrant la région.

N° 522.—KK. 0117 (u). (i).   522

MS. Bande de papier déchirée en bas. Hauteur: 100 mm.; longueur: 40 mm.

如提調官達皂 …… ｜属照男有無 ……

Paraît être un fragment d'une lettre officielle transmettant un ordre du *t'i-t'iao kouan* TA-TSAO . . . au sujet d'un homme.

Le *hing tch'ou-mi-yuan* 行樞密院 de *Kan-sou* et autres lieux créé en 1311 se composait de quatre fonctionnaires appelés *t'i-t'iao kouan*; ils étaient chargés des armes et des chevaux de la province (*Yuan-che*, k. 86, 2a).

N° 523.—KK. 0117 (w).   523

MS. Bande de papier, déchirée en haut, complète en bas. Hauteur: 145 mm.; longueur: 40 mm.

…… ○同爲此覆奉 ｜ …… 申察罕腦兒宣慰司○ ……

Lettre officielle en réponse au *siuan-wei-sseu* de *Tch'a-han-nao-eul*.

Les *siuan-wei-sseu* sont les bureaux dont dépendent les troupes cantonnées dans les provinces; *Tch'a-han-nao-eul* (TSAGHAN-NŌR) est un des cinq *fou* 府 dont le bureau militaire, *siuan-wei-sseu*, avait à sa tête trois généraux de division *tou-yuan-chouai* 都元帥 avec deux vice-généraux de division, *fou tou-yuan-chouai* 副都元帥 et deux *k'ien tou-yuan-chouai* 僉都元帥, etc. (*Yuan-che*, k. 91, 5b); voir ci-dessus p. 205.

N° 524.—KK. 0118 (u).   524

MS. Quatre petits morceaux de papier.

1. …… 與狀在○爲 …… ｜ …… 疋冲烙   ｜ …… <落收未曾馬○○> …… ｜
子候比○（冗立將）…… ｜<○○收此不共   除見○○ …… ｜ ……己
酉正   收 ……

2. …… 取責領狀人梁   具布悉 …… ｜ …… 今當   ｜ …… 府委官責領
到馬兀○南子 …… ｜ …… 祖受魯放羊戶撒立蠻○ …… ｜ …… 麥壹 ……
麥五碩 …… ｜ …… 碩

Fragments de correspondance officielle au sujet d'un cheval "marqué au feu" ou peut-être de plusieurs chevaux et de la nourriture de ce ou ces chevaux à verser à diverses personnes. Les ll. 3 et 5 du n° 1, mises entre crochets < > dans la transcription, sont barrées.

3. …… 在逃前住 …… ｜ …… 罪 ……

Débris de lettre officielle au sujet de déserteurs.

4. …… ○○元告狀檢 …… ｜ …… ○貯不改造 …… ｜狀○

Fragment d'une requête dont je ne puis reconnaître le sujet.

N° 525.—KK. 0150 (d).   525

MS. Bande de papier complète en haut et en bas, coupée à droite et à gauche. Hauteur: 270 mm.; largeur: 95 mm.

張掖賈文忠謹緘 | 亦集乃路據毛順禮高從道開折 | …… 迴避多人開
「拆」| 奉記

. . . Lettre respectueuse de *Kia Wen-tchong*, (originaire) de *Tchang-yi*, adressée au cercle de *Yi-tsi-nai*; *Mao Chouen-li* et *Kao Tsong-tao* ont détruit . . . éviter que beaucoup de personnes ne détruisent . . .

Lettre de *Kia Wen-tchong* à l'administration du *lou* de *Yi-tsi-nai*.

Tchang-yi est une sous-préfecture de *Kan-tcheou* 甘州 au *Kan-sou*.

N° 526.—KK. I. 0232 (vv).   526

MS. au Recto; imprimé au Verso: Morceau de papier découpé dans une feuille et collé au dos d'une étiquette imprimée pour le renforcer: à l'impression, l'encre ayant traversé le papier de l'étiquette a laissé sur le papier de renfort de dessous des traces presque illisibles; ultérieurement l'étiquette elle-même s'est décollée et perdue, et le morceau de papier a été déchiré de tous les côtés.

RECTO (ms.):

「一名 …… 年 …… 歲無」病   一名亦○汝中布年三十八歲無病
「一名 …… 年 …… 歲」無病   一名魯即莎眞布年四十五歲無病
「一名 …… 年 …… 歲無病」   一名也火怗木年二十七歲無「病」

[Un (homme) nommé . . ., âgé de . . . ans, non] malade.

Un (homme) nommé *Yi- . . . -jou-tchong-pou*, âgé de 38 ans, non malade.

[Un (homme) nommé . . ., âgé de . . . ans,] non malade.

Un (homme) nommé *Lou-tsi-souo-tchen-pou*, âgé de 45 ans, non malade.

Un (homme) nommé *Ye-houo t'ie-mou*, âgé de 27 ans, non [malade].

Liste d'hommes dont la qualité n'est pas indiquée, probablement des soldats; aucun n'est chinois.

VERSO (imprimé):

○○史韓永生 | ○○司

le . . . -che, *Han Yong-cheng* . . .

Fragment d'un formulaire officiel(?)

N° 527.—KK. II. 0285 (b). (iii).   527

MS. Morceau de papier complet à gauche, déchiré en haut, en bas et à droite. Hauteur: 155 mm.; largeur: 120 mm.

…… ○×亡薄○侍○ …… | 「至元十三年」三月二十四日   ×終 …… |
…… 李康家的   官名李俊義   ×置 …… | 「至」×元十三年三月二十
四日   終

. . . mort le 24e jour du 3e mois de [la 13e année *tche-yuan* (9 avril 1276)].

. . . de la famille de *Li K'ang*, nom officiel *Li Tsiun-yi* . . ., mort le 24e jour du 3e mois de la 13e année [*tche-yuan* (9 avril 1276)].

Registre mortuaire; comme il n'y a jamais eu d'état civil régulier, les morts enregistrés ainsi sont ou des fonctionnaires ou des condamnés. Pour la date, l'emploi de la langue vulgaire marquée par le caractère 的 prouve que le document est d'époque mongole; et il n'y a que deux périodes de 13 ans ou plus sous la dynastie *Yuan*: *tche-yuan* 至元 et *tche-tcheng* 至正; il reste juste assez du premier caractère de la dernière ligne pour montrer que le bas n'en était sûrement pas un trait horizontal et cela suffit à exclure le caractère 正 et la période *tche-tcheng*.

N° 528.—KK. IV. 04 (f).   528

MS. Bande complète en haut, déchirée en bas, coupée à droite et à gauche. Hauteur: 200 mm.; largeur: 45 mm.

缺少×望發×官申○（復發）千戶所×歸……

Les deux caractères (復發) oubliés ont été rajoutés à droite de la ligne.

Le fragment est trop court pour être intelligible. Le *ts'ien-hou* 千戶 était un fonctionnaire militaire.

Nº 529.—KK. IV. 04 (i).

MS. Bande complète en haut, déchirée en bas, coupée à droite et à gauche. Le papier est imprégné de couleur blanche. Hauteur: 130 mm.; longueur: 55 mm.

詣地眼同相視○ ...... │告空閑草地一塊......

. . . Je me suis rendu sur les lieux pour examiner de mes propres yeux . . . Je déclare: terrain herbeux inoccupé, une pièce . . .

Fragment d'un rapport sur des terrains à faire mettre en valeur pour la colonie militaire de *Yi-tsi-nai*(?). Il y avait à *Yi-tsi-nai* une colonie militaire 屯田 dépendant du *lou* de *Ning-hia* 寧夏路, qui avait été fondée par KHOUBILAI KHAN en 1279, en détachant des soldats de la colonie militaire de *Kan-tcheou* 甘州 au *Kan-sou*, en 1281, auxquels fut adjoint en 1285 un renfort de 200 hommes tirés de la même localité; les terrains mis en valeur par l'ouverture de canaux et le défrichement par cette colonie militaire étaient de 91 *k'ing* 50 *meou* (*Yuan che*, k. 100, 18b).

Nº 530.—KK. 0118 (b).

MS. Bande de papier déchirée en haut, en bas et à gauche, coupée à droite.

「東至」......×赤卜阿巴爲界南至張×召住...... │ ...... 西至戚八狗地爲界
北至...... │ ...... 霍二地爲「界」......

. . . [à l'est arrive jusqu'à] . . . *-tch'e-pou-ngo-pa* qui forme la limite; au sud arrive jusqu'à la demeure de *Tchang Tchao*(?) . . . à l'ouest arrive jusqu'au (champ de) *Ts'i Pa-keou* qui forme la limite; au nord arrive au champ de . . . *ho-eul* qui forme la limite . . .

Registre cadastral: tenants et aboutissants d'un terrain; cf. ci-dessus, p. 199.

Nº 531.—KK. I. 03 (b). (i).

MS. Petit morceau de papier très déchiré.

...... 將地(四至)一段二頃十七畝斷付...... │ ...... 段四至頃畝......

. . . au sujet de ce champ qui, d'après ses tenants et aboutissants, (forme) une pièce de 217 *meou*, il est décidé que . . . les tenants et aboutissants, et la superficie de la pièce . . .

Correspondance officielle au sujet du cadastre. Les deux caractères mis entre parenthèses dans la transcription sont des caractères que le scribe avait oubliés et a rajoutés après coup dans l'interligne de droite.

Nº 532.—KK. IV. 04 (a). (i).

MS. Coin supérieur gauche d'une feuille, déchiré en bas et à droite. Hauteur: 255 mm.; largeur: 210 mm. Marge supérieure (à la ligne contenant la date): 137 mm.; marge gauche: 25 mm.

盆蘭...... │ 　　○...... │ 　　齊文○...... │ 　　兩訖○...... │一帖
至大四年十一月二十日○...... │ 　　官阿立...... │ 　　支脚錢中
○...... │ 　　正常按......

Début des lignes de la partie finale d'un document, probablement un compte, inintelligible sauf la date (l. 5) "20e jour du 11e mois de la 4e année *tche-ta*" (30 décembre 1311).

Nº 533.—KK. VI. 02 (b).

MS. Petit fragment de papier très déchiré et couvert de terre jaune

...... 四頭食麩參斗　　　廿八日...... │ ......「二」頭食麩壹斗伍勝

. . . 4 (bœufs?) mangent 3 boisseaux de son　　　28e jour . . .

. . . [2?] (bœufs?) mangent 1 boisseau 5 *cheng* de son

Les animaux ainsi nourris sont probablement des bœufs: la numérale des chevaux est 匹 et celle des chameaux 隻 (cf. nº 485). La quantité à leur donner étant probablement fixée par des règlements, le chiffre qui manque à la ligne 2 est presque sûrement 2.

Nº 534.—KK. I. 0232 y(i), y(ii).   534

MS. Deux petites bandes, la première complète en bas seulement, déchirée des trois autres côtés, la deuxième complète en haut et en bas, déchirée à droite et à gauche. y(i). Hauteur: 155 mm.; largeur: 65 mm.; y(ii). Hauteur: 200 mm.; largeur: 75 mm.

y(i):　　…… 蘇大誠｜…… 韓台誠　　陳玉端｜…… 湯恩忠　　　曹○○

y(ii):　×樓克俊　　李朵章　　○○賢｜賈文明　　邢紀×靈×祐　　　李克

仁｜鄭○中　　錢穆政　　朱孝克｜…… ○○

Liste de noms propres.

Nº 535.—KK. I. 0232 y(iii).   535

MS. Petite bande de papier collée aux deux précédentes.

…… ○○○ …… ｜…… 曾理○觀立荷人○ ……

Nº 536.—KK. I. 0232 (z).   536

MS. Bande de papier enduite de vermillon.

當罪不勝承爲○○ …… ｜○○○

至正廿四年十二月×初五日○○僧○○立狀 ……

. . . est coupable . . .

5ᵉ (ou 15ᵉ) jour du 12ᵉ mois de la 24ᵉ année *tche-tcheng* (1364), requête déposée par . . . *seng* . . .

Nº 537.—KK. I. 0232 (k).   537

MS. Petit morceau de papier déchiré de tous les côtés.

…… 緊開人 …… ｜…… ｜…… 付哈三赤等 …… ｜…… 發的賽因怗木兒 ……

Nº 538.—KK. I. 0232 (l).   538

MS. Morceau de papier déchiré de tous les côtés; écrit en gros caractères.

…… 尔要來時 …… ｜…… 不來時有使人×呵稍辶願 …… ｜ ……

Nº 539.—KK. I. 0232 (m).   539

MS. Haut de feuille avec portion de marge supérieure; déchiré en bas, à droite et à gauche.

…… ○府×官 …… ｜…… 多正怗行下 …… ｜…… 伸官別 ……

Nº 540.—KK. I. 0232 (n).   540

MS. Bande de papier complète en haut avec marge, déchirée des autres côtés. Hauteur: 172 mm.; largeur: 38 mm.; marge supérieure: 47 mm.

列位相公克時發付迴還×顯 …… ｜佳×晤 …… ○×冀 ……

Nº 541 [manquant]

Nº 542. KK. I. 0231 (g, h, j, l(i), l(ii), m, n, o, p, q, r, s, x, y, aa, bb, cc(i, ii, iii).   542

MS. Vingt petits morceaux de papier.

g.　　…… 貳拾 ……

h.　　…… 定 ……

j.　　…… ｜……○○○ …… ｜…… 燒○校×貴 …… ｜…… 甚失禮体○○ …… ｜

　　…… ○　　　○理○○ …… ｜…… 上 ……

k.　　…… ○○理 …… ｜…… 一正半布 …… ｜…… ○文回○ ……

l(i).　…… 因作買賣前去迤 …… ｜…… 命令將元 ……

l(ii).　…… 忿民局藥 …… ｜…… 是○ ……

m. ˟常˟平倉 ｜˟常平倉 au-dessus et dans l'interligne petits caractères illisibles.

n. ......˟府軍同知 ...... ｜ ......「總」管府總管兼管 ...... ｜「達魯」花赤兼管 ......

o. ...... 陳典

p. illisible.

q. ...... 站戶故今 ...... ｜ ...... 泰 ......

r, s, x. illisibles.

y. ...... ○今○ ......

aa. ...... 是 ......

bb. ...... 酒 ...... ｜ ...... 面四斤　　雜支鈔貳兩 ......

cc(i). ...... 文字 ......

cc(ii). ...... ○費到○名 ......

cc(iii). ...... ○○支持庫趙德○ ......

Petits débris.

m. Grenier de

n. Liste de titres de fonctionnaires, probablement exercice d'écriture, ou aide-mémoire d'un secrétaire. Tous les titres sont incomplets.

Nº 543.—KK. 0150 (ee). 543

MS. Fragment de papier complet en haut avec marge, déchiré des autres côtés.

亦集乃 ...... ｜今當 ......

. . . *Yi-tsi-nai* . . . maintenant . . .

Nº 544.—KK. I. 0232 (ee, ff, gg, ii, jj, etc.) 544

MS. Petits débris de papier.

ee. ...... 員外相公 ......

ff. ...... ○是不尊情理○ ......

gg. ...... ○不勝○ ......

ii. . . . 路府州縣 (liste des circonscriptions territoriales de l'époque des *Yuan*: *lou, fou, tcheou, hien*).

jj. traces de dessins géométriques.

ll. illisible.

oo. ...... 中正 ...... ｜ ...... ○理密 ......

pp. ...... 雲˟翰恭　　｜ ...... ○○轉政之暇 ......

qq. traces de deux caractères et de la partie gauche d'un cachet à l'encre rouge, le tout illisible.

rr. . . . 德政日新 . . . (même écriture que *pp*.)

ss. ...... 未絕 ......

Nº 545.—KK. I. 0232 (uu). 545

MS. Petit fragment de papier déchiré de tous les côtés.

...... 二十年二月 ......

. . . [jour] du 2ᵉ mois de la 20ᵉ année . . .

Les deux seules périodes des *Yuan* qui atteignent ou dépassent 20 ans sont *tche-yuan* et *tche-tcheng*. La 20ᵉ année *tche-yuan* est 1283; la 20ᵉ année *tche-tcheng* est 1360.

II. Documents privés

CONTRATS

Nº 546.—KK. VIII. 03 (a).

MS. Complet en haut, à droite et à gauche, déchiré en bas.

付松柏今在朱婢處借到申 ...... ｜付松柏今在朱婢處借到申錢○ ...... ｜
限至十月×拾柒日歸還○約立文爲用○ ......
泰定二年九月初十日　　　正借人　付松柏
　　　　　　　　　　知見人　×王×首

Fou Song-po emprunte à *Tchou Pi* . . .

Fou Song-po emprunte à *Tchou Pi* . . . sapèques . . . qui seront remboursées le 17ᵉ jour du 10ᵉ mois (23 novembre 1325). Ce contrat a été dressé par écrit pour servir de (preuve).

2ᵉ année *t'ai-ting*, 9ᵉ mois 10ᵉ jour (17 octobre 1325).

L'emprunteur *Fou Song-po*

Le témoin *Wang Cheou* (?)

Brouillon de contrat pour un prêt d'argent; la première ligne a été écrite deux fois. L'intérêt à payer devait être mentionné dans la lacune de la fin de la ligne 2. Le prêt est à très court terme: 37 jours (5 semaines, non comptés le jour du prêt et celui du remboursement, mais je ne sais si le compte par semaines était courant en Asie Centrale à cette époque).

Nº 547.—KK. 0118 (ww). (a).

MS. Trois petits fragments de bandes de papier déchirées de tous les côtés.

I.　　...... ○正身同元登 ...... ｜ ...... 受違限如違依 ...... ｜　　　限十二日

. . . lui-même, avec *Yuan-teng* . . . sans dépasser l'échéance. Si l'échéance est dépassée, conformément . . .

Echéance: 12ᵉ jour.

2.　　. . . 閏五月 . . .　　. . . le 5ᵉ mois intercalaire . . .

3.　　. . . 七月初二日 . . .　　. . . le 2ᵉ jour du 7ᵉ mois.

Fragments de contrats de prêt. La mention d'un 5ᵉ mois intercalaire (2) ne fournit pas de date précise: dans le calendrier chinois l'ordre des 7 mois intercalaires contenus dans chaque période de 19 ans reste toujours le même d'une période à l'autre, et ainsi le 5ᵉ mois intercalaire revient régulièrement tous les 19 ans, en 1265, 1284, 1303, 1322, 1341, 1360.

Nº 548.—KK. 0119 (m).

MS. Bande de papier incomplète. Hauteur: 165 mm.; longueur: 75 mm.

○○結人　　　西的不起
　　連人

　　　　不花
　　　　張元中

Le contractant *Si-ti-pou-k'i*
　　avec les intermédiaires:

　　　　　Pou-houa . . .
　　　　　Tchang Yuan-tchong.

Fragment de contrat, dont il reste seulement les signatures.

Nº 549.—KK. 0119 (p).

MS. Bande de papier complète en haut, mais déchirée des autres côtés. Hauteur: 80 mm.; longueur: 35 mm.

已絕一件未「絕○件」 ...... ｜ ...... 月

Fragment de contrat ou d'une lettre relative à un contrat.

CORRESPONDANCE PRIVÉE

N° 550.—KK. 0152 (c).   550

MS. Feuille de papier déchirée en haut, complète en bas, coupée à droite et à gauche.

ˣ煩 …… ○○鷹路上死了將了○｜鷹○死了ˣ訓○鷹面見之日酬謝｜
有卜顏的耳偆是我外生媳婦兒到｜這裏我有話說○不多由我早發｜
倬思○頓首再拜　　　付○○你每識者

. . . mort en route; à la nouvelle de la mort . . . Il y a *Pou-yen Ti-eul-kong*, c'est la femme de mon neveu, qui est arrivée ici. Ce que j'avais à vous dire ne monte pas à grand'chose, c'est parce que j'ai écrit tôt.

Tcho Sseu . . . se prosternant à deux reprises . . .

Fin d'une lettre privée. A la ligne 3, je comprends 外生 = 外甥, neveu fils de la sœur.

N° 551.—KK. 0152 (j).   551

MS. Petit fragment très déchiré. Hauteur: 145 mm.; longueur 60 mm.

……○○頓首「再」拜……｜……ˣ相公　　　閣下……

. . . salue deux fois en se prosternant . . . Monsieur . . .

Formules épistolaires; le document ne paraît pas être un brouillon de lettre, mais une copie des termes et formules employés dans les lettres.

N° 552.—KK. 0152 (l).   552

MS. Bande de papier déchirée.

李荅普台頓首

Li Ta-p'ou-t'ai se prosterne.

Fragment de lettre privée. On remarquera que le personnage a un nom de famille chinois *Li* et un nom personnel non chinois *Ta-p'ou-t'ai*.

N° 553.—KK. 0150 (p).   553

MS. Bande de papier complète en haut avec marge, déchirée des autres côtés. Hauteur: 155 mm.; longueur: 45 mm.

我ˣ於至順三年五月有……｜謝叩頭○○○……

. . . dans le 5ᵉ mois de la 3ᵉ année *tche-chouen* (1332), j'ai . . . ; je salue en me prosternant . . .

Fragment de lettre privée.

N° 554.—KK. 0152 (d).   554

MS. Morceau de papier déchiré en haut et en bas. Hauteur: 120 mm.; longueur: 100 mm.

……○此也先帖木耳爲撒立荅耳你是○○……｜……訖二齒黃秥羚
賣馬○子西皮袋典○……

L.1.　*Ye-sien T'ie-mou-eul* et *Sa-li-ta-eul* sont des noms de personnes.

L.2.　Il semble qu'il soit question d'un agneau de deux ans vendu contre un . . . de cheval, une ceinture avec la boucle, *si-p'i*, etc.

N° 555.—KK. 0152 (e).   555

MS. Fragment de bande de papier. Hauteur: 140 mm.; longueur: 55 mm.

……上師布施小麥○……

Nº 556.—KK. 0152 (m). **556**

MS. Bande de papier.

...... ○ 民 除 已 取 訖 行 人 扎 馬 了 結 ......

Nº 557.—KK. 0119 (s). **557**

MS. Bande de papier déchirée de tous les côtés.

...... ○ ...... ○ ...... | ...... ○ ○ 事 每 日 打 所 ...... | ...... ○ 你 得 ......

Lecture incertaine, le document étant écrit en cursive très abrégée.

Nº 558.—KK. 0118 (e). **558**

MS. Quatre petits morceaux de papier découpés puis déchirés.

1.   ...... 五 月 八 日
2.   ...... 不 呂 於 至 正 廿 三 年 三 月 廿 日 ...... | ...... 家 坐 有 ○ ○ ......
3.   ...... 廿 二 年 ○ 月 ○ ......

Les fragments 2 et 3 sont datés respectivement du 15 avril 1363 et de 1362.

4.   ...... 口 盆 ○ 石 台 獅 子 佛 | ...... ○ ○ 告 如 ○ ...... | ...... ○ 荷 去 大 師 ......

Nº 559.—KK. I. 03 a(i), a(ii), b(ii), c. **559**

MS. Quatre petits morceaux de papier très déchirés, en caractères cursifs.

a(i).   ...... 言 現 ○ ○ ......
a(ii).   ...... 多 使 玉 音 ......
b(iii).   ...... 青 ...... | ...... ˣ帶 卽 ○ ......
c.   traces de deux lignes illisibles.

PIÈCES DIVERSES

Nº 560.—KK. I. 03 (b). (i). **560**

MS. Morceau de papier complet en bas, déchiré des trois autres côtés. Hauteur: 141 mm.; largeur: 120 mm.

...... 狀 ...... | 無 累 蒙 | ...... 受 附 藉 明 見 隱 占 未 論 ...... | ...... ○
                                                           ○ ○ ......
○ (給) ○ 自 論 種 亦 犯 ○ ○ ...... | ...... 自 戶 ......

Nº 561.—KK. I. 0231 (a). **561**

MS. Petit morceau de papier portant des deux côtés des caractères placés en désordre et dans toutes les directions.

RECTO

Au milieu verticalement tenant toute la hauteur de la feuille: 清 平 縣 縣.
À droite, 2 petits caractères: 三 千 et à côté 2 caractères renversés: 兩 兩.
À gauche, 2 gros caractères: 乾 月.
Au milieu horizontalement tenant presque toute la largeur de la feuille, 4 caractères 兩 écrits à l'envers.

VERSO

Au milieu, écrit verticalement mais en prenant le côté droit comme haut de la feuille: 亞 甲 天 天;
en-dessous, écrit verticalement dans le sens normal, de droite à gauche sur 5 lignes: ○ 三 毛 | 粮 三 千 | 武 | 三 扎 |
五 | et à droite de 武, 3 caractères 兩 écrits à l'envers.

    Exercices d'écriture.

    La sous-préfecture de *Ts'ing-p'ing* 清 平 créée sous les *Souei*, s'est déplacée quelque peu, mais a conservé son nom sans interruption jusqu'à nos jours; à l'époque des *Kin*, elle dépendait de *Ta-ming fou* 大 名 府; à l'époque des *Yuan*, de *Tö tcheou* 德 州; depuis les Ming, elle dépend de la province de *Chan-tong*; c'est probablement le pays d'origine de celui qui a écrit ces caractères et qui, je pense, se préparant à écrire une requête, a fait des exercices sur divers caractères, en particulier sur ceux du nom de son pays d'origine qu'il était obligé de donner, et ceux qui se rapportent au chiffre de sa solde (c'est pourquoi il écrit deux fois 三 千, une fois en les faisant précéder de 粮: vivres, 3000″).

Nº 562.—KK. I. 0232 (w).

MS. Petite bande de papier, complète en haut avec marge, déchirée des autres côtés.

> …… 二　　｜面〇斤　　米一斗四升　　肉一十四斤　　雜四兩二分
> ……｜上一人半七升……

2; 2 livres de farine, 1 boisseau $\frac{4}{10}$ de riz; 14 livres de viande; divers, 4 onces $\frac{2}{10}$ …

Ci-dessus un homme, 7 dixièmes de boisseau de riz …

Débris d'un compte.

Nº 563.—KK. I. 0232 (bb).

MS. Petit morceau de papier très déchiré.

> …… 〇〇〇 ……｜……面肆斗　　雜支錢貳兩

… 4 boisseaux de nouilles; dépenses divers, monnaie, 2 onces …

Débris d'un compte.

Nº 564(1).—KK. 0117 (h).

MS. Fragment du milieu d'une feuille. Hauteur: 110 mm.; longueur: 60 mm.

> …… 南等處行中等處 ……｜…… 大祥祥　道　韓 ……　…… 裏　亦集乃
> 俗謂 ……

… *hing-tchong* de [Ho?]-*nan* et autres lieux; et autres lieux …

… grand, faste, faste …

… A *Yi-tsi-nai*, on lui donne vulgairement le nom de …

Exercice d'écriture; je n'en ai donné la traduction qu'à cause de l'intérêt de la ligne 3 qui mentionne *Yi-tsi-nai* et sa langue particulière.

III. Fragments littéraires

Nº 564(2).—KK. II. 01.

Imprimé. 82 tout petits fragments, variant de 2 à une quarantaine de caractères. 22 caractères à la ligne. Pages régulièrement encadrées d'un double trait en haut, en bas et sur les côtés.

　　T'ong-kien kang-mou 通鑑綱目, k. 21. Texte de *Tchou Hi* 朱熹 imprimé suivant la forme ordinaire en gros caractères pour les portions devant rappeler le *Tch'ouen-ts'ieou*, et en petits caractères pour celles qui imitent le *Tso-tchouan*. Il n'y est joint ni le *T'ong-kien kang-mou chou fa* 書法 de *Lieou Yeou-yi* 劉友益 (première moitié du XIIIᵉ siècle) ni le *T'ong-kien kang-mou tche-che* 質實 de *Feng Tche-chou* 馮智舒 (préf. de 1465). On sait que la première édition combinant ces deux ouvrages et des extraits d'autres commentaires est celle de *Houang Tchong-tchao* 黃中昭, publiée en 1496.

　　Impression des *Yuan*.

　　Les fragments que j'ai reconnus vont du 11ᵉ mois de la 5ᵉ année *t'ai-ho* (369 A.D.) au 10ᵉ mois de la 2ᵉ année *t'ai-yuan* (377 A.D.)

　　Aucune variante.

　　Il y a de plus quelques fragments du même ouvrage que je n'ai pu reconnaître et qui doivent provenir d'autres chapitres.

Nº 565.—KK. II. 0236 (aaa).

Imprimé. Cinq petits fragments de milieu de page, incomplets de tous les côtés. 6 lignes; 22 caractères à la ligne.

> I.　　　「孫盛評先王」先王皆 ……
> 　　　　　　　　　　　　三老〇 ……
> 「昔者先王之」以孝治天下「也內節天性外施四海存盡其敬｜亡極其
> 哀思」慕諒闇寄政冢ˣ宰「故曰三年之喪自天子達於｜庶人夫然故」在
> 三之義悖臣ˣ子「之思篤雍熙之化隆經國之｜道固聖人」ˣ之所以通天
> 地厚「人倫顯至教風俗斯萬世不｜易之典百王」服膺之制「也 ……(*San
> kouo tche*, Wei Tche 2. 3b)

2.　　　○○○○○之禍○○○○○○○○○○○○○○○○○○｜○○○○發
　　　一概之詔可謂○○○○○○○○○○○○
　　　　　孫盛平 (*sic*) 明帝
　　　「聞之長老」魏明帝天姿秀出「立髮重地口訖少言而沈毅好｜斷初諸
　　　公」受遺轉導帝皆「以方任處之政自己出而後禮大臣開容善直」雖「犯
　　　顏極諫無所摧毀其君人之......(*San kouo tche*, Wei tche 3. 22b)

3-4.　　孫盛評田豐
　　　「觀田」豐沮授之謀雖「平何以過之故君貴審才臣尙量｜圭君」用忠良
　　　則霸王之「業隆臣奉闇后則覆亡之禍至存亡｜榮辱」常「必由茲」豐知
　　　「紹將敗」｜......(*ibidem*, 6. 26a)

5.　　......屬以公平之誠......
　　　　「孫盛」評......

Fragments d'un recueil de jugements *p'ing* 評 de *Souen Cheng* 孫盛, écrivain du IVᵉ siècle, probablement faisant partie d'un recueil d'œuvres littéraires diverses, car les œuvres littéraires de *Souen Cheng*, de même que son œuvre historique, avaient disparu dès l'époque des *Song*; mais je n'ai pas reconnu quel était cet ouvrage. J'ai retrouvé 4 de ces fragments dans le commentaire du *San kouo tche* d'après lequel je les ai complétés ci-dessus.

Variantes: 2, l. 3. 平 corriger 評 (mais 3-4 et 5, le caractère correct 評 est imprimé).

3-4, l. 2 霸 = *Wei tche* 伯.

565a.—KK. 0118 ww (b). 565a

Imprimé. Bas de feuille.

......○窜○｜......拷考｜......撡嗓北｜......攬覽｜......摰至
　　　也　　　也　　　　　　　　　　　

Fragment d'un dictionnaire rangé par clefs; clef 手.

IV. Calendriers

Nº 566.—KK. II. 0255 (e) (i), (ii). 566

MS. Deux morceaux de papier, coupés en haut, complets en bas, déchirés à droite et à gauche, couverts d'écriture *si-hia* avec quelques lignes de chinois réparties dans les interlignes, régulièrement dans chaque interligne dans (i), mais seulement après les lignes 7 et 11 dans (ii).

(ii).　「立冬從九月廿七日爲始十月十一」日終小尽計一十四「分此月」......｜
　　　「小雪」從十月十二日始「廿六日」終小尽「計一十五分此月」......

(i).　　「冬至」從十一月十二日爲始「廿六」日終「小尽」ˣ計一十五分｜「此」月冰
　　　○下移了○ˣ別○人下次｜「小寒從十一月廿七日爲始十二月○○日
　　　終小尽計一十○」ˣ分此月冰......

(ii). [Établissement du printemps. A partir du 27ᵉ jour du 9ᵉ mois jusqu'au 11ᵉ] jour du 10ᵉ mois, petit total: on compte 14 [parties; en ce mois, le temps est] . . .

[Petit froid.] A partir du 12ᵉ jour jusqu'au [26ᵉ jour] du 10ᵉ mois, petit total: [on compte 15 parties. En ce mois, le temps est] . . .

(i). [Solstice d'hiver.] A partir du 12ᵉ jour jusqu'au [26ᵉ jour] du 11ᵉ mois, [petit total] on compte 15 parties. [En ce] mois, il gèle . . .

[Petit froid. A partir du 27ᵉ jour du 11ᵉ mois jusqu'au . . . du 12ᵉ mois, petit total: on compte . . .] parties. En ce mois, il gèle . . .

Débris d'une copie plus ou moins complète des prolégomènes d'un calendrier, faite en utilisant un ancien document *si-hia* mis au rebut: date des *tchong-k'i* 中氣 et des *tsie-k'i* 節氣 du 9ᵉ au 12ᵉ mois (il manque entre ii et i le *tchong-k'i* du 10ᵉ mois, *ta-siue* 大雪), pour l'année 1157 ou 1195.

La date, qui n'est pas donnée, me paraît en effet ressortir des données calendériques contenues dans ces deux fragments. Les *tchong-k'i* et les *tsie-k'i* sont le temps que le soleil met à parcourir ½ signe du zodiaque: ce sont donc des demi-mois solaires et ils durent chacun 15 jours et $\frac{5}{12}$. Les *tsie-k'i* du 10ᵉ et du 11ᵉ mois commençant tous deux également le 12ᵉ jour, doivent finir le 26ᵉ jour, nombre qui manque, mais dont la restitution n'est pas douteuse. De plus, le 10ᵉ mois a nécessairement 30 jours, puisque du 12 de ce mois au 12 du mois suivant il faut placer un *tsie-k'i* et un *tchong-k'i* ayant tous deux également 15 jours. Le *tchong-k'i Ta-siue* qui manque dans la lacune entre ii et i allait donc du 27ᵉ jour du 10ᵉ mois au 11ᵉ jour du 11ᵉ mois. Enfin le *tsie-k'i* du 11ᵉ mois commençant nécessairement le jour du solstice d'hiver, nous savons que ce calendrier se rapporte à une année où le solstice d'hiver tombait le 12ᵉ jour du 11ᵉ mois. Or du XIᵉ au XIVᵉ siècle, le solstice d'hiver recule du 15 au 13 décembre (jul.): le premier jour du 11ᵉ mois devra donc être suivant l'époque soit le 2, soit le 3, soit le 4 décembre. Il suffit de parcourir la *Concordance Néoménique* du P. HOANG pour constater que les années qui satisfont à la double condition d'avoir le 11ᵉ mois commençant 12 jours avant le solstice entre le 2 et le 4 décembre, et ayant un 10ᵉ mois de 30 jours sont peu nombreux: pendant cette période je n'en trouve que 6, savoir:[1]

1. 1062: solstice d'hiver le 15 décembre à 4h.20 du matin; 1ᵉʳ jour du 11ᵉ mois le 4 décembre; 10ᵉ mois de 30 jours.

2. 1157: solstice d'hiver le 15 décembre à 4h.47 du matin; 1ᵉʳ jour du 11ᵉ mois le 4 décembre; 10ᵉ mois de 30 jours.

3. 1195: solstice d'hiver le 15 décembre à 10h.10 du matin; 1ᵉʳ jour du 11ᵉ mois le 4 décembre; 10ᵉ mois de 30 jours.

4. 1309: solstice d'hiver le 14 décembre à 2h.29 du matin; 1ᵉʳ jour du 11ᵉ mois le 3 décembre; 10ᵉ mois de 30 jours.

5. 1328: solstice d'hiver le 13 décembre à 7h.22 du soir; 1ᵉʳ jour du 11ᵉ mois le 2 décembre; 10ᵉ mois de 30 jours.

6. 1347: solstice d'hiver le 14 décembre à 8h. du matin; 1ᵉʳ jour du 11ᵉ mois le 3 décembre; 10ᵉ mois de 30 jours.

De ces six années la première est exclue par le fait que le calendrier est écrit sur un ancien document *si-hia* tombé au rebut. Le *Song-che* (k.485, 15b) date l'invention de l'écriture *si-hia* de 1035 (les premières inscriptions connues sont de la fin du XIᵉ siècle). Comme c'est à cette date que *Li Yuan-hao* 李元昊 organisa dans ses états une administration à la chinoise et comme il fit vers ce temps traduire les Livres Classiques, on peut admettre, sans donner à cette date une rigueur absolue, que c'est au deuxième quart du XIᵉ siècle que cette écriture remonte, un peu plus haut, si on accorde avec M. Nevsky une valeur documentaire à la phrase banale par laquelle *Li Yuan-hao* est dit dans le *Song che* avoir étudié dans sa jeunesse les écritures chinoise et *fan* 番 (=*si-hia*). Une trentaine d'années est une période bien trop courte pour que le document primitif écrit dans la nouvelle écriture ait eu le temps d'être rédigé et utilisé, puis de tomber au rebut et d'être réemployé.

D'autre part, les trois dernières dates sont trop tardives. Le calendrier ici copié est en effet un calendrier de la dynastie *Song*, comme le montre le calcul en *fen* 分 des *tchong-k'i* et des *tsie-k'i*. Cette manière de compter est en effet particulière aux calendriers de cette dynastie où elle apparaît dès l'origine, dans le *Kien-long ying-t'ien-li* 建隆應天曆 de 962, et se maintient constamment (*Song che*, k.68, 10 sq, et *passim*), et d'où elle a passé dans les calendriers des *Kin*: le *Ta-ming li* 大明曆 de 1137, qui était fondé sur le calendrier des *Song* (*Kin che*, k.21, 1a), et le calendrier de 1181, qui n'est qu'une refonte du *Ta-ming li*, comptent de cette façon (*Kin che*, k.21, 6b). Les *Yuan* utilisèrent d'abord le calendrier des *Kin* (*Kin che*, k.21, 2a; *Yuan che*, k.52, 1b) et par conséquent cette même manière de compter, mais ils eurent un calendrier propre dès 1267 (*Yuan che*, k.52, 1b) et ce calendrier, œuvre de Djemal ed-Din, suivait les méthodes astronomiques occidentales et non les méthodes chinoises, en sorte que cette manière de compter disparut: ce fut une disparition définitive, car elle ne reparut pas dans le calendrier de *Kouo Cheou-king* 郭守敬 (1277), bien qu'il eût cherché à mettre en harmonie la méthode persane et la méthode chinoise au lendemain de la conquête de l'empire des *Song* (*Yuan che*, k.52, 2a). Le calendrier se rapporte donc à une année antérieure à 1267. Il ne reste que les années 1157 et 1195.

ii. L. 1, 2. etc., 小尽. Le caractère 小 ne se rapporte pas à la longueur du mois, d'abord parce que, le paragraphe se rapportant aux *tchong-k'i* et *tsie-k'i*, c'est-à-dire aux demi-mois solaires, il n'y a aucune raison d'indiquer si le mois lunaire est long ou court; et en second lieu parce que le fait même que les *tsie-k'i* du 10ᵉ et du 11ᵉ mois dont le début est nécessairement séparé par 30 jours, commencent tous les deux le même jour de leurs mois respectifs, prouve que le 10ᵉ mois, malgré l'indication 小 (ii, l. 2), est un mois long 大. Il faut comprendre 小尽 (=盡) "petit total" c'est-à-dire le nombre des parties, *fen* 分, de ce demi-mois solaire pris à part, par opposition à un "grand total" qui est le nombre de ces parties comptées de 1 à 365 tout le long de l'année.

---

[1] Tous les solstices sont calculés pour la longitude de Pékin, ce qui n'est absolument exact que pour les trois derniers puisque ce sont les seuls qui appartiennent à la dynastie *Yuan*; mais les capitales des *Leao*, des *Kin* et des *Song* sont assez rapprochées n longitude pour que la différence du temps ne soit que de quelques minutes et puisse ici être négligée. Les *Si-hia* dont la capitale *Ning-yuan* était tout-à-fait à l'ouest n'avaient pas de calendrier propre; mais même pour eux la différence en temps n'excède pas 45 minutes en moins: même en ramenant ces solstices à l'heure de *Ning-yuan*, le jour n'en est pas changé, puisqu'aucun d'eux n'est ramené avant minuit.

Nº 567.—KK. II. 0277 (eee).   567

MS. Morceau de papier complet en haut et en bas, déchiré à droite et à gauche; ponctuation à l'encre rouge. Hauteur: 95 mm.; largeur: 114 mm.

> 六丙乙亥，六丁辛巳，｜六戊亥丁，六己癸巳，｜六庚己亥，六辛乙
> 巳，｜六壬辛亥，六癸丁巳，
> 　　十惡大敗
> 甲辰，乙未，與壬申，丙｜申，丁酉，及庚申，戊戌，｜己亥兼辛未，ˣ己
> ˣ丑通｜○○……

les six jours *ping* (qui suivent *yi-hai*) et *yi-hai* (de l'année)

– les six jours *ting-sseu* et *sin-sseu* (de l'année)

les six jours *meou* (qui suivent *ting-hai*) et *ting-hai* (de l'année)

– les six jours *ki-sseu* et *kouei-sseu* (de l'année)

les six jours *keng* (qui suivent *ki-hai*) et *ki-hai* (de l'année)

– les six jours *sin-sseu* et *yi-sseu*

les six jours *jen* (qui suivent *sin-hai*) et *sin-hai* (de l'année)

– les six jours *kouei-sseu* et *ting-sseu*

　　les dix (jours de) grandes calamités

(les jours) *kia-tch'en* (41ᵉ du cycle), *yi-wei* (32ᵉ) et *jen-chen* (9ᵉ); (les jours) *ping-chen* (23ᵉ), *ting-yeou* (34ᵉ) et *keng-chen* (57ᵉ); (les jours) *meou-siu* (35ᵉ), *ki-hai* (36ᵉ) et *sin-wei* (8ᵉ); (le jour) *ki-tch'eou* (26ᵉ)…

Fragment de copie des prolégomènes d'un calendrier, indiquant les jours fastes et néfastes. A la ligne 2, 六戊亥丁 est une faute de copiste et doit être corrigé en 六戊丁亥.

Je ne sais à quoi se rapporte le premier paragraphe. La disposition du registre inférieur s'explique sans peine: il contient tous les jours *sseu* du cycle réunis par deux à chaque ligne et énumérés dans leur ordre naturel, le deuxième jour de chaque ligne étant régulièrement celui dont le signe du cycle dénaire est de quatre rangs au-dessus des signes dénaires du premier jour: "*ting-sseu* et *sin-sseu*" où *ting* est le 4ᵉ et *sin* le 8ᵉ jour du cycle dénaire; "*ki-sseu* et *kouei-sseu*" où *ki* est le 6ᵉ et *kouei* le 10ᵉ jour du cycle dénaire, etc. Ils sont appelés "les six jours…" parce qu'il y a six cycles de 60 jours en une année. On remarquera que cet arrangement fait répéter chaque jour deux fois, une fois au premier et une fois au second groupe. Il doit y avoir un motif à cette répétition, mais je ne le vois pas: ce sont nécessairement les mêmes jours de l'année qui apparaissent ainsi deux fois, puisqu'il n'y a par an que six jours *ting*, etc. La disposition du registre supérieur est en apparence la même, cette fois pour les jours *hai*, mais le premier signe dénaire de chaque ligne ne se joint jamais à *hai*: il n'y a ni *ping-hai*, ni *meou-hai*, etc. Je ne vois pas d'autre sens que celui que j'ai adopté dans la traduction: je suppose que l'influence de *kouei-hai* se fait sentir non seulement sur le jour qui porte ces caractères, mais encore sur le suivant; la phrase peu claire, mais qui ne prête à aucune amphibologie, est ramassée pour entrer dans une formule de quatre mots. Pour que les séries soient complètes, il faut qu'il manque en tête une ligne: 六甲癸亥， 六乙己巳 "les six jours *kia* (qui suivent *kouei-hai*) et *kouei-hai*; les six jours *yi-sseu* et *ki-sseu*". Au deuxième paragraphe, les jours sont énumérés trois par trois (remarquer l'emploi d'un mot différent de liaison dans chacun des trois groupes de trois: 與 "avec", 及 "et", 兼 "ainsi que"); les deux premiers des trois jours de chacun des trois groupes se suivent dans l'ordre normal du cycle dénaire: *kia* (1ᵉʳ jour), *yi* (2ᵉ); -*ping* (3ᵉ), *ting* (4ᵉ); -*meou* (5ᵉ), *ki* (6ᵉ); mais je n'ai pas réussi à reconnaître quel est l'ordre du troisième jour, non plus que du 10ᵉ jour qui est hors série; la lecture des deux caractères de ce dernier est d'ailleurs peu sûre: on lirait aussi facilement 巳 日, mais ces deux mots ne donnent aucun sens et, de plus, il n'y aurait que 9 jours au lieu de 10; d'autre part, j'aurais plutôt attendu un jour commençant par *kouei* 癸, puisque c'est le seul des dix *kan* 干 qui manque ici.

Je n'ai malheureusement rien trouvé qui se rapporte à ces arrangements dans les calendriers modernes à ma disposition.

Nº 568.—KK. II. 0292 (j).   568

Imprimé. Petit morceau de papier, au revers duquel sont écrits des caractères *si-hia*.

> 四日 己未 火閉尾 ｜長屋　　　｜十日庚申木建箕

4ᵉ jour, *ki-wei* (57ᵉ du cycle sexagésimal). Elément Feu. Jour *pi* (12ᵉ et dernier du cycle duodénaire) (Mansion) *Wei*…

10ᵉ jour, *keng-chen* (56ᵉ du cycle sexagésimal). Elément Bois. Jour *kien* (1ᵉʳ du cycle duodénaire). (Mansion) *Ki*.

Débris des prolégomènes d'un calendrier (est-ce l'ouvrage original sur lequel les deux documents précédents ont été copiés?). Ce ne peuvent être que les prolégomènes et non un fragment d'un mois quelconque, car il n'y a aucune combinaison possible où le 4ᵉ et le 10ᵉ jour, ou le 20ᵉ et le 30ᵉ; ou encore le 14ᵉ et le 20ᵉ ou le 30ᵉ; ou enfin le 24ᵉ et le 30ᵉ d'un mois puissent être marqués de deux termes cycliques se suivant immédiatement: il faut un intervalle de plusieurs mois. Ce sont donc certainement deux indications sans rapport l'une avec l'autre, provenant de deux paragraphes différents énumérant diverses qualités des jours, la ligne 2 長屋 étant peut-être la fin d'un titre.

kien 建 et *pi* 閉 sont respectivement le premier et le dernier jour d'un cycle de 12 jours qui sert à la détermination des jours fastes et néfastes.

N° 569.—KK. 0118 (g).   569

Imprimé. Feuille très déchirée: manque la partie supérieure de la page et le coin gauche de la partie inférieure; déchirée à droite et à gauche. Hauteur: 200 mm.; largeur: 120 mm. Hauteur de la marge inférieure: 25 mm.

```
「十九」心      宜納財進人口開市交易
 二十尾       宜修食垣墻平治道塗
「廿一」箕      宜……納財修造動土……
「廿二」斗      宜結婚出行修造動土種蒔裁○收養捕捉    忌遠迴移徙
                                          乘「馬」……
「廿三」牛      宜……忌出行
「廿四」女      宜……結婚姻會視友安牀立券交易○置產宣啓攢
                                          忌移徙動土○○居○○
「廿五」虛      宜……問名結婚上學求醫……裁種收養○○○○○移徙
「廿六危」      宜祭祀收斂貨財捕捉    忌……
「廿七室       宜」……出行上學求醫……養忌移徙
「廿八壁       宜」……
「廿九奎       宜」……泛船游水
```

19ᵉ jour (Mansion) *Sin*. Convient pour recevoir de l'argent, faire venir quelqu'un, ouvrir une boutique, faire le commerce . . .

20ᵉ jour (Mansion) *Wei*. Convient pour réparer les murs, réparer les routes . . .

21ᵉ jour (Mansion) *Ki*. Convient pour . . . recevoir de l'argent, remuer le sol . . .

22ᵉ jour (Mansion) *Teou*. Convient pour se marier, voyager, remuer le sol, semer, planter, élever du bétail, pêcher, arrêter. Mauvais pour revenir de loin, déménager, monter à cheval . . .

23ᵉ jour (Mansion) *Nieou*. Convient pour . . . Mauvais pour voyager.

24ᵉ jour (Mansion) *Niu*. Convient pour . . . , se marier, faire une réunion de parents et d'amis, installer le lit, donner un contrat, faire le commerce . . . acquérir des propriétés, des maisons, ouvrir des issues . . . Mauvais pour déménager, remuer le sol.

25ᵉ jour (Mansion) *Hiu*. Convient pour . . . faire une demande en mariage, se marier, aller à l'école, aller chercher le médecin . . . couper, remuer, élever du bétail . . . déménager . . .

26ᵉ jour (Mansion) *Wei*. Convient pour faire des sacrifices, recevoir et mettre en réserve des marchandises, arrêter. Mauvais . . .

27ᵉ jour (Mansion) *Che*. Convient pour . . . aller en voyage, aller à l'école, consulter le médecin, . . . planter . . .

28ᵉ jour (Mansion) *Pi*. . .

29ᵉ jour (Mansion) *K'ouei* . . . aller en bateau, se promener sur l'eau . . .

Fragment d'un calendrier. Il serait nécessaire de savoir quel est le mois pour pouvoir grâce aux positions de la lune déterminer l'année; mais aucune des indications n'est caractéristique.

N° 570.—KK 0152 (r).   570

Imprimé. Petit fragment de papier déchiré de tous les côtés. Hauteur: 60 mm.; longueur: 25 mm.

```
……忌動土……
```

. . . Il est mauvais de remuer le sol.

Fragment du même calendrier que le précédent.

v. Livre taoïste

Nº 571.—KK. IV. 04 (b).   571

MS. Partie supérieure d'une feuille avec une petite marge de 8 mm., complète en haut, déchirée en bas, coupée à droite et à gauche. Hauteur: 200 mm.; largeur: 200 mm.

開經玄蘊呪

寂寂至無宗　　虛……｜豁落洞玄文　　○……｜一入大乘路　……｜
不生亦不滅　……｜超凌三界徒　……｜眞人無上德……｜太上北斗本
命廷壽……｜爾時太淸天中大聖老君……｜壽元年。正月七日。在太
淸……

Ponctuation marquée à la dernière ligne.

Fragment d'un livre taoïste que je n'ai pu identifier dans le *Tao-tsang*.

Le *nien-hao* est probablement 永壽 *yong-cheou* (un *nien-hao* céleste qui n'a rien à faire avec le *nien-hao* de ce nom de l'époque des *Han*) le seul des *nien-hao* imaginés par les Taoïstes dont le second caractère soit 壽.

vi. Livres bouddhiques

I. *Saddharmapuṇḍarīka-sūtra*: Fragments du *Miao fa lien-houa king*, trad. Kumārajīva, *Taishō issaikyō*, t. 9, nº 262.

Nº 572.—KK. II. 0276 (hhh).   572

Imprimé. Morceau de feuille incomplète, déchirée en haut et en bas, à droite et à gauche. 4 lignes: 10 gros caractères à la ligne. Hauteur: 120 mm.; largeur: 68 mm.

k. 7, p. 56c, l. 2–4. Aucune variante.

L. 1–2, titre initial: 「妙」法蓮華經觀世音「菩薩」｜「普」門品第二十五

Impression des Yuan. Le texte a été ponctué à la main par de petits cercles à l'encre noire.

Nº 573.—KK. I. ii. 02 (y).   573

Imprimé. Page d'un livre pliée en accordéon; complète en haut et en bas avec marges, coupée aux plis à droite et à gauche; larges traits délimitant les marges; pas de traits entre les lignes; 16 caractères à la ligne à gauche, dans la partie en prose; 15 caractères (3 vers de 5 mots séparés par des blancs) à droite. Hauteur: 185 mm.; largeur: 170 mm.; marge supérieure: 20 mm.; marge inférieure: 13 mm.

k.2, p. 11a, l. 29–b, l. 18. Aucune variante.

Fragments du *T'ien-p'in miao fa lien-houa king*, trad. JÑĀNA— et DHARMAGUPTA (=*Taishō issaikyō*, t. 9, nº 264).

Nº 574.—KK. II. 0297 (cc).   574

Imprimé. Morceau de feuille complète en haut avec marge supérieure, déchirée en bas, coupée à droite et à gauche. 5 lignes, 14 caractères à la ligne. Hauteur: 130 mm.; largeur: 82 mm.; hauteur de la marge supérieure: 12 mm.

k.7, p. 192, cf. même passage ms. T'ang, Toy. IV. v. 05 h. Aucune variante.

Impression des Yuan.

Nº 575.—KK. III. 026 (a).   575

Imprimé. 4 fragments se faisant suite d'un livre plié en accordéon; complets en haut avec marge, coupés aux plis à droite et à gauche; déchirés en bas.

k. 7, p. 56a, l. 26–c, l. 22. Aucune variante.

Nº 576.—KK. III. 020 (s).   576

Imprimé. Feuille complète en haut et en bas, coupée au pli à droite, déchirée à gauche. 5 lignes; 14 caractères à la ligne.

k. 7, p. 57a, l. 7–12.

N° 577.—KK. III. 020 (r). 577

Imprimé. Haut de feuille seulement. 4 lignes; 18 caractères à la ligne.

k. 7, p. 57 a, l. 7–11.

A droite de la première ligne, dans l'interligne, les caractères: 晉 二, numéros de la boîte et du fascicule.

II. *Vajracchedikā-sūtra*. Fragments du *Kin-kang pan-jo-po-lo-mi king*, trad. de KUMĀRAJĪVA, = *Taishō issaikyō*, t. 8, n° 235.

N° 578.—KK. II. 0290 (t). (1–4). 578

Imprimé. 4 pages complètes avec les marges d'un livre plié en accordéon, coupé par l'usure à tous les plis. Chaque page double, formée du verso d'une page et du recto de la page suivante, pliée par le milieu, est entourée d'un trait épais qui la cerne complètement en haut, en bas, à droite et à gauche; au milieu, de chaque côté du pli médian, un trait mince. Chaque page simple a 8 lignes; 15 petits caractères à la ligne. Hauteur: 90 mm.; largeur entre deux plis consécutifs (page simple de 8 lignes): 59 mm. Marge supérieure: 8 mm.; marge inférieure: 6 mm.

P. 749 c, l. 21–p. 750 a, l. 18. Aucune variante. Mais le livre est divisé en sections 分 avec des titres, ce qu'aucune autre édition ne donne. Voici les titres, commencements et fins de chacune de ces sections.

§10, manque le titre et le début, fin: 是名大身 = p. 749 c.

§11, Titre: 无爲福勝分第十一. Commencement: 須菩提如恒河中 = p. 749 c. Fin: 而此福德勝前福德 = p. 750 a, l. 5.

§12, Titre: 尊重正敎分第十二. Commencement: 復次須菩提 = p. 750 a, l. 6; fin: 尊重弟子 = p. 750 a, l. 10.

§13, Titre: 如法受持分第十三. Commencement: 尒時須菩提白佛言 = p. 750 a, l. 10; fin manque.

Sur le pli (feuille 2–3), traces des caractères du titre et de la pagination en petits caractères. Il ne reste que: 金

Impression des Yuan.

N° 579.—KK. II. 0290 (t). 579

Imprimé. Une page complète avec marges d'un exemplaire analogue au précédent, mais en différant par la dimension ainsi que par la disposition des lignes. 5 lignes; 14 petits caractères à la ligne. Hauteur: 121 mm.; largeur 48 mm.; hauteur de la marge supérieure: 14 mm.; hauteur de la marge inférieure: 8 mm.

P. 749, l. 25–28. Correspond à 0290 t (1), l. 4–8, (2) l. 1. Même division en sections; fin de la section 10 et début de la section 11, avec titre où la variante 無 pour 无 accentue encore la différence des deux impressions.

Impression des Yuan.

N° 580.—KK. II. 0258 (u). 580

Imprimé. Une page complète avec marges d'un exemplaire analogue au précédent mais en différant par le papier et l'impression. Les dimensions des feuilles sont les mêmes. Hauteur: 90 mm.; largeur: 60 mm. Traits larges délimitant les marges; pas de trait entre les colonnes. 5 lignes, 13–15 caractères à la ligne. Hauteur: 192 mm.; largeur: 90 mm.

P. 749 a, l. 24–28. Aucune variante.

Division en paragraphes comme le précédent.

§6, Titre: 正信希有分第六. Commencement: 須菩提 = p. 749 a, l. 26.

La ponctuation, ajoutée à la main et marquée par de gros points à l'encre rouge, est assez souvent inexacte:

L.1. 若見諸相，非相則見如來，

L.3. 須菩提，白佛言世尊，

Le bonze qui l'a mise ne comprenait pas grand'chose à ce qu'il lisait.

Impression des Yuan.

N° 581.—KK. II. 0269 (i). 581

Imprimé. Fragment de feuille déchirée en haut, à droite et à gauche, complète en bas avec marge inférieure; au verso, enduite de couleur bleue.

P. 750 a, l. 12–16. Correspond à 0290 t (4) no. 578, l. 1–7; avec même variante, l. 4–5. Ponctuation à l'encre rouge, ajoutée à la main.

Ce n'est pas un deuxième exemplaire de la même édition, mais un exemplaire d'une édition différente: les lignes 1–4 sont disposées de même; mais les deux dernières lignes ont chacune un caractère de moins; de plus le caractère écrit 无 (comme dans les manuscrits des T'ang) dans 0290 t (=no. 579) est écrit 無 (comme dans l'écriture moderne) dans 0269 i; (voir l. 7, dernier caractère).

Nᵒ 582.—KK. II. 0233 (zzz). (i et ii).   **582**

Imprimé. Deux fragments se suivant sans lacune, provenant d'un livre plié en accordéon; complets en haut, avec la marge supérieure, l'un déchiré (i), l'autre coupé (ii) en bas. Petits caractères en nombre variable dans chaque ligne: 33 lignes; 13 à 16 caractères à la ligne. Hauteur de (i): 55 mm.; de (ii): 60 mm.; longueur: 204 mm. (i) + 42 mm. (ii); hauteur de la marge supérieure: 11 mm.

P. 750 c, l. 5–p. 751 a, l. 6. Aucune variante. Division en sections comme les précédents; mais les titres sont perdus.

Impression des Yuan. La hauteur de la feuille complète doit avoir été de 130 mm. environ, étant donné que (ii), coupé régulièrement après le 7ᵉ caractère, a 60 mm. de hauteur, dont 11 mm. de marge, et que la lacune contient 7 à 8 caractères. Ces dimensions le font différer de tous les précédents.

Nᵒ 583.—KK. II. 0239 (zz).   **583**

Imprimé. Petit fragment imprimé en gros caractères.

P. 749 b, l. 14–16.

Nᵒ 584.—KK. II. 0243 (cc). (i²).   **584**

Imprimé. Portion de la partie inférieure d'un livre déchiré en haut, complet en bas avec marge, coupé à droite et à gauche. 14 lignes; 12 caractères à la ligne. Hauteur: 80 mm.; largeur: 163 mm.; hauteur de la marge inférieure: 12 mm.

P. 749 a, l. 6–11 et l. 12.

Variante: l. 9–12 . . . . 善逝應機洲｜...... 如是修｜...... 心智收｜...... 同著相求｜

Ces quatre lignes formant 8 vers réguliers de 5 mots (il reste une partie des quatre qui occupaient la partie inférieure de la page), avec tons opposés et rimes, ne se retrouvent dans aucune édition. Comme aucune traduction de livres bouddhiques ne comporte jamais de vers réguliers chinois avec rimes, ceux-ci sont évidemment une addition dans les exemplaires séparés circulant à cette époque, comme la division en sections. Cette édition devait être elle aussi divisée en sections, car la ligne 13 actuellement vide devait contenir un titre qui, plus court que la ligne, a disparu dans la lacune du haut de la page.

Nᵒ 585.—KK. II. 0243 (cc). (i³).   **585**

Imprimé. Partie de rouleau collée au précédent. 14 lignes, 10 caractères (2 vers de 5 mots) par ligne. Hauteur: 57 mm.; largeur: 163 mm.; hauteur de la marge inférieure: 7 mm.

○○○○○　無量劫來因｜○○○○○　　貪愛若○○｜○○○
○○　居○不染○｜○○○○○　　○○○王身｜○○○○○　　○
境若龜毛｜○○○○○　逢難○○牢｜○○○○○　　無下亦無高
　　○○○○「分第」○
｜不應住色生心不應住色」聲香味｜「觸法生心應生無所住心」
○○○○○　○○○三檀｜○○○○○聲色勿相干｜○○○○○中
道不須安｜○○○○○　背境向心觀

P. 750 b, l. 22.

L.1–7. Vers réguliers de 5 mots avec rimes.

L.8. Devait contenir le titre de section qui a disparu dans la lacune de la partie supérieure de la feuille.

L.11–14. Vers réguliers de 5 mots avec rimes.

Suite du précédent avec division en sections et les additions versifiées. La division de la section serait, de notre point de vue, mieux placée une ligne plus haut; mais comme les sections sont toutes petites et nombreuses, il est naturel qu'il y ait des divisions dans des passages où nous n'en mettrions pas.

Nᵒ 586.—KK. II. 0243 (cc). (i¹).   **586**

Imprimé. Portion de rouleau collé au précédent, 14 lignes, 10 caractères (deux vers de 5 mots) à la ligne. Hauteur: 100 mm.; longueur: 163 mm.; hauteur de la marge inférieure: 7 mm.

○○○○○　須行智慧○｜○○○○○　　○○慧光舒｜○○○
○○　三空境上祛｜○○○○○　　○○執情除｜○○○○○　何
雷至無餘｜○○隨浪靜　定水逐波清｜○○生覺性息盧[1]滅迷情｜○
計虛分別　由來假立名｜○○依他起　無別有圓成｜○○登如
朗　蘊界若乾城｜○○○○○　　○○暫時停｜○○○○○　乃
見我人形｜○○○○○　○得一空名｜○○○祇劫　萬行具齊×悠

28 vers de 5 mots rimant régulièrement, la pièce de vers n'est pas finie, le dernier mot du dernier vers n'ayant pas de rime. Suite des précédents; mais comme le fragment ne contient pas de passage en prose, il est impossible de savoir à quelle section il se rapportait. (l. 7, 盧 for 慮 ?)

N° 587.—KK. III. 016 (a) (i–iv). 587

Imprimé. 4 fragments d'un livre plié en accordéon; feuille complète en haut et en bas, coupée aux plis à droite et à gauche; les fragments 1–2, 3–4 se font suite, mais laissent une large lacune entre 2–3. Hauteur: 194 mm.; longueur totale: 462+280+538+378 mm. = 1m,658.

    P. 748 c, l. 26–p. 751 b, l. 27. Aucune variante.

    Texte divisé en sections, 分, pourvues d'un titre et numérotées. Il manque la section 1 entière et le début de la section 2.

  2. Titre manque (ce qui subsiste commence p. 748 c, l. 26).

  3. Titre: 大乘正宗分第三, commencement : p. 749 a, l. 5. 佛告須菩提.

  4. Titre: ○ ○ 無住分第四, commencement: p. 749 a, l. 2 復次須「菩提」.

  5. Titre: 如里實見分第五, commencement: p. 749 a, l. 21 「須菩」提於意.

  6. Titre: 「正信希」有「分」第六, commencement: p. 749 a, l. 26 須「菩提白佛言」.

  7. Titre: 無○○○「分」第七, commencement: p. 749 b, l. 12 須菩提於「意」.

    Manquent sections 8–15.

 16. Titre: ○○○○分第十六, commencement: p. 750 c, l. 24 復次須菩提.

 17. Titre: ○○○○分第十七, commencement: p. 750 a, l. 8 爾時須菩提.

 18. Titre: ○○○○分第十八, commencement: p. 751 b, l. 13 「須菩提於意云何如來」有肉眼.

    Impression des Yuan.

N° 588.—KK. III. 022 (u) (1), (2). (y). 588

Imprimé. Trois fragments du même livre ne se faisant pas suite. Feuilles complètes en haut et en bas avec marges, coupées aux plis à droite et à gauche. Chaque feuille 5 lignes, 13 caractères à la ligne.

    u (2) = p. 751 c, l. 23–27. Aucune variante.

    u (1) = p. 752 a, l. 5–10. Aucune variante.

    y   = p. 752 a, l. 19–24. Aucune variante.

    Texte divisé en sections. u (2) seul contient un titre:

Section 23. Titre: 淨心行善分第二十三, commencement: p. 751 c, l. 24 復次須菩提.

    Impression des Yuan.

N° 589.—KK. III. 023 (a) (i, ii, iii). (iv). 589

Imprimé. Trois fragments du même livre, très déchirés: a(i) et a(iii) bas de feuille avec marge inférieure; a(ii) haut de feuille avec marge supérieure.

    a(ii) = p. 749 a, l. 21–28.

    a(iii) = p. 750 a, l. 13–15. Variante: l.2 即 qui est la leçon de l'édition Ming = 則 édit. Corée, Song, Yuan.

    a(i) = p. 750 a, l. 15–17.

    Texte divisé en sections. a(ii) contient un titre:

Section 6. Titre: 正信希「有分第六」, commencement: p. 749 a, l. 26.

    (iv)

    MS. Petit fragment non identifié . . . 波羅密經○ . . .

N° 590.—KK. III. 022 (t). 590

Imprimé. Trois fragments se rajustant, formant une feuille d'un livre plié en accordéon, complète en haut et en bas avec marges, coupée aux plis à droite et à gauche; traits délimitant les marges; pas de trait séparant les lignes; 7 lignes; 12 caractères à la ligne. Hauteur (la marge supérieure est incomplète): 90 mm.; largeur: 50 mm.

    P. 751 b, l. 23–28. Aucune variante.

    Impression des Yuan.

N° 591.—KK. III. 020 (u et v¹).

591

Imprimé. Deux petits morceaux de papier très déchirés se faisant suite, u formant le bas d'une page avec marge inférieure, v¹ un milieu de page. 15 lignes, 15 caractères à la ligne.

P. 749 b, l. 16–26; l. 27–28. Aucune variante.

Texte divisé en sections. Il reste la fin de la section 7 (l. 1–2), la section 8 entière (l. 3–11), le début de la section 9 (l. 13). Les titres ont disparu dans la lacune.

Impression des Yuan.

N° 592.—KK. III. 020 (v).

592

Imprimé. Fragment de papier déchiré formant le bas d'une page avec marge inférieure. 12 lignes, 15 caractères à la ligne.

P. 749 c, l. 1–11.

Impression des Yuan.

N° 593.—KK. III. 021 (rr) et 024 (x¹).

593

Imprimé. Deux feuilles se faisant suite d'un livre plié en accordéon; la première complète en haut et en bas et à gauche; la seconde formant seulement le haut de la feuille, déchirée en bas; toutes deux coupées aux plis à droite et à gauche, 13 lignes.

P. 749 b, l. 3–6; l. 6–11. Aucune variante. 024 x n'a conservé que le premier caractère de ses six lignes.

Texte accompagné d'une série de notes placées dans le registre supérieur des pages et analysant l'ouvrage en indiquant section par section les idées principales; des traits réunissent chacune de ces notes au passage du texte qui lui correspond.

N° 594.—KK. III. 024 (x², x³, x⁴, x⁵).

594

Imprimé. Quatre petits fragments ne se suivant probablement pas, complets en haut, déchirés des trois autres côtés.

Autres débris du précédent; il ne reste que les notes du registre supérieur de la page, le texte entier a disparu.

III. Avataṃsaka: *Ta fang-kouang Fo houa-yen king* 大方廣佛華嚴經, trad. PRAJÑA (= *Taishō issaikyō*, t. 10, n° 293).

N° 595.—KK. II. 0249 (k).

595

Imprimé. Feuille détachée d'un livre plié en accordéon, complète en haut avec marge supérieure, déchirée en bas; double trait délimitant la marge, pas de trait séparant les colonnes. 5 lignes, 18 gros caractères à la ligne. Hauteur: 215 mm.; largeur: 105 mm.; hauteur de la marge: 38 mm.

k. 40, p. 844 b, l. 16–24. Aucune variante.

L.1. Titre initial: 大方廣佛華嚴經　　罽賓國三藏般「若奉　　詔譯」

Impression des Yuan.

N° 596.—KK. II. 0258 (t).

596

Imprimé. Fragment carré d'une feuille déchirée en haut, presque complète en bas; déchirée à droite et à gauche. Trace en un point du trait double délimitant la marge inférieure; pas de trait entre les colonnes; collage entre les lignes 8–9, marqué par une fleurette. 10 lignes; 15 caractères à la ligne. Hauteur: 200 mm.; largeur: 200 mm.; hauteur de la marge inférieure: 16 mm.

k. 40, p. 844 c, l. 8–13. Aucune variante.

Impression des Yuan; exemplaire d'une édition différente du précédent.

N° 597.—KK. II. 0229 (uu).

597

Imprimé. Feuille complète en haut, déchirée en bas, coupée aux plis à droite et à gauche. Trait simple délimitant les marges; pas de trait entre les lignes. 6 lignes; 14 caractères à la ligne (deux vers de 7 mots séparés par un vide). Hauteur: 150 mm.; largeur: 90 mm.; hauteur de la marge supérieure: 30 mm.

k. 40, p. 847 c, l. 25–p. 848 a, l. 1. Variante: l. 6 徧 = 遍 éditions Corée, Song, Yuan, Ming.

Impression des Yuan.

N° 598.—KK. II. 0245 (m).   **598**

Imprimé. Feuille d'un livre plié en accordéon, complète en bas, déchirée en haut aux coins droit et gauche, complète seulement l. 6–8; déchirée à droite et à gauche. Double trait délimitant les marges; pas de trait entre les lignes. 14 lignes; 13 caractères à la ligne à gauche, 14 caractères (deux vers de 7 mots) à droite. Hauteur: 112 mm.; largeur: 170 mm; hauteur de la marge supérieure: 11 mm.; de la marge inférieure: 15 mm.

P. 86 b, l. 14. Correspond à l. 5–21 du précédent. Fragment d'un deuxième exemplaire de la même édition que n° 607 (=KK.II, 0280 b, iii).

Impression des Yuan.

VII. Livres divers

N° 599.—KK. II. 0238 (k).   **599**

(VERSO.) MS. Fragment complet en haut et en bas, ainsi qu'à droite, coupé à gauche; traits fins délimitant les marges et séparant les lignes. Rouleau plié pour former un accordéon, le pli entre l. 5–6 a déchiré tout le bas de la feuille. 11 lignes; 21–23 caractères à la ligne. Écriture régulière, demi-cursive. Hauteur: 248 mm.; largeur: 170 mm.; marge supérieure et inférieure égales: 11 mm.

King-tö tch'ouan-teng lou 景德傳燈錄, k.11 = *Taishō issaikyō*, t.51, n° 2076, p. 821 b, l. 1–9, p. 822 a, l. 28-b, l. 10 (il ne manque pas de portion du manuscrit, mais le *Taishō issaikyō* donne p. 821 c, l. 9–p. 822 a, l. 27, d'après toutes les éditions imprimées, une table des matières qui manque dans le MS.)

Variantes: l.2 四十二人一十人見錄. Les cinq derniers mots manquent dans les éditions de Corée, des Song, des Yuan et ne se trouvent que dans l'édition des Ming, (dans celle-ci manque le mot 一); mais pour le reste, le manuscrit n'a aucune variante propre au manuscrit des Ming. De plus: 二 corriger 三.

L.3. 惠 = 慧 éditions imprimées.

L.9. 餤 = 焰 id. Cette variante et la précédente sont purement graphiques.

MS. Song ou Kin.

(RECTO.) MS. Fragment de rouleau; traits fins délimitant les marges et séparant les lignes. 5 lignes; 17 caractères à la ligne. Hauteur de la marge supérieure: 19 mm.; de la marge inférieure: 27 mm.

Mahāprajñāpāramitā-sūtra, trad. HIUAN-TSANG, k. 192 = *Taishō issaikyō*, t.5, n° 220, p. 1033 b, l. 6–10. Aucune variante.

L.5. Titre final: 大般若波羅密多經ˣ卷ˣ第一百九十二.

Écriture des T'ang. Un manuscrit des T'ang de la *Mahāprajñāpāramitā* a été réemployé ultérieurement pour une copie du *King-tö tch'ouan-teng lou*, recueil de discours des maîtres du *dhyāna* compilé au début du XIᵉ siècle.

N° 600.—KK. II. 0281. (a). (xl).   **600**

Imprimé. Feuille complète en haut et à droite avec marges, déchirée en bas et à gauche. Traits délimitant les marges et séparant les lignes. 7 lignes. Hauteur: 160 mm.; largeur: 160 mm.; hauteur de la marge supérieure: 42 mm.

Commentaire du *Kouan wou-leang-cheou Fo king* (=*Taishō issaikyō*, t. XII, n° 365) qui ne se trouve pas dans le *Ta ts'ang king*. C'est une analyse du texte analogue au commentaire de la *Vajracchedikā* des n°ˢ 578 sq. ci-dessus; mais le texte n'était pas imprimé avec lui.

L.1. Titre initial: 觀無量壽佛經甘露疏.

L.2. Contenait le nom de l'auteur qui a disparu dans la lacune.

N° 601.—KK. III. 022 (s).   **601**

Imprimé. Feuille complète en haut et en bas, coupée à droite et à gauche. Trace d'un trait double entourant la page en haut et à gauche. 5 lignes; 16 caractères à la ligne. Hauteur: 164 mm.; largeur: 56 mm.

A-mi-t'o king 阿彌陁經 = *Taishō issaikyō*, t.12, n° 366, p. 347, l. 15–18.

Variante l. 5 道, leçon des éditions Song, Yuan, Ming = 趣 éd. Corée.

N° 602.—KK. III. 022 (r).   **602**

Imprimé. Feuille complète en haut et en bas avec les marges, coupée aux plis à droite et à gauche, déchirée dans le coin du bas. Traits doubles entourant la page en haut, en bas et à gauche; trait simple à droite: le trait double continuait sur la demi-feuille de droite qui est perdue, et le trait simple de droite, avec le trait simple de gauche de la demi-feuille perdue entourait le pli, comme dans le n° ci-dessus. 8 lignes, 16 caractères à la ligne. Hauteur: 164 mm.; largeur: 90 mm.

A-mi-t'o king 阿彌陀經, trad. KUMĀRAJĪVA = *Taishō issaikyō*, t.12, n° 366, p. 347 a, l. 25–b, l. 4. Aucune variante. Suite du précédent; entre les deux, lacune correspondant à la demi-page verso de 0225, formant la demi-page de droite en face de 022 r.

N° 603.—KK. II. 0261 (r et s). 603

MS. Deux étiquettes de soie jaune pareilles entourées chacune d'une bordure à l'encre noire. Hauteur: 75 mm.; largeur: 50 mm. (r). Hauteur: 120 mm.; largeur: 65 mm. (s).

大 隨 求 | 陀 羅 尼 *Ta souei k'ieou t'o-lo-ni.*

Taishō issaikyō, t.20, n°ˢ 1155 ou 1156, le titre abrégé ne permet pas de reconnaître duquel des deux *sūtra* il s'agit, ou si chaque étiquette se rapporte à l'un des deux respectivement.

Nᵒˢ 604 et 605 manquant.

N° 606.—KK. II. 0233 (rrr). 606

Imprimé. Morceau d'une feuille de papier épais de couleur jaune pour couverture sur lequel est collée une étiquette de papier mince entourée d'un double trait et portant l'inscription. La feuille de couverture est déchirée mais l'étiquette est entière. Hauteur de l'étiquette: 71 mm.; largeur de l'étiquette: 23 mm.

Titre: 佛 說 聖 無 量 壽 王 幷多 心經 = *Taishō issaikyō*, t. 19, n° 937.

Les éditions de Corée, des Song, des Yuan et des Ming ont pour titre: 佛 說 大 乘 聖 無 量 壽 決 定 光 明 王 如 來 陀 羅 尼 經.

N° 607.—KK. II. 0280 (b). (iii). 607

Imprimé. Fragment d'un livre plié en accordéon; feuille complète en haut et en bas, coupée aux plis à droite et à gauche. 24 lignes; 13 caractères à la ligne dans la partie gauche (prose); 14 caractères à la ligne (deux vers de 7 mots séparés par un vide) dans la partie droite. Hauteur: 123 mm.; largeur: 245 mm.; hauteur de la marge supérieure: 26 mm.; de la marge inférieure: 16 mm.

P. 86 b, l. 11–c, l. 7. Aucune variante. C'est la fin du *sūtra*: il manque les trois lignes finales relatant la conversion des auditeurs du Buddha.

Imprimerie des Yuan.

TABLE

indiquant dans quelles planches (chiffres romains) sont reproduits en
fac-similé les documents (chiffres arabes); les documents en regard
desquels il n'y a aucune indication de planche
n'ont pas été reproduits

Documents	Planches	Documents	Planches	Documents	Planches
1 3 Faces	I	39	III	77	III
2	I	40	III	78 Avers	V
3	I	41	III	79 Avers	V
4	II	42	III	80	V
5	II	43	III	81 Avers	III
6	II	44 Avers	III	82	III
7		45	III	83	
8	II	46	III	84	
9	I	47	IV	85	V
10		48	IV	86	V
11	I	49	IV	87	VI
12		50	III	88	V
13	I	51	III	89	V
14	I	52	III	90	V
15	I	53	IV	91 Avers	VI
16	I	54	II	92	VI
17	I	55	IV	93	V
18	II	56	II	94	VI
19	I	57	IV	95	VI
20	I	58	II	96	VI
21	I	59	III	97	III
22		60	IV	98 Avers et Revers	VI
23	II	61 3 Faces	IV	99 Avers	VI
24	III	62	IV	100 Avers	VII
25	III	63	IV	101 Revers	VII
26	II	64	IV	102	VI
27	II	65	IV	103	VI
28	II	66	IV	104	
29	II	67	IV	105	IV
30	III	68	V	106	
31	II	69	V	107	
32	II	70	IV	108	
33	III	71	V	109	VI
34	II	72	V	110	
35		73	V	111	
36	III	74 Avers	III	112	
37	III	75	V	113	VIII
38	III	76		114	VI

Documents	Planches	Documents	Planches	Documents	Planches
115	VIII	167	IX	219	XI
116	VII	168	IX	220	
117	VI	169	IX	221	
118	VI	170	IX	222	
119	VIII	171	X	223	
120		172	IX	224	
121		173	IX	225	XI
122		174	X	226	XI
123		175	XI	227	XI
124 Avers	VIII	176		228	XI
125		177		229	XI
126	VIII	178		230	XI
127		179	X	231	XI
128		180	X	232	XI
129	VIII	181	X	233	
130	VIII	182	X	234	
131 Avers et Revers	VII	183	X	235	XI
132		184		236	
133		185		237	
134	VIII	186		238	XII
135 Avers et Revers	VII	187		239	
136		188		240	XII
137 1^e Face	VIII	189		241	XII
138	VII	190		242	
139	V	191		243	XII
140		192		244	
141		193		245	
142 Avers et Revers	VII	194		246	
143 Revers	V	195		247	XII
144	VII	196		248	
145 Avers	VII	197		249	XII
146		198	XI	250	XII
147		199		251	
148	VIII	200	XI	252	XII
149 Avers	VIII	201		253	XII
150 Avers	VIII	202		254	XIII
151 Avers et Revers	VII	203		255	XIII
152	VIII	204		256	XIII
153		205		257	XII
154	VII	206		258	
155 Avers	VIII	207		259	XII
156	VIII	208		260	XIII
157	VII	209		261	XIII
158		210		262	
159	VIII	211		263	XIV
160	V	212		264	XV
161	VIII	213	XI	265	XVI
162		214	XI	266	XVI
163		215	XI	267	XVII
164		216		268	XVII
165	VIII	217	XI	269	XVI
166	VIII	218		270	XVII

TABLE 235

Documents	Planches	Documents	Planches	Documents	Planches
271	XVI	319		371	
272	XVIII	320		372	XXXIII
273	XVII	321		373	
274		322		374	
275	XIX	323	XXXII	375	
276		324		376	XXXIV
277		325	XXXII	377	XXXIII
278		326		378	XXXIII
279		327		379	
280		328		380	
281		329		381	
282		330		382	
283		331		383	
284 Avers et Revers	XIX	332		384	
285		333		385	
286		334		386	
287		335		387	
288		336		388	
289		337		389	
290		338		390	
291	XIX	339		391	
292 Avers	XIX	340		392	
293	XIX	341		393	
294	XX	342		394	
295	XX	343		395	
295 (suite)	XXI	344		396	
295 (suite)	XXII	345		397	
296	XXIII	346		398	
297	XXIV	347		399	
297 (suite)	XXV	348		400	
298	XXVI	349		401	
298 (suite)	XXVII	350		402	
299	XXVIII	351		403	
300		352		404	XXXV
301	XXIX	353		405	XXXIV
302	XXX	354		406	
303		355		407	
304		356		408	
305		357		409	
306		358		410	
307	XV	359		411	
308		360		412	
309	XXXI	361		413	
310		362		414	
311		363		415	
312	XXXI	364		416	
313	XXXI	365	XXXIII	417	
314		366	XXXIII	418	
315		367 Avers et Revers	XXXIII	419	
316		368		420	
317		369		421	
318		370		422	

Documents	Planches	Documents	Planches	Documents	Planches
423		475	XXXVII	527	
424		476		528	
425		477		529	
426		478		530	
427		479		531	
428		480	XXXVII	532	
429		481 Avers et Revers	XXXVIII	533	
430		482		534	
431		483	XL	535	
432		484		536	
433		485		537	
434		486		538	
435		487		539	
436		488		540	
437		489	XXXIX	541	
438		490	XXXIX	542	
439		491		543	
440		492	XXXVIII	544	
441		493	XXXIX	545	
442		494		546	
443		495		547	
444		496		548	
445		497		549	
446		498		550	
447		499		551	
448	XXXV	500		552	
449	XXXVII	501		553	
450		502		554	
451		503		555	
452		504		556	
453	XXXIII	505		557	
454		506	XL	558	
455	XXXV	507		559	
456		508		560	
457	XXXV	509		561	
458		510		562	
459		511		563	
460		512		564	
461		513		565	
462		514		566	
463		515		567	
464		516		568	
465		517		569	XL
466		518		570	
467	XXXV	519		571	XXXIX
468		520		572	
469		521		573	
470		522		574	
471		523		575	
472	XXXV	524		576	
473	XXXV	525		577	
474	XXXVI	526		578	

Documents	Planches	Documents	Planches	Documents	Planches
579		589		599	
580		590		600	
581		591		601	
582		592		602	
583		593		603	
584		594		604	
585		595		605	
586		596		606	
587		597		607	
588		598			

LISTE DE
L'ENSEMBLE DES DOCUMENTS

confiés par Sir AUREL STEIN à M. HENRI MASPERO provenant

de la troisième expédition STEIN

REMARQUE

le numéro qui suit la cote du document est celui que Maspero lui a donné dans son manuscrit. Un trait (—) après la cote indique que le document fut laissé de côté. Un astérisque (*) après la cote indique que le document n'est pas reproduit dans les planches

SIGNIFIENT

f.b. = fiche en bois	frgs. = fragments	n.i. = non inscrit
c.b. = copeau en bois	impr. = imprimé	inut. = inutilisable
br.t. = branche taillée	ms. = manuscrit	pet. = petit
bam. = bambou	car. = caractère	div. = divers
pl. = plaquette	l. = lisible	r°. = recto
pap. = papier	il. = illisible	v°. = verso
fr.p. = fragment de papier	ef. = effacé	

I. TOUEN-HOUANG

Cote: T		Maspero No.	Remarques	Cote: T		Maspero No.	Remarques
	001	166			9	71	
XXII. d.	1	38			02	60	
	2	39			03*	—	f.b.;car.il.
	3	40			04*	—	f.b.;car.il.
	013	2			05*	—	f.b.;n.i.
	014	30			06*	—	br.t.;n.i.
	015	31			07*	—	f.b.;n.i.
	016	25			08*	83	a été recollé par Masp.
	017	32					à T. XXIII. l. i. 08 dont
	018	33					il est la suite.
	019	34		XXIII. l. i.	07*	7	
	020*	35			010	65	
	021	29			7	28	
	022	36			8	66	
	023	37			12	67	
	024	41			16	63	
					17	75	
XXII. e.	03	42			18	62	
	04	43			19	68	
	05r°	44			20*	76	
	06	45			21	77	
	07	46			22	68	
	08	47			23r°	78	
	09	—	f.b.;n.i.		24	—	f.b.;car.l.
	010	—	f.b.;car.il.		25	26	
					26	69	
XXII. f.	1	5			$\begin{cases} 08 \\ 09 \end{cases}$	80	
	06	48					
XXIII. b.	1	49		XXIII. l. ii.	09	72	
					010	73	
XXIII. c.	4	57			011	—	f.b.;car.ef.il.
	016	50			012r°	81	
	017	—	f.b.;n.i.		013	6	voir XXIII. c. 023
	018	—	f.b.;car.il.		014	70	
	019	51			015r°	74	
	020	52			016	—	f.b.;car.il.
	021	53			017	—	f.b.;n.i.
	022	54			018	—	f.b.;n.i.
	023	6	(voir T.XXIII. l. ii, 013)		019	—	f.b.;car.l.
	024	55			020	64	
	025	56			021	—	f.b.;car.il.
	026	—	f.b.;car.ef.	XXIII. o.	05	—	f.b.;car.l.
XXIII. l.	2r°	79			06	—	f.b.;car.l.
	3	61					
	5	82		XL. c.	08*	84	

Cote: T		Maspero No.	Remarques	Cote: T		Maspero No.	Remarques
XLI. a.	o7	85		XLIII. j.	o5	—	f.b. (partie inférieure); car.l.
XLI. f.	o26	86			o6*	111	
					o7	20	
XLI. o.	o11	—	gros bois inscr. (amulette moderne)		o8	9	
					o9*	10	
					o10	—	f.b.;car.il.
XLIII. a.	o11	87			o11*	22	
	o12	89			o12*	(112)	cf. le n° suivant
	o13	88			o13*	112	
					o14	1	
XLIII. c.	o10	—	f.b.;n.i.		o15	11	
	o11	—	f.b.;n.i.		116*	12	
					o17	13	voir XLIII. j. o23
XLIII. f.	o18	58			o18	14	
	o19	59			o19	15	
					o20	16	
XLIII. g.	o17	90			o21	17	
	o18	—	fr.f.b.;car.il.		o22	23	
	o19	—	fr.f.b.;car.l.		o23	13	
	o20	90			o24	18	
	o22*	90			o25	4	
					o26	24	
XLIII. h.	o14	—	c.b.; 6 car.l.		o27	19	
	o15	98			o28	21	
	o16	3					
	o17	—	c.b.; 1 car.il.	XLIII. k.	7	—	f.b.;qq.car.l.
	o18	93			o27	119	
	o19	94			o28*	127	
	o20r°	91			o29	126	
	o21	95			o30	118	
	o22*	104			o31	114	
	o23	92			o32	113	
	o24	96			o33	117	
	o25	103			o34	—	f.b.;n.i.
	o26	97			o35	—	f.b.;car.ef.
	o27v°	101			o36*	128	
	o28	102			o37	115	
	o29r°	99			o38*	121	
	o30r°	100			o39*	123	
					o40	—	f.b.;qq.car.ef.
XLIII. i.	o10	105			o41	—	c.b.;car.il.
	o11	—	pet.c.b. cassé en 6 morceaux, 2 car.l.		o42	116	
					o43*	120	
	o12*	107			o44*	122	
	o13*	110			o45r°	124	
	o14	8			o46*	125	
	o15*	106			o47	—	débris bam; car.ef.
	o16*	108			o48	—	débris bam; car.ef.
	o17	—	f.b.;car.l.				
	o18	109		XLIV.	9	129	

Cote: T		Maspero No.	Remarques
XLIV. a.	1*	133	
	017*	132	
	018	131	voir XLIV. a. 021
	019	130	
	020	—	f.b.débris; 2 car.il.
	021	131	
	022	—	f.b. (partie inférieure); n.i.
XLIV. b.	1	—	f.b.;car.l.
	2	135	
	3	134	
	4r°	145	
	010	—	f.b.cassé en 2 morceaux; n.i.
	011	—	f.b.;car.l.en. partie
	016	144	
	017	142	
	018v°	143	
	019	—	f.b.;n.i.
	020	138	
	021	—	f.b.;car.l.
	022	—	br.t.; traces de car.il.
	023	—	f.b.;r°.car.l.v°.car.ef.
	024 1e face	137	
	025*	136	
	026	139	
	027*	140	
	028*	146	
	029	—	débris f.b.;car.il.
	030	—	pet.morceau f.b.;car.il.
	031*	141	
	032	—	f.b.;car.il.
	033	—	br.t.; traces de car.il.
XLIV. c.	09*	147	

Cote: T		Maspero No.	Remarques
XLIV. d.	04	151	
	05r°	150	
	06r°	149	
	07	152	
	08 / 09	148	
	010*	153	
	011	—	f.b.;car.il.
	012	—	f.b.;car.il.
	013	—	baguette; car.il.
	014	167	
	015	168	
XLVI. b.	03	—	f.b;n.i.
	04	27	
	05	—	plaquette; n.i.
XLVI. h.	1*	162	
	2	156	
	011*	158	
	012	—	f.b.; traces de car.il.
	013	161	
	014	165	
	015*	163	
	016	160	
	017*	164	
	018	159	
	019	157	
	020	—	f.b.;n.i.
	021	154	
	022r°	155	
XLVI. c.	03	—	f.b.;car.ef.
	04	—	fr.f.b.;car.il.

II. LEOU-LAN

Cote: LA. LC. LE.		Maspero No.	Remarques	Cote: LA. LC. LE.		Maspero No.	Remarques
LA. I.	02	175		LA. IV. v.	043*	199	
	03*	176			044	—	f.b.;car.l.
	04*	176			045	—	f.b.;car.ef.
LA. II.	05	183		LA. VI. i.	01*	204	
					02*	205	
LA. II. x.	01*	177	manquant		03	—	f.b.;n.i.
	03	181			04*	206	
	04	169					
	05	170		LA. V. x.	014	200	
	06	180			015*	201	
	07	—	fr.p.;car.l.		016*	202	
	08	—	f.b.;car.l.		017*	203	
	09	—	fr.p.;car.l.		018	174	
	010	—	fr.p.;car.l.				
	011	182		LA. VI. ii.	020*	207	
	013*	184			021*	208	
	014	—			022*	209	
	015*	185			023*	210	
	016	—			024*	211	
	017*	178			025*	212	
LA. II. xi.	01	179			026*	216	
	02	—	fr.p.;car.l.		027*	216	
					028	213	
LA. IV. v.	020*	186			029	214	
	021*	187			030	215	
	022*	188			031	217	
	023*	189			032*	218	
	024*	190			033	219	
	025*	190			034*	220	
	026	—	f.b.;car.il.		035*	221	
	027*	191			036*	222	
	029*	192			037*	223	
	030*	193			038	—	f.b.;n.i.
	031*	194			039*	224	
	032	—	f.b.;car.ef.		040	—	f.b.;n.i. ou ef.
	033	—	f.b.;car.ef.il.		042	—	f.b.;car.il.
	034	—	f.b.;car.ef.il.		043	225	
	035	—	f.b.;car.ef.il.		044	226	
	036	—	f.b.;car.ef.il.		045	227	
	037	—	plaquette; l.car.l.		046	228	
	038H.*	195			047	229	
	039*	196			048	230	
	040*	197			049	231	
	041	198			050	232	
	042	—	plaquette; car.ef.		051*	236	

Cote: LA. LC. LE.		Maspero No.	Remarques
LA. VI. ii.	052	—	c.b.; traces car.il.
	053*	233	
	054*	234	
	055	235	
	056*	236	
	060*	237	
	061	238	
	062	252	fr.p.; texte copié et interprêté par Maspero, mais ensuite barré.
	063*	242	
	064*	239	
(E)	065	240	
(E)	066	241	
LC.	049	243	
	050*	244	
LC. i.	017	171	
LC. IV.	011*	245	
LE. i.	1*	246	
	2	247	

Cote: LA. LC. LE.		Maspero No.	Remarques
LE. i.	03	249	
	4	250	
	5	172	
	6*	248	
LF. i.	06	251*	manquant
LF. ii.	07	173	
LM. I. i.	016	253	
	017	254	
	018	260	voir LM. I. i. 022
	019	—	pet.frgs.inutilisables
	020	255	
	021	256	
	022	260	
LM. I. ii.	09	261	
LM. II. i.	04	257	
LM. II. ii.	07*	258	
LM. III.	02	259	

III. TURFĀN

1º ASTĀNA

Cote: Ast.		Maspero No.	Remarques	Cote: Ast.		Maspero No.	Remarques
	001*	308		III. 3.	013*	331	
	002*	311			014	268	
	003*	311			015	267	
	004	293			016	271	
	005*	315			017–021	—	5 frgs.p.car.l.
	006	—	pap.;car.l.		022	265	
	007	—	pap.;car.l.		023–029	—	7 frgs.p.car.l.
					030	270	
I. 1.	018*	290			031	—	pap.car.l.
					032	269	
I. 2.	07	—	07–018 frgs.p.		033	266	
	08	—	car.l.;sont collés en-		034	310*	
	09	—	semble		035	—	pap.car.l.
	010A	—	07 x 010A et		036	299	
	010B	—	08 x 010B		037	296	
	011	—			038–040	—	3 frgs.p.n.i.
	012	—			041*	300	
	013	—					
	014	—		III. 4.	074	307	
	015	—			074a	—	frgs.soie n.i.
	016	—			075	—	pap.car.l.
	017	—			076	312	
	018	—			077	—	pap.taille; car.il.
					078a	291	
I. 4.	014*	328			078b*	289	
	015*	329			079	294	
	016*	330			079b*	313	voir Ast. III. 4. 081
	017*	330			080	—	pap.car.il.
	018	263			081	313	
	019*	287			082	—	pap.car.l.
					083*	303	
II. 1.	016	—	016–018: 3 pap.		084*	303	
	017	—	ornementés, n.i.		085*	304	
	018	—			086*	305	
					087*	283	
II. 2.	053	—	pap.;car.l.		088*	306	
	054	—	pap.;car.l.		089*	303	
					090*	314	
III. 3.	06	309			091	284	
	07	295			092	272	
	08	295			093	264	
	09	297			094	302	
	010	297			095	301	
	011*	331					
	012*	331		VI. 1.	027*	262	

Cote: Ast.		Maspero No.	Remarques
VI. 2.	010r°	292	
VI. 4.	029*	316	
	030*	317	
VII. 1.	09*	285	manquant
	011*	286	manquant
VII. 2.	015*	281	38 pet.frgs.p.; (a) A–Z; (b) A¹, AA–AD; (c) a, a¹⁻⁴; (d) I–II; sont laissés de coté: I, J, L, N, P, R–U, W, Y, a¹⁻⁴, I–II
	020	273	
	018*	274	
	025 } 022	275	
	023*	276	
	016*	277	
	017*	278	

Cote: Ast.		Maspero No.	Remarques
VII. 2.	019*	279	
	021*	280	
	024*	288	
IX. 2.	053	325	
3.	06	323	
	07*	318	
	08*	319	
	09*	320	
	010*	321	
	011*	322	
	012*	324	
6.	02	—	5 pet.frgs.p.il.
	03	—	5 pet.frgs.p.il.
	02 } 03	298	

2° KAO-TCH'ANG

Cote: Kao	Maspero No.	Remarques
041–042	—	2 ms.p.;r°.chin.v°.ouig.
046	—	ms.p.;r°.chin.v° texte chin. en écriture mongole
052–053	—	2 ms.p.;r°.chin.v° ouig.
054a, b	—	2 frgs.p.impr.ouig.il.
(c)	—	fr.p.ms.ouig.il.
055	—	fr.p.ms.ouig.il.
056–057	—	2 ms.p.chin.
057(i)	—	pap.ornementé, n.i.
058(i–iii)	—	3 frgs.p.ms.ouig.
059–060	—	ms.p.chin.
061a*	348	
061b*	349	
062–067	—	5 pap.ms.chin.mod. (XIXᵉ s.)
068	—	pap.n.i.
069	—	pap.ms.chin.mod. (XIXᵉ s.)
075*	339	
076*	332	
077*	353	
078*	333	
079*	334	
080	—	pap.ms.chin.
080a*	343	

Cote: Kao		Maspero No.	Remarques
	062–081*	354	
	082*	340	
	083*	341	
	084*	335	
	085	—	pap.ms.chin.
	086*	336	
	087*	342	
	088*	344	
	089*	352	
	090*	351	
	091*	346	
	092	—	pap.ms.chin.
	093*	347	
	094a*	345	
	094b*	345	
	095*	337	
	096*	338	
	097*	350	
	0101	—	ms.p.;r°.chin.v°.ouig.
	0102	—	ms.p.;r°.chin.v°.ouig. (fin d'un texte) et 2 il. brāhmī
III.	0157	—	pet.fr.p.ms.ouig.il.
	0158	—	f.b.r°.v°.ouig.

Cote: Kao	Maspero No.	Remarques
III. 0159	—	f.b.;n.i.
0160	—	f.b.;n.i.
0161	—	f.b.;n.i.
0162	—	pap.ms.chin. (?contract concernant des chameaux)
VI. 01	—	2 pet.frgs. étoffe n.i.
VI. 01. A¹⁻⁴	—	4 pet.frgs.p.impr.chin. bouddh.

Cote: Kao	Maspero No.	Remarques
VI. 01. B¹⁻³	—	3 pet.frgs.p.impr.chin. bouddh.
C	—	pet.fr.p.;car.l.
D	—	fr.p.ms.brāhmī
E	—	fr.p.ms. ouig.
F	—	fr.p.ms.bilingue ouig.-brāhmī
G	—	divers pet.frgs.ms.chin.; ouig. et n.i.
VII. 01–05	—	5 frgs.p.ms.chin.

3° YUTŌGH

Cote: Kao	Maspero No.	Remarques
Yut. 06*	355	
07*	359	
08*	356	
09*	357	
010*	360	

Cote: Kao	Maspero No.	Remarques
Yut. 011*	361	
012*	358	
013*	362	
014*	364	
015*	363	

4° TOYUKH

Cote: Toy	Maspero No.	Remarques
030a–c*	410	
039	—	fr.p.ms.chin.bouddh.
040	—	pap.ms.ouig.
042a	405	
b*	422	
c*	385	
d*	387	
e*	411	
f*	407	
g*	424	
h*	388	
i*	383	
o*	395	manquant
043*	369	
044	376	
045	372	
046	365	
047	366	
048a, b*	368	
I. i. 01.a, b*	371	
c	—	17 pet.frgs.p.ms.chin.

Cote: Toy.	Maspero No.	Remarques
I. ii. 04.a*	386	
b*	415	
c*	427	
d*	380	
e*	416	
04.A.a, b	—	2 frgs.p.ms.chin.
A.c	—	fr.p.ms.chin. avec r° et v° ligne l. en tib. (a–c collés sur une feuille de papier)
05.a	—	pet.fr.p.ms.chin.
b*	417	
c	—	pet.fr.p.ms.chin.
d³*	419	
e–h	—	4 frgs.p.ms.chin.
i¹*	425	
i⁵*	420	
j	—	pet.fr.p.ms.chin.
06*	408	
06.a–c*	409	

Cote: Toy	Maspero No.	Remarques
I.ii. 06.d–i	—	6 frgs.p.ms.chin.
07.a–c	—	3 frgs.p.ms.chin.
d*	423	
e*	379	
08.	—	fr.p.ms. 14 ll.chin.
08. i*	421	
xix*	391	
(I–LII)	—	pet.frgs.p.ms. et impr. chin.
09. a	—	fr.p.ms.chin.
b^{1-5}	—	fr.p.ms.chin.
b^{6}*	414	
c^{1-3}	—	frgs.p.ms.chin.
c^{4}	—	fr.p.ms.chin.-ouig.
d^{1-2}*	382	
d^{3-8}	—	frgs.p.ms.chin.
e^{1-6}*	382	
f^{1-2}	—	frgs.p.ms.chin.
g^{1-2}	—	frgs.p.ms.chin.
h^{1-3}	—	frgs.p.ms.r°.chin.v° tibétain
II. i. 02.*	371	
a^{1-16}	—	pet.frgs.p.ms.chin.
b^{1-17}	—	pet.frgs.p.ms.chin.
c^{1-14}	—	pet.frgs.p.ms.chin. dont c^{11} v° ouig.
d	—	fr.p.ms.r° tib.il. v° chin.
e	—	frg.p.ms.chin.il.
II. ii. 01. a^{1-2}*	406	
a^{3-4}	—	frgs.p.ms.chin.
b	—	fr.p.ms.chin.
$c^{1-5,\,7}$	—	frgs.p.ms.chin.
$d^{1-4,\,6}$	—	frgs.p.ms.chin.
$e^{1-3,\,5}$	—	frgs.p.ms.chin. e^{2}v° tib.
f^{1}*	412	
$f^{2,\,4,\,5}$	—	frgs.p.ms.chin.
g^{1-4}	—	frgs.p.ms.chin.
g^{6}	—	frgs.p.ms.chin.
$h^{1,5,6,8,9}$	—	frgs.p.ms.chin.
j*	418	manquant
k	—	pet.frgs.p.ms.chin. et n.i.
02. a^{1-2}*	413	
b^{1-4}*	403	
e^{1-5}	—	pet.frgs.ms.chin.
02. d^{1-2}	—	pet.frgs.ms.chin.
e^{1-2}	—	pet.frgs.ms.chin.

Cote: Toy	Maspero No.	Remarques
II. ii. 02. f^{1}*	373	
g	—	pet.fr.p.ms.chin.
h	367	
j	—	frgs.p.ms.chin.
k*	400	
l	404	
m	—	pet.frgs.p.ms.chin. et n.i.
III. i. 01*	428	
ii. 01. a–c	—	frgs.p.ms.chin.bouddh.
d*	399	
e, f	—	frgs.p.ms.chin.bouddh.
g	—	fr.p.ms.chin.
h	—	div.frgs.p.(non arrangés)
ii. 02. a–e	—	frgs.p.ms.chin.
f*	373	
g–i	—	frgs.p.ms.chin.
j*	375	
III. ii. aa^{1-111}	—	frgs.p.ms.chin.bouddh.
bb–gg	—	frgs.p.ms.chin.bouddh.
A	—	div.frgs.p.(non arrangés)
B	—	div.frgs.p.il.
Ca	—	fr.p.ms.chin.
b	—	fr.p.peinture, n.i.
c	—	fr.p.ms.ouig.
III. ii. 03. a–e	—	frgs.p.ms.chin.bouddh.
f	377	
g	—	fr.p.ms.ouig.il.
h–m	—	pet.frgs.ms.chin.
III. 029. I–XX	—	pet.frgs.p.chin. et ouig.
XXIa–f	—	5 frgs.p. provenant d'un même ms.chin.
a–e	—	3 frgs.p.ms.chin., 2 frgs. ouig.
f, g	—	2 frgs.p.ms.chin.
h–k	—	2 frgs.p.ms.chin., 1 fr. ouig.
III. 032. a–d*	374	
i	378	
I–LVIII	—	pet.frgs.p.chin. et ouig.
III*	426	
IV*	393	
XV*	389	
XIX*	392	
XXV*	384	
A	—	débris pap.il.

Cote: Toy	Maspero No.	Remarques	Cote: Toy	Maspero No.	Remarques
IV. i. 02	—	div.frgs.p.ms. r° chin. v° ouig.	IV. v. 05. 1	—	fr.p.chin.
ii. 07	—	lot de frgs.p.ms.chin. et ouig.	m*	394	
			n, o	—	2 frgs.p.chin.
iii. 01	—	lot de pet.frgs.p.chin. et ouig.	vi. 01.	—	frgs.p.chin.
			02*	401	
v. 04*	381		02*	402	
05	—	débris pap., inutilisables	viii. 01*	398	
05. a–c	—	frgs.p.chin.bouddh.			
d*	397		VI. 040.	—	qqs.frgs.p.ms.ouig., avec boite-courrier en bois couverte d'écriture ouig.
e–g	—	pet.frgs.pap.chin. bouddh.			
h*	396		088*	370	
k*	390		a–p	—	16 frgs.p.ms.chin.

5° YĀR-KHOTO

Cote: Yar.	Maspero No.	Remarques	Cote: Yar.	Maspero No.	Remarques
0–00	—	débris pap.chin.inut.	030i	—	fr.p.ms.chin.
			031*	435	
04*	432		032	—	fr.p.ms.chin.
05	—	fr.p.ms. r° 5 ll.chin. bouddh.v° 7 ll.ouig.	033*	437	
			034*	437	
06*	436		035–037	—	frgs.p.ms.chin.
07	—	fr.p.ms.ouig.	038*	440	
08i–iii	—	3 frgs.p.ms.chin.bouddh. (?Vajracchedikā)	039–040	—	frgs.p.ms.chin.
			030–040a–e	—	5 frgs.pap.impr.chin.
09	—	débris p.chin., inut.	f	—	div.pet.frgs.p.chin. et ouig.
010–011	—	2 frgs.p.ms.chin.			
012*	431		059	—	gros morceau de bois taillé en forme de coin; 2 faces chin.l.
013*	433				
014*	438				
015	—	fr.p.ms.chin.	I. 01	—	fr.p. r° chin.bouddh. v° ouig.
016*	439				
017	—	fr.p.ms.chin.	I. i. 01*	430	
018*	434		02	—	fr.p. r° chin. v° ouig.
019	—	fr.p.ms.chin.	03	—	pet.fr.p., 3 caractères
020–028	—	frgs.p.ms.chin.	04	—	fr.p.chin.
029*	429	manquant	04a	—	débris, chin. brāhmī(?)
030	—	fr.p.ms.r°chin.v°ouig			

6° MURTUK

Cote: MB	Maspero No.	Remarques	Cote: MB	Maspero No.	Remarques
o11*	443a		XII. o13b*	441	
o12*	443a		o14*	443b	
o13*	443a		o15*	443b	
o14*	443a		o16*	441	
			o17*	441	
IV. o1*	442b		o18	—	fr.p.chin.
o2*	442b		o19	—	fr.p.chin.
			o20	—	fr.p.chin.
XII. o11*	443b		o21*	443b	
o12*	443b		o21a*	443b	
o13*	441		o21b*	443b	
o13a*	441				

IV. BASSIN DU TĀRĪM
1º YING P'AN

Cote: Y	Maspero No.	Remarques	Cote: Y	Maspero No.	Remarques
028*	446		031*	447	
029*	447		III. 03*	444	
030*	445				

2º BALAWASTE

Cote: Bal.	Maspero No.	Remarques	Cote: Bal.	Maspero No.	Remarques
0160	449		0163	448	
0161*	451		0164*	452	
0162*	450				

3º MAZĀR-TĀGH

Cote: Mr.-tagh	Maspero No.	Remarques	Cote: Mr.-tagh	Maspero No.	Remarques
0469*	464		0630	467	
0478	453		0631	457	
0620*	468	fr.p.chin.	0632*	454	
0620a–f	—	6 frgs.p.chin.	0633*	469	
0621*	466		0634*	456	
0622*	463		0634^1*	462	
0623*	459		0634^2*	458	
0624*	461		0634^3*	465	
0625	472		0634^4*	462	
0626	471	fr.p.chin.	0620$^{1-5}$*	468	
0627*	470				
0628	455		A.01–07	—	7 frgs.p.ms.tib.
0629*	460	v° brāhmī, traces ouig.			

V. KHARAKHOTO

Cote: KK	Maspero No.	Remarques	Cote: KK	Maspero No.	Remarques
0117. a	480		0119. n, n (1), o	—	3 frgs.p.chin.
c	—	fr.p.chin.	o*	505	
d^1	506		p*	549	
d^2*g	—	4 frgs.p.chin.	s*	557	
h*	564(1)		x*	504	
i–n	—	6 frgs.p.chin.			
o(i–iv)*	487		0120. a	481	
p*	488				
q, r	—	2 frgs.p.chin.	0121. aa–dd	—	4 frgs.p.chin.
s	489		aa(a)	—	fr.p. si-hia
t	—	fr.p.chin.			
u^1*	522		0149. a, b	—	2 frgs.p.chin.
u^2, v	—	2 frgs.p.chin.			
w*	523		0150. a	483	
x, y (i–ii)	—	3 frgs.p.chin.	b*	501	
z^1 (a–b)*	514		c	—	fr.p.chin.
z^{11}	—	fr.p.chin.	d*	525	
			e	—	fr.p.chin.
0118. a	—	fr.p.chin.	f (i)	490	
b*	530		f (ii)*	491	
d	—	fr.p.chin.	g–l, l(i)	—	7 frgs.p.chin.
e*	558		m*	484	
f	—	fr.p.chin.	n*	486	
g	569	voir Maspero 513(?)[1]	o	—	fr.p.chin.
h–j	—	3 frgs.p.chin.	p*	553	
m–t	—	8 frgs.p.chin.	q, r	—	2 frgs.p.chin.
u*	524		s*	485	
v, w	—	2 frgs.p.chin.	t–z	—	7 frgs.p.chin.
y, z	—	2 frgs.p.chin.	aa–dd	—	4 frgs.p.chin.
aa (i–iv)*	507		ee*	543	
bb–dd	—	3 frgs.p.chin.	ff–ii(i)	—	5 frgs.p.chin.
ee (i–iii)	—	3 frgs.p.chin.	jj	—	6 bandes n.i.
ff–pp	—	11 frgs.p.chin.	kk	—	fr.p.chin.
qq*	510		mm	—	débris inut.
rr–uu	—	4 frgs.p.chin.	rr	—	fr.p.chin.
uu (i)	—	fr.p.si-hia			
vv	—	fr.p.chin.	0152. a, b	—	2 frgs.p.chin.
ww*	511		c*	550	
ww (a)*	547		d*	554	
ww (b)*	565a		e*	555	
			f	—	fr.p.chin.
0119. f(i–iii)	—	3 frgs.p.chin.	h*	512	
i, i (1)	—	2 frgs.p.chin.	i	—	fr.p.chin.il.
j, j (1)	—	2 frgs.p.chin.	j*	551	
k*	502	} frgs.p.chin.	k*	512	
l*	503		l*	552	
m*	548		m*	556	fr.p.chin.il.

[1] Voir note Waley p. 209

Cote: KK	Maspero No.	Remarques	Cote: KK	Maspero No.	Remarques
0152. p	—	fr.p.chin.	I. 0232. z*	536	
q	—	fr.p.chin.il.	aa	—	fr.p.chin.il.
r*	570		bb*	563	
s	—	fr.p.chin.	cc*	482	
t*	479		dd	—	fr.p.chin.il.
x	—	fr.p.chin. avec tampon et traces écriture 'phags-pa.	ee–gg*	544	
			hh	—	fr.p.chin.il.
dd	—	div.frgs.p.; 1 fr.ouig.; 1 fr. brāhmī, les autres chin.il.	ii, jj*	544	
			kk	—	fr.p.chin.il.
I. 03. a(i–ii)*	559		ll*	544	
b(i)*	560		mm	—	fr.p.chin.
b(ii)*	559		nn	—	fr.p.chin.il.
c*	559		oo*	544	
			oo(i)	—	fr.p.chin.
I. 0231. a*	561		pp–ss*	544	
b	—	fr.p.chin.il.	tt	—	fr.p.chin.il.
c	492		uu*	545	
d*	495		vv*	526	
e*	499		ww*	476	
f*	518				
g–h, j, k*	542		I. ii. 02. aa	—	fr.p.chin.
l(i, ii)*	542		y*	573	
q–s*	542		z	—	fr.p.chin.
u–w	—	3 frgs.p.chin.	z(i)	—	fr.p.chin.il.
x, y*	542				
aa–cc (i–iii)*	542		II. 0228. v	—	fr.p.chin.
			v(i–ii)	—	fr.p.si-hia.
dd	—	fr.p.chin.			
ee	—	débris inut.	0229. tt	—	fr.p.chin.
			uu*	597	
I. 0232. a*	508		vv	—	fr.p.chin.
b*	509		ww(i–ii)	—	fr.p.chin.
c*	496				
d*	497		0232. h*	494	
e*	520				
f*	498		0233. rrr*	606	
g	493	voir KK. I. 0232 (i, j, o)	sss	—	2 frgs.p.chin.(?)
h	—	fr.p.chin.	yyy	—	4 frgs.p.chin.
i, j	493		zzz(i–ii)*	582	
k*	537		zzz (iii–iv)	—	4 frgs.p.impr.chin.
l*	538				
m*	539		0236. aaa*	565	
n*	540		bbb	—	fr.p.impr.chin.
o	493				
p*	521		0238. k*	599	
q–v*	519		l(i–iv)	—	4 frgs.p.ms.chin.
w*	562				
x*	519	fr.p.chin.il.	0239. vvv	—	fr.p. sur étoffe, ms.chin.
y(i, ii)*	534		zz*	583	
y(iii)*	535		II. 0240. nn(i–vi)	—	6 frgs.p.ms.chin.

Cote: KK	Maspero No.	Remarques	Cote: KK	Maspero No.	Remarques
II. 0241. f	—	fr.p.ms.chin.	II. 0266. q	—	fr.p.; r° impr.chin. v° ms. si-hia.
0242. q(i, ii)	—	2 frgs.p.impr.chin.			
r	—	fr.p.ms.chin.	0269. i*	581	
			j	—	fr.p.ms.chin.
0243. cc(i¹)*	586				
(i²)*	584		0270. xx(i)	475	
(i³)*	585		(ii)	—	fr.p.ms.chin.
(ii)	—	3 frgs.p.impr.chin.			
(iii)	—	fr.impr.chin.	0274. eee	—	fr.p.impr.chin.
(iv–xiv)	—	9 frgs.p.ms.chin.	fff(i)	—	fr.p.ms.chin.
ee	—	fr.impr.chin.			
			0274. fff(ii)	—	fr.p.ms.si-hia.
0244. a			ggg	—	fr.p.ms.chin.
(xx–xxv)	—	frgs.p.impr.chin.	hhh	—	fr.p.impr.si-hia.
0245. l(i–vi)	—	frgs.p.ms.chin.	0275. a(xvi)	—	fr.p.ms.chin.
m*	598				
			0276. hhh*	572	
0246. z	—	fr.p.impr.chin.			
			0277. eee*	567	
0248. z	—	fr.p.ms.chin.; exercice d'écriture sur 故	fff, fff		
			(i–iii)	—	4 frgs.p. d'un même ms. chin.
0249. j(i–iv)	—	4 frgs.p.ms.chin.	ggg	—	fr.p.ms.chin.
k*	595		hhh(i, ii)	—	2 frgs.p.ms.chin.
0253. a(i–vi)	474		0279. qqq	—	fr.p.impr.chin.
bb(i)	—	fr.p.ms.chin.			
(ii)	—	fr.p.ms.si-hia.	0280. b(iii)*	607	
(iii)	—	fr.p.;car.ef.oi.n.i.	(iv)	—	fr.p.si-hia.; 2 car.
cc	—	fr.p.ms.si-hia(?)	b(v–viii)	—	4 frgs.p.impr.chin.
0254. m	—	fr.p.impr.chin.	0281. a		
m(i)	—	fr.p.impr.si-hia.	xxxix(i–v)*	600	
			XL	—	fr.p.impr.chin.bouddh.
0255. e(i, ii)*	566		XL(i, ii)	—	2 frgs.p.ms.chin.
(iii–vii)	—	5 frgs.p.ms.si-hia ou écriture leao			
			0282. b(i, ii)	—	2 frgs.p.impr.chin.
0258. t*	596				
u*	580		0283. a. xi	—	1 fr.chin.; 1 fr.si-hia.
			xii	—	fr.p.ms.chin.
0259. k	—	fr.p.impr.si-hia.	xiii	—	fr.p.impr.chin.
u	—	fr.p.impr.chin.	xiv	—	fr.p.ms.chin.
			xv	—	frgs.p.ms.si-hia (1).
0261. r, s*	603			—	chin (1).
			xvi	—	2 frgs.p.ms.si-hia; 1 fr. ms.chin.
0262. p. q	—	2 frgs.p.ms.chin.	xvii, xviii	—	2 frgs.p.impr.chin.
0265. n*	477		0284. a. xxix	—	6 frgs.impr.chin.
			xxx	—	fr.p.impr.chin.

Cote: KK	Maspero No.	Remarques
II. 0285. b. iii*	527	
iv*	478	
0290. t*	578	
0292. j*	568	
0297. cc*	574	
n, n(i)	—	2 frgs.p.impr.chin.
p	—	div.pet.frgs.impr.chin.
oi. 17–84	—	68 pet.frgs.p.impr. chin. qui en plus portent les cotes suivantes: k (17–25), d (26–39), f (40–69), e (70), i (71–74), j (75, 76), c (77), m (78–84)
III. oi.*	564	
III. 014. g	—	pet.fr.p.impr.chin.
015. ee	—	fr.p.impr.chin.
ff, gg	—	2 frgs.p.ms.chin.il.
hh	—	fr.p.impr.chin.
ii	—	fr.ms.chin.
jj, jj(i)	—	2 frgs.impr.chin.il.
l	—	5 frgs.ms.chin.
m(i–vii)	—	7 frgs.ms.chin.
mm(i–xii)	—	12 frgs.impr.chin.
n(i)	—	fr.p.ms.chin.
o	—	fr.p.ms.chin.
oo(i)	—	fr.p.ms.chin.
p(i–iii)	—	3 frgs.p.ms.chin.
016. a(i–iv)*	587	4 fr.p.ms.chin.; fr.i. manquant
017. aa, aa(i)	—	5 pet.frgs.p.impr.chin.
bb	—	fr.p.ms.chin(?)
u, v(i–iii)	—	pet.frgs.ms. et impr.chin
w–y, y(i)	—	pet.frgs.ms. et impr.chin.
z(i–iv)	—	pet.frgs.ms. et impr.chin.
zz(i–iii)	—	pet.frgs.ms. et impr.chin.
018. a, b, c	—	3 frgs.p.impr.chin.
cc, m	—	3 frgs.p.impr. d'une page du Louen-yu 語 論
s, t	—	3 frgs.p.impr.chin.
u*	591	
v*	592	

Cote: KK	Maspero No.	Remarques
III. 020. (s)*	576	
v(i)*	591	
ww(i)–z	—	5 frgs.p.impr.chin.
bb–hh	—	6 frgs.p.impr.chin.
ii	—	fr.p.ms.si-hia
jj	—	fr.p.impr.chin.
kk	—	6 pet.frgs.p.impr.chin.
ll(i–ii)	—	2 frgs.p.impr.chin.
021. rr*	593	
ss(i–ii)*	601	
tt	—	fr.p.ms.chin.
022. r*	602	
s*	601	
t*	590	
u,u(i–ii)*	588	
v, w, x, x(i–ii)	—	5 frgs.p.impr.chin.
y*	588	
023. a(i–iv)*	589	
l	—	fr.p.ms.chin.
p	—	fr.p.impr.chin.
024. aa	—	6 pet.frgs.chin. et autres
m, n	—	2 frgs.p.ms.chin.
p, q, r	—	3 frgs.p.ms.chin.
u, v, w	—	3 frgs.p.ms.chin.
x	—	3 frgs.p.ms.impr.chin.
x(i)*	593	
x(ii–v)*	594	
y, z	—	2 frgs.p.impr.chin.
025. a–e	—	5 frgs.p.ms.chin.bouddh. d'un seul texte
f–l	—	6 fr.p.ms.chin.
n	—	22 pet.frgs.p.ms.chin.
026. a*	575	
b(i–iv)	—	4 pet.frgs.impr.chin.
z	—	4 pet.frgs.impr.chin.
028. j	—	7 pet.frgs.impr.chin.
IV. 04. a(i)*	532	
a(ii)*	500	
b	571	
f*	528	
g	—	fr.p.ms.chin.
h*	517	
i*	529	
j, k*	517	
k(i)	—	fr.p.il.

Cote: KK	Maspero No.	Remarques
IV. 04. f*	528	
g	—	fr.p.ms.chin.
h*	517	
i*	529	
j, k*	517	
k(i)	—	fr.p.il.
V. b. 09. r(i–ii)	—	2 pet.frgs.p.ms.chin.
020. b. xlvii	—	fr.p.impr.chin.
V–VI.01.a*	515	

Cote: KK	Maspero No.	Remarques
V–VI.01.b–n*	516	
VI. 01. a	—	fr.p.ms.chin.
a(i)	—	débris inut.
02. a	473	
b*	533	
c	—	fr.p.ms.il.
d	—	débris inut.
VIII. 03. a*	546	

TABLE DES DOCUMENTS CHAVANNES CITÉS PAR MASPERO

Chavannes Doc. Nº	Maspero Page Nº	Chavannes Doc. Nº	Maspero Page Nº	Chavannes Doc. Nº	Maspero Page Nº
1	(14)	305	8 n. 1	694	4 n. 3; 30
1–8	61	309	12 n. 6; 28	702	22
25–35	19	310	33	728	57 n. 3, 5, 6, 7, 8;
30	7 n. 5	311	33		58 n. 2, 4; 64; 65;
42	11 n. 2	326	33		67; 68 (×2); 71; 72
49	8 n. 7	328	8 n. 11	729	72
51	9 n. 6	356	8 n. 11	732	57 n. 8
58	9 n. 2	367	7 n. 7; 44	733	57 n. 5, 6; 58 n. 9; 71
61	12 n. 7	376	28	734	57 n. 3; 67; 71; 72
62	8 n. 13; 11 n. 5; 37	377	8 n. 21; 28	735	57 n. 8; 71
66	4 n. 8	378	8 n. 7, 10	736	57 n. 9; 58 n. 10; 68; 71
72	37, 38	415	38	737	58 n. 10; 68
73	37	429	19	738	57 n. 8
74	37	432	6 n. 3; 28; 32	739	72
75	37	438	8 n. 4	742	57 n. 3; 71
77	37	451	28; 37	743	58 n. 4; 67; 71
78	27	452	8 n. 6; 71	744	57 n. 3, 5; 58 n. 4; 71
83	9 n. 2	461	8 n. 4, 5	745	57 n. 3, 5, 6, 7, 8;
84	5 n. 2; 6 n. 7	482	12 n. 4, 5		58 n. 2, 4; 71; 72
85	6 n. 6; 28 (×2)	483	31	747	57 n. 5
86	6 n. 5; 28	484	8 n. 18	751	53 n. 7; 68; 77
87	6 n. 5	485	32; 38; 42	752	54 n. 5; 77
88	7 n. 3	486	12 n. 4; 42	753	59 n. 8, 9
89	7 n. 6	486 sq	32	754	55 n. 5
90	7 n. 6	487	13 n. 4	758	57 n. 10
95	11 n. 3	492	13 n. 4	761	59 n. 6
102–111	49	495	7 n. 5	764	59 n. 10
108	4 n. 6	504	7 n. 8	774	73
111	4 n. 6	535	12 n. 4	811–814	67
136	8 n. 1	536	12 n. 3, 4; 29	877	71
137	8 n. 1, 3; 9 n. 5	539	67	882	57 n. 14; 77
138	8 n. 7; 9 n. 6; 28	541	12 n. 4	884	72
139	9 n. 6	567	46	885	48; 57 n. 7; 77
140	41; 42	569	8 n. 20	886	82
143	8 n. 7	572	8 n. 19; 12 n. 10	888	57 n. 12
145	8 n. 7	574	9 n. 1	907	55 n. 5
150	8 n. 9; 11 n. 4; 37	579	42	920	57 n. 9; 60 n. 2
183	37	580	42	922	55 n. 5
198	4 n. 9	592	8 n. 12, 14	928	60 n. 4, 5
258	9 n. 3	596	13 n. 7	930–934	78
263	74	598	13 n. 6	930	57 n. 4
273	6 n. 4	614–616	77	931	57 n. 4
274	8 n. 17	614	7 n. 7, 10	935(?)	78
275	7 n. 7, 11; 8 n. 1, 4; 9 n. 1; 11 n. 8; 44	615	13 n. 1, 2; 77	937	57 n. 4
277	13 n. 5	618	13 n. 1	938	78
279–284	31, 49	621	11 n. 9; 13 n. 3	940–947	53 n. 5
285–288	49	670	6 n. 8		
		693	8 n. 18		

TABLE DES DOCUMENTS CONRADY CITÉS PAR MASPERO

Conrady	Maspero p.	Conrady	Maspero p.	Conrady	Maspero p.
pp. 2–3	53 n. 1	*Bois Nº*		*Bois Nº*	
		4	57 n. 7	81	58 n. 2
		49	57 n. 9; 58 n. 5 et 6	83	57 n. 14
Papiers Nº		50	57 n. 7 et 8; 72	85	57 n. 5; 68
4	59 n. 2	50A	72	86	58 n. 2
6, 1vo	54 n. 2	50B	72	90	72
9, 3vo	54 n. 1	53	72	93	57 n. 7
16, 2	59 n. 1	60	72	94	57 n. 8; 72
18, 5	57 n. 6	64	72	100	72
20, 3vo	54 n. 2	73–76	72	102	57 n. 3
		78	72	104	60 n. 4; 74
		79	57 n. 8; 72	107	55 n. 5
		80	57 n. 5; 72	114	57 n. 9; 60 n. 4

INDEX

The figures in bold characters refer to the numbers of the documents in this catalogue whereas the figures in Roman indicate the page numbers.

Turcs, 83, 84, 179
Turfān (Kao-tchʻang), 55, 77, 82, 83, 84, 86, 104, 144, 185

V

Vasubandhu, 181
vêtements, 87, 97, 98, 107, **57, 77, 94, 131, 219, 291, 453, 474**
vétérinaire, 92, 128, 142, **297, 302, 307**
village, 2, **92, 481**
ville, *voyez* citadelle
vin, **57, 318, 320, 495**

W

Wan-nien, poste, **93**
Wan-souei, circonscription, 8, 9, 12, 13
Wang Ki, envoyé en ambassade en Asie Centrale par Wang Mang, 7
Wang Kouo-wei, 8, 12
Wang Mang, 3, 7, 8, 11, 13
Wang Pei, nom d'homme, **231**
Wang Yen-tö (récit de son ambassade en 981), 87
Wei, dynastie, 57
wei, nom de fonction, 31, 42, **60**
wei-che, *voyez* mercenaires
wei-che, scribes du (*tou*)-*wei*, 8
wei-che, gardes, 2
Wei-hou, poste, 12, 31, **62, 66,** [68?]
wen-che, enquêteurs de police, 86
Wen-houa (les champs de), **148**

Wou, empereur, 1, 12, 42, 50
Wou, impératrice, 105, 111, 140, 151
Wou-leang-hai, 208
wou-po, "chef de cinq", **202**
Wou-leang tsʻeu, 6
wou-wei-tsiang (*voyez* Wang Ki), 7

Y

ya-kouan, *voyez* commandant
yang-cho, période d'années, **114**
Yang (-kouan), chef-lieu (poste d'une barrière), 2, 8
Yang-ti, ville, 3, **50**
Yang-wei, poste, 8, 12, 13
Yār-khoto (Kiao-ho), 82, 84, 182
ye-tchö, fonctionnaire, 14, 15
Yen-hou, poste, 9, 11
Yen-kʻi (Kharashahr), royaume, 78, 82, 83, 84, 86, 95, 139, 140, 160
yen-tchʻang, période d'années des rois de Kao-tchʻang, 167, 178, **365, 405**
yi, *voyez* chef-lieu, relais postal
Yi-ho, section, 2, 7, 10, 12, 32, **64**
yi-kʻi, cavaliers de la poste, 15
yi po-che, Savant-Maître de Médecine, 86
yi-tchang, maître de poste, 90, 91, 142
Yi-tcheou, département (Hāmi), 83, 84, 86, 128, **264, 298, 302, 303, 307**
yi-tseu, *voyez* palefreniers

Yi-tsi-nai (Khara-khoto), 192, 198, 208, 210, 214, **479, 481, 501, 525, 543, 564**
Yi-tsʻieou, poste, 12
Yi-wou, camp retranché, 128, **297**
Yin-chan, fort, 140, **300**
Yin-chan, montagnes (Kumush-tagh), 84, 86, 140
ying, *voyez* camp
Ying-pʻan, 185
Ying-tchʻouan, commanderie, 3, **50**
Yong, département, 55, 70, **272**
yong-che, période d'années, 17, 18, 19
Yong-kan, poste, 12
yong-kouang, période d'années, 19, **91, 112**
yong-pʻing, période d'années, **33, 34, 137, 148, 160**
yong-tʻai, période d'années, **473**
yong-tchʻou, période d'années, **139**
yong-yuan, période d'années, 31
Yu-hien, ville, 29
Yu-men, 2, 7, 9, 10, 11, 12, 13, 31, 38, 48, 53, 77, **90, 92, 134, 155**
Yu-tsö, poste, 12
yuan, *voyez* chef de bureau
Yuan, dynastie, 192, 197, 201, 207, 209, 210, 213, 222
yuan-kouang, période d'années, 50
Yuan-tsʻiuan, sous-préfecture, 2
yuan-tsʻong-che, attachés au bureau, **118**
yuan-wai-lang, sous-chef de division dans un ministère, 103, **272**
Yutōgh, 83, 164

PLANCHES

1(a) 1(b) 1(c) 1(a₁) 1(b₁) 1(a₂) 1(c₁) 1(c₂) 1(b₂)

13 11 2 14 20 21 17 16 9 19 3 15

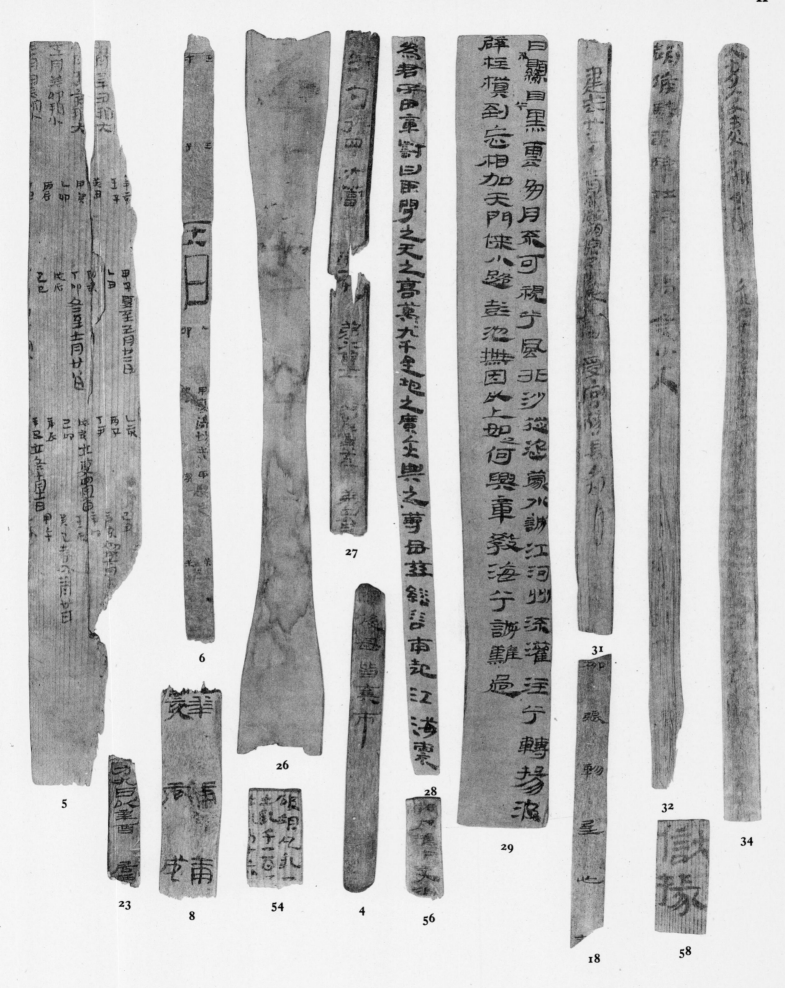

5

23

6

8

54

26

4

27

28

56

29

31

18

32

58

34

DOCUMENTS DES STATIONS T.XXII, T.XXIII, T.XLIII et T.XLVI Échelle 9/10

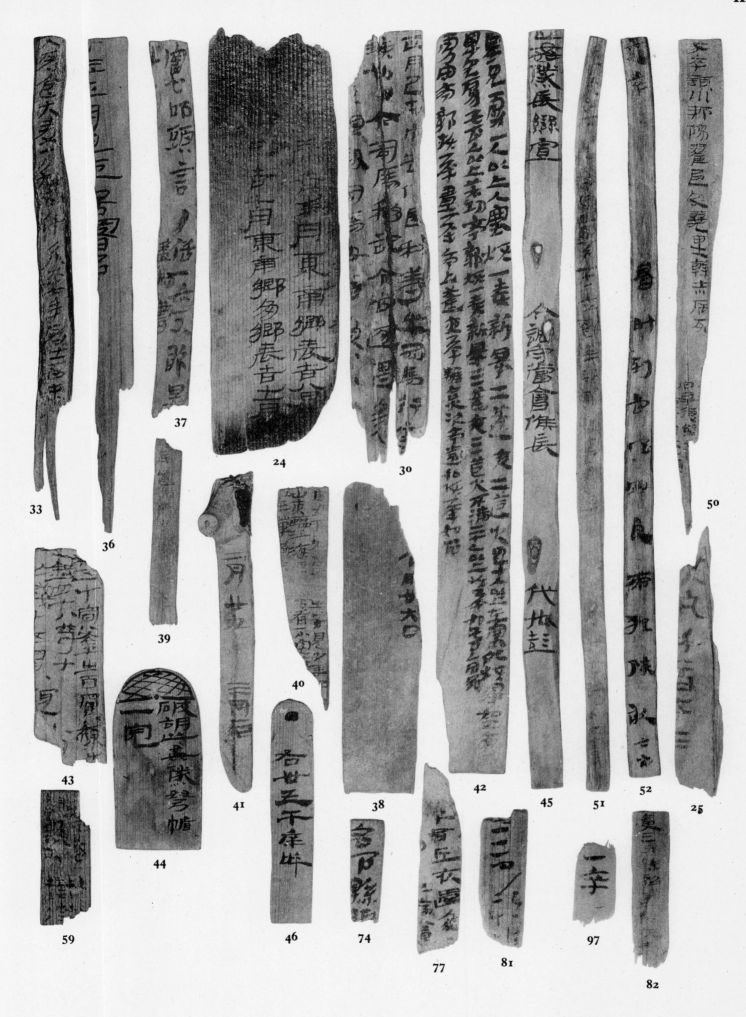

55

47

60

62

57

53

48

105

49

65

66

63

64

70

67

61 (a)

61 (b)

61 (c)

DOCUMENTS DES STATIONS   T.XXII, T.XXIII et T.XLIII   Échelle 1/1 (No. 61: 9/10)

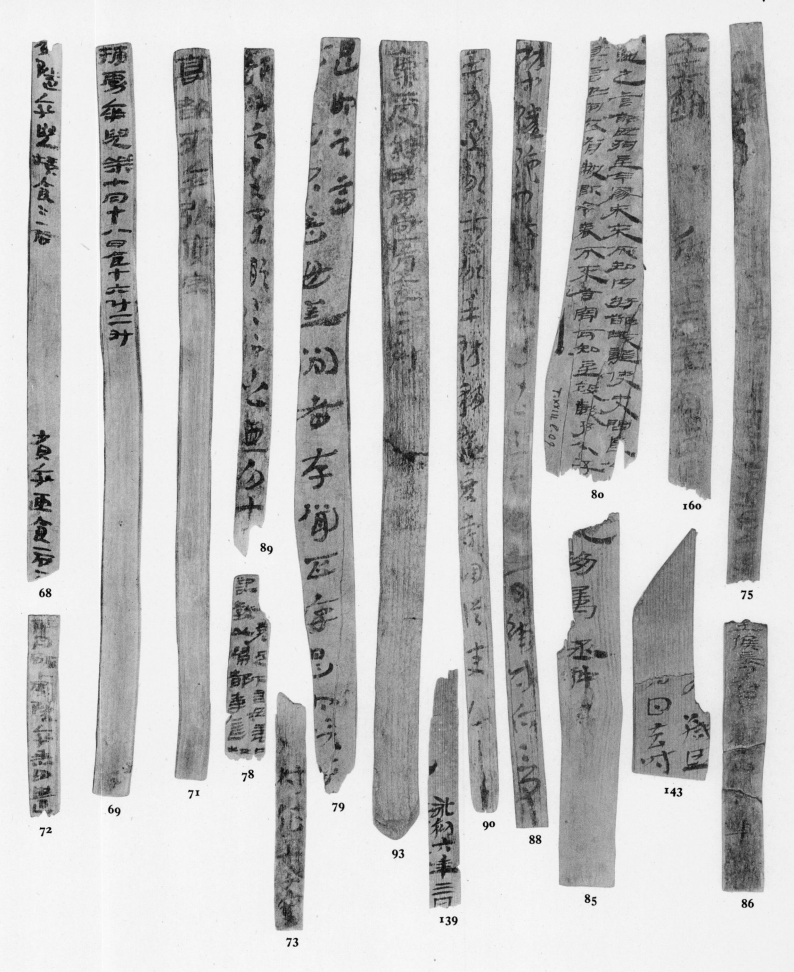

68

72

69

71

78

73

89

79

93

139

90

88

80

85

143

160

75

86

DOCUMENTS DES STATIONS   T.XXIII, T.XLI, T.XLIII, T.XLIV et T.XLVI   Échelle 9/10

87 91 94 99 117

96

109 103 102 95 92 114 118 98(a) 98(b)

DOCUMENTS DES STATIONS T.XLIII Échelle 1/1

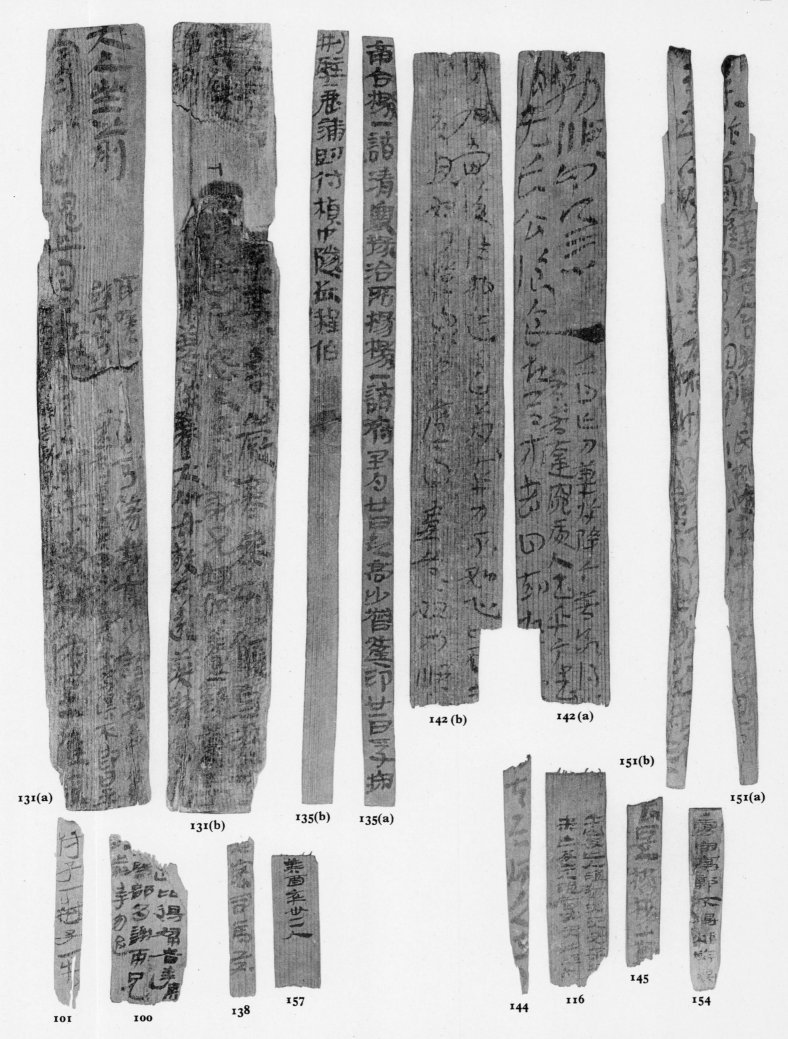

131(a)

131(b)

135(b)   135(a)

142(b)   142(a)

151(b)

151(a)

101   100   138   157

144   116   145   154

DOCUMENTS DES STATIONS   T.XLIII, T.XLIV et T.XLVI   Échelle 1/1 (Nos. 131, 135 et 151: 9/10)

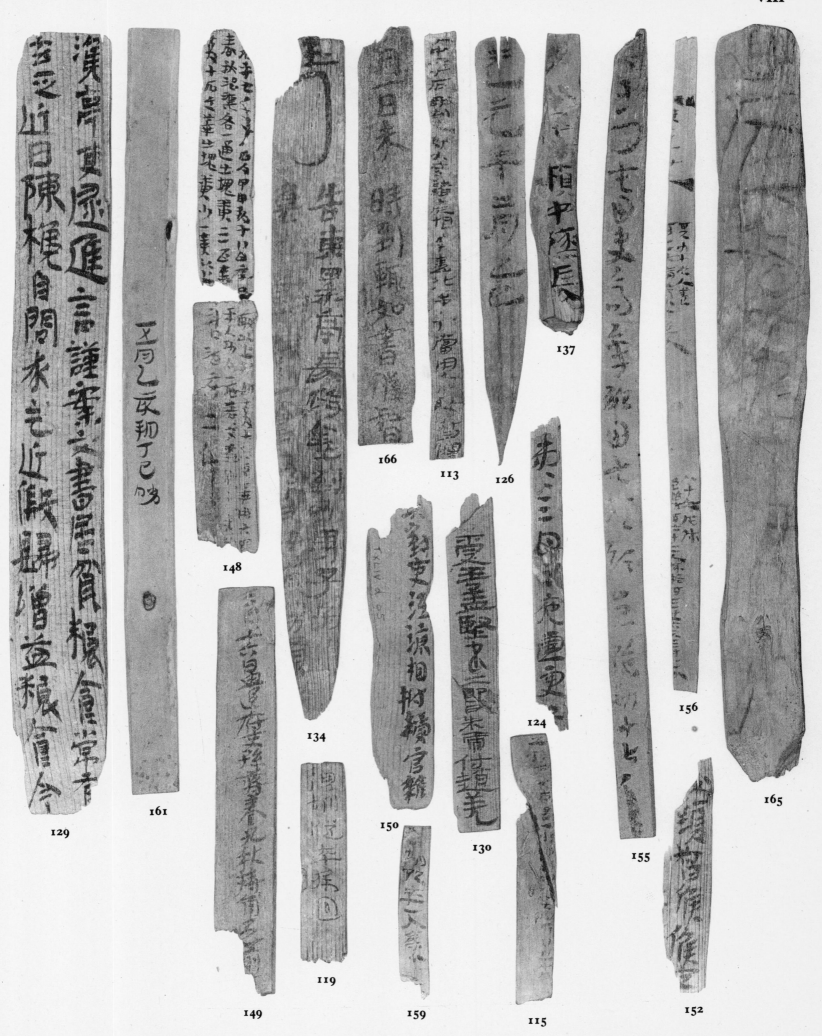

129　161　148　134　119　149　166　113　126　137　150　159　115　124　130　155　156　152　165

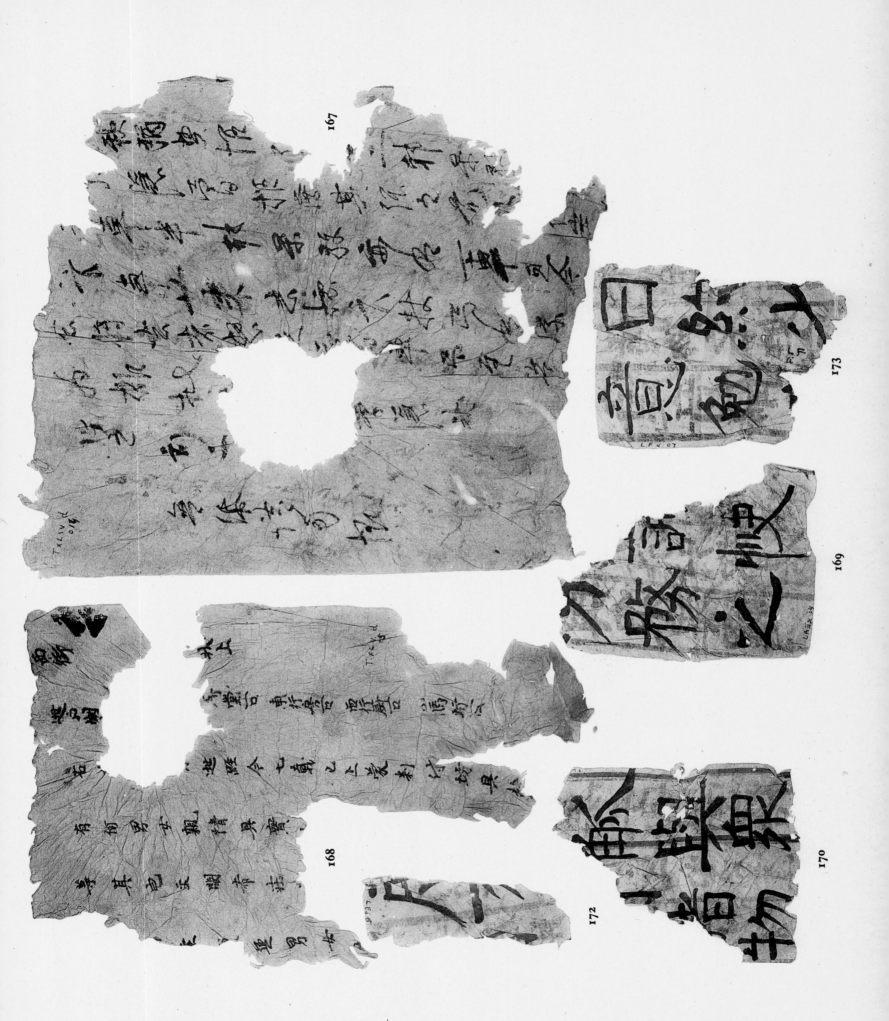

XI

228 175 231 225 214 229 226 217 235 227 213 232 215 230 200 219 198

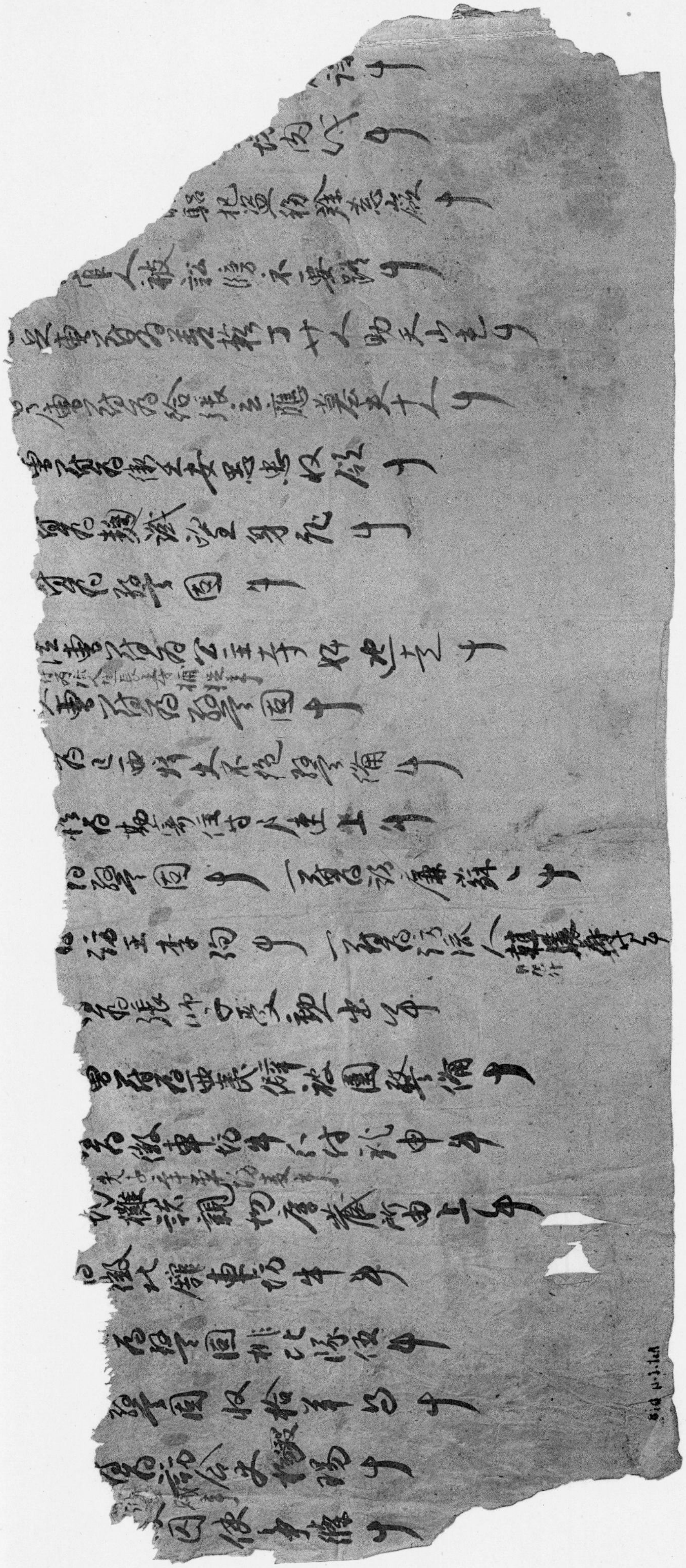

263

DOCUMENTS DES STATIONS AST.I Échelle 7/16

264

307

DOCUMENTS DES STATIONS AST.III Échelle 1/2

272

275

293

284 (V)

284 (R)

292 (R)

291

DOCUMENTS DES STATIONS AST., AST.III, AST.VI et AST.VII Échelle 1/2

295(a)

DOCUMENTS DES STATIONS AST.III Échelle 4/10

295 (b)

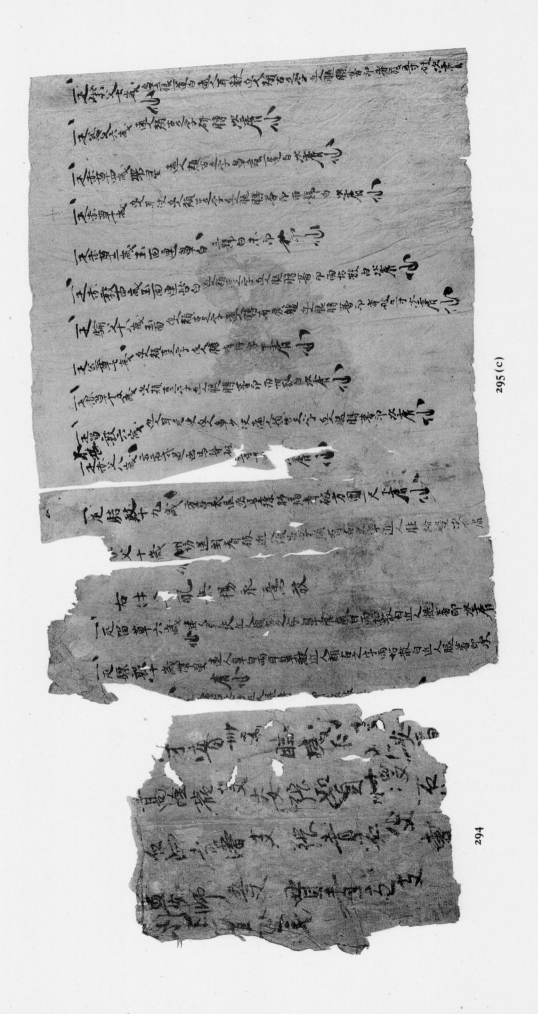

295 (c)

294

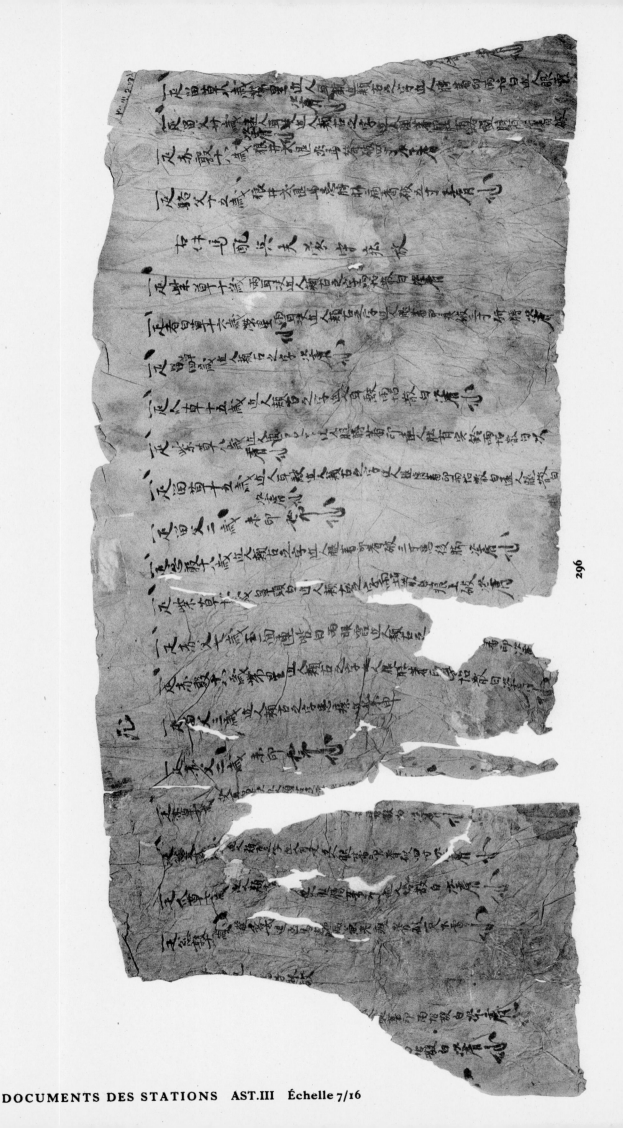

DOCUMENTS DES STATIONS   AST.III   Échelle 7/16

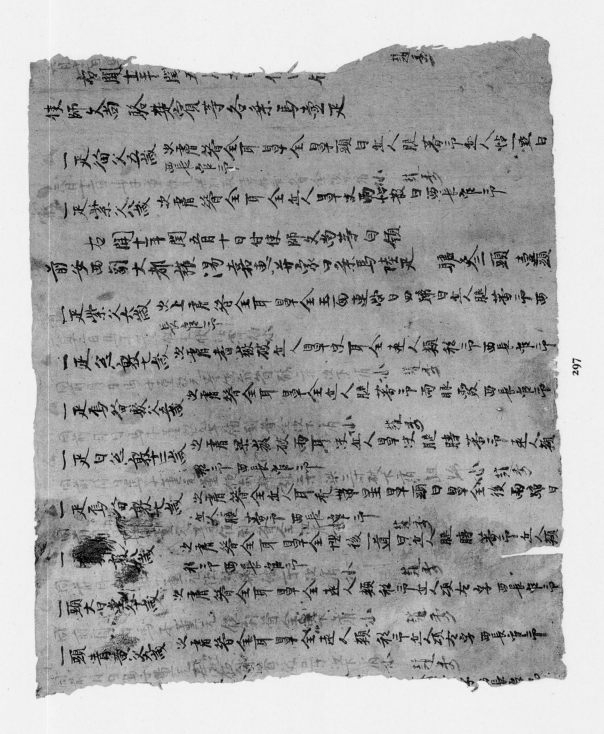

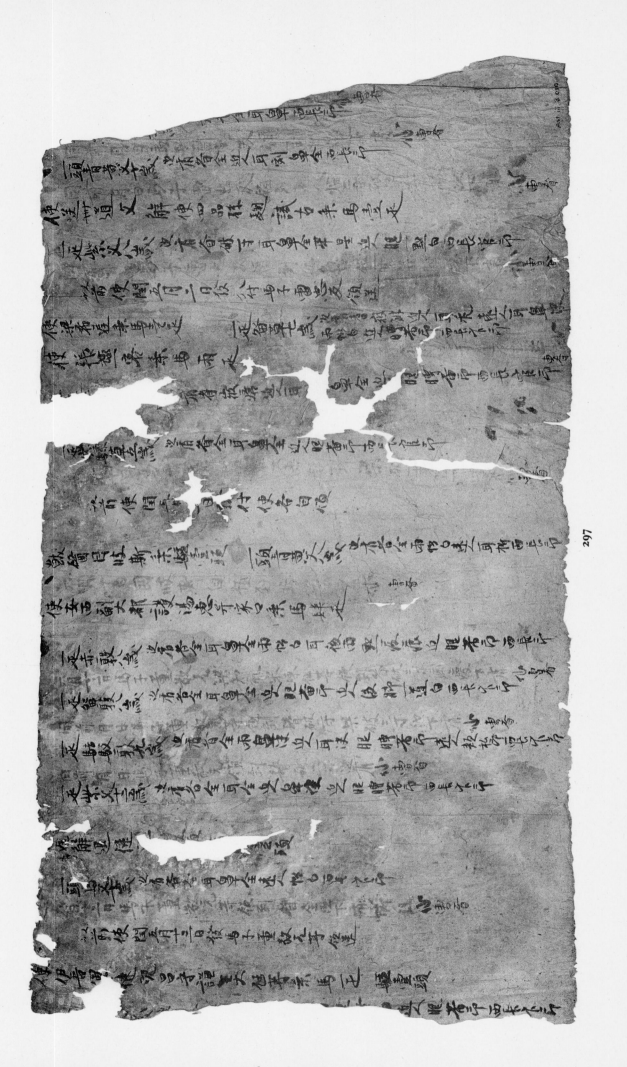

DOCUMENTS DES STATIONS   AST.III   Échelle 1/2

(3)

298

(1)

(4)

(2)

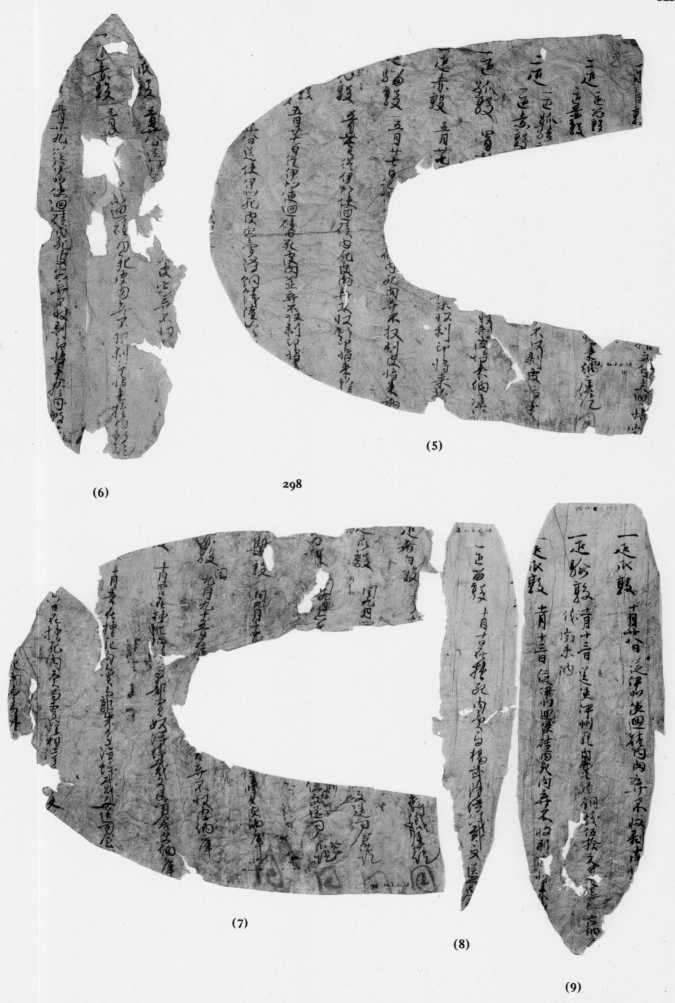

(5)

(6)

298

(7)

(8)

(9)

299

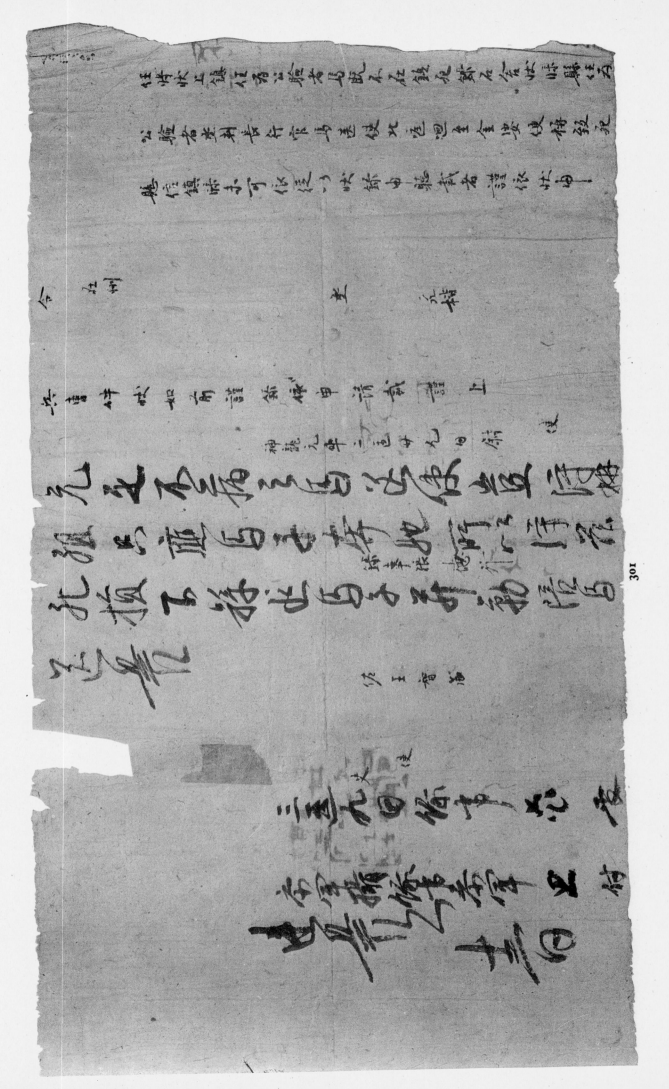

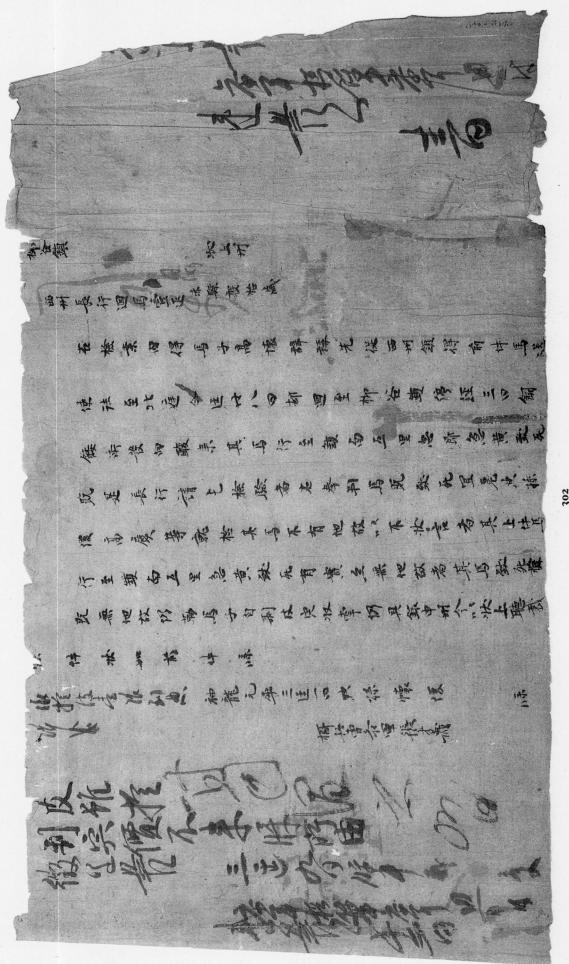

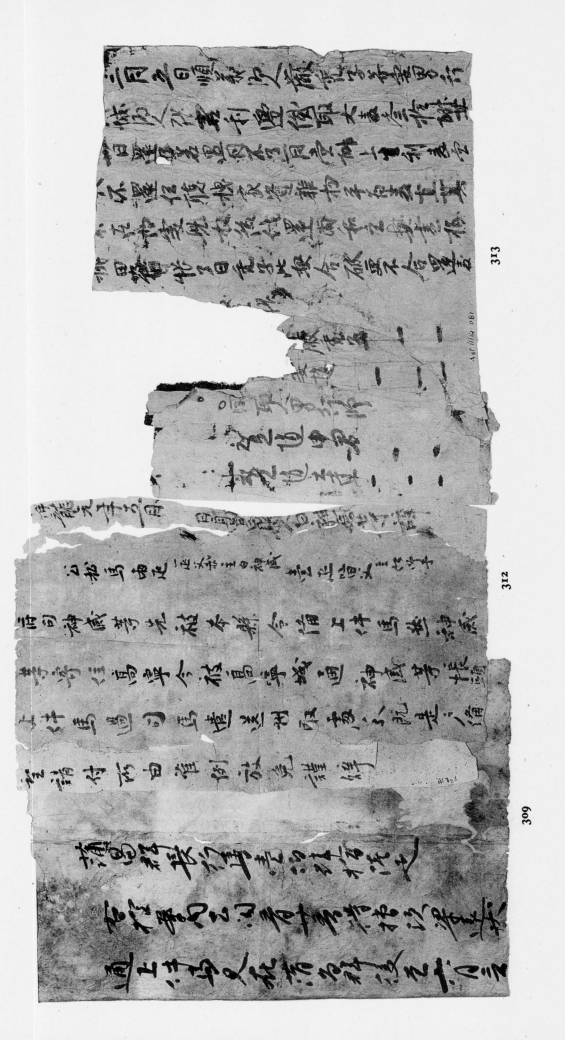

313

312

309

323

325

405

376

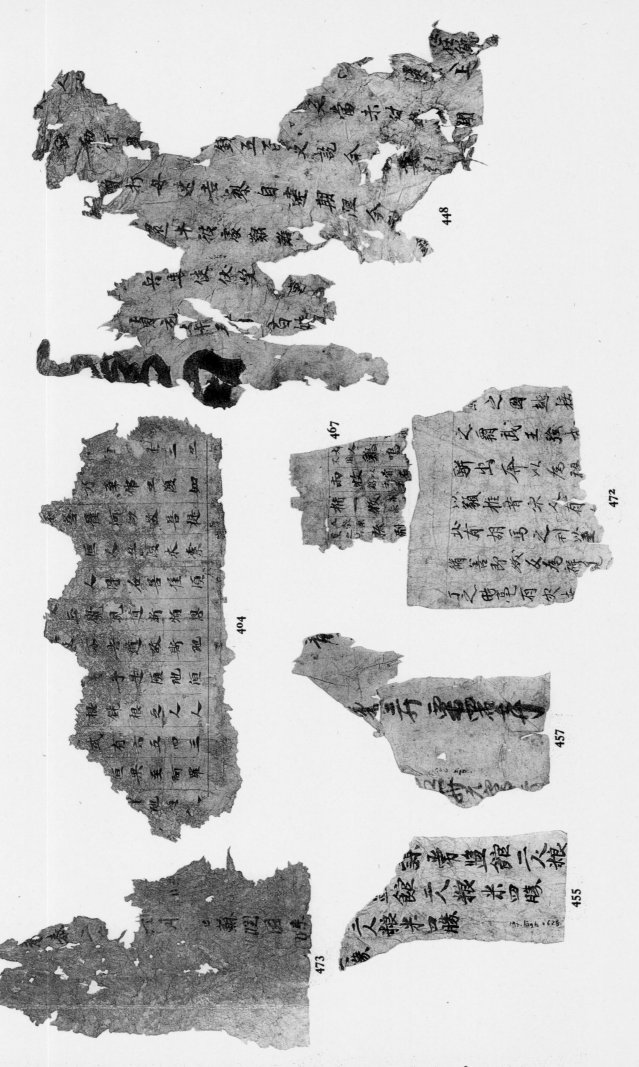

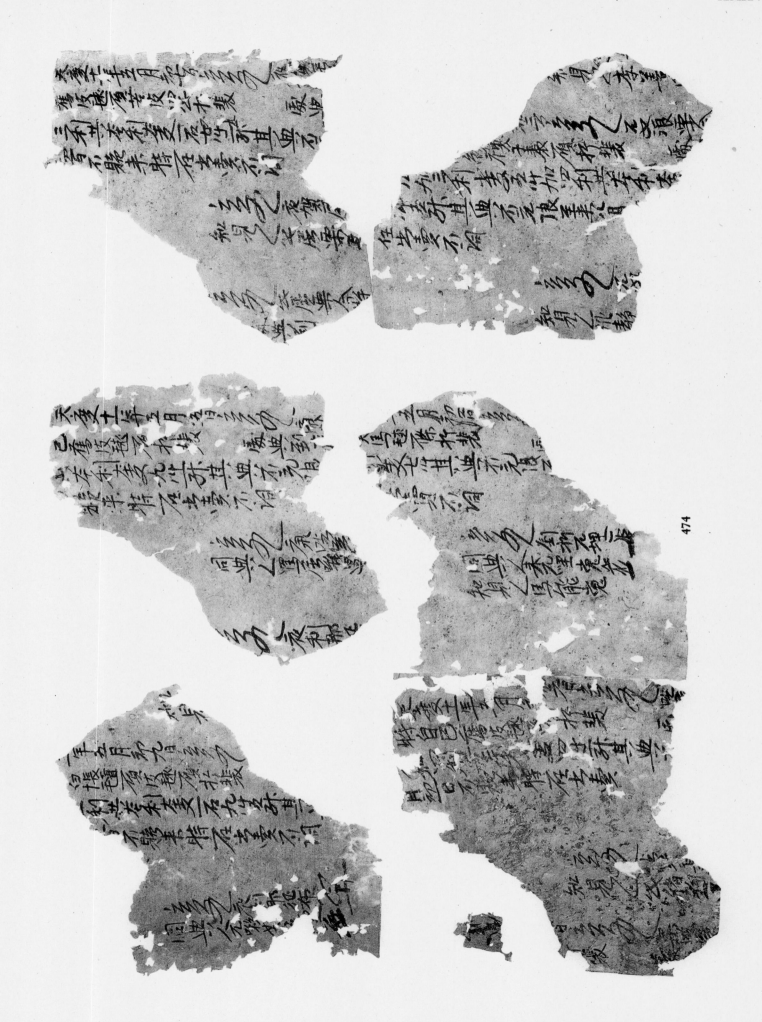

474

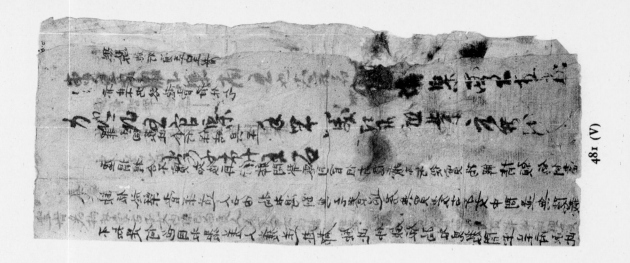

48I (V)

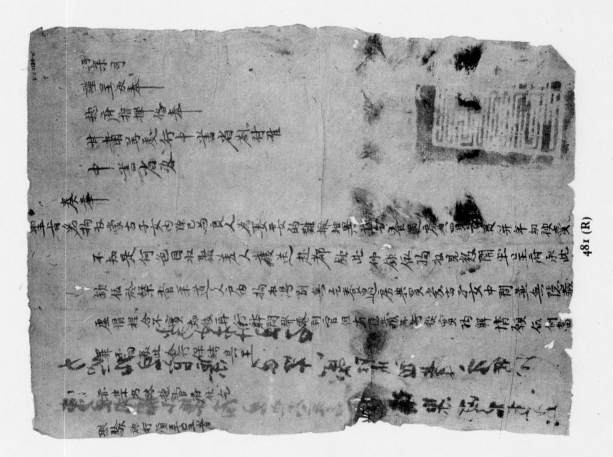

48I (R)

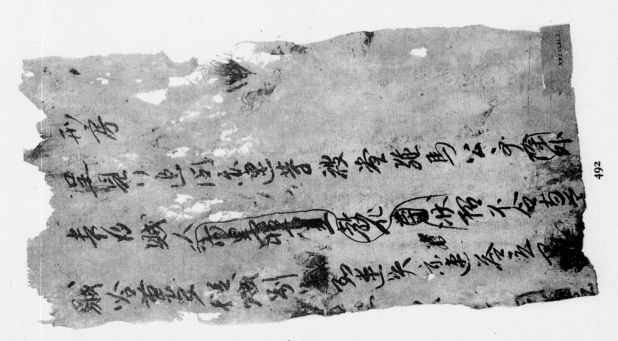

492

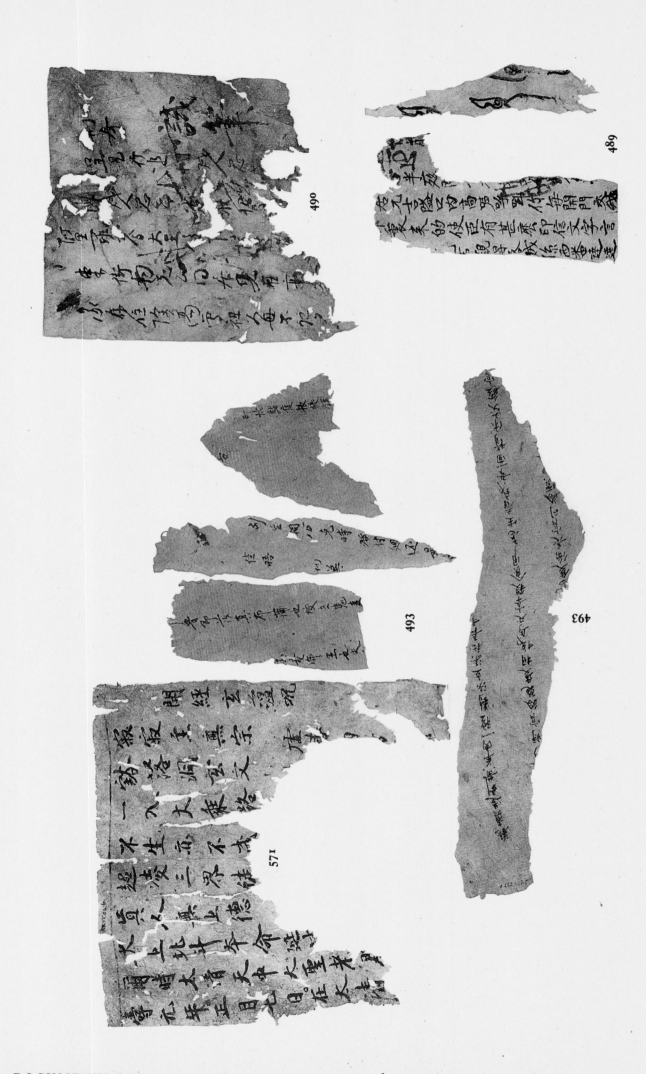

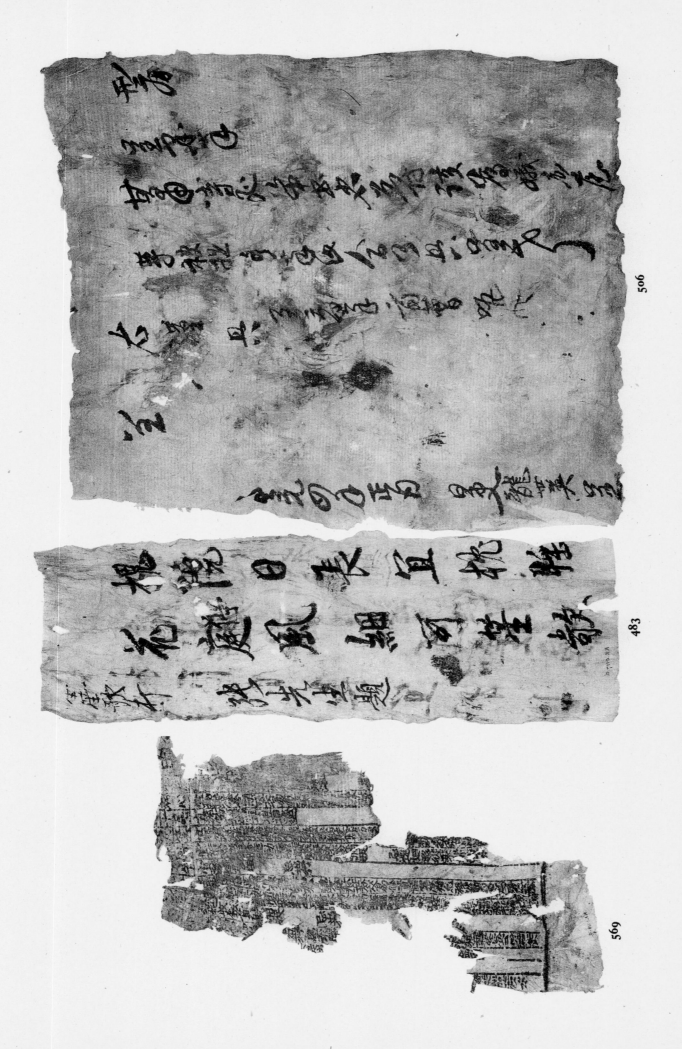